本書のトリセツ

本書では、複数の「古暦」を江戸時代後期まで受け継がれた計算式を使い鑑定し、その結果選び出された「大吉日」だけを抽出して、重複する暦から傾向をお伝えしています。

例えば…

一粒万倍日 →「増殖」する傾向が強まる日

開運日として人気を博していますが、「すべてのタネ」が「万倍化」、つまり「増殖」する傾向が強まる日が本来の意味。

同じ「一粒万倍日」でも重複する暦が一つでも異なれば、鑑定結果は全く異なる！

例１ 2024年1月16日（火）の場合

一粒万倍日×大安×大明日×天恩日＝ 増やしたい体験を選択することに支援がつく日

例２ 2024年6月10日（月）の場合

一粒万倍日×乙巳×神吉日×大明日＝ お金の増やし方を選択することに支援がつく日

『大吉日大全』とは…

「本来の吉日の読み解き方」で
仕事、人間関係、お金、計画、創造、行動、方針など
あらゆる最善の日がわかる

現代に蘇る世界で唯一の
大吉日特化本！

三ノ段

干支	傾向	関係
丙子（ひのえね）	揮発	相剋
丁丑（ひのとうし）	帰着	相生
戊寅（つちのえとら）	沈下	相剋
己卯（つちのとう）	埋没	相剋
庚辰（かのえたつ）	出没	相生
辛巳（かのとみ）	溶解	相剋

四ノ段

干支	傾向	関係
壬午（みずのえうま）	鎮静	相剋
癸未（みずのとひつじ）	吸収	相剋
甲申（きのえさる）	分断	相剋
乙酉（きのととり）	分離	相剋
丙戌（ひのえいぬ）	生産	相生
丁亥（ひのとい）	上昇	相剋

五ノ段

干支	傾向	関係
戊子（つちのえね）	膨満	相剋
己丑（つちのとうし）	過剰	比和
庚寅（かのえとら）	切断	相剋
辛卯（かのとう）	打刻	相剋
壬辰（みずのえたつ）	浸透	相剋
癸巳（みずのとみ）	霧散	相剋

六ノ段

干支	傾向	関係
甲午（きのえうま）	隆盛	相生
乙未（きのとひつじ）	帰還	相剋
丙申（ひのえさる）	過熱	相剋
丁酉（ひのととり）	鎮静	相剋
戊戌（つちのえいぬ）	積載	比和
己亥（つちのとい）	潜伏	相剋

七ノ段

干支	傾向	関係
庚子（かのえね）	表層	相生
辛丑（かのとうし）	増収	相生
壬寅（みずのえとら）	増益	相生
癸卯（みずのとう）	伸長	相生
甲辰（きのえたつ）	養分	相剋
乙巳（きのとみ）	勢力	相生

八ノ段

干支	傾向	関係
丙午（ひのえうま）	上乗	比和
丁未（ひのとひつじ）	転生	相生
戊申（つちのえさる）	派生	相生
己酉（つちのととり）	価値	相生
庚戌（かのえいぬ）	好転	相生
辛亥（かのとい）	利潤	相生

段	干支	傾向	関係
九ノ段	壬子（みずのえね）	流転	比和
	癸丑（みずのとうし）	堰止	相剋
	甲寅（きのえとら）	遮光	比和
	乙卯（きのとう）	過密	比和
	丙辰（ひのえたつ）	再生	相生
	丁巳（ひのとみ）	無常	比和

段	干支	傾向	関係
十ノ段	戊午（つちのえうま）	硬化	相生
	己未（つちのとひつじ）	土台	比和
	庚申（かのえさる）	栄華	比和
	辛酉（かのととり）	強化	比和
	壬戌（みずのえいぬ）	粘化	相剋
	癸亥（みずのとい）	停止	比和

※３つの「関係」とは……
相生 …… 自然と良い変化が発生する傾向が強まる
相剋 …… 変化に負荷が発生する傾向が強まる
比和 …… 大きな変化が発生する傾向が強まる

二十八宿

中国で開発された天体の運行から世界の傾向を知るための古暦。➡詳しい解説は30ページへ

宿	よし	あし
角（かく）	祝祭	反省
亢（こう）	新規	慣習
氐（てい）	創成	破壊
房（ぼう）	慶事	不遜
心（しん）	初事	投資
尾（び）	造作	切断
箕（き）	深堀	傲慢
斗（と）	新調	執着
女（じょ）	芸事	緊迫
牛（ぎゅう）	全般	服従
虚（きょ）	先手	祝福
危（き）	慎重	大胆
室（しつ）	前進	後退
壁（へき）	追加	進出

宿	よし	あし
奎（けい）	移動	停滞
婁（ろう）	迅速	遅延
胃（い）	強気	弱気
昴（ぼう）	予祝	落胆
畢（ひつ）	構築	出費
觜（し）	修復	挑戦
参（しん）	売買	節約
井（せい）	親切	義理
鬼（き）	全般	なし
柳（りゅう）	脱力	集中
星（せい）	修復	改善
張（ちょう）	慶事	弔事
翼（よく）	土台	枝葉
軫（しん）	出発	見送

十干

「陰陽五行」のエネルギーを言語化するために用いられた古暦。
➡詳しい解説は27ページへ

	十干	傾向
陽	甲（きのえ）	兆候、芽生、幼体
	丙（ひのえ）	発生、上昇、陽氣
	戊（つちのえ）	茂生、下降、分化
	庚（かのえ）	結実、凝固、陰氣
	壬（みずのえ）	内包、中和、気化

	十干	傾向
陰	乙（きのと）	未然、屈折、停滞
	丁（ひのと）	充塡、蔓延、膨張
	己（つちのと）	防御、包囲、統制
	辛（かのと）	強固、結晶、結実
	癸（みずのと）	精算、修祓、区分

十二支

もともとは生命エネルギーの循環という摂理を言語化するために使用された古暦。➡詳しい解説は27ページへ

	十二支	傾向
前六	子（ね）	始点、受胎、孳増（しぞう）
	丑（うし）	曲折、紐状、纏繞（てんもう）
	寅（とら）	移動、行動、螾生（いんじよう）
	卯（う）	覆面、繁茂、冒多（ぼうた）
	辰（たつ）	整列、整頓、振動
	巳（み）	限界、極限、已止（いし）

	十二支	傾向
後六	午（うま）	臨界、抵抗、忤止（ごし）
	未（ひつじ）	不瞭、好機、曖昧
	申（さる）	凝固、過熟、呻声（しんせい）
	酉（とり）	極限、縮小、緍続（しゆうぞく）
	戌（いぬ）	終点、原始、消滅
	亥（い）	封印、閉鎖、閡門（がいし）

干支

十干と十二支という異なる方式を一つに統合した古暦。
➡詳しい解説は27ページへ

	干支	傾向	関係
一ノ段	甲子（きのえね）	出発	相生
	乙丑（きのとうし）	抵抗	相剋
	丙寅（ひのえとら）	茂生	相生
	丁卯（ひのとう）	繁盛	相生
	戊辰（つちのえたつ）	顕在	比和
	己巳（つちのとみ）	増加	相生

	干支	傾向	関係
二ノ段	庚午（かのえうま）	衰退	相剋
	辛未（かのとひつじ）	価値	相生
	壬申（みずのえさる）	創出	相生
	癸酉（みずのととり）	増殖	相生
	甲戌（きのえいぬ）	吸収	相剋
	乙亥（きのとい）	育成	相生

古暦の傾向

古暦にはそれぞれがもつ傾向があります。本書はこれらの傾向も参照しつつ、江戸時代当時の計算式をもとに「大吉日」を鑑定しています。より深く古暦について知りたい方は、それぞれの傾向も参考にしてください。

七曜

私たちが「曜日」と呼び、現代社会において徹底的に活用されています。➡詳しい解説は22ページへ

七曜	傾向
月	陰の始まり
火	変化、連鎖、上昇
水	流動、連鎖、下降
木	安定、集約、拡大
金	固定、凝固、収縮
土	停止、内包、増殖
日	陽の終わり

六曜

現代で一番簡単に確認でき、普及している古暦です。
➡詳しい解説は25ページへ

六曜	傾向
先勝（せんしょう）	午前、先手、予測
友引（ともびき）	関連、関係、連鎖
先負（せんぶ）	午後、後手、振り返り
仏滅（ぶつめつ）	回避、消極、思案
大安（たいあん）	選択、積極、行動
赤口（しゃっこう）	均衡、慎重、観察

十二直

北斗七星の動きと十二支による方位の組み合わせから算出され、
日本固有の古暦として確立。
➡詳しい解説は32ページへ

十二直	よし	あし
建（たつ）	新規	執着
除（のぞく）	解除	結縁
満（みつ）	成就	未完
平（たいら）	平均	不均
定（さだん）	決定	優柔
執（とる）	育成	対抗

十二直	よし	あし
破（やぶる）	突破	祝福
危（あやぶ）	守備	冒険
成（なる）	仕上	見送
納（おさん）	整理	輻輳
開（ひらく）	学習	反復
閉（とづ）	経理	開始

※二十八宿と十二直は「陰陽の思想」も反映しているため、それぞれに「よし」と「あし」の解釈が存在する。

暦注下段

『暦本』内のページの「下段」に「暦の注釈」をまとめたもの。
本書では、良い現象が発生する日と定義される「七箇の善日」を主に扱う。
➡詳しい解説は35ページへ

七箇の善日	傾向
天赦日（てんしゃにち）	最上、全般、吉祥
神吉日（かみよしにち）	参拝、神威、祈念
大明日（だいみょうにち）	陽氣、明瞭、予兆
鬼宿日（きしゅくび）	勝負、白黒、決断
天恩日（てんおんにち）	報恩、感謝、上昇
母倉日（ぼそうにち）	慈愛、配慮、優良
月徳日（つきとくにち）	内面、感情、好機

大吉日大全

だいきちびたいぜん

ご利益専門家
高等神職階位「明階」藤本宏人

サンマーク出版

大吉日

【だいきちび】

大安や友引、一粒万倍日、天赦日など、良い暦が重なり、気分良く生きるためのさまざまな支援が集まる特別な日。

本書は、大吉日がもつ不思議な力を最大限拡大し、
毎日を気分良く生きるための方法を3年分まとめた
日本初の「大吉日」に特化した本です。

はじめに

「幸せに生きる」ための共通の方程式は存在しない

「幸せに生きたい」と、一度でも考えたことはありますか？

表現は違うとしても、「楽しく生きたい」「自分の好きなことをして生きたい」「いつも上機嫌でいたい」「いいことが起きてほしい」このように考えたことがあるのではないでしょうか？

「幸せに生きたい」という「願望」は、誰かから教えてもらわなくても、もともと私たちに備わっている「自然の摂理」です。「そのためにすべての生き物が日々の生活を営んでいる」そう表現しても、過言ではありません。

人間も生き物ですから、その「願望」が生まれながらにして備わっていて、それを叶えたいという欲求を抱くように「設計」されています。

だからこそ、集団で生きる選択をし、文明を生み出し、社会を築き、文化を育み、芸術を創出したのです。

ところが、人類は幸せに生きるための努力を続けていても、**「幸せになる方法」の「決定版」は、いまだに発見されていません。**

今この瞬間も、世界中でさまざまな「幸せになる方法」が生み出され、伝えられ、実践している人がいます。

なぜ、幸せを実現するための「完璧な方程式」が現れないのでしょうか?

答えは簡単です。

人それぞれ、いいえ、**すべての生き物それぞれに、「幸せの形」が異なるから**なのです。

気分良く生きるための方法には「共通項」がある

カエルを思い浮かべてみてください。カエルは虫を食べたり、泥や水の中にいたりすることが「幸せ」と感じたから、自らの身体機能を変更してまで現在に至る「進化」を選択したとも解釈できます。

私たち人類も同じです。

ある人は○○が好きで、それを手に入れたら「幸せ」を感じます。しかし、別の人は同じものに対して何とも思わない。あなたの日常にもこうした例はあふれていることでしょう。

「幸せになる条件」も「幸せを感じる対象」も「求めている幸せ」も、人それぞれ全く異なるのです。

だから、「幸せに生きる方法」は、統一することができません。

今、あなたが手にしているこの本は、「幸せになる方法」が書かれているものではありません。

それでは、何のための本なのか。

「気分良く生きる」ために、必要な情報をお伝えする本なのです。

「幸せに生きる方法」は、人それぞれに異なります。

それでも、**「気分良く生きる方法」には、ある程度の「共通項」を見出すことができます。**

「先人たちがうまくいった方法」を再現して、試してみることで、「気分が良くなる」という効果を得られるのです。

江戸時代の気分良く生きるための智慧を完全復元

日本人が１６００年以上も受け継いできた「古暦（これき）」について、私が研究を始めたのは、この「気分良く生きる」ということを世界中で一番うまくやっていた時代が、この日本にあったことを確認したからです。

その時代とは、**「江戸時代」**です。

特に中期から後期にかけては、世界でも類を見ない独自の社会、文化、芸術が花開きました。

皮肉なことに、その評価は日本よりも海外で高いのが現状です。「気分良く生きる」という点において、世界最高水準の国が、「過去の日本」だったのです。

江戸時代の日本において実践されていた「気分良く生きる」方法。

その実践と検証のことを、日本では**「ゲン担ぎ」**と称しています。皆さんも一度は聞いたことがある言葉ではないでしょうか？

「ゲン」とは、「経験」を意味する「験」と書くことも、「源泉」を意味する「源」と書くことも、「現実」を意味する「現」と書くこともあります。現代ではアスリートやアーティストが実践する「ルーティン」も、「ゲン担ぎ」の一種です。

本書では、「気分が良くなるためのゲン担ぎ」を復元するために、複数の「古暦」を、江戸時代当時の計算式を使い鑑定し、その結果選び出された「大吉日」だけを抽出して、お伝えしています。

まずは、20ページから始まる「古暦とその考え方」をご確認いただき、そのうえで、「本書の読み方」のページをお読みください。

そして、この本の「目的」である、「気分が良くなる」という効果について、確認していただきたいのです。

この時代、この地、このタイミングだからこそ実現できた、「古暦という最高のゲン担ぎ」を検証いただき、「大吉日」を意識することで発生する「良い変化」をお楽しみください。

大吉日には未来も過去も書き換える力がある

本書における、もっとも重要な事実をお伝えします。

本書は、未来を予知する「占い」を目的とした内容ではありません。

そのため、「未来予知」を確認するためではなく、記載された情報を確認することによる**「未来変更」**を意図して編纂されています。

本書に記載された「日付」が、現実の日付よりも過去となった場合でも、ページをさかのぼって内容を確認することで、「効果」が現れるように設計しています。

例えば、2024年1月1日のページを1月2日以降に確認した場合。

そのページに書かれていた内容をご確認いただき、自分がそれを踏まえて行動している姿を「イメージ」してください。

そのうえで、これからどのように変化すると、「気分が良い状態」となるのかを確認していただきたいのです。

過去となった「大吉日」にも、未来を書き換える不思議な力がある。

これも江戸時代の人々が用いていた「気分良く生きる」ための古暦活用方法です。

江戸時代の人々は「通書」として、1年間を通じて、その内容をすぐに確認できるよう手元に置いて、過去に発生した「大吉日」を何度も読み返せるようにしていました。

認識していなかった過去の「大吉日」も、それを後から確認することにより、「未来がより良い状況へと変化する」という現象が発生する。その「ゲン担ぎ」をご活用いただき、ご検証ください。

そして、この本を手にする前の3年間と、この本を使用した後の3年間を比較いただければ、「その違い」を認識いただけます。

その認識は、その先もずっと有効な変化となるのです。

事前にお伝えすべき情報は、これで以上です。
まずは、この本でお伝えする最初の大吉日、2024年1月1日の内容を確認してください。
「元日が天赦日」となる奇跡のようなタイミングから、この本が始まるという事実。
そこから、あなたの変化は始まっているのです。

本書の読み方

本書では、江戸時代当時の計算式を用いて古暦を鑑定し、導き出した「大吉日」のメッセージを掲載しています。46ページから始まる大吉日のページの読み方の参考にしてください。

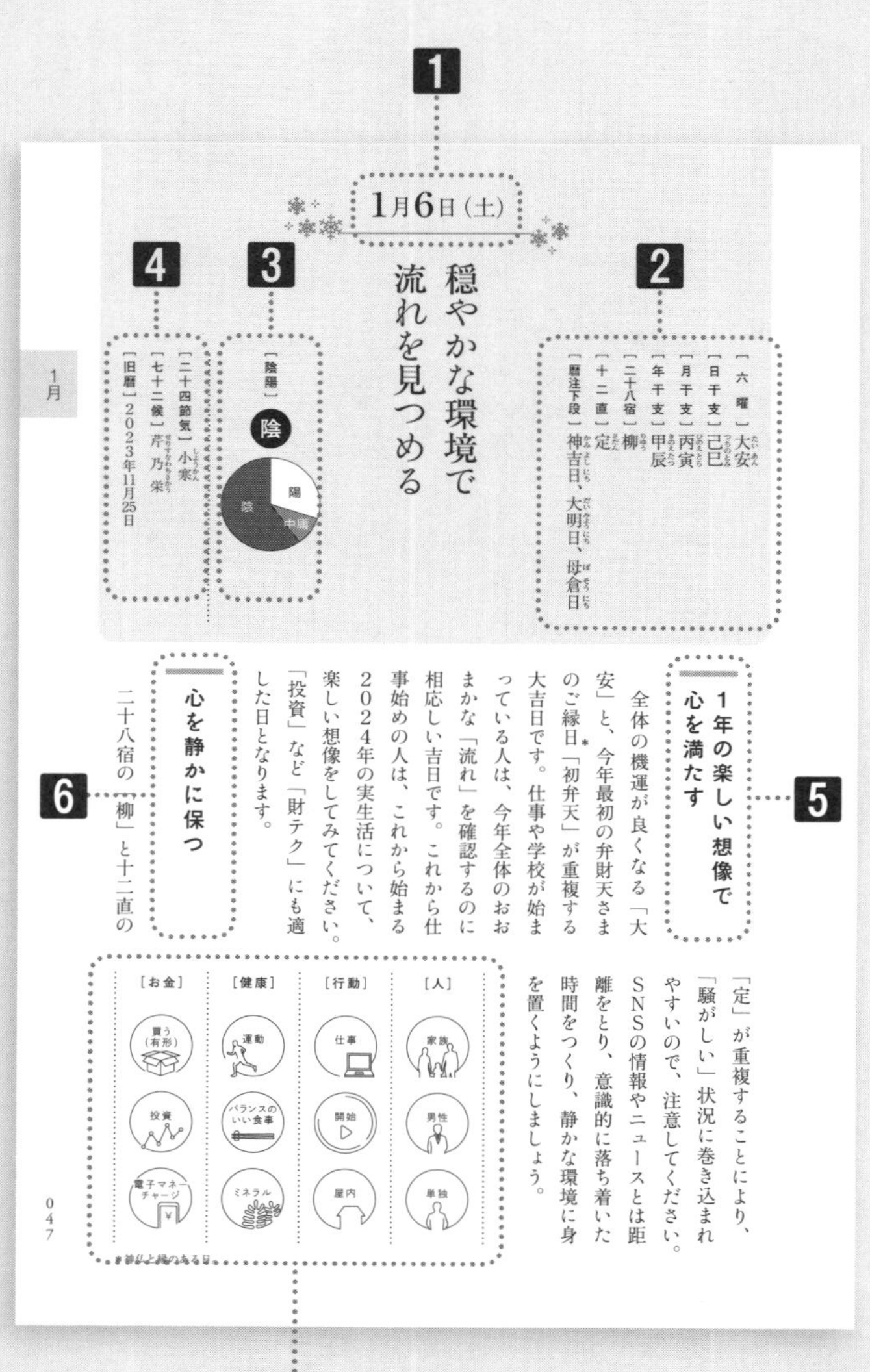
1

1月6日（土）

2

【六　曜】大安
【日干支】己巳
【月干支】丙寅
【年干支】甲辰
【二十八宿】柳
【十二直】定
【暦注下段】神吉日、大明日、母倉日

3

穏やかな環境で流れを見つめる

【陰陽】陰

4

【二十四節気】小寒
【七十二候】芹乃栄
【旧暦】2023年11月25日

1月

5

1年の楽しい想像で心を満たす

全体の機運が良くなる「大安」と、今年最初の弁財天さまのご縁日*「初弁天」が重複する大吉日です。仕事や学校が始まっている人は、今年全体のおおまかな「流れ」を確認するのに相応しい吉日です。これから仕事始めの人は、これから始まる2024年の実生活について、楽しい想像をしてみてください。「投資」など「財テク」にも適した日となります。

6

心を静かに保つ

二十八宿の「柳」と十二直の「定」が重複することにより、「騒がしい」状況に巻き込まれやすいので、注意してください。SNSの情報やニュースとは距離をとり、意識的に落ち着いた時間をつくり、静かな環境に身を置くようにしましょう。

7

［お金］	［健康］	［行動］	［人］
買う（有形）	運動	仕事	家族
投資	バランスのいい食事	開始	男性
電子マネーチャージ	ミネラル	屋内	単独

047

1 日付・七曜

大吉日の日付と七曜（曜日）です。その日の西暦は偶数ページの右側に記載しています。西暦と七曜の詳細は22ページへ。

2 古暦

大吉日の根拠となる古暦です。六曜・日干支・月干支・年干支・二十八宿・十二直・暦注下段がまとまっています。各古暦の詳細は25～35ページへ。

3 陰陽

陰の大吉日か陽の大吉日か、そして陰・陽・中庸の割合を示しています。陰陽の詳細は39ページへ。

4 古暦・旧暦

二十四節気と七十二候、そして明治の改暦までに日本で使われていた旧暦を記載しています。二十四節気と七十二候の詳細は37ページ、旧暦の詳細は24ページへ。

5 良い傾向

大吉日の良い傾向です。何をすると良い機運を招けるのか、どんな心持ちで過ごせばいいのかがまとまっています。

6 注意したいこと

大吉日の注意したいことです。この日に何に注意すべきかがまとまっています。良い傾向とあわせて、大吉日の行動の参考にしてください。

7 ジャンル別の行動

人・行動・健康・お金の4つのジャンル別に、大吉日に機運が高まる行いや一緒に過ごしたい人をアイコンで示しています。1日の行動の指針としてご活用ください。

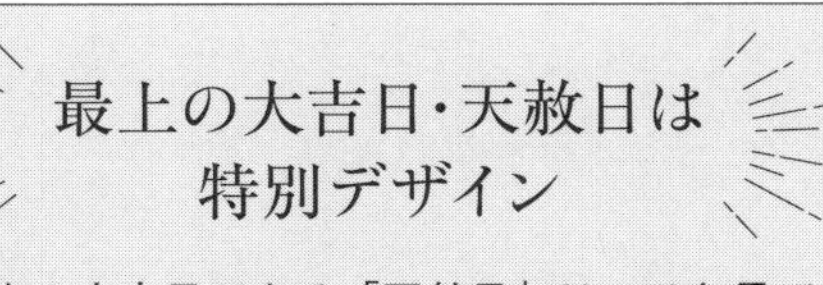

最上の大吉日・天赦日は特別デザイン

最上の大吉日である「天赦日」は、ひと目でわかる特別デザインになっています。天赦日には「最上」「全般」「吉祥」といった良い傾向が含まれています。2024年～2026年は19日の天赦日があり、日数としても少ないため求心力が強い大吉日です。

目次

大吉日大全 2024年

大吉日大全
2025年

大吉日大全
2026年

装丁　轡田昭彦＋坪井朋子
校正　ペーパーハウス
編集　尾澤佑紀（サンマーク出版）

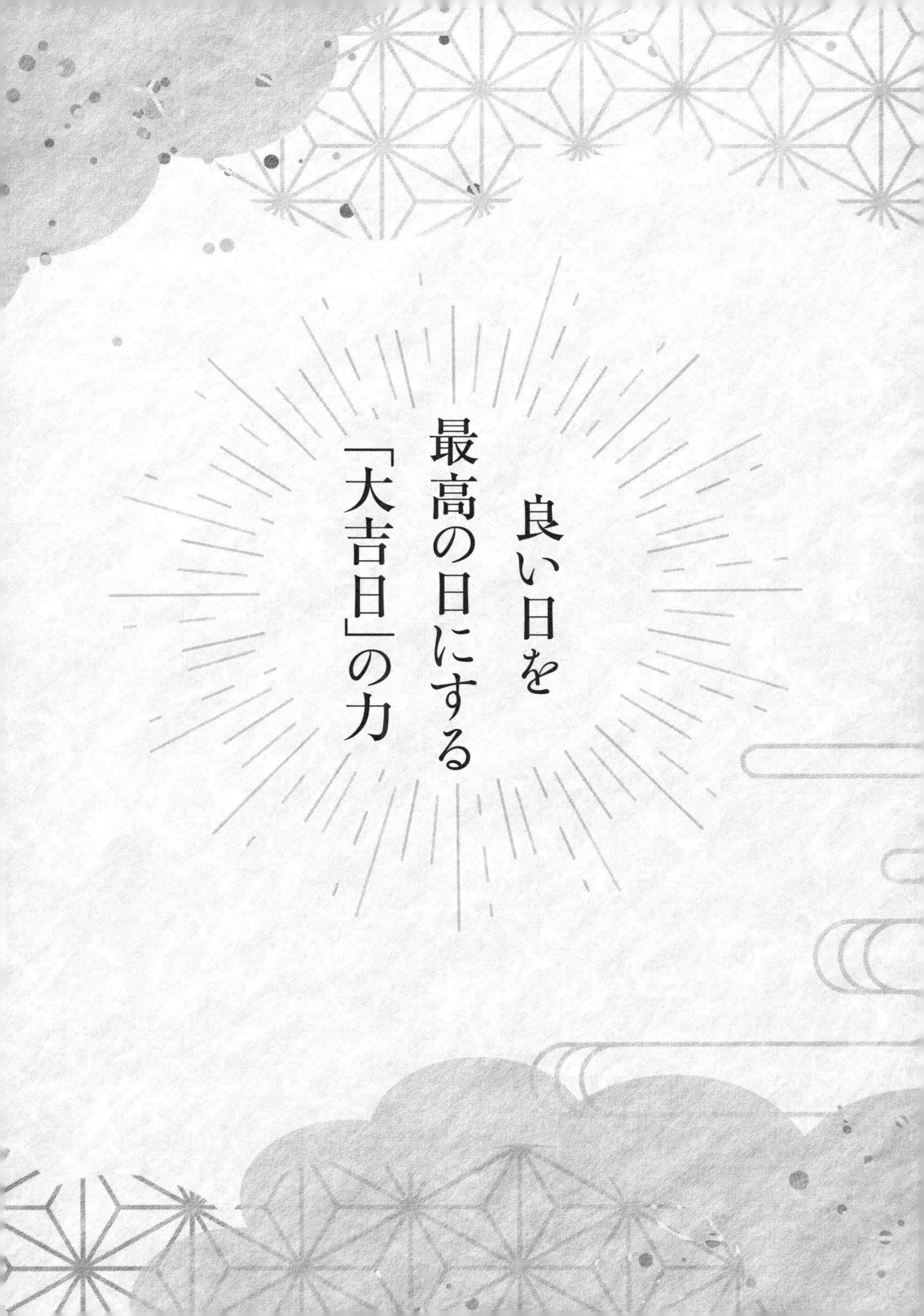

良い日を
最高の日にする
「大吉日」の力

すべての吉日は全く異なる意味をもつ

この章では、本書を最大限に活用していただくために、本書で取り扱っている古暦とその考え方をお伝えします。12ページの「本書の読み方」とあわせて、これからの大吉日を確認する生活に入る前に、お読みください。

「吉日」と聞くと、あなたはどのような暦を思い浮かべますか？

結婚式をはじめとしたお祝い事に適しているといわれる「大安（たいあん）」や「友引（ともびき）」、開運日として近年人気を集める「一粒万倍日（いちりゅうまんばいび）」や「天赦日（てんしゃにち）」などをご存じの方も多いでしょう。

インターネットで検索すれば、「吉日」の情報はいくらでも手に入る時代となりました。ただし、残念ながらそれらの情報の多くは、「部分的な解釈」しか伝えていません。

「同じ日」が二度と来ないように、「同じ吉日」が来ることはありえません。

吉日とは本来、自然界の一部にすぎない「人間の営み」を、「陰陽五行」や「天体の動き」から推測し、「全体の傾向を把握する」という行為である古暦の鑑定によって導き出すものなのです。

「はじめに」でもお伝えした通り、江戸時代以前の日本では、古暦を鑑定して政治や暮らしに活かしていました。

「一粒万倍日」という古暦はご存じでしょうか？

近年では、インターネット上でも話題に上がり、「開運日」として人気を博しています。

現代では吉日として大人気の「一粒万倍日」ですが、結論からいうと、**「一粒万倍日」は吉日ではありません。**

「一粒」とは「色々なタネ」を意味します。それが「万倍化」、つまり「増殖」する傾向が強まる日が、「一粒万倍日」の本来の意味だからです。

「良いタネ」が増殖すれば「良い結果」となりますが、「良くないタネ」なら「望まない結果」となってしまうのが、「一粒万倍日」の鑑定結果なのです。

そのため、重複する古暦により、全体の傾向が良くない日の「一粒万倍日」は大吉日ではないので、本書では記載していません。

さらに、「良いタネ」を得るために必要な意識、必要な選択を、大吉日となる「一粒万倍日」には、記載しています。

本書を通じて、本来の「一粒万倍日の使用方法」を取り戻してみてください。

「西暦」「七曜」

現代でもっとも使用されているカレンダー

ここから42ページまでで、本書の大吉日を鑑定するうえで使用している古暦の基礎知識をお伝えします。

本書では、２０２４年1月1日から２０２６年12月31日までの大吉日をお伝えしていますが、この日付を確認する際に用いられているものが**「西暦」**と**「七曜」**です。

西暦と七曜は、現代でもっとも使用されている**「カレンダー」**です。

日本においては、ほんの１５０年前から使われ始めた歴史の浅い暦ですが、あなたも毎日のように確認していることでしょう。現代人にとっては、季節や気候などの自然界の変化と西暦が表す年・月・日といった「数字」を結びつける役割を担っています。

本書では、年・月・日の「数字」と「大吉日」を紐づけてください。具体的な方法としては、**手帳やスケジュールアプリなどに大吉日を記載する**ことが有効です。その行為により、「数字」からの影響と「文字」からの影響を良い方向へ転換することが可能となります。

西暦は1582年にローマ教皇グレゴリウス13世が採用した「グレゴリオ暦」という「太陽」の動きを根拠として、西洋のお祭りやイベントを計算するために使用されていた「カレンダー」です。

1872年に明治維新後の変更政策の一つとして、西暦が使用されるようになるまで、日本では1500年以上もの長い間、西暦は使用されていませんでした（それ以前のカレンダーについては、24ページ参照）。そんな日本人にとっては、それを正しく使用し、役立てるためには、**「言葉を追加する」**という行為が有効となるのです。

現代のカレンダーでは、西暦の数字とあわせて**「七曜」**と呼ばれる暦も記載されています。月・火・水・木・金・土・日の私たちが「曜日」と呼んでいるものです。現代社会では、行動の管理から学校や会社の休みまで、徹底的に活用されています。これは、他に使用できる暦がないために、7日間のサイクルとなる「曜日」に集約させてしまった結果です。

本書では事前に確認し、意識することで、記載された内容を**「自分のもの」として、解釈することが可能**となっています。

例えば、学校や会社の休みが曜日で決まっている人も多いでしょう。そんな人にとっては、事前に大吉日の曜日を確認し、その日の自分の姿や行動を連想いただくことで、個々に適した内容で活用できることを意図して記載しています。

「旧暦」

西暦以前に日本人が親しんでいたカレンダー

現代人にとっては馴染(なじ)みが薄いかもしれませんが、本書では「旧暦」も記載しています。先にお伝えした、西暦より前に日本で使用されていたカレンダーです。「私たちのご先祖さまが、一番長く受け継いできた暦の影響も意識していただきたい」という想いから、すべての大吉日に記載しております。

この暦は「太陰暦（たいいんれき）」という「お月さま」の満ち欠けをもとに計算している年・月・日です。この「数字」も確認いただき、大吉日の内容と紐づけることで、より強力な「作用」が発生するのです。

「六曜」

現代に残った唯一の古暦

現代のカレンダーで、唯一使用が許された古暦が**「六曜」**です。

一度は「明治の改暦」により使用が禁止されたのですが、それまで古暦を活用してきた多くの人々からの要望があり、唯一「復活」が認められたという歴史があります。

現代人にとっては、「冠婚葬祭」の際に意識することが多いかもしれません。

「大安」だと「良いことがあるかも」と思い、「仏滅」だと「なんとなく不安」となる方も多いのが事実です。その感覚は、私たちのなかにある「ご先祖さま」の経験から、自然に発生しているのではないかと推定しています。

現代における六曜最大の特徴は、**「現代で一番簡単に確認できる古暦」**であること。

人の心の仕組みを研究する心理学というジャンルでは、人間の意識には「顕在意識」と「潜在意識」という二つの領域があるとの仮説が確立しています。

そのうえで、「人と人との潜在意識には、『集合的無意識』として個々の経験や認識を超えた意識があるのではないか」とも論じられています。

そのため、現代の社会で唯一「古暦の影響力」を受け継ぐ「六曜」が、大吉日の効果へ及ぼす影響は大きいと考えられるのです。

本書は、特に「吉日」として認知度が高い、「大安」と「友引」を中心に情報や傾向をお伝えできるよう、設計しています。

実際は他の六曜も、良い側面とそうでない側面を持ち合わせておりますが、今回はあえて、現代人の認識として「良い日」と認識できる「大安」と「友引」に焦点を合わせることで、現代社会で通用する効果を意図しています。

ただし、他の古暦を「大吉日の根拠」とする場合は、「大安」「友引」以外の六曜でも採用し、「注意すべき傾向」として、六曜からの影響をお伝えしています。

「干支（えと）」

日本人が古来使用してきた暦

「干支」と聞くと、現代では年賀状やお正月の情報としての動物を思い浮かべる方が多いでしょう。実は、**日本人が一番長く、一般的に使用してきた「暦」が「干支」**なのです。さらには、「時間」や「方位」にも使用されていた、もっとも利用価値の高い情報でもあります。

正確には、「十干（じっかん）」という単位と「十二支（じゅうにし）」という単位を組み合わせて、使用されます。**「十干」＋「十二支」＝「干支」**と称しているのです。

それぞれに、「陰陽五行」という自然界のすべてを言葉で表現しようと試みた思想を象徴する「シンボル」となっています。

　現代でも60歳にお祝いする「還暦」という区切りは、60種類ある「干支」の組み合わせが一周したことを祝う行事でした。


「十干」も「十二支」も、それぞれに独立した存在ですが、それを組み合わせることにより、自然界の傾向や変化の傾向を象徴する「意味」を伝えています。

　例えば、本書の「大吉日」である「己巳（つちのとみ）」は、「陰の土」と「陰の火」を意味し、「火生土（かしょうど）」という状況を意味します。「陰の火」が「陰の土」を生み出すという解釈をすることにより、「内面で、増加の作用が発生する」と鑑定するのです。

　その解釈からさらに連想すると、「お金を増やすのに適した日」となり、お金のご神徳がある「弁財天さま」のご縁日（神仏と縁のある日）となるのです。


　自然界にもともとある「エネルギー」を象徴的に捉えたものが、「陰陽五行」であり、それを言葉として表現し、そこからの影響を自分たちの生活に反映させようとした「カレンダー」が、**「年干支」「月干支」「日干支」**です。

「年・月・日」それぞれの「干支」は、それぞれに「相性」があり、その「傾向」を鑑定することができます。本書では、「年・月・日」それぞれの相性を確認し、そこからの「大吉日の傾向」もお伝えしています。そのため、この本に書かれている文字数の3倍以上の鑑定書を作成したうえで、大吉日を選定しています。それらの情報を本書に掲載すると、とんでもなく複雑となってしまうので、要点だけをまとめています。

「年干支」「月干支」「日干支」は、それぞれに抽象度や影響力が異なります。

◆年干支…抽象度が高く、影響力は弱いですが、年全体へ作用しています。
◆月干支…抽象度は高いですが、月単位の傾向として、影響力が強くなります。
◆日干支…具体的に解釈を捉えることができるため、「大吉日の傾向」に直接影響します。

本書により、先人たちの智慧の結晶である「干支」を存分に活用してください。

「二十八宿（にじゅうはっしゅく）」

中国の皇帝が利用していた「呪術」が起源

江戸時代の中期になると、戦争のない平和な世の中となり、人々の生活が安定し、豊かな社会が日本中に拡がっていきました。

その変化のなかで、支配者層だけが活用していた「技術」や「情報」が、学問として民間に拡がり、研究されるようになります。その一つが「宿」と呼ばれる、**「天体の運行から世界の傾向を知る」**という知識だったのです。

その研究が民間で進んでいくうちに、「占星術」として認識されるようになり、『暦本（れきほん）』と呼ばれるカレンダーに記載されるようになりました。

「宿」にはインドで開発された**「二十七宿」**と、中国で開発された**「二十八宿」**という2種類があります。本書では、吉日の鑑定能力に優れている「二十八宿」を採用しています。

もともとは、中国の皇帝が国を治め、支配力を強めるための「呪術」として開発されたもので、日本でも支配者層が取り入れていたため、解釈が伝わりやすいという特徴があります。

「角・亢・氐・房・心・尾・箕・斗・女・牛・虚・危・室・壁・奎・婁・胃・昴・畢・觜・参・井・鬼・柳・星・張・翼・軫」という、28種類の漢字で構成されており、それぞれに「良い側面」と「良くない側面」を意味しています。

現代では、「危」や「鬼」などの文字からは、「良くない側面」を連想してしまいますが、意味としては両方の「特徴」を示唆しています。なお、「鬼」は二十八宿のなかでも、もっとも強い「吉日」として解釈する「鬼宿日」の根拠ともなっています。

本書では、二十八宿の「良い側面」を鑑定し、さらに、同じ日に重複している別の暦を組み合わせることで、その解釈をお伝えしています。

それにより、大吉日の「傾向」だけでなく、「特徴」や、その日に選択すべき「行動の内容」を現代語に「翻訳」することができたのです。

「月の公転周期」を基準に、28の星座を算出しているので、「旧暦」との関連性も強い古暦です。そのため、記載している「旧暦」も確認し、そこからの連想を行うことも有効です。記載している旧暦は、すべて「○月1日」が新月の日となるよう計算しています。日付によって、新月から何日経過しているのか、すぐに確認できるようになっています。新月が近い日程ほど、二十八宿の影響力が強くなります。そのため、旧暦の月初と月末は、宿の解釈が重要となってくるのです。その観点からも「大吉日」の解説を楽しんでみてください。

「十二直(じゅうにちょく)」

江戸時代において人気を博した古暦

現代でも占星術において強い意味をもつ「北斗七星」ですが、「十二直」はその天空における動きと、時間と方位の「単位」として使用されていた「十二支」が示す「エネルギーの傾向」を組み合わせて編み出されたものです。

中国から『荘子(そうし)』が伝わった際に、十二直も伝わったともいわれています。

日本でも天文の研究が進むにつれ、日本独自の暦として確立していき、改良や修正が行われた痕跡が確認できます。
日本では「占術」ではなく、「呪術」としての開発が行われていました。そのため、「未来を予見する」ために使用されたのではなく、**「未来をより良い状態へ書き換える」**ことが目的だったので、江戸時代には大変な人気となりました。
暦の総合案内となる『暦本』では、もっとも読みやすい位置となる「中段」に記載されるようになり、**「暦注中段」**とも呼ばれています。

受け継がれてきた歴史が長い分だけ、多くの解釈やバージョンが存在しますが、本書では、本来の役割だった時間と方位の特徴を言語化して、特に「縁起が良い」と評判となったものを選別して使用しています。それにより、「ゲン担ぎ」の要素を多く取り入れることが可能となったのです。

十二直では、「建（たつ）・除（のぞく）・満（みつ）・平（たいら）・定（さだん）・執（とる）・破（やぶる）・危（あやぶ）・成（なる）・納（おさん）・開（ひらく）・閉（とづ）」という12種類の計算結果を1文字の漢字で表現しています。読み方は、音読みと訓読み、両方あり、鑑定する流派によって異なります（本書では訓読みで表記しています）。

「陰陽の思想」も反映しているため、それぞれに「よし」と「あし」の解釈が存在し、この十二直だけでは、「吉日」の判定は行えない内容です。

現代の「漢字からの印象」とも異なります。例えば、現代人の感覚では、「満」や「開」などは良いイメージで、「破」や「危」などは、なんとなく避けたいイメージとなりますが、それでは古暦の鑑定とはなりません。

他の暦、陰陽の傾向まで確認し、そこから「その日だけの」十二直を読み解く必要があるのです。そのため同じ十二直でも、鑑定士によって表現が異なる鑑定となり、その表現に対する評価が、江戸時代では鑑定士の評価ともなっていたようです。

本書は、「古暦の不思議な力を現代に蘇らせたい」との意図もあるので、現代人のイメージにも考慮して、表現を選択しています。

先人たちが漢字1文字に込めた「想い」と「エネルギー」を「大吉日」という鑑定結果を通じて、確認してみてください。

「暦注下段（れきちゅうげだん）」

もっとも影響力がある情報

日本では多くの「暦」が存在し、複雑な計算式のうえで、それを受け継いできました。そのため、専門知識や高度な技術を伝承された鑑定士でないと、「理解できない」という状況が続いていました。

そこで、「誰でも」「わかりやすく」「簡単に」暦を活用できるように開発されたのが、この**「暦注下段」**です。

文字通り、「暦の注釈」を『暦本』内のページの「下段」にまとめたものです。人気の高まりとともに年中行事や広告などにも記載されるようになり、時代が進むにつれて、紙面でも大きな面積を占めるようになりました。

しかし暦注下段は、時代、地域、流派ごとに表現や算出方法、意味合いが異なるため、明治の改暦時には、「文字で書かれた古暦には、共通の根拠も利用価値もない」

という「改暦の必要性」を生む要因ともなりました。

時は流れ、現代の「古暦鑑定」においては、**もっとも影響力がある情報が記載されているのが**、この「暦注下段」となります。

それは、近年になってから新たに注目を集め、話題に上るようになってきた**「一粒万倍日」**や**「天赦日」**といった、「善日」の表記です。

本書でも、「最上の大吉日」と称している「天赦日」も、この欄に記載されていた「善日」です。

さらに、本書では意図的に記載していない「悪日」も、この欄に記載されていた表現が復刻されてインターネットなどで紹介されるようになってきました。

「善日」は、人間にとって良い傾向が強まり、良い現象が発生する日と定義されています。代表的に、現代でも復活しつつあるものが、「七箇の善日」です。

「鬼宿日」「天赦日」「神吉日」「大明日」「母倉日」「天恩日」「月徳日」の七つの「善日」のことで、本書でも吉日の「根拠と傾向」をお伝えするために、重要な役割を果たしています。

しかし、これらはもともと専門の鑑定士が行っていた「算出方法」から、その結果だけを抽出し、断片だけを記載したものです。

そのため、「他の暦」をしっかり確認し、そこからの影響を考慮していなければ、「常に同じ吉日」という意味だけとなり、自然界の「摂理」に合わない利用方法となってしまうのです。


例えば、「一粒万倍日」も暦注下段ですが、前述したようにそれだけで「吉日」と断定することはありえません。なぜなら、その「傾向」は、同じ「一粒万倍日」でも必ず異なるからです。本書では、「暦本来の役割」を復刻するために、こだわり抜いて鑑定しております。

「二十四節気（にじゅうしせっき）」「七十二候（しちじゅうにこう）」

季節・気候の変化に対応した暦

先人たちが、気が遠くなるほどの長い時間をかけて研究と改善を重ねてきた「古暦」には、大きく分類して二つのタイプが存在します。

一つは、自然界の変化、季節・気候の変化を「循環」として捉えて、毎年同じ時期に同じ傾向となる内容を言語化した**「循環型暦・らせん型暦」**。

もう一つは、同じ日が二度とは来ないことを前提として、その日に重複する暦から、その日独自の傾向を言語化した**「唯日無二型」**です。

「循環型暦・らせん型暦」は、「二十四節気」「七十二候」という四季の変化と、それに対する有効な対応を説いています。太陽の位置から計算しているので、現代の西暦でも、毎年前後1日程度の誤差で同じ暦が巡ってきます。

そのため、西暦の年が変わっても、いつからでも、どこからでも、どんな状態からでも、自分の生活に活用できる古暦なのです。

それに対して、「唯日無二型」は、その日に重複する個々の暦から鑑定をしているので、同じ日は現れません。

本書は、かけがえのない、この先も二度とやってくることがない「唯一無二の大吉

日」をお伝えするために書かれていますので、「唯日無二型」なのです。だからこそ、２０２４年～２０２６年のそれぞれの大吉日に特化した鑑定内容となっています。

ちなみに、前著『３６５日のご利益大全』では「循環型暦・らせん型暦」を採用し、閏日を含めて３６６日分の何気ない毎日をいい日にする智慧をお伝えしています。「循環」と「唯日」、その両方の「古暦」を取り入れることで、より深く、より強く、古暦がもつ「不思議な力」を実感いただけます。「大吉日」を補完したいときは、ぜひ確認してみてください。

「陰陽」

世界のすべてに影響するこの世の摂理

「摂理」という言葉をご存じでしょうか？　人間が決めたことではなく、「もともと、そうなっていること」、それが「摂理」という単語の意味です。

本書では、大吉日の内容をより深く、より具体的にお伝えするために、**「陰陽」**という摂理を掲載しています。

森羅万象すべての「物質」、すべての「現象」には、「陰」という側面と「陽」という側面、そして、その中間にある「中庸」という側面があるという意味が込められています。

本書のすべての大吉日には「陰・陽・中庸」を簡単に確認するための割合を、円グラフで掲載しています。

基本的には、「陰」の割合が大きいほど「目には見えない領域」、つまり「内面側」での「良い変化」が発生する傾向が強くなり、「陽」の割合が大きいほど「目に見える領域」、つまり「外側」での「良い変化」が発生する傾向が強くなるという解釈となります。

具体的には、「陰が4割以上」の大吉日は、心や気持ち、準備や計画などの「内面」での良い変化が強くなり、「陽が4割以上」の大吉日は、行動や発言、実行や開始などの「外面」での良い変化が強くなる傾向を意識してください。

そして「中庸」が普段よりも大きな割合となる日は、「バランスがとれた大吉日」です。「全体の流れが良い傾向」が強まるので、「陰陽」の「内外両面」での変化が、その日のあなたに、必要な支援として発生します。

本書の鑑定結果では、陰・陽・中庸の割合よりも、その日の古暦の傾向を優先にしていますので、この割合をそのまま反映していない大吉日も存在しますが、「陰陽」はすべての傾向を示す割合ですので、大吉日を自分の現状に即して活用するためにも、割合を確認してみてください。

大吉日を超えて、大吉祥日（だいきつしょうび）を目指す

ここまで、本書の根拠となる古暦やその考え方をお伝えしてきました。この章の最後に、大吉日をさらにその先へと導く概念についてご説明いたします。

本書は、普段よりも「良い変化」が発生しやすい日を「大吉日」として選定し、そ

れを意識することで、実際の「良い変化が発生する」という現象が起きることを意図して、設計しています。そのうえで、さらに強く大きな「良い変化を現実化する」ことが可能な「特異日」のことを、**「大吉祥日」**と表記して、お伝えしています。

通常の解説をご確認いただくだけでも、古暦の「効果」が発動するようになっていますが、「大吉祥日」へと昇華させることが可能な日は、「そのために必要な行為」について、できるだけ記載しています。

なぜ、「追加の行為」が必要となるかというと、それを選択し、実際に行動することにより、「大吉祥日へと昇華させた」という、「自発的な意識」が、大吉祥日には必要となるからです（「天赦日」は、昇華させる意識をもたなくても、「大吉祥日」ですが、他の大吉祥日を意識していただきたいため、あえて「大吉祥日」の表記は記載していません）。

ぜひ、ゲーム感覚で、「大吉祥日」へ昇華させるための行動も、楽しんでみてください。

大吉日大全
2024年

2024年【年干支】

甲(きのえ)辰(たつ)

陽の年干支となり、目に見える領域で「大きく成長する」傾向が強い年となります。

2024年の「機運が良い月」ベスト3

第❶位　7月

力強い大吉日が多く発生し、最上となる「天赦日」がさらに強力となる大吉日も発生します。この月に向けて「準備」を意識しておくと、「2024年全体が良くなる」という効果が得られます。

第❷位　8月

40年に一度ほどやってくる、夏に良い機運が集まる年となるため、7月に引き続き機運が高まります。この月の選択が、この先の成果へと大きく影響しますので、暑さに負けずに活用してください。

第❸位　1月

1月1日が「天赦日」で始まることで、2024年は特別な年になります。「2024年の年始めはいつもと違う」と認識してください。その影響は、2025年以降にも「良い支援」となって続きます。

2024年

1月

【月干支】

丙寅

陽の月干支となり、目に見える領域で「勢いが増す」傾向が強い期間となります。

2024年1月の「大吉日」ベスト3

第1位　1月1日(月)

［注目の古暦］

天赦日、一粒万倍日、天恩日

陰陽のバランスも良く、あらゆる点で特別な年始めとなります。元日にこれだけの暦が重複するのは、この先20年以上発生しません。ぜひ活用して、「最高のスタートダッシュ」を実現してください。

第2位　1月16日(火)

［注目の古暦］

大安、一粒万倍日、神吉日、大明日、天恩日

「楽しい」という気持ちを今よりも大切にすることを意識してください。それが「良いタネ」となり、その後、大きく育つのです。

第3位　1月19日(金)

［注目の古暦］

友引、神吉日、大明日、母倉日、天恩日

現在の「ご縁」を素直に喜び、「もっと良くする」という感覚をもつだけで、良い方向へと導かれる支援が発生します。

1月1日（月）

奇跡の元日から1年を始める

【六曜】赤口（しゃっこう）
【日干支】甲子（きのえね）
【月干支】丙寅（ひのえとら）
【年干支】甲辰（きのえたつ）
【二十八宿】畢（ひつ）
【十二直】建（たつ）
【暦注下段】天赦日（てんしゃにち）、一粒万倍日（いちりゅうまんばいび）、天恩日（てんおんにち）

【陰陽】陽

陰／中庸／陽

【二十四節気】冬至（とうじ）
【七十二候】雪下出麦（ゆきわたりてむぎのびる）
【旧暦】2023年11月20日

最強の暦に決意を固める

2024年は、いきなり「天赦日」と「甲子」の重複という、「最強の暦」からスタートです。陰陽のバランスが絶妙で、あらゆることに支援がつく大吉日となります。特に2024年全体の計画を検討することで、希望がより明確で具体的となり、実現に向けてのタネが万倍化していくので、楽しみながら取り組んでみてください。

今日の行動が1年の行動を決める

二十八宿の「畢」の影響で、寝正月にしないように注意しましょう。食べすぎ、飲みすぎも要注意です。せっかくの大吉日を気分良く楽しみましょう。この日の行動が、この1年の行動に影響します。また、異性への発言が失言となる傾向が強まるため、注意してください。

【人】家族／交流／多人数

【行動】計画／検討／スタート

【健康】運動／ダイエット／炭水化物

【お金】もらう／払う（無形）／財布を整理

1月6日（土）

穏やかな環境で流れを見つめる

［六　曜］大安（たいあん）
［日干支］己巳（つちのとみ）
［月干支］丙寅（ひのえとら）
［年干支］甲辰（きのえたつ）
［二十八宿］柳（りゅう）
［十二直］定（さだん）
［暦注下段］神吉日（かみよしにち）、大明日（だいみょうにち）、母倉日（ぼそうにち）

［陰陽］陰

陽　中庸　陰

［二十四節気］小寒（しょうかん）
［七十二候］芹乃栄（せりすなわちさかう）
［旧暦］2023年11月25日

1年の楽しい想像で心を満たす

全体の機運が良くなる「大安」と、今年最初の弁財天さまのご縁日*「初弁天」が重複する大吉日です。仕事や学校が始まっている人は、今年全体のおおまかな「流れ」を確認するのに相応しい吉日です。これから仕事始めの人は、これから始まる2024年の実生活について、楽しい想像をしてみてください。「投資」など「財テク」にも適した日となります。

心を静かに保つ

二十八宿の「柳」と十二直の「定」が重複することにより、「騒がしい」状況に巻き込まれやすいので、注意してください。SNSの情報やニュースとは距離をとり、意識的に落ち着いた時間をつくり、静かな環境に身を置くようにしましょう。

［お金］

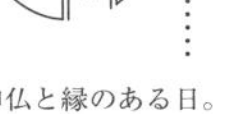

［健康］

運動

ミネラル

［行動］

仕事

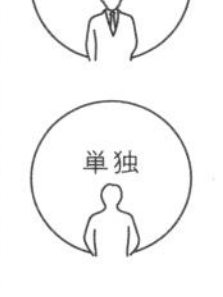

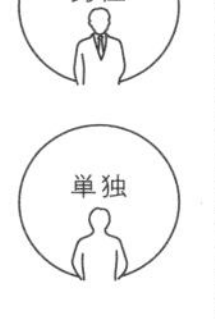

屋内

［人］

家族

男性

単独

＊神仏と縁のある日。

1月9日（火）

願いと向き合い、時には手放す

［六曜］友引（ともびき）
［日干支］壬申（みずのえさる）
［月干支］丙寅（ひのえとら）
［年干支］甲辰（きのえたつ）
［二十八宿］翼（よく）
［十二直］危（あやぶ）
［暦注下段］神吉日（かみよしにち）、大明日（だいみょうにち）

［陰陽］
陰
陽 中庸 陰

［二十四節気］小寒（しょうかん）
［七十二候］芹乃栄（せりすなわちさかう）
［旧暦］2023年11月28日

今まで抱いてきた願いと向き合う

関係性が良くなる「友引」とお金関連でも吉日となる「壬申」が重複します。自分の「願い」に向き合うと、良い導きが得られる日です。「今まで抱いてきた願い」をチェックしてください。「手放すべきもの」が含まれていないか意識すると、より効果的です。「必要なお金」についても検討できれば、大吉祥日へと昇華します。

しなくていい我慢を手放す

二十八宿の「翼」と十二直の「危」が重複する影響で、自分の気持ちを無視して行動してみたくなる日です。今日は普段よりも「我慢」が大きくなってしまうため、自分の内面と相談してから行動に移すように心がけることで、余計な苦労や負担を回避できます。

［人］
女性
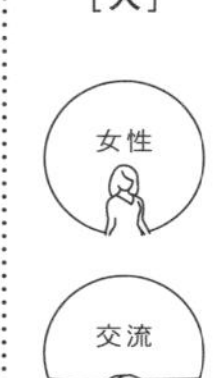
交流

多人数
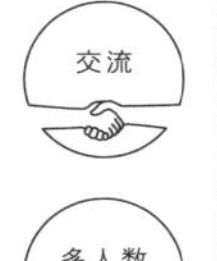

［行動］
準備
検討
屋内
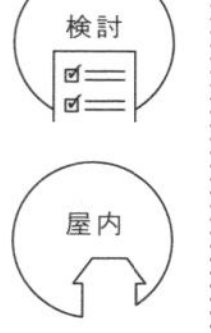

［健康］
休息
ビタミン
ミネラル
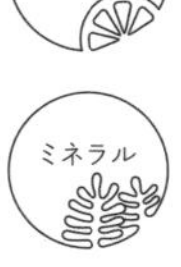

［お金］
貯金
自分へのご褒美
他人へのプレゼント

1月16日（火）

笑顔で検討すると良い方向に導かれる

【六曜】大安
【日干支】己卯
【月干支】丙寅
【年干支】甲辰
【二十八宿】尾
【十二直】満
【暦注下段】一粒万倍日、神吉日、大明日、天恩日

【陰陽】陽

陰　中庸　陽

【二十四節気】小寒
【七十二候】雉始雊
【旧暦】2023年12月6日

仲間と楽しいことを増やす

全体が良くなる「大安」と多くの善日が重複する大吉日です。目に見える領域で、増やしたいものや体験したいことを選択するのに相応しい日です。この日の「増やしたいこと」の基準は「楽しいこと」。色々と想像しながら笑顔で検討することで、より良い方向への導きが得られます。気の合う仲間と一緒に検討すると、大吉祥日へと昇華します。

一人にならず、交流を選ぶ

日干支の「己卯」と二十八宿の「尾」が重複することにより、単独での行動を選択すると、「抵抗感」が大きくなる日です。今日は意識的にコミュニケーションをとってみてください。いつもと違う場所にいるだけで、良い運氣が高まります。

［人］
同僚
交流
多人数

［行動］
仕事
検討
計画
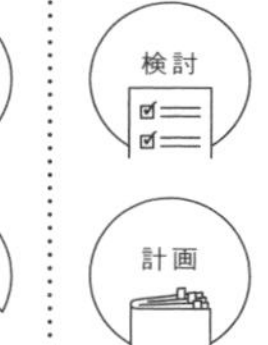

［健康］
運動
水分補給
ビタミン
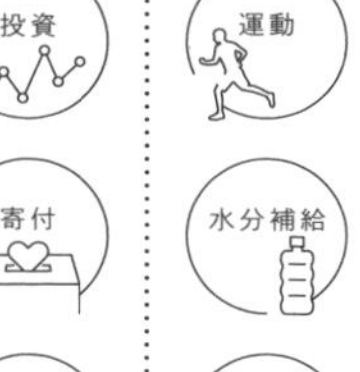

［お金］
投資
寄付
他人へのプレゼント

1月18日(木)

優しさが良い日へと導いてくれる

[六曜] 先勝(せんしょう)
[日干支] 辛巳(かのとみ)
[月干支] 丙寅(ひのえとら)
[年干支] 甲辰(きのえたつ)
[二十八宿] 斗(と)
[十二直] 定(さだん)
[暦注下段] 母倉日(ぼそうにち)、天恩日(てんおんにち)

[陰陽] 陰

陽 中庸 陰

[二十四節気] 小寒(しょうかん)
[七十二候] 雉始雊(きじはじめてなく)
[旧暦] 2023年12月8日

優しさは言葉で伝える

二十八宿の「斗」、十二直の「定」と複数の善日が重複することにより、「優しい心」がキーワードとなる大吉日です。普段よりも、自分の心の動きに注目して、他人にも自分にも優しさを発揮してください。言葉遣いを変えるだけで、全体が良くなっていきます。表情も自分なりの優しい顔を目指してください。今日のあなたの優しさは、周囲にうまく伝わります。

優しさでトラブルを防ぐ

十二直「定」からの影響で、自分にも他人にも厳しい態度をとってしまいがちな1日です。「優しさ」を意識すると、トラブルを未然に防げます。家族に対して厳しく接してしまう傾向となるので、余計なことを言わないように注意してください。

[人]

[行動]

[健康]

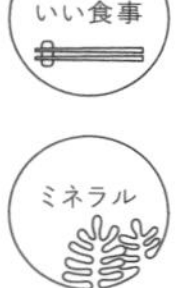

[お金]

1月19日（金）

好きな人に意識を向けて、良縁を得る

［六　曜］友引
［日干支］壬午
［月干支］丙寅
［年干支］甲辰
［二十八宿］牛
［十二直］執
［暦注下段］神吉日、大明日、母倉日、天恩日

［陰陽］陽

陰
中庸
陽

［二十四節気］小寒
［七十二候］雉始雊
［旧暦］2023年12月9日

良縁が拡がる出会いの日

人間関係に支援がつく「友引」と二十八宿の「牛」に、多くの善日が重複する大吉日です。コミュニケーションがうまくいき、新しい良縁が拡がる日ですので、人脈を開拓するイメージで、新しい出会いを選択してみてください。良い情報が手に入りやすい日でもあるので、情報収集や市場のリサーチなども有効な日です。

苦手な人から距離をとる

日干支の「壬午」と十二直の「執」が重複するため、苦手な人がいたら、距離をとりましょう。今日は物理的に距離をとりましょう。苦手な人とのご縁も強まってしまう傾向となるからです。離れられない場合は、休憩時間などに、「自分の好きな人の画像」をスマホなどで観賞してみてください。

［人］

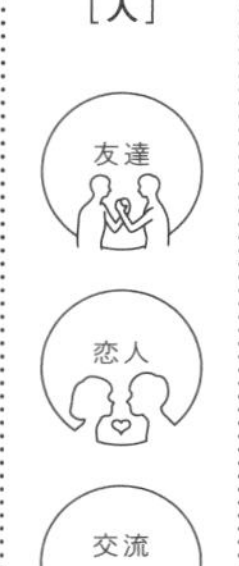

［行動］

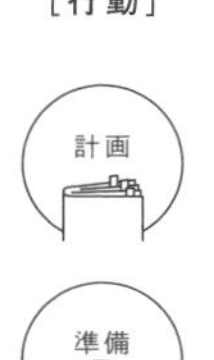

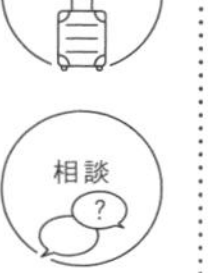

［健康］

運動

バランスのいい食事

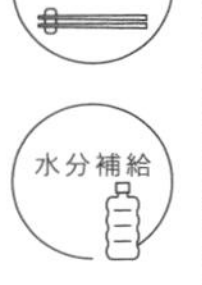

［お金］

払う（無形）

寄付

1月22日（月）

【六曜】大安
【日干支】乙酉
【月干支】丙寅
【年干支】甲辰
【二十八宿】危
【十二直】成
【暦注下段】神吉日、大明日

新しい計画に必要な数値を意識する

【陰陽】陰

陽
中庸
陰

【二十四節気】大寒
【七十二候】款冬華
【旧暦】2023年12月12日

数字で計画を表現する

全体が良くなる「大安」に加えて、二十八宿の「危」と十二直の「成」が重複することにより、新しい計画を検討すると多方面からの支援が得られる日です。その際、重要なのは「数値化」。今日はできるだけ数字で、計画の内容を表現するようにしてみてください。具体的な日付や、さまざまな指標、予算なども数値です。有効に活用しましょう。

他人の意見にも注意を払う

日干支が「乙酉」となるため、今日は自分の意思や意識が固くなる傾向となります。そのため、他人の意見やデータを受け入れることが難しくなる日です。良い計画のために大切なのは「柔軟性」です。他人の意見にしっかりと耳を傾け、検討したうえで、発言してみてください。

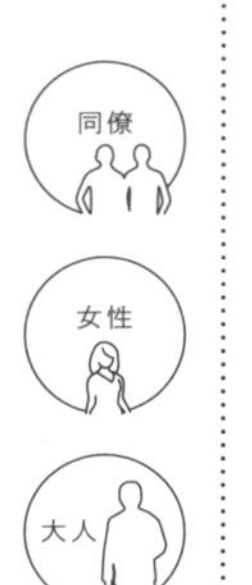

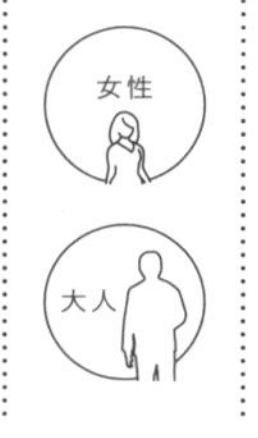

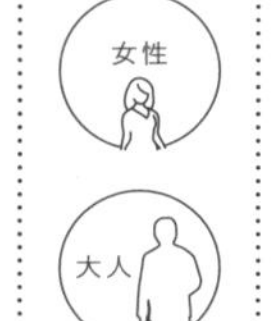

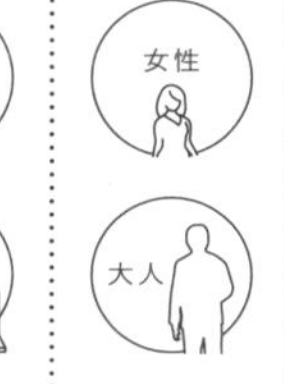

1月25日（木）

ちょっとの移動が大きな運を連れてくる

［六曜］友引（ともびき）
［日干支］戊子（つちのえね）
［月干支］丙寅（ひのえとら）
［年干支］甲辰（きのえたつ）
［二十八宿］奎（けい）
［十二直］閉（とづ）
［暦注下段］一粒万倍日（いちりゅうまんばいび）、神吉日（かみよしにち）

［陰陽］陽

陰
中庸
陽

［二十四節気］大寒（だいかん）
［七十二候］水沢腹堅（さわみずこおりつめる）
［旧暦］2023年12月15日

散歩やランチが良いタネになる

関係性が良くなる「友引」と二十八宿の「奎」の重複により、「近距離の移動」が良い運氣へと同調する行動となる日です。具体的には半径5キロ圏内で移動してみてください。短時間の散歩や外出で十分です。新しい気づきや発見を楽しめれば、「一粒万倍日」の「良いタネ」となって喜びが増殖する大吉祥日へと昇華します。

体は動けなくてもイメージで動いてみる

十二直が「閉」となるため、移動ができないと、消極的な気持ちが強くなってしまう日です。移動できない時間が続くときは、いつもより意識を切り替えて、「積極的な気持ち」を強くしてください。「近距離で行ってみたい場所」を検索するのも有効です。

［人］
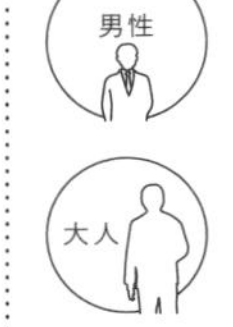

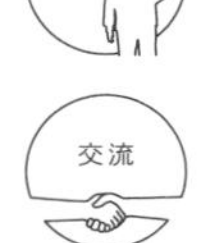

［行動］
屋外
連絡

［健康］
運動
炭水化物

［お金］
買う（有形）
財布を整理

1月28日（日）

恐れを手放し、楽しむための一歩を踏み出す

【六　曜】大安（たいあん）
【日干支】辛卯（かのとう）
【月干支】丙寅（ひのえとら）
【年干支】甲辰（きのえたつ）
【二十八宿】昴（ぼう）
【十二直】満（みつ）
【暦注下段】一粒万倍日（いちりゅうまんばいび）、神吉日（かみよしにち）

【陰陽】陽

陰　中庸　陽

【二十四節気】大寒（だいかん）
【七十二候】水沢腹堅（さわみずこおりつめる）
【旧暦】2023年12月18日

楽しみながら「新しい」を選ぶ

全体の機運が良くなる「大安」、二十八宿の「昴」と十二直の「満」が重複し、未体験なことに挑んでみると、良い時間が展開する大吉日です。「新しいこと」を選択してみてください。「仕事」よりも「遊び」の未体験が有効です。最初は「恐れ」の気持ちが強くても、取りかかると楽しくなっていきます。友達と一緒に楽しめれば、大吉祥日へと昇華します。

始めるときは簡単なものから

日干支の「辛卯」からの影響により、「未体験」に対する警戒心が強くなる日です。「最初の一歩」が重くなる日ですので、それを認識したうえで、簡単なレベルから試してみる感覚で実践してみてください。

［人］
友達
恋人
子ども

［行動］
スタート

遊び

実行

［健康］
運動
水分補給

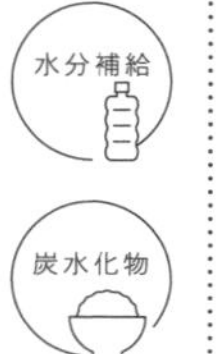

炭水化物

［お金］
買う（有形）
投資
自分へのご褒美

1月31日(水)

客観的に自分のお金と向き合う

【六曜】友引（ともびき）
【日干支】甲午（きのえうま）
【月干支】丙寅（ひのえとら）
【年干支】甲辰（きのえたつ）
【二十八宿】参（しん）
【十二直】執（とる）
【暦注下段】神吉日（かみよしにち）、母倉日（ぼそうにち）

【陰陽】陰

【二十四節気】大寒（だいかん）
【七十二候】鶏始乳（にわとりはじめてとやにつく）
【旧暦】2023年12月21日

3つの視点でお金を見直す

関係性が良くなる「友引」、日干支の「甲午」に複数の善日が重複することで、「お金のバランス」を見直すのに相応しい大吉日です。「使う・貯める・運用する」の3つの視点から、具体的に「自分の経理」に取り組んでください。できるだけ客観的に、自分のお金の現状と、どんな選択が望ましいのかを検討してみてください。

今日はお金から逃げない

二十八宿の「参」と十二直の「執」が重複することで、感情からの妨害に、いつもよりも注意が必要です。お金は「感情」と直結しているので、「逃げたくなる」のは、誰でも同じです。勇気と根気をもって乗り越えることで、お金の現状を知り、傾向と対策を検討できるのです。

[人]
家族
大人
単独

[行動]

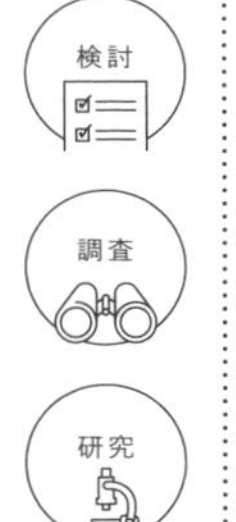
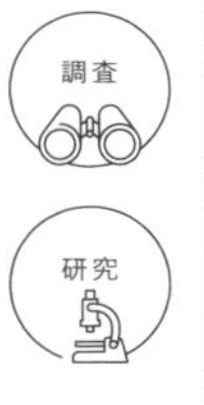

[健康]

[お金]
貯金
投資
財布を整理

2024年

2月

【月干支】

丁卯（ひのとう）

陰の月干支となり、目に見えない領域で「良い状態が拡大する」傾向が強い期間となります。

2024年2月の「大吉日」ベスト3

第❶位　2月12日(月)

［注目の古暦］
一粒万倍日（いちりゅうまんばいび）、神吉日（かみよしにち）、大明日（だいみょうにち）、月徳日（つきとくにち）

月干支との相性も良く、「初めて」を意識することで、全体の良い機運へと同調することができます。

第❷位　2月24日(土)

［注目の古暦］
一粒万倍日（いちりゅうまんばいび）、神吉日（かみよしにち）、大明日（だいみょうにち）

「良い気分」を優先するだけで、万倍化のタネが生まれる大吉日です。自分を喜ばせる意識をもってください。

第❸位　2月17日(土)

［注目の古暦］
友引（ともびき）、神吉日（かみよしにち）、大明日（だいみょうにち）、母倉日（ぼそうにち）、天恩日（てんおんにち）

「褒めること」が、いつもよりも遥かに「効果的」となります。恥ずかしがらずに、堂々と周囲を褒めてあげてください。

2月3日（土）

［六　曜］大安
［日干支］丁酉
［月干支］丁卯
［年干支］甲辰
［二十八宿］柳
［十二直］成
［暦注下段］神吉日

丁寧に節分を過ごして良い機運を招く

［陰陽］陽

陽／中庸／陰

［二十四節気］大寒
［七十二候］鶏始乳
［旧暦］2023年12月24日

節分らしいゲン担ぎを楽しむ

2024年の「節分」は、全体の機運が良くなる「大安」、二十八宿の「柳」と十二直「成」が重複する大吉日となりました。豆まきや恵方巻などの「ゲン担ぎ」を良い気分で、いつもよりも丁寧にやってみてください。「行動した」という履歴が、見える領域にも見えない領域にも影響していくのです。

合言葉は「それも、あり」

日干支の「丁酉」からの影響で、楽しい気分が盛り上がる分、些細なことでそれを打ち消そうとする衝動が高まる日です。自分の意図や想いと違っても「それも、あり」と認めることを心がけてみてください。「自分の気分は自分だけが維持できる」ことを忘れないことで、「万事うまくいく日」へと昇華します。

［人］
同僚

家族

多人数

［行動］
仕事
遊び
実行

［健康］
運動
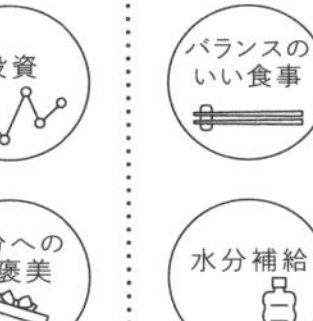
バランスのいい食事
水分補給

［お金］
払う（無形）
投資
自分へのご褒美

2月6日（火）

思いつきを文字にしてより良い導きを得る

［六　曜］友引
［日干支］庚子
［月干支］丁卯
［年干支］甲辰
［二十八宿］翼
［十二直］開
［暦注下段］神吉日、母倉日

［陰陽］陽

陰／中庸／陽

［二十四節気］立春
［七十二候］東風解凍
［旧暦］2023年12月27日

思いつきを書き留める

人間関係が良くなる「友引」と日干支の「庚子」が重複することにより、今までの準備を「次の段階」に進めると、より良い展開へと導かれる大吉日です。この日の発想や気づきは、どんどん「文字化」してみてください。記録していると、これ以降への恩恵も得られます。再スタートを切るにも適しています。

過ぎたことに縛られない

二十八宿の「翼」からの影響で、些細なことにとらわれがちとなる日です。「ちょっとのことは、気にしない」くらいの気持ちで、歩みを止めないようにしましょう。過去の失敗を思い出して、くよくよしてしまう傾向が強まる日でもあります。「過ぎたことに縛られない」と声に出して宣言してみてください。

［人］

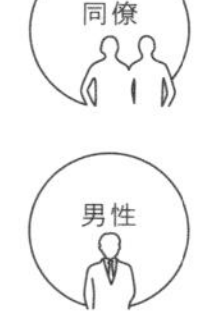

大人

［行動］

準備

スタート

仕事

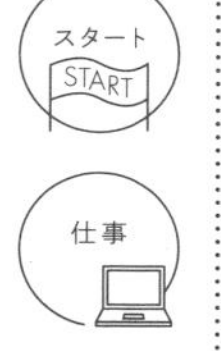

［健康］

運動

ダイエット

ミネラル

［お金］

2月10日（土）

小さな兆しを見逃さない

【六曜】先勝
【日干支】甲辰
【月干支】丁卯
【年干支】甲辰
【二十八宿】氐
【十二直】満
【暦注下段】大明日

【陰陽】陽

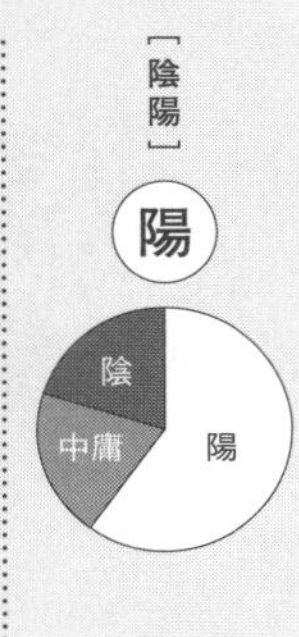

【二十四節気】立春
【七十二候】黄鶯睍睆
【旧暦】2024年1月1日

微妙な変化にも気を配る

二十八宿の「氐」と十二直の「満」の重複で、良い変化が目に見える大吉日です。微妙な変化でも、見逃さないように注意してみてください。今日確認できる変化は「兆し」です。どんな大きな変化も小さな変化から始まるのです。「育てる」という感覚も有効ですので、良い予感や変化を大きく育てるイメージを描いてみましょう。

必要なものまで手放さない

日干支が「甲辰」となるため、「あきらめの気持ち」が強く出てくる日です。不要なものを手放すことは、幸せに生きるうえで必要ですが、今日は「今後大きく育つ良いタネ」も手放したくなってしまいます。「続けることで得られるご褒美は大きい」と覚えておきましょう。

［人］
同僚
女性
単独

［行動］

［健康］

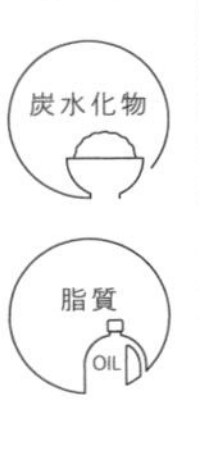

［お金］

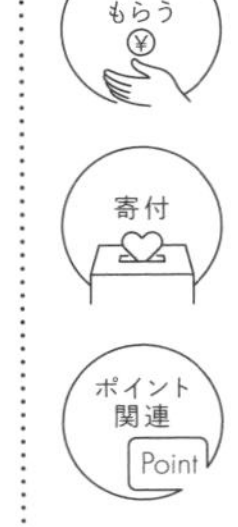

2月

2月11日（日）

静と動のバランスを重視する

［六曜］友引（ともびき）
［日干支］乙巳（きのとみ）
［月干支］丁卯（ひのとう）
［年干支］甲辰（きのえたつ）
［二十八宿］房（ぼう）
［十二直］平（たいら）
［暦注下段］神吉日（かみよしにち）、大明日（だいみょうにち）

［陰陽］陰

［二十四節気］立春（りっしゅん）
［七十二候］黄鶯睍睆（うぐいすなく）
［旧暦］2024年1月2日

動きすぎていないかを見極める

関係性が良くなる「友引」と十二直の「平」が重複し、「静と動」のバランス感覚を取り戻すのに有効な大吉日です。知らず知らずのうちにバランスを崩していることは珍しくありません。動きすぎだと感じた人は一休みして、動かなすぎだと感じた人は簡単なことからでも実行に移しましょう。

楽しいことを優先しすぎない

二十八宿の「房」の影響で、「楽しいこと」や「わかりやすいこと」につい没頭してしまう傾向が強まります。まずはその行動に使われている時間が1日のうちどのくらいになるのかを、チェックしましょう。バランスを取り戻すことが必要です。

2月12日（月）

心躍る「初めて」に出会う

［六曜］先負（せんぶ）
［日干支］丙午（ひのえうま）
［月干支］丁卯（ひのとう）
［年干支］甲辰（きのえたつ）
［二十八宿］心（しん）
［十二直］定（さだん）
［暦注下段］一粒万倍日（いちりゅうまんばいび）、神吉日（かみよしにち）、大明日（だいみょうにち）、月徳日（つきとくにち）

［陰陽］陽

陰 中庸 陽

［二十四節気］立春（りっしゅん）
［七十二候］黄鶯睍睆（うぐいすなく）
［旧暦］2024年1月3日

2月

「初めて」に挑戦する

二十八宿の「心」と多くの善日の重複により、気分が躍るような「初めて」を見つけられる大吉日です。自分がまだ体験していないことで、やってみたいことを検討してみてください。今日は「できるだけ具体的にすること」がポイントです。現在の状況からの「挑戦」となる内容で、楽しみながら探してみると、良い支援が万倍化します。

現状と負荷のバランスに注意

日干支の「丙午」からの影響で、つい「お金をかけたくなる」傾向が強くなりますので、注意しましょう。「現状」を踏まえ、無理しないことを意識して、新しい「投資」が現状のバランスを崩さないよう意識してください。

［人］
友達
恋人
交流

［行動］
検討
スタート
挑戦

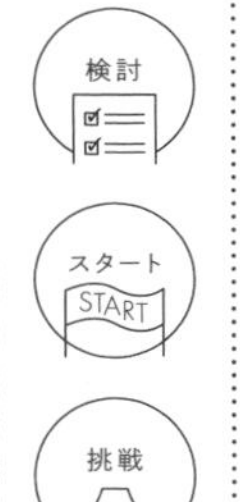
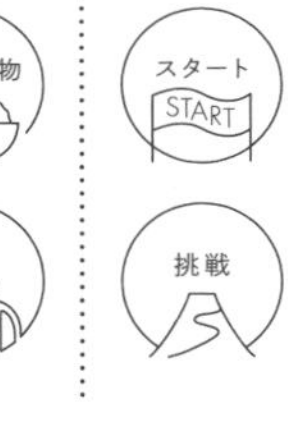

［健康］
たんぱく質
炭水化物
脂質

［お金］
払う（無形）
もらう
自分へのご褒美

2月16日（金）

区切りのタイミングで好転を狙う

［六曜］先勝（せんしょう）
［日干支］庚戌（かのえいぬ）
［月干支］丁卯（ひのとう）
［年干支］甲辰（きのえたつ）
［二十八宿］牛（ぎゅう）
［十二直］成（なる）
［暦注下段］大明日（だいみょうにち）、天恩日（てんおんにち）

［陰陽］陰

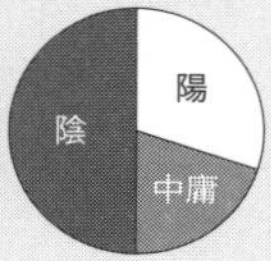

陽
中庸
陰

［二十四節気］立春（りっしゅん）
［七十二候］魚上氷（うおこおりをいずる）
［旧暦］2024年1月7日

好転のための分岐の日

日干支の「庚戌」と複数の善日が重複する大吉日です。全体が「好転」するタイミングでもあるので、今までは「良くない」と思っていたことも再点検してみてください。これまで続けてきたことに良い区切りをつけられます。過去を振り返って、もっと良くしていくのか、手放すのかを決めるのに適している日なのです。

昨日までの評価は手放す

二十八宿の「牛」と十二直の「成」が重複するため、今までの自分への「評価」に縛られていると、せっかくの好機を活用できません。世界は常に変化しています。以前の評価は「レッテル」にすぎないのです。好転の波に乗るためにも、「今の評価」を確認しましょう。

［人］
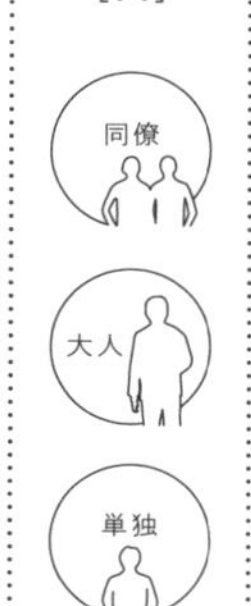

［行動］
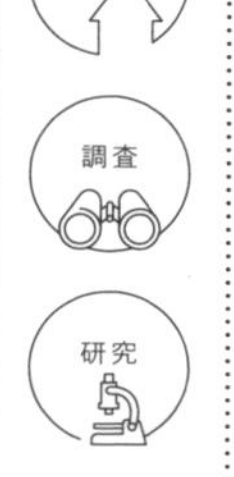

［健康］

［お金］
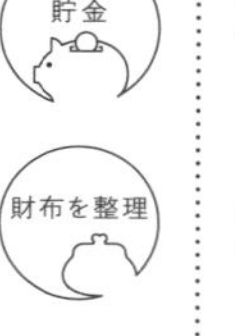

2月17日（土）

良き日に笑顔を振りまく

［六曜］友引
［日干支］辛亥
［月干支］丁卯
［年干支］甲辰
［二十八宿］女
［十二直］納
［暦注下段］神吉日、大明日、母倉日、天恩日

［陰陽］陽

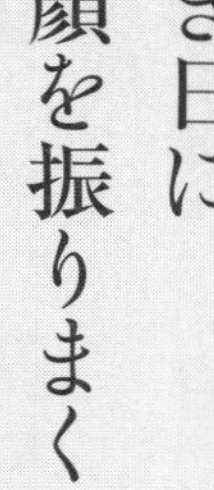

［二十四節気］立春
［七十二候］魚上氷
［旧暦］2024年1月8日

八方美人に徹する

関係性に支援がつく「友引」と日干支の「辛亥」が重複する、人間関係が改善する大吉日です。この日だけは「八方美人」になって、会う人みんなに笑顔を振りまいてみましょう。「褒めること」も有効な日となるので、相手の良い特徴や好きなところを言葉にしてみてください。恥ずかしい場合は、メモに書いておくだけでも有効です。

コミュニケーションは人それぞれ

二十八宿の「女」と十二直の「納」からの影響で、他の人への嫉妬心が生まれ、自尊心が損なわれる傾向も強まります。この日は「全体がコミュニケーションに適した吉日」なのですから、「人それぞれのやり方や表現で良い」という前提を忘れないでください。

［人］

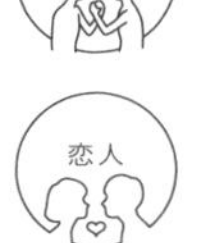

［行動］
相談
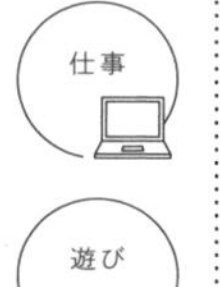

遊び

［健康］
運動
たんぱく質

［お金］
買う（有形）
払う（無形）

2月22日（木）

広い気持ちと信頼で仲間と楽しむ

【六曜】先勝（せんしょう）
【日干支】丙辰（ひのえたつ）
【月干支】丁卯（ひのとう）
【年干支】甲辰（きのえたつ）
【二十八宿】奎（けい）
【十二直】満（みつ）
【暦注下段】大明日（だいみょうにち）、月徳日（つきとくにち）

【陰陽】陰

陽
中庸
陰

【二十四節気】雨水（うすい）
【七十二候】土脉潤起（つちのしょううるおいおこる）
【旧暦】2024年1月13日

助け合って楽しみながら乗り越える

日干支の「丙辰」と十二直の「満」に、複数の善日が重複することで、周囲の人との協力がうまくいき、信頼を得られる大吉日となります。一人では達成できないことでも、「仲間」となら成し遂げられます。大切なのは、意見や認識の違いがあってもそれを乗り越えて助け合うこと。寛容な気持ちで仲間と楽しい時間を過ごしてください。

評価より信頼

二十八宿の「奎」の影響により、他者からの「評価」が気になる日となるため、注意しましょう。もちろん、貢献への報酬は適正であってほしいものですが、それよりも「信頼」が重要であると意識してください。必要以上に求めることを手放してみましょう。

［人］

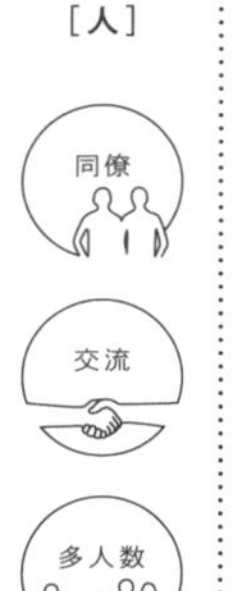

［行動］

［健康］

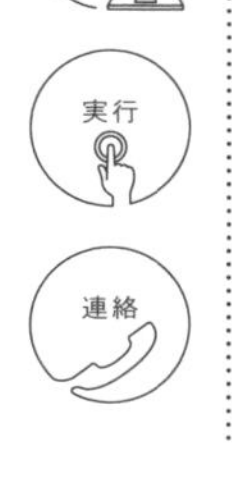

［お金］

2月24日（土）

自分をご機嫌にして、良いタネを芽吹かせる

【六曜】先負（せんぶ）
【日干支】戊午（つちのえうま）
【月干支】丁卯（ひのとう）
【年干支】甲辰（きのえたつ）
【二十八宿】胃（い）
【十二直】定（さだん）
【暦注下段】一粒万倍日（いちりゅうまんばいび）、神吉日（かみよしにち）、大明日（だいみょうにち）

【陰陽】陽

【二十四節気】雨水（うすい）
【七十二候】霞始靆（かすみはじめてたなびく）
【旧暦】２０２４年１月15日

良い気分が良い現実を呼ぶ

十二直の「定」と複数の善日が重複し、春の兆しを感じさせ、良い気分が膨らんでいく日です。今日は「良い気分」を優先させましょう。自分の機嫌をとる感覚で、自分を喜ばす選択を続けると、それが相乗効果となって、予期せぬ嬉しい出来事を連れてきてくれます。「小さな春を喜ぶこと」ができれば、「一粒万倍日」の増殖力により、大吉祥日へと昇華します。

朝の気分にあなたの1日を支配させない

日干支が「戊午」、六曜が「先負」となるため、朝起きてすぐの気分を確認してあまり良くなければ、午前中は無理せずに穏やかに過ごしましょう。午後から「良い気分」を膨らませてみてください。

［人］
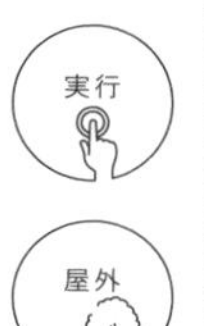

［行動］
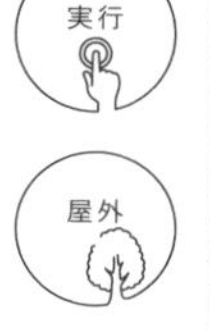

［健康］

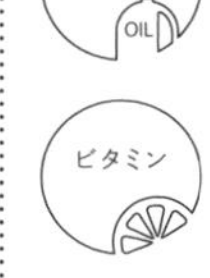

［お金］

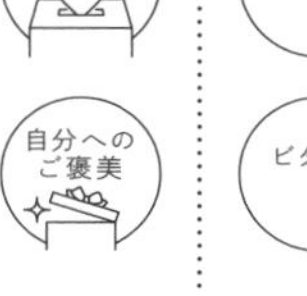

2月29日（木）

深呼吸で調整する

［六曜］友引（ともびき）
［日干支］癸亥（みずのとい）
［月干支］丁卯（ひのとう）
［年干支］甲辰（きのえたつ）
［二十八宿］井（せい）
［十二直］納（おさん）
［暦注下段］神吉日（かみよしにち）、母倉日（ぼそうにち）

［陰陽］陰

陽
陰
中庸

［二十四節気］雨水（うすい）
［七十二候］草木萠動（そうもくめばえいずる）
［旧暦］2024年1月20日

気持ちを客観的に捉える

関係性が良くなる「友引」、二十八宿の「井」に複数の善日が重複する大吉日です。2024年は、ほぼ4年に1回やってくる「閏年」。そのため、この「追加の日」が発生しています。この日は「中庸＝陰陽どちらでもない」状態へと移行しますが、2024年は「陰」の良い傾向が少しだけ強い大吉日となり、自分の気持ちや感情を客観的に捉えられる傾向が強まります。

前向きな気持ちを取り戻す

日干支が「癸亥」となるため、「やる気」や「根気」といった前向きな気持ちが希薄になる傾向が強まります。4年に1回だけやってくる「貴重な日」であることに注目して、「停滞」を感じたら天井や空を見上げて深呼吸してみてください。

［人］
家族
両親
単独

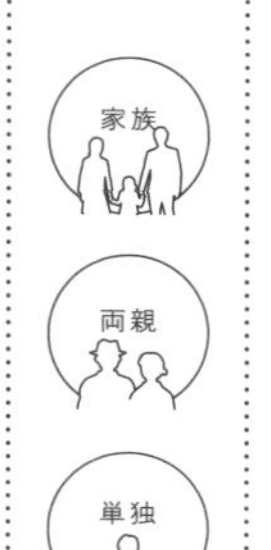
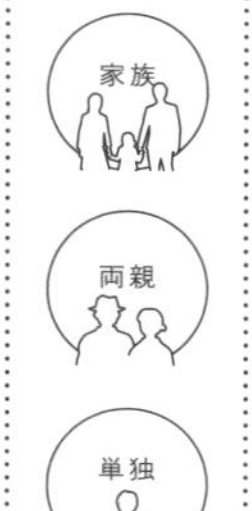

［行動］
準備
検討
屋内

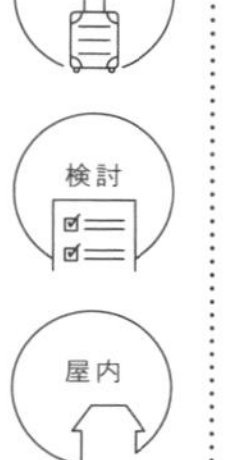

［健康］
休息
バランスのいい食事
ミネラル

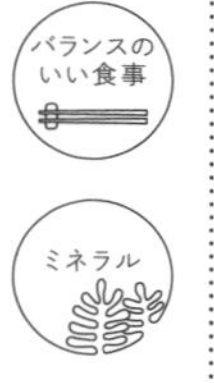

［お金］
貯金
ポイント関連
Point
自分へのご褒美

2024年

3月

【月干支】

戊辰

陽の月干支となり、目に見える領域で「土台が固まる」傾向が強い期間となります。

2024年3月の「大吉日」ベスト3

第1位　3月15日(金)

［注目の古暦］
天赦日、一粒万倍日

全体が向上する大吉日です。色々な領域で「抵抗」が少なくなる日ですので、存分に活用しましょう。

第2位　3月6日(水)

［注目の古暦］
友引、己巳、神吉日、大明日

弁財天さまのご縁日ではありますが、お金に限定しない大吉日です。「集める」「選ぶ」という行動に嬉しい支援が集まります。

第3位　3月1日(金)

［注目の古暦］
甲子、鬼宿日、母倉日、天恩日

「始めること」と「目に見える貢献」に、強い支援が集まる大吉日です。「助けること」「助けられること」に感謝すると、さらに良い状況が展開します。

3月1日(金)

【六曜】先負(せんぶ)
【日干支】甲子(きのえね)
【月干支】戊辰(つちのえたつ)
【年干支】甲辰(きのえたつ)
【二十八宿】鬼(き)
【十二直】開(ひらく)
【暦注下段】鬼宿日(きしゅくび)、母倉日(ぼそうにち)、天恩日(てんおんにち)

人のために動き、受けた恩に報いる

【陰陽】陽

陽 / 中庸 / 陰

【二十四節気】雨水(うすい)
【七十二候】草木萠動(そうもくめばえいずる)
【旧暦】2024年1月21日

人からの助けに感謝する

干支の始まりである「甲子」と二十八宿最高の「鬼宿日」が重複する大吉日です。「始めること」に支援がつきます。今日のキーワードは「目に見える貢献」。自分からの行動はもちろんのこと、人から受けた「助け」についても、しっかり注目してみてください。それに感謝できると、自動的に全部うまくいく日となります。

おせっかいを避ける

十二直の「開」の影響で、「おせっかい」な行動が多くなるため、注意してください。この日は自分の行動を客観的に見て、相手が喜んでいるか、自分の想いがわかりやすく伝わっているかを忘れずにチェックしてください。

［人］
同僚
恋人
家族

［行動］
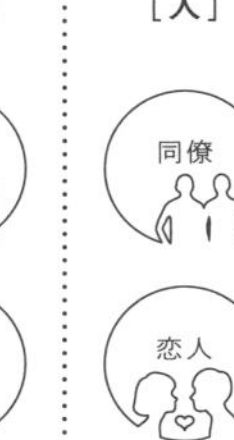
スタート
相談
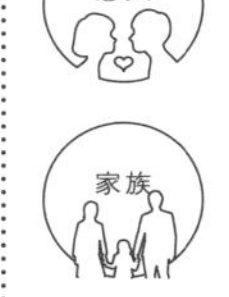
仕事

［健康］
運動

バランスのいい食事
ビタミン

［お金］
買う(有形)
払う(無形)
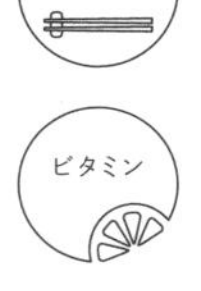
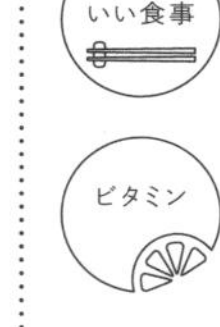

寄付

3月3日（日）

内面に意識を向け、望む未来へと一歩を踏み出す

［六　曜］大安（たいあん）
［日干支］丙寅（ひのえとら）
［月干支］戊辰（つちのえたつ）
［年干支］甲辰（きのえたつ）
［二十八宿］星（せい）
［十二直］建（たつ）
［暦注下段］天恩日（てんおんにち）、月徳日（つきとくにち）

［陰陽］陰

陽
中庸
陰

［二十四節気］雨水（うすい）
［七十二候］草木萌動（そうもくめばえいずる）
［旧暦］2024年1月23日

掃除や洗濯が良い未来を招く

2024年の「上巳（じょうし）の節句*」は、全体が良くなる「大安」と日干支の「丙寅」が重複する大吉日です。もともとの「節句」としての作用が強まるため、「子ども」と「女性」に支援が集まる傾向となります。古来、「水で身を清める儀式」が受け継がれてきた日なので、掃除や洗濯、片づけなどが支援を受け取るための行動となります。

裏側や内面まで意識する

二十八宿の「星」からの影響で、見た目や表面だけで判断しないように注意する必要があります。掃除も表面だけでなく、裏側や隠れた部分を意識するようにすると「お祓（はら）い」の効果が倍増します。「お祝い」も外面だけでなく内面、心や気持ちを伴うように意識してみてください。

［人］

［行動］
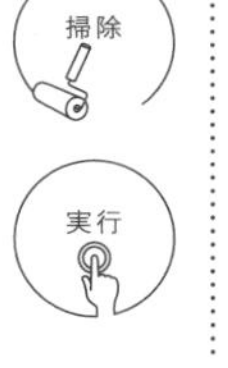
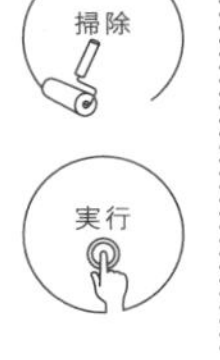

［健康］
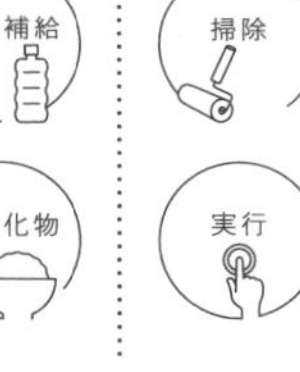
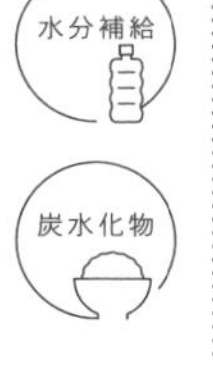

［お金］
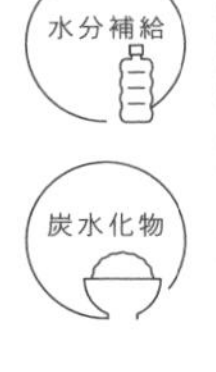
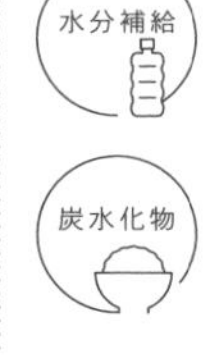

＊3という陽の数字が重複し、健康と繁栄を祈願する日。

3月6日（水）

探して、手に入れる。集める楽しみを味わう日

［六曜］友引（ともびき）
［日干支］己巳（つちのとみ）
［月干支］戊辰（つちのえたつ）
［年干支］甲辰（きのえたつ）
［二十八宿］軫（しん）
［十二直］満（みつ）
［暦注下段］己巳（つちのとみ）、神吉日（かみよしにち）、大明日（だいみょうにち）

［陰陽］陽

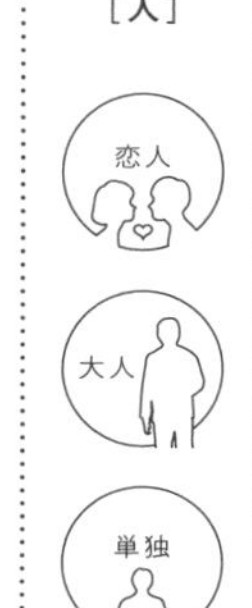

［二十四節気］啓蟄（けいちつ）
［七十二候］蟄虫啓戸（すごもりのむしとをひらく）
［旧暦］2024年1月26日

集めることを楽しむ

関係性が良くなる「友引」、日干支の「己巳」に複数の善日が重複する大吉日です。通常は「お金関連」が全般に良いとされているのですが、お金に限定せず、「集める」「選ぶ」という行為に支援がつく日です。そのため「コレクション」や「好きなもの」が見つけやすくなる日ですので、買い物や検索に適した大吉日となります。

優柔不断に注意

二十八宿の「軫」の影響で「優柔不断」となり、決められないまま1日を終えてしまうことに注意が必要です。例えば、朝見つけたものに対して昼過ぎまで「欲しい」という気持ちが続くようなら、それは「必要なもの」なのです。

［人］

［行動］

［健康］

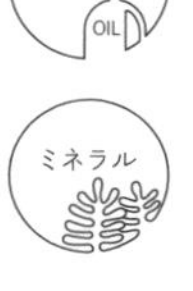

［お金］

3月9日（土）

春の息吹を感じて、良い変化を招く

【六　曜】大安（たいあん）
【日 干 支】壬申（みずのえさる）
【月 干 支】戊辰（つちのえたつ）
【年 干 支】甲辰（きのえたつ）
【二十八宿】氐（てい）
【十 二 直】執（とる）
【暦注下段】神吉日（かみよしにち）、大明日（だいみょうにち）

【陰陽】陽

陰　中庸　陽

【二十四節気】啓蟄（けいちつ）
【七十二候】蟄虫啓戸（すごもりのむしとをひらく）
【旧暦】2024年1月29日

家族や仲間と変化を共有する

全体の機運が良くなる「大安」と日干支の「壬申」が重複することにより、家族や仲の良い友達と過ごすことで、楽しい時間がより楽しくなる大吉日です。まだ寒いですが、自然界は春の息吹がいたるところで目に見える領域へと移行していきます。その「変化のエネルギー」を共有することで、自分のなかでも良い変化が芽生えていきます。

不安や恐れを笑い飛ばす

二十八宿「氐」の影響で「不安」や「恐れ」を感じやすい日なので、注意してください。恐れは生き物としての本能です。それを否定することなく、周囲の人と笑い飛ばしてみてください。そうすると、この後やってくる「大きな変化」にも柔軟に対応できるのです。

［人］友達　家族　多人数

［行動］遊び　屋外　調査

［健康］運動　水分補給　ミネラル

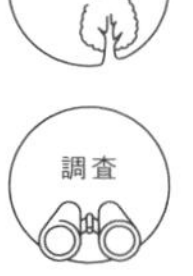

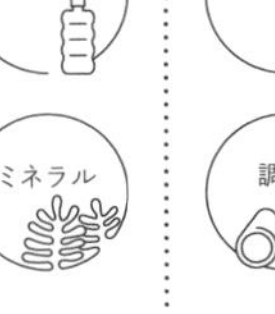

［お金］もらう　貯金　ポイント関連

3月10日（日）

良いご縁の分岐点

［六曜］友引（ともびき）
［日干支］癸酉（みずのととり）
［月干支］戊辰（つちのえたつ）
［年干支］甲辰（きのえたつ）
［二十八宿］房（ぼう）
［十二直］破（やぶる）
［暦注下段］一粒万倍日（いちりゅうまんばいび）、神吉日（かみよしにち）、大明日（だいみょうにち）

［陰陽］陽

陰
中庸
陽

［二十四節気］啓蟄（けいちつ）
［七十二候］桃始笑（ももはじめてさく）
［旧暦］2024年2月1日

新しい環境でご縁をいただきたい人を考える

人間関係に支援が集まる「友引」と日干支の「癸酉」の重複により、これから来る新しい出会いが良い方向へと育つ分岐点となる日です。今日は「新年度」への準備に時間を使ってください。新しい環境に移行する方は、その環境で自分が仲良くなりたい人は「どんな人」なのか、具体的に検討するのです。これが「一粒万倍日」の良縁のタネとなります。

負の感情を感じても乗り越える

十二直が「破」となるため、「怖い」という感情が芽生えやすいので注意してください。出会いたい人を考えても、否定的な感情が邪魔をします。それらも感じつつ乗り越えることで、「楽しく生きるための選択」ができるようになるのです。

［人］

［行動］
準備

［健康］
休息
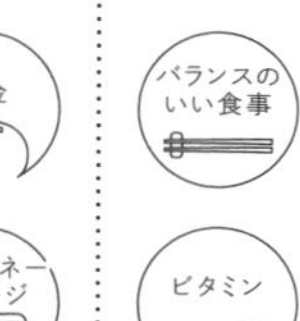

［お金］
買う（有形）
貯金

3月15日（金）

良い気分が万倍化していく最上の日

【六曜】先勝（せんしょう）
【日干支】戊寅（つちのえとら）
【月干支】戊辰（つちのえたつ）
【年干支】甲辰（きのえたつ）
【二十八宿】牛（ぎゅう）
【十二直】閉（とづ）
【暦注下段】天赦日（てんしゃにち）、一粒万倍日（いちりゅうまんばいび）

【陰陽】陽

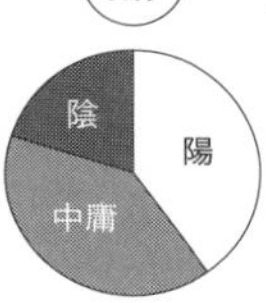

陰
陽
中庸

【二十四節気】啓蟄（けいちつ）
【七十二候】菜虫化蝶（なむしちょうとなる）
【旧暦】2024年2月6日

自分の気分を優先する

「最強の吉日」といわれる「天赦日」ですが、二十八宿「牛」の重複により、全体が向上する傾向にあります。そのため、全般において「自分の気分を良い状態に保つ」ことを優先させるだけで、状況がどんどん良くなる日となります。自然を楽しむことができると、「一粒万倍日」の影響で、「心身の健康」が増殖します。

良い側面を選択する

色々なエネルギーに対して「抵抗」がなくなる日、それが「天赦日」の特徴です。十二直の「閉」の影響で「良い気分」を意図的に選択しないと、「逆方向」にもいきやすくなります。今日選択に迷ったら、すぐに「自分の気分」を最優先に検討してください。

［人］
同僚
友達
交流

［行動］

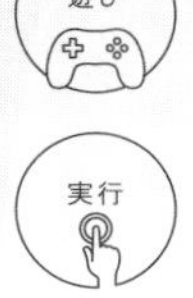

［健康］
運動

［お金］
買う（有形）
払う（無形）

3月16日（土）

気分を良くするには、見えるものの整理から

【六曜】友引（ともびき）
【日干支】己卯（つちのとう）
【月干支】戊辰（つちのえたつ）
【年干支】甲辰（きのえたつ）
【二十八宿】女（じょ）
【十二直】建（たつ）
【暦注下段】神吉日（かみよしにち）、大明日（だいみょうにち）、天恩日（てんおんにち）

【陰陽】陽

陰 / 中庸 / 陽

【二十四節気】啓蟄（けいちつ）
【七十二候】菜虫化蝶（なむしちょうとなる）
【旧暦】2024年2月7日

見えるものを整えて、気分を良い方向へ

関係性が良くなる「友引」と多くの善日が重複し、陽から陰へのアプローチに、さまざまな支援がつく大吉日です。「目に見えることを良くする」ことで、目に見えない領域が良くなる実感を得られます。具体的には片づけや、家具や道具のレイアウト、服装やお化粧を変えることで、気持ちがいつもよりも良い方向へ転換できます。

意図的に変化に取り組む

日干支の「己卯」の影響で、「変えること」に抵抗感が発生します。しかし、勇気をもって挑んでみると新しい発見や気づきが得られます。この日は「定番」に執着したくなる傾向も強まるので、それを手放して、片づけやレイアウト変更などに挑んでみてください。

［人］
友達
恋人
女性

［行動］
検討
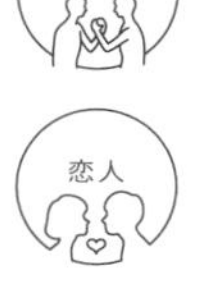
スタート
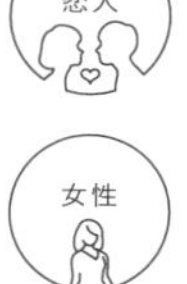
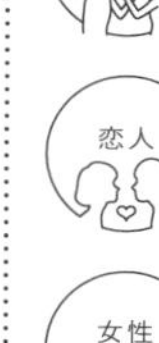
整理

［健康］
運動
ダイエット
ミネラル
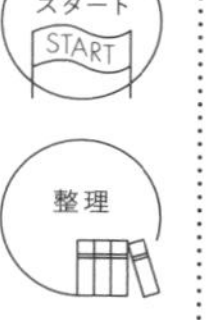

［お金］
買う（有形）
投資
寄付

3月19日（火）

良い変化は良い準備から

［六　曜］大安（たいあん）
［日干支］壬午（みずのえうま）
［月干支］戊辰（つちのえたつ）
［年干支］甲辰（きのえたつ）
［二十八宿］室（しつ）
［十二直］平（たいら）
［暦注下段］神吉日（かみよしにち）、大明日（だいみょうにち）、天恩日（てんおんにち）

［陰陽］陽

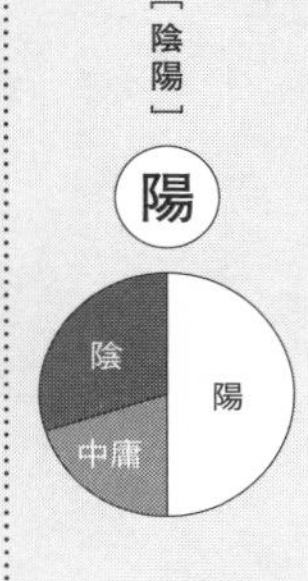

［二十四節気］啓蟄（けいちつ）
［七十二候］菜虫化蝶（なむしちょうとなる）
［旧暦］2024年2月10日

これから訪れる変化に備える

全体が良くなる「大安」と、多くの善日が重複する大吉日です。「準備」にさまざまな支援が集まります。陰陽のバランスも良いため、これから来る本格的な変化の時期への備えがうまくいく1日となります。新年度からの変化について、手元にある情報をチェックしたり、関連する情報を調べたりすることで、忘れていたことの発見にもつながり、大吉祥日へと昇華します。

準備を忘れない

二十八宿の「室」と十二直の「平」が重複することで、「忘れる」傾向が強くなるので注意してください。目の前にやってくる出来事を楽しむことも大切ですが、それだけで1日を過ごしてしまうのはもったいない大吉日なのです。

［人］
男性
大人
単独

［行動］
計画
準備
検討

［健康］
休息
水分補給
たんぱく質

［お金］

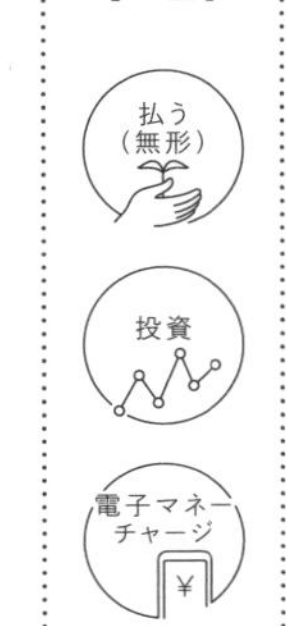

3月22日（金）

［六曜］友引
［日干支］乙酉
［月干支］戊辰
［年干支］甲辰
［二十八宿］婁
［十二直］破
［暦注下段］一粒万倍日、神吉日

育てることを選ぶ

［陰陽］陰

陽
中庸
陰

［二十四節気］春分
［七十二候］雀始巣
［旧暦］2024年2月13日

心と体に従って選ぶ

関係性が良くなる「友引」と二十八宿の「婁」が重複し、「育てたいこと」と「手放したいこと」を検討するのに最適な大吉日となります。私たちは日々、色々な取捨選択を行っています。それは自分という「器」には容量に限りがあり、それを超えて活動を続けることができないからです。このタイミングでは、有効に活用できる発想や気づきがやってきます。

自分の選択を一度疑う

十二直の「破」の影響で、「過信」に注意が必要な日となります。色々な判断をするとき、「これくらいなら問題ない」と決めつけたくなる傾向が強まります。「過剰な負荷」や「余計な衝突」を避ける選択を心がけてみましょう。

［人］

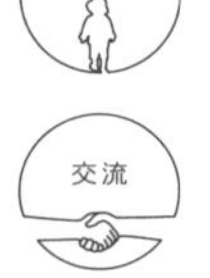

［行動］

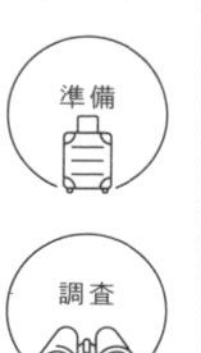

［健康］

休息
たんぱく質
炭水化物

［お金］

貯金
寄付
財布を整理

3月25日（月）

急がずに、ゆとりをもっていい関係を築く

［六曜］大安（たいあん）
［日干支］戊子（つちのえね）
［月干支］戊辰（つちのえたつ）
［年干支］甲辰（きのえたつ）
［二十八宿］畢（ひつ）
［十二直］納（おさん）
［暦注下段］神吉日（かみよしにち）、母倉日（ぼそうにち）

［陰陽］陽

陰
中庸
陽

［二十四節気］春分（しゅんぶん）
［七十二候］桜始開（さくらはじめてひらく）
［旧暦］2024年2月16日

より良く「築く」ための1日にする

全体の機運が良くなる「大安」と二十八宿の「畢」が重複し、「築いていく」という感覚が重要となる大吉日です。通常は建築物をつくる際に用いられる動詞ですが、人間関係や信頼関係も「築く」という表現をとります。短時間で完成するものではなく、時間をかけていくから、「見える領域」へと移行していくから、そのような表現となったのです。色々な良いことを「築く」という感覚で過ごしてください。

先回りしてゆとりをもつ

日干支が「戊子」となるため、「早急に良い答えが欲しい」という想いが強くなっていきます。周囲の雰囲気もそのように流されやすいので、先回りして「ゆとり」や「時間の余裕」をもつことを意識してください。

［人］
同僚
大人
単独

［行動］
検討
調査
研究
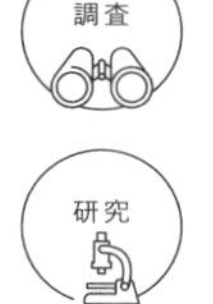

［健康］
運動
ダイエット
たんぱく質

［お金］
払う（無形）

投資
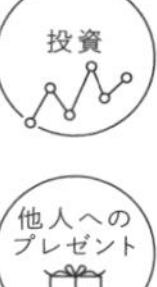
他人へのプレゼント

3月

3月29日（金）

後出しじゃんけんで勝つ

【六　曜】先負（せんぶ）
【日干支】壬辰（みずのえたつ）
【月干支】戊辰（つちのえたつ）
【年干支】甲辰（きのえたつ）
【二十八宿】鬼（き）
【十二直】除（のぞく）
【暦注下段】鬼宿日（きしゅくび）、大明日（だいみょうにち）

【陰陽】陰

陽　中庸　陰

【二十四節気】春分（しゅんぶん）
【七十二候】桜始開（さくらはじめてひらく）
【旧暦】2024年2月20日

よく見てから動く

最強の宿である「鬼宿日」と十二直の「除」が重複することにより、「勝負事」に支援が集まる大吉日となります。「後出しじゃんけん」のイメージで、「相手の手を見てから、自分の手を出す」という戦略がとても有効に機能する日です。今日は「周囲の様子や状況を見ながら臨機応変に対応する」という方針で過ごしてみてください。

無闇に先に行かない

日干支の「壬辰」の影響で、自分から先に行くと、相手に翻弄（ほんろう）される可能性が高くなってしまいます。まずは落ち着いて、周囲や相手の様子を確認することを忘れないでください。ただし、「締め切り」や「期限」があるものは、優先度を上げて片づけておく必要があります。

［人］
同僚
友達
恋人

［行動］
仕事
恋愛
実行

［健康］
休息
バランスのいい食事
炭水化物

［お金］
もらう
貯金
電子マネーチャージ

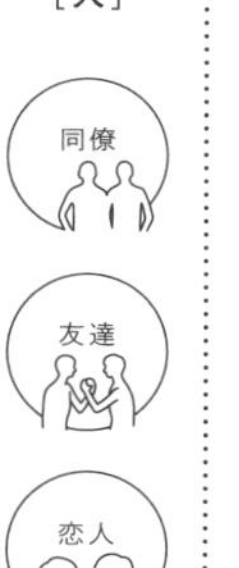
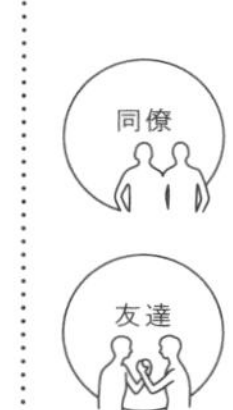

2024年

4月

【月干支】己巳（つちのとみ）

陰の月干支となり、目に見えない領域で「膨張する」傾向が強い期間となります。

2024年4月の「大吉日」ベスト3

第❶位　4月18日(木)

［注目の古暦］

一粒万倍日（いちりゅうまんばいび）、神吉日（かみよしにち）、天恩日（てんおんにち）、月徳日（つきとくにち）

「バランス」がキーワードとなり、自然と「均衡」がとれる状態になりますので、このチャンスを逃さずに、活用してください。

第❷位　4月17日(水)

［注目の古暦］

大安（たいあん）、神吉日（かみよしにち）、大明日（だいみょうにち）、天恩日（てんおんにち）

翌日の大吉日を意識しながら、良いことを「追加」するという行為を意図的に選んでください。少しずつ、嬉しいことが膨らんで大きな喜びへと成長していきます。

第❸位　4月26日(金)

［注目の古暦］

友引（ともびき）、鬼宿日（きしゅくび）、神吉日（かみよしにち）、大明日（だいみょうにち）

「想像力」をフル回転させて、「妄想」を楽しんでみてください。「衣・食・住」に分けて楽しいと思える未来を検討すると、その想像が実現へと向かいます。

4月3日（水）

未来のための数字を見つめる

【六曜】友引（ともびき）
【日干支】丁酉（ひのととり）
【月干支】己巳（つちのとみ）
【年干支】甲辰（きのえたつ）
【二十八宿】軫（しん）
【十二直】破（やぶる）
【暦注下段】一粒万倍日（いちりゅうまんばいび）、神吉日（かみよしにち）

【陰陽】陽

陰　中庸　陽

【二十四節気】春分（しゅんぶん）
【七十二候】雷乃発声（かみなりすなわちこえをはっす）
【旧暦】2024年2月25日

基準を見つめ直す

関係性が良くなる「友引」と二十八宿の「軫」が重複することで、「基準」を検討すると適正な選択がうまくいく大吉日です。自分の基準について、見つめ直してください。この4月は「色々な数字」がハッキリと把握できる期間ともなるので、数値や数字に置き換えてみるとさらに有効です。

未来の気分を想像してから始める

日干支の「丁酉」からの影響で「やるべきこと」だとわかっていても、最初の一歩が踏み出せない傾向が強くなる日です。面倒に感じたら、それを「やり終えた後の気分」をイメージしてみてください。「終わって、スッキリした～！」と始める前に唱えておくと、簡単に一歩目が踏み出せます。

［人］
同僚
大人
単独

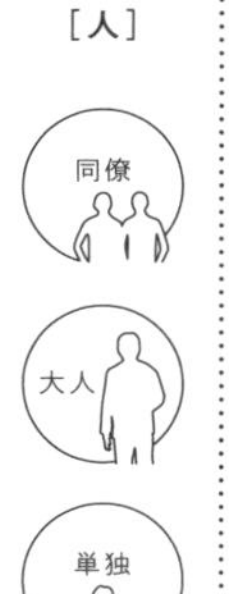

［行動］
検討
仕事
研究

［健康］
運動
ダイエット
ミネラル

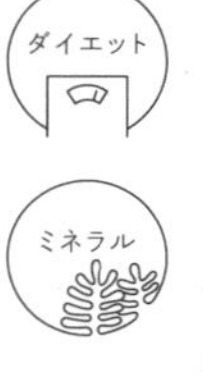

［お金］
払う（無形）
投資
自分へのご褒美

4月6日（土）

新しい趣味を始めて、スキルを身につける

【六曜】大安（たいあん）
【日干支】庚子（かのえね）
【月干支】己巳（つちのとみ）
【年干支】甲辰（きのえたつ）
【二十八宿】氐（てい）
【十二直】成（なる）
【暦注下段】一粒万倍日（いちりゅうまんばいび）、神吉日（かみよしにち）

【陰陽】陰

陽　中庸　陰

【二十四節気】清明（せいめい）
【七十二候】玄鳥至（つばめきたる）
【旧暦】2024年2月28日

趣味を始めるなら今日

全体の機運が良くなる「大安」と日干支の「庚子」が重複することで、「新しい趣味を始めること」にたくさんの恩恵がつく大吉日です。今日が始めるのに相応しい日なので、前からやってみたいと考えていたことを実行すると、効果が高まります。習い事のような「スキルが向上する趣味」を選択すると、色々なご褒美がどんどん万倍化します。

迷いやすさに注意

二十八宿の「氐」からの影響で、あれこれと迷いやすい日となります。そのため、始める趣味は前からやりたかったことを選んだ方が、暦の力を強く活用することにつながります。この日に迷いが生じたら、最初に良いと感じた方を優先してください。

［人］

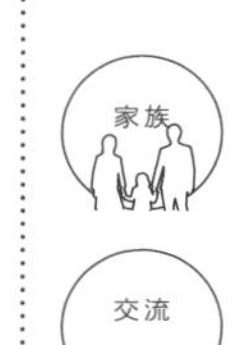

交流

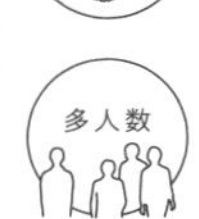

［行動］

遊び

開始

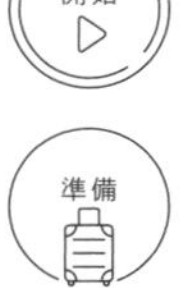

［健康］

運動

水分補給

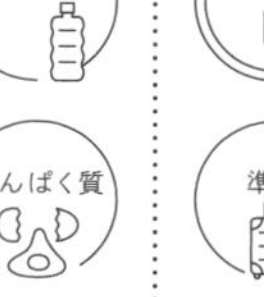

［お金］

払う（無形）

もらう

4月11日(木)

［六曜］大安
［日干支］乙巳
［月干支］己巳
［年干支］甲辰
［二十八宿］斗
［十二直］除
［暦注下段］神吉日、大明日、母倉日

謙虚さで良縁が拡がっていく

［陰陽］陽

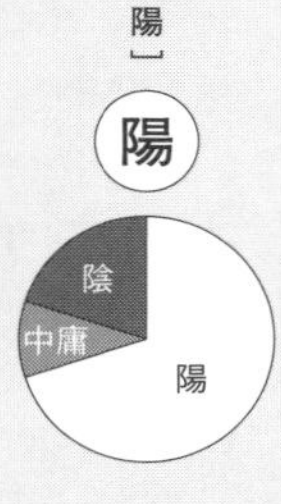

［二十四節気］清明
［七十二候］鴻雁北
［旧暦］2024年3月3日

苦手な相手とも気分良く過ごせる

全体が良くなる「大安」と多くの善日が重複し、苦手な人とも気分良く過ごせるようになる大吉日です。自分からアクションを起こさなくても、「負の意識」が緩和されて解消に向かいます。自分の「偏見」にも気がつきやすくなるので、人に対する評価が「レッテル」でないか確認してみてください。見直すと「良縁」が拡大するのです。

執着するよりも謙虚に

十二直が「除」となるため、自分の意見や判断に「執着」する傾向が強まります。そのままだとせっかくの「緩和」のタイミングを逃してしまうので、自分のプライドは横に置いて「謙虚」の有効性を思い出しましょう。謙虚な人には、良いご縁が集まってくるのです。

［人］
大人
交流
多人数

［行動］
検討
相談
連絡

［健康］
休息
バランスのいい食事
水分補給

［お金］
買う（有形）
もらう
他人へのプレゼント

4月17日（水）

引き算より足し算。今あるものをより良くできる日

［六　曜］大安（たいあん）
［日干支］辛亥（かのとい）
［月干支］己巳（つちのとみ）
［年干支］甲辰（きのえたつ）
［二十八宿］壁（へき）
［十二直］危（あやぶ）
［暦注下段］神吉日（かみよしにち）、大明日（だいみょうにち）、天恩日（てんおんにち）

［陰陽］陽

［二十四節気］清明（せいめい）
［七十二候］虹始見（にじはじめてあらわる）
［旧暦］2024年3月9日

足せるものはないか考える

全体の機運が良くなる「大安」と日干支の「辛亥」が重複することで、「追加」がキーワードの大吉日となります。自分の行動や活動、会話や連絡などに追加できることはないか考えてみてください。今日は「引き算」ではなく「足し算」が有効な日。ほんの少し足すだけでも、それを繰り返すことにより「大きな違い」が現れるのです。

創造よりも改良

二十八宿の「壁」と十二直の「危」が重複するため、新しいことやものを生み出す「創造」には不向きな日です。仕事や学校の都合で必要な場合もあるとは思いますが、「今あるものや、過去にあったものを改良して生み出す」という感覚をもつと、不利を回避することができます。

［人］
同僚
大人
交流

［行動］
検討
調査
研究

［健康］
休息

ビタミン

ミネラル

［お金］
買う（有形）
電子マネーチャージ
自分へのご褒美

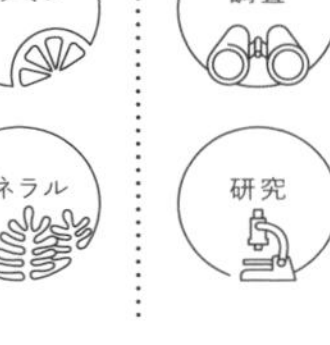

4月18日（木）

偏りを正すことが、良いタネとなる

【六曜】赤口
【日干支】壬子
【月干支】己巳
【年干支】甲辰
【二十八宿】奎
【十二直】成
【暦注下段】一粒万倍日、神吉日、天恩日、月徳日

【陰陽】陽

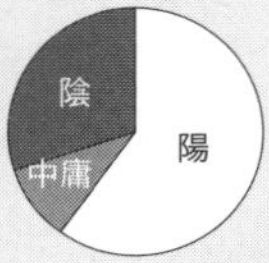

陰　中庸　陽

【二十四節気】清明
【七十二候】虹始見
【旧暦】2024年3月10日

行動のバランスを見直す

十二直の「成」と多くの善日が重複する大吉日です。「行動のバランス」を意識すると、良いタネが生まれる日となります。

この日は、バランスの均衡を保つ作用が強くなります。それを利用して、自分の1日のなかで選択肢を考え、そのバランスをとるイメージで見直してみてください。比重が偏っている行動があれば、その改善に取り組みましょう。

先送りにはしない

日干支の「壬子」からの影響で、この日に「先送り」したことは停滞へとつながり、後から問題化してしまいます。バランス均衡化の傾向が強いので、適度な休憩を入れながら取り組むと、「集中力」が強化され、良い結果へとつながります。

［人］
男性
交流
多人数

［行動］
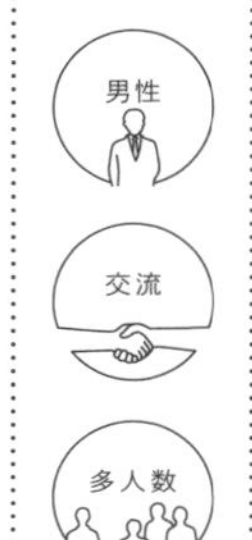

［健康］　［お金］

4月23日（火）

春の陽気を自分だけの時間で楽しむ

【六曜】大安（たいあん）
【日干支】丁巳（ひのとみ）
【月干支】己巳（つちのとみ）
【年干支】甲辰（きのえたつ）
【二十八宿】觜（し）
【十二直】除（のぞく）
【暦注下段】母倉日（ぼそうにち）

【陰陽】陽

陽　陰　中庸

【二十四節気】穀雨（こくう）
【七十二候】葭始生（あしはじめてしょうず）
【旧暦】2024年3月15日

4月

一人の時間を大切にする

全体の機運が良くなる「大安」と二十八宿の「觜」、十二直の「除」が重複するため、単独での活動や検討が有効な1日です。今日は「一人の時間」を大切にしてください。意識的に一人でいる時間をつくってみましょう。「春の陽気」を感じられる場所で、一人で気分良く過ごすと、大吉祥日へと昇華します。

挑発を受けやすく、してしまいやすい

日干支が「丁巳」となるため、他人から「挑発」を受けやすい日です。自分も「挑発したくなる」ので注意が必要です。なにげない発言でも「相手を試す」ことはやめましょう。また、相手からそのような言葉を投げかけられたとしても、「全体の傾向だから、しょうがない」と受け流してください。

［人］

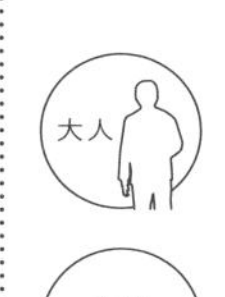

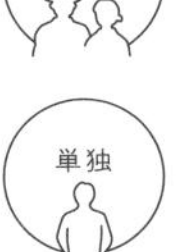

［行動］

準備

屋外

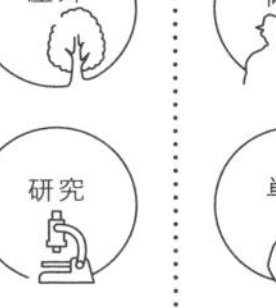

［健康］

休息

たんぱく質

ミネラル

［お金］

貯金

投資

寄付

4月26日（金）

望む未来を描くと妄想が現実化する

【六　曜】友引（ともびき）
【日 干 支】庚申（かのえさる）
【月 干 支】己巳（つちのとみ）
【年 干 支】甲辰（きのえたつ）
【二十八宿】鬼（き）
【十 二 直】定（さだん）
【暦注下段】鬼宿日（きしゅくび）、神吉日（かみよしにち）、大明日（だいみょうにち）

【陰陽】陰

陽
中庸
陰

【二十四節気】穀雨（こくう）
【七十二候】霜止出苗（しもやみてなえいずる）
【旧暦】2024年3月18日

楽しい未来を妄想する

関係性が良くなる「友引」と最強の宿「鬼宿日」が重複する大吉日です。楽しいイメージを描くことが、そのまま現実化の推進力へと転換されます。今日のキーワードは「楽しい妄想」です。自分が「楽しいと思える未来」を思い描くことに、30分ほど時間をとってみてください。「衣・食・住」のジャンルに分けると、簡単に妄想できます。

迷わないように、まず試す

日干支が「庚申」となるため、選択で迷う場面が多く現れる日です。同じような条件や、一長一短と思われるような選択肢が出てくるので、いつもよりも時間がかかるうえに、適正な選択肢を見失う可能性が高くなります。「まずは、試してみる」という感覚も意識しましょう。

［人］
恋人
家族
子ども

［行動］
計画
検討
遊び

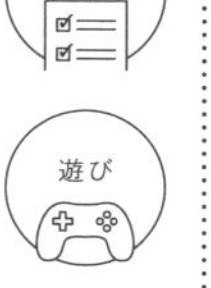

［健康］
休息
炭水化物
脂質

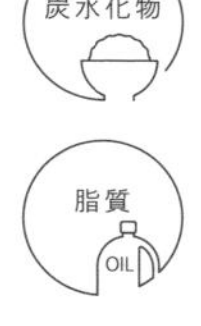

［お金］
払う（無形）
投資
自分へのご褒美

4月30日（火）

いつもと違う環境で始める

［六曜］赤口（しゃっこう）
［日干支］甲子（きのえね）
［月干支］己巳（つちのとみ）
［年干支］甲辰（きのえたつ）
［二十八宿］翼（よく）
［十二直］成（なる）
［暦注下段］甲子（きのえね）、一粒万倍日（いちりゅうまんばいび）、天恩日（てんおんにち）

［陰陽］陰

陽
中庸
陰

［二十四節気］穀雨（こくう）
［七十二候］牡丹華（ぼたんはなさく）
［旧暦］2024年3月22日

気持ちを入れ替える

日干支の「甲子」に、二十八宿の「翼」と十二直の「成」が重複することで、「始めること」にさまざまな支援がつく大吉日です。この日は「目に見える領域」での始まりよりも、自分の内側、心や気持ちの「始まり」を意識すると、より強く支援がつく日です。「いつもと違う環境」で過ごすことで、大吉祥日へと昇華します。

最初から完璧を求めない

六曜の「赤口」の影響で、最初から「うまくやろう」という気が強くなりすぎる傾向が出るので、注意してください。初心者にはできないことがあるのが「摂理」なのです。壁にぶつかったら、「ステップバイステップ」の気持ちを思い出すと、どんどん良い方向へ導かれていきます。

［人］
友達
恋人
家族

［行動］
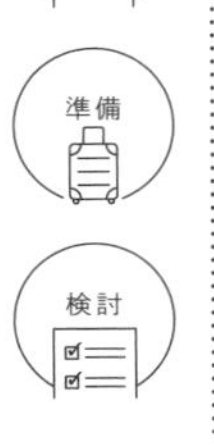

［健康］
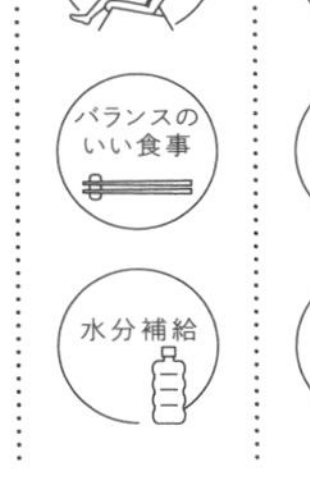

［お金］
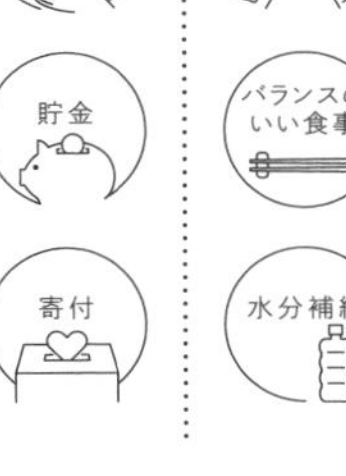

2024年
5月

【月干支】
庚午

陽の月干支となり、目に見える領域で「安定する」傾向が強い期間となります。

2024年5月の「大吉日」ベスト3

第❶位　5月30日（木）

［注目の古暦］
友引、天赦日、神吉日

「相談すること」に陰陽両面からの支援と恩恵がつきます。日頃相談する機会が少ない人も、意識的に増やすことで、より強力な大吉日となります。

第❷位　5月15日（水）

［注目の古暦］
大安、一粒万倍日、神吉日、大明日、母倉日、天恩日

全体の機運が高まり、自分への適度な負荷が良い結果へと直結する傾向が強まります。「習い事」を検討し、行動に移すことで、その効果が万倍化の成果へとつながります。

第❸位　5月5日（日）

［注目の古暦］
大安、己巳、神吉日、大明日

「お金関連」の大吉日です。特に「使う」という行為に支援が集まるのですが、「楽しむ」という感覚を優先しましょう。「お金」と「楽しい」が結びつくことで、お金への「偏見」を消し去ることができます。

5月5日（日）

楽しいことにお金を使う

【六　曜】大安
【日干支】己巳
【月干支】庚午
【年干支】甲辰
【二十八宿】房
【十二直】建
【暦注下段】神吉日、大明日

【陰陽】陽

【二十四節気】立夏
【七十二候】蛙始鳴
【旧暦】2024年3月27日

お金と楽しみには、相関関係がある

全体が良くなる「大安」と弁財天さまの60日に一度のご縁日*「己巳」が重複する大吉日です。「自分の楽しみにお金を使う」という意識をもつと、どんどん良い方向へ導かれます。私たちが暮らすこの時代、この場所では「お金と楽しみには、相関関係がある」のです。家族や友達と一緒に楽しめると、大吉祥日へと昇華します。

寂しさに巻き込まれない

二十八宿が「房」となり、「寂しい」「残念」といった気分が強くなる日です。特に子どもは正直であるため、その感覚をそのまま言葉や態度で表明します。それに「巻き込まれない」という意識をもってください。この先にはもっと楽しいことが待っているのです。

［人］
友達
家族
多人数

［行動］
計画
検討
遊び

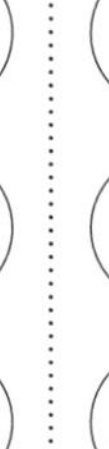

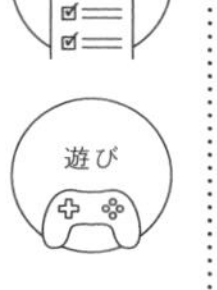

［健康］
休息
バランスのいい食事
ビタミン

［お金］
買う（有形）
投資
財布を新調

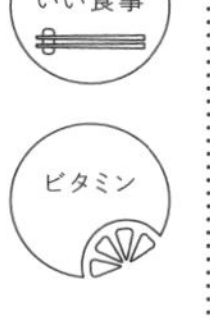
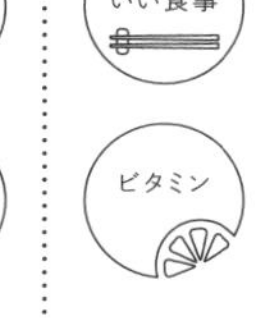

＊神仏と縁のある日。

5月6日(月)

新しい世界への挑戦は、この日から

［六曜］赤口
［日干支］庚午
［月干支］庚午
［年干支］甲辰
［二十八宿］心
［十二直］除
［暦注下段］神吉日、大明日、月徳日

［陰陽］陰

［二十四節気］立夏
［七十二候］蛙始鳴
［旧暦］2024年3月28日

良い想像から良い挑戦が始まる

二十八宿の「心」と十二直の「除」に、多くの善日が重複する大吉日です。「挑戦」を検討すると、内面から変化が生まれる日でもあります。現状よりも少しだけ負荷を上げて、新しい世界へと歩み始めること、それが挑戦です。今日は、検討や計画を練ることに注力してみましょう。普段とは違う「心の動き」に良い支援が集まります。

発想を一度寝かせる

日干支の「庚午」の影響で、良い検討ができるとすぐに実行したくなるのですが、その新しく生まれた「挑戦」を一旦自分の内側、つまり心のなかで「熟成」させてみましょう。発想した内容を「寝かせて」より良い状態にするイメージをもってみてください。

［人］

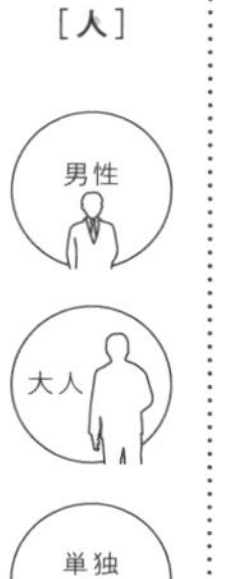

［行動］

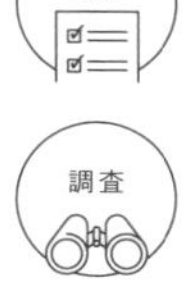

［健康］

休息
ダイエット
ミネラル

［お金］

5月9日（木）

否定より肯定。ポジティブな選択が大吉

［六曜］大安（たいあん）
［日干支］癸酉（みずのととり）
［月干支］庚午（かのえうま）
［年干支］甲辰（きのえたつ）
［二十八宿］斗（と）
［十二直］定（さだん）
［暦注下段］神吉日（かみよしにち）、大明日（だいみょうにち）

［陰陽］陽

［二十四節気］立夏（りっか）
［七十二候］蛙始鳴（かわずはじめてなく）
［旧暦］2024年4月2日

肯定できることを言葉にする

全体の機運が良くなる「大安」と日干支の「癸酉」が重複することにより、意識的に「肯定する」選択をして過ごすと素晴らしい展開となる大吉日です。抵抗感があっても、全体に「ポジティブ」であることを選択してください。自分も他人も「否定したいこと」ではなく「肯定できること」に注目して、それを言葉にしてみてください。

態度ではなく、言葉で伝える

十二直の「定」の影響で、「わざわざ言わなくても伝わるだろう」という思い込みが強くなるので、注意してください。特に、家族や身近な人には態度や雰囲気で伝わっていると思い込む人が多いので、気をつけましょう。「言葉で伝える」方法を意識するだけで解消します。

［人］

［行動］
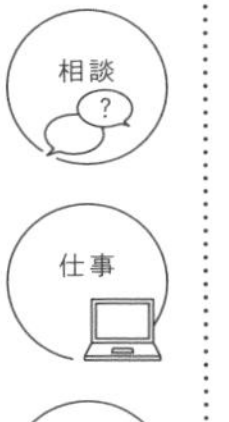

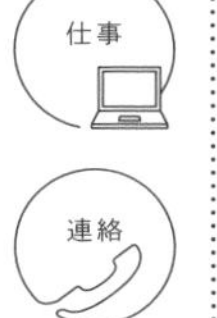

［健康］

［お金］

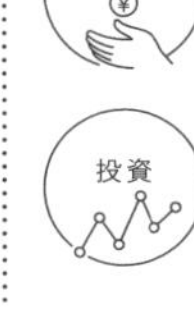

5月15日（水）

成長のための行動が万倍化するタネとなる

【六曜】大安（たいあん）
【日干支】己卯（つちのとう）
【月干支】庚午（かのえうま）
【年干支】甲辰（きのえたつ）
【二十八宿】壁（へき）
【十二直】開（ひらく）
【暦注下段】一粒万倍日（いちりゅうまんばいび）、神吉日（かみよしにち）、大明日（だいみょうにち）、母倉日（ぼそうにち）、天恩日（てんおんにち）

【陰陽】陽

【二十四節気】立夏（りっか）
【七十二候】竹笋生（たけのこしょうず）
【旧暦】2024年4月8日

習い事を検討するのに最適

全体が良くなる「大安」と十二直の「開」に、多くの善日が重複する大吉日です。「習い事」や「訓練」となる行為を検討することに、強い支援が集まります。継続しているものがあれば、より良くするための調査や確認も有効です。体験入門などを申し込むと、「一粒万倍日」の効果で、大吉祥日へと昇華します。

成長を選ぶのは自分

日干支の「己卯」からの影響で、「学ぶこと」と「鍛えること」の「報酬」を無視したくなる作用が強くなります。生き物である限り、常に「成長と衰退」の状態が続くのです。ずっと休んだままだと、衰退していくだけという「原理原則」を思い出してください。「成長を選べるのは自分だけ」なのです。

［人］
同僚
交流
多人数

［行動］
検討
開始
学習

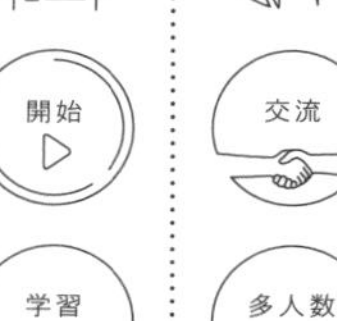

［健康］
運動
水分補給
たんぱく質

［お金］

払う（無形）

投資

寄付

5月18日（土）

休むという選択で良い変化が生まれる

［六　曜］友引（ともびき）
［日干支］壬午（みずのえうま）
［月干支］庚午（かのえうま）
［年干支］甲辰（きのえたつ）
［二十八宿］胃（い）
［十二直］除（のぞく）
［暦注下段］神吉日（かみよしにち）、大明日（だいみょうにち）、天恩日（てんおんにち）

［陰陽］陰

陽　中庸　陰

［二十四節気］立夏（りっか）
［七十二候］竹笋生（たけのこしょうず）
［旧暦］2024年4月11日

今日は一息入れる

二十八宿の「胃」、十二直の「除」に、多くの善日が重複する大吉日です。「一息入れる」がキーワード。大吉日は行動や活動に適しているだけではありません。全体の波の動きから、休むことで良い機運に乗れる日も存在するのです。新年度を迎えて、新しい環境や新しい生活へと移行した人は、緊張状態を緩めてください。明日からの活力が復活します。

冷静に一つひとつ片づける

日干支の「壬午」の影響で、「やらなきゃ」という想いが、頻繁に発生してしまう傾向が強くなります。落ち着いて優先順位を決めて、一つひとつ片づけていく。それを心がけながら自分を優しく扱うことで、その傾向はすぐに解消されます。

［人］
恋人
家族
単独

［行動］
屋内
連絡
研究

［健康］
休息
バランスのいい食事
水分補給

［お金］
払う（無形）
寄付
自分へのご褒美

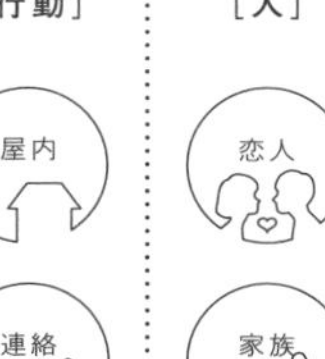

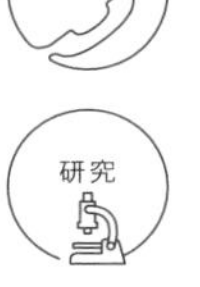
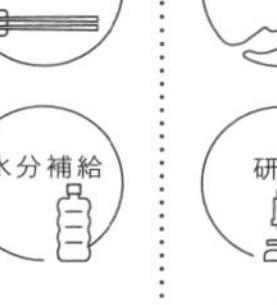
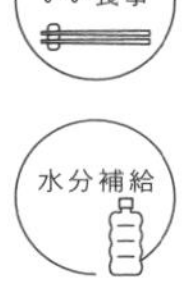
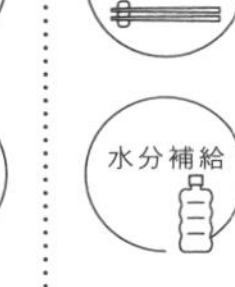

5月24日（金）

守りたいものがわかればシンプルになる

［六曜］友引（ともびき）
［日干支］戊子（つちのえね）
［月干支］庚午（かのえうま）
［年干支］甲辰（きのえたつ）
［二十八宿］鬼（き）
［十二直］危（あやぶ）
［暦注下段］鬼宿日（きしゅくび）、神吉日（かみよしにち）

［陰陽］陰

［二十四節気］小満（しょうまん）
［七十二候］蚕起食桑（かいこおきてくわをはむ）
［旧暦］2024年4月17日

守るべきものを見つめる

関係性が良くなる「友引」と宿最強の「鬼宿日」が重複する大吉日です。「守ること」を意識すると、多くの支援と恩恵が得られます。何を、どうやって、いつ、何から守るべきなのか？　この質問を自分に投げかけながら、答えを書き出してみてください。守らなくていいことも見つかれば、そこに向いていたエネルギーをより効率的に使えるようになります。

無闇に突き進まない

十二直が「危」となるため、「闇雲に進む」傾向が強まるので注意してください。「冒険」には目的や新しい発見がありますが、闇雲に進むと危険を伴います。「丁寧に過ごす」という感覚をもつだけで、それは回避できます。

［人］
家族
子ども
多人数

［行動］
準備
検討
調査

［健康］
休息
ビタミン
ミネラル

［お金］
もらう
貯金
電子マネーチャージ

5月27日（月）

これから起きてほしいことを今、祝おう

【六曜】大安
【日干支】辛卯
【月干支】庚午
【年干支】甲辰
【二十八宿】張
【十二直】開
【暦注下段】一粒万倍日、神吉日、母倉日

【陰陽】陽

陰
中庸
陽

【二十四節気】小満
【七十二候】紅花栄
【旧暦】2024年4月20日

5月

予祝の力を実感する

二十八宿の「張」、十二直の「開」と複数の善日が重複する大吉日です。今日は「予祝」に最適な日。これから起きてほしいことを「すでに起きたこと」として先にお祝いしてしまう、それが「予祝」です。予祝をすると、不思議なことに現実化しようとする支援が強まるのです。「予祝」に必要なことは、笑顔とご馳走と仲間です。

否定の言葉に惑わされない

日干支の「辛卯」の影響で、「自分には無理」「私にはできない」という想いが発生しやすいので注意しましょう。無理かどうか、できないかどうかは、人間には判断できないのです。内外からの「否定的な言葉」に惑わされないでください。

［人］
友達
恋人
家族

［行動］
検討
実行
連絡

［健康］
運動
炭水化物
脂質

［お金］
払う（無形）
もらう
自分へのご褒美

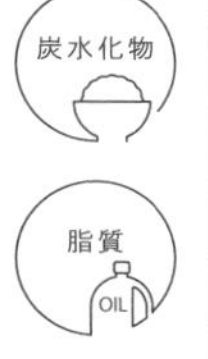

5月28日（火）

静かに、自分の「声」と向き合う

［六曜］赤口
［日干支］壬辰
［月干支］庚午
［年干支］甲辰
［二十八宿］翼
［十二直］閉
［暦注下段］一粒万倍日、大明日

［陰陽］陰

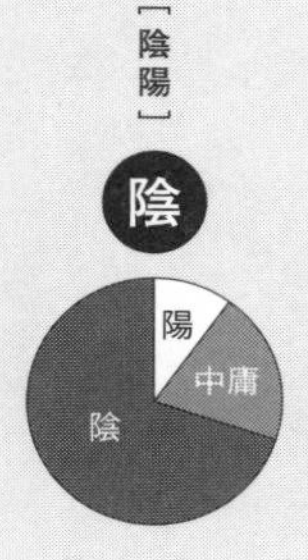

［二十四節気］小満
［七十二候］紅花栄
［旧暦］2024年4月21日

静けさを楽しむ

二十八宿の「翼」と善日が重複することにより、「静かな時間を楽しむ」ことで、自分の内側に「良いタネ」が芽生える大吉日です。月末で忙しい人が多い頃ではありますが、仕事が終わってから寝るまでの間に、静けさを楽しむ時間をつくってください。自分のなかで生まれる「声」に耳を傾けると意外な発見があります。

心配事は楽しい想像で解消する

十二直の「閉」の影響で、否定的な言葉や心配事が浮かぶ傾向が強くなるので、注意してください。気分が良いこと、楽しいイメージ、良い言葉を意図して思い浮かべると、すぐに解消され、より良い時間がやってきます。

［人］
女性
大人
単独

［行動］
準備
検討
屋内

［健康］
休息
水分補給
炭水化物

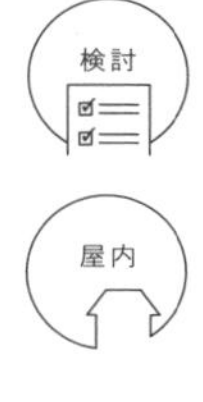

［お金］
もらう
寄付
自分へのご褒美

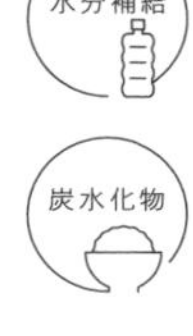

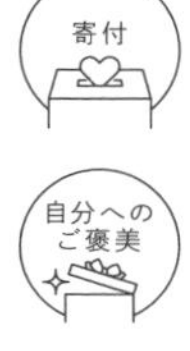

5月30日（木）

これからの話をしよう

［六　曜］友引（ともびき）
［日干支］甲午（きのえうま）
［月干支］庚午（かのえうま）
［年干支］甲辰（きのえたつ）
［二十八宿］角（かく）
［十二直］除（のぞく）
［暦注下段］天赦日（てんしゃにち）、神吉日（かみよしにち）

［陰陽］陽

陽　陰　中庸

［二十四節気］小満（しょうまん）
［七十二候］紅花栄（べにばなさかう）
［旧暦］２０２４年４月23日

5月

相談、決断、発信に支援あり

最上の「天赦日」に、人間関係に支援がつく「友引」が重複する大吉日です。「相談する」こと、「決める」こと、それらを「発信する」ことに特に強力な支援が発生します。ミーティングや打ち合わせ、方針の決定などに取り組んでみてください。これはプライベートでも有効です。家族やパートナーと一緒に決めたいことがあれば、この日に実行してください。

過ぎたことより、これからに目を向ける

二十八宿の「角」と十二直の「除」の影響で、「反省」の感覚が強まるので、打ち合わせなどで振り返りや過去の事例にとらわれることには注意が必要です。「振り返り」よりも、「これから」を優先してください。

［人］同僚　恋人　家族
［行動］検討　相談　仕事
［健康］運動　たんぱく質　炭水化物
［お金］買う（有形）　投資　他人へのプレゼント

2024年 6月

【月干支】辛未

陰の月干支となり、目に見えない領域で「新しい価値が生まれる」傾向が強い期間となります。

2024年6月の「大吉日」ベスト3

第❶位 6月10日(月)

［注目の古暦］
乙巳、一粒万倍日、神吉日、大明日

「お金を活用する」という感覚が、より良い結果へと作用する日です。投資や運用などを検討することで「良いタネ」が芽生え、万倍化の恩恵を得られる作用も発生します。

第❷位 6月21日(金)

［注目の古暦］
友引、夏至、鬼宿日、大明日、月徳日

「勝負事」に支援が集まるので、それを意識し行動すると、良い展開が実感できます。この夏に、より嬉しい結果を手に入れるために、このタイミングから行動しましょう。

第❸位 6月30日(日)

［注目の古暦］
夏越の大祓、大安、神吉日、天恩日

春の成長期から秋の収穫期へと移行が始まります。「準備」を意識することが有効です。この後の半年も良い気分を意識して、有効な「先回り」を実践してください。

6月2日（日）

夏至という区切りを前に、静かに祈りを捧げる

［六　曜］大安（たいあん）
［日干支］丁酉（ひのととり）
［月干支］辛未（かのとひつじ）
［年干支］甲辰（きのえたつ）
［二十八宿］房（ぼう）
［十二直］定（さだん）
［暦注下段］神吉日（かみよしにち）

［陰陽］陰

陽　中庸　陰

［二十四節気］小満（しょうまん）
［七十二候］麦秋至（むぎのときいたる）
［旧暦］2024年4月26日

静かに祈る

全体が良くなる「大安」、二十八宿の「房」と十二直の「定」が重複することで、「静かに祈ること」を意識すると、さまざまな良い導きを実感できる大吉日となります。昔の日本人は「人間以外の存在が世界をつくり出した」と本気で考え、暦を研究し、「祈るタイミング」を推測していたのです。「夏至」という区切りを迎える前に、静かに祈りを捧げてみてください。

理由を思い出して迷いを断ち切る

日干支が「丁酉」となり、一度決めたことに「迷い」が発生しやすい日です。自分がそのように決めたのは、そのときに「それを選ぶべき理由」があったからです。それを思い出せれば、すぐに迷いは解消します。

［人］

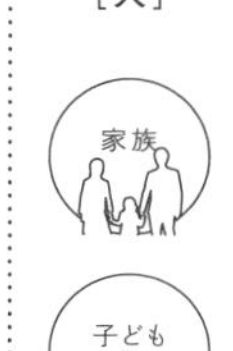

子ども

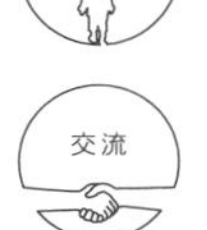

［行動］

準備

相談

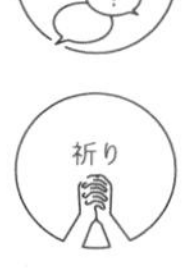

［健康］

休息

［お金］

払う（無形）

もらう

6月6日（木）

好きな空間でゆったりとした時間を味わう

［六曜］大安（たいあん）
［日干支］辛丑（かのとうし）
［月干支］辛未（かのとひつじ）
［年干支］甲辰（きのえたつ）
［二十八宿］斗（と）
［十二直］危（あやぶ）
［暦注下段］神吉日（かみよしにち）

［陰陽］陰

陽 中庸 陰

［二十四節気］芒種（ぼうしゅ）
［七十二候］螳螂生（かまきりしょうず）
［旧暦］2024年5月1日

心身ともに穏やかさを楽しむ

全体の機運が良くなる「大安」と日干支の「辛丑」が重複し、「穏やかさ」を楽しめる大吉日です。心身ともに「穏やかでいる」ことを選択してみてください。時間をつくって、好きな空間で、ゆったりとした音楽や豊かな香りのお茶などを40分程度楽しみましょう。落ち着いた状態でないと、気がつかないことがあるのです。

試したくなる衝動を精査する

二十八宿の「斗」からの影響で、あれこれと興味の向くままに始めたくなる衝動が強まる日です。手あたり次第に色々と試したくなりますが、その欲求は少しだけ抑えてみてください。今日芽生えた衝動は自分に必要なものか、落ち着いて検討してみましょう。

［人］

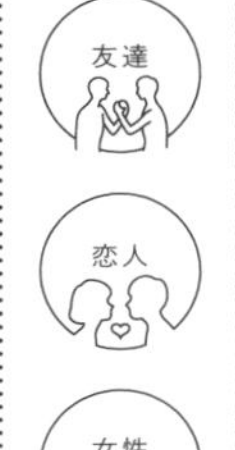

［行動］

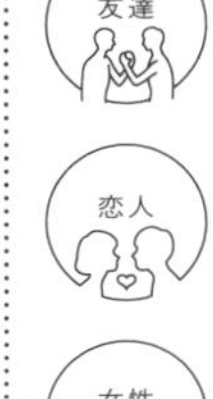

［健康］

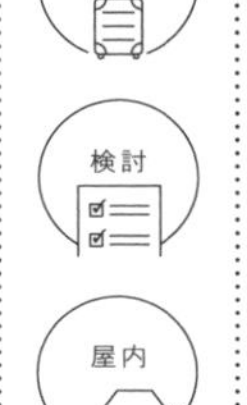

［お金］

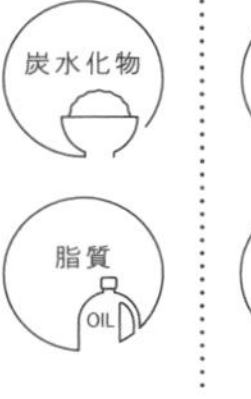
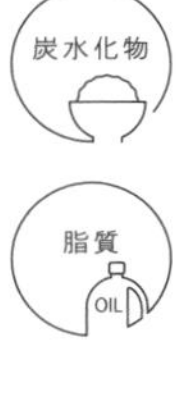

6月8日（土）

芸事と向き合う豊かな時間をもつ

［六　曜］先勝
［日干支］癸卯
［月干支］辛未
［年干支］甲辰
［二十八宿］女
［十二直］納
［暦注下段］神吉日、母倉日

［陰陽］陽

陰　中庸　陽

［二十四節気］芒種
［七十二候］螳螂生
［旧暦］2024年5月3日

得意なこと、好きなことを楽しむ

二十八宿の「女」と十二直の「納」に、複数の善日が重複するため、「芸」に関連することに強い支援がつく大吉日です。「芸」とは、歌や踊りのことだけではなく、人それぞれの「得意なこと、好きなこと」の意味もあるのです。得意なこと、好きなことを確認して、それを楽しめる時間をつくってください。

深呼吸で自分を取り戻す

日干支の「癸卯」の影響で、混乱や誤解が生じやすい日です。「はやとちり」に注意してください。普段から「せっかち」な人でなくても、今日は全体が急ぎ気味になってしまう傾向が強くなるので、先回りしてそれを防止しましょう。「深呼吸」すると、体も心も落ち着きを取り戻します。

［人］

友達

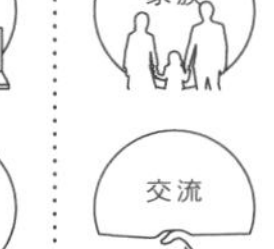

［行動］

確認

仕事

遊び

［健康］

運動

［お金］

買う（有形）

払う（無形）

6月9日（日）

目には見えない「心」を「整理」する

［六　曜］友引
［日干支］甲辰
［月干支］辛未
［年干支］甲辰
［二十八宿］虚
［十二直］開
［暦注下段］大明日

［陰陽］陰

陽
中庸
陰

［二十四節気］芒種
［七十二候］蟷螂生
［旧暦］2024年5月4日

心のなかを整理する

関係性が良くなる「友引」と二十八宿の「虚」が重複し、「心のなかを整理すること」で良い効果が得られる大吉日です。心は物質ではありませんが、日本語ではなぜか「心のなかを整理する」という表現が受け継がれています。難しく考えず、自分の心のなかを部屋のなかのようにイメージして、「整理」してみてください。

強すぎる執着に注意

日干支が「甲辰」となり、色々なことに対する「執着」が強まってしまう傾向となる日です。もちろん、執着することでこだわりや向上といった良い効果も生まれるのですが、それが強すぎると無駄なことにエネルギーを注ぐだけでなく、面倒なことが増えるのも事実です。

［人］
家族
大人
単独

［行動］
検討
相談
整理

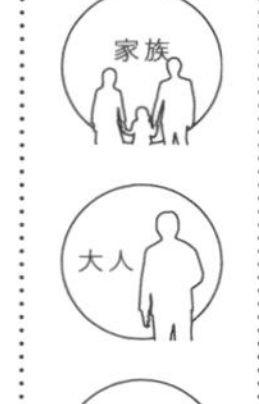

［健康］
休息
水分補給
ミネラル

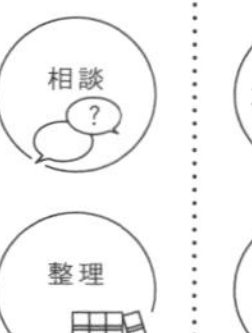

［お金］
買う（有形）
もらう
貯金

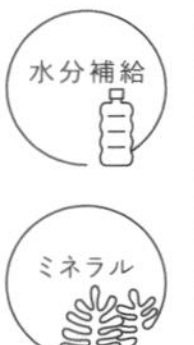

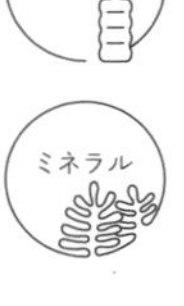

6月10日（月）

お金という収穫を増やす

【六曜】先負
【日干支】乙巳
【月干支】辛未
【年干支】甲辰
【二十八宿】危
【十二直】閉
【暦注下段】一粒万倍日、神吉日、大明日

【陰陽】陽

陰　中庸　陽

【二十四節気】芒種
【七十二候】腐草為螢
【旧暦】2024年5月5日

お金にまつわるすべてに恩恵あり

日干支の「乙巳」と複数の善日が重複し、「お金関連」にさまざまな恩恵がつく大吉日です。お金は「使う・貯める・運用する」という3つの使用法しかない道具なのですが、今日はそのすべてに恩恵がつきます。その後の「収穫」にボーナスがつくタイミングとなりますので、積極的に「お金の活用」をしてみてください。

直感よりも情報を重視する

二十八宿の「危」からの影響で、「直感」に頼りすぎる傾向が強まります。直感は大切ですが、知識と情報を無視していては、大吉日の効果を活用できません。ネットからでも本からでも、自分にとって有効な「お金の情報」が得られるので、直感に惑わされないようにしましょう。

［人］
［行動］
［健康］
［お金］

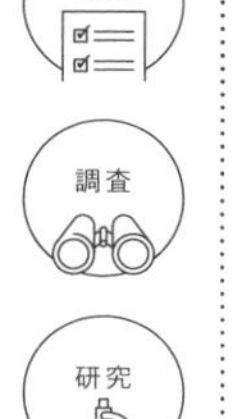
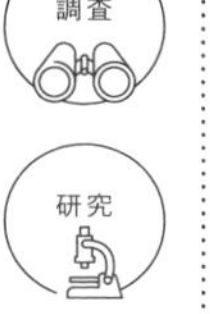

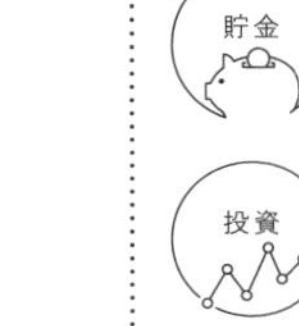

6月12日（水）

【六曜】大安
【日干支】丁未
【月干支】辛未
【年干支】甲辰
【二十八宿】壁
【十二直】除
【暦注下段】神吉日、大明日

好きか嫌いか、自分なりの基準がチャンスを呼び込む

【陰陽】陽

【二十四節気】芒種
【七十二候】腐草為螢
【旧暦】2024年5月7日

チャンスのヒントに敏感になる

全体の機運が良くなる「大安」と日干支の「丁未」に、複数の善日が重複する大吉日です。わかりやすい「チャンス」がやってきます。新しい出会いや可能性を感じる仕事、楽しそうな趣味など、そのどれもがチャンスへと転換する日です。損得よりも、「好きか嫌いか」を重要視してください。自分の基準こそが、一番大切な指標なのです。

幸せの形は、人それぞれ違う

二十八宿の「壁」の影響で、「隣の芝生が青く見える日」です。それを予防するためには「幸せの形は、人それぞれ違う」という大前提を思い出すことです。人それぞれ好きなことが違うから、地球は「多様性あふれる魅力的な場」となったのです。

［人］

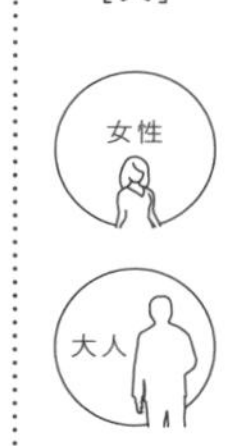

［行動］

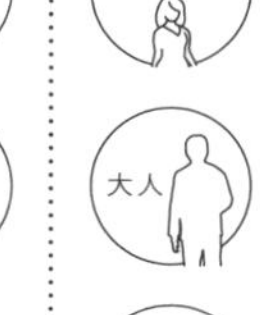

［健康］

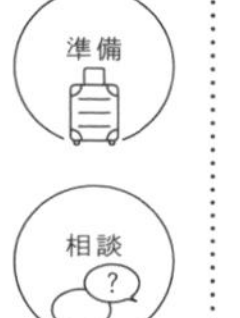

［お金］

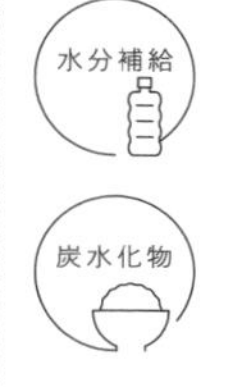

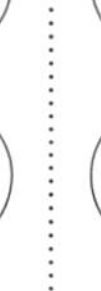

6月15日（土）

自分の世界は、自分で選択する

【六曜】友引（ともびき）
【日干支】庚戌（かのえいぬ）
【月干支】辛未（かのとひつじ）
【年干支】甲辰（きのえたつ）
【二十八宿】胃（い）
【十二直】定（さだん）
【暦注下段】大明日（だいみょうにち）、天恩日（てんおんにち）

【陰陽】陰

陽　中庸　陰

【二十四節気】芒種（ぼうしゅ）
【七十二候】梅子黄（うめのみきばむ）
【旧暦】2024年5月10日

「強気」が良い方向へ導く

関係性が良くなる「友引」、日干支の「庚戌」と二十八宿の「胃」に複数の善日が重複する大吉日です。「強気」を育てることで、良い方向へ全体が移行していきます。「強気」とは、自分の選択を強く信じること。他の人から否定的な意見を投げられても、正面から受け取る義務はありません。「自分の世界は、自分で選択する」、これが好転のために尊重すべき意思です。

他人の善意より自分の意見

十二直の「定」からの影響で、他人の「忠告」が気になる日です。忠告が善意に基づいているものであるほど、その忠告に応えたくなりますが、今日は「自分のなかの意見」を尊重してください。善意は常に正しいわけではないのです。

［人］

［行動］

計画

検討

［健康］

運動

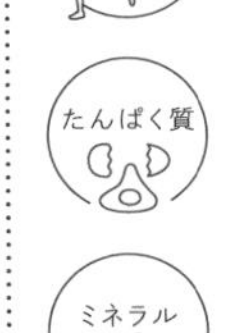

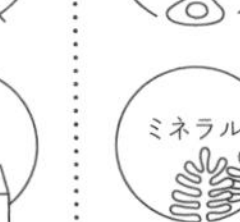

［お金］

買う（有形）

もらう

6月21日（金）

白か黒か、今日はハッキリとさせる

［六曜］友引（ともびき）
［日干支］丙辰（ひのえたつ）
［月干支］辛未（かのとひつじ）
［年干支］甲辰（きのえたつ）
［二十八宿］鬼（き）
［十二直］開（ひらく）
［暦注下段］鬼宿日（きしゅくび）、大明日（だいみょうにち）、月徳日（つきとくにち）

［陰陽］陽

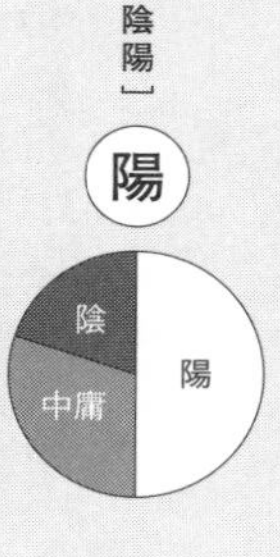

［二十四節気］夏至（げし）
［七十二候］乃東枯（なつかれくさかるる）
［旧暦］2024年5月16日

「勝負」の本質と向き合う

最強の宿「鬼宿日」と善日が重複し、「勝負事」に強い支援がつく大吉日です。これは、スポーツやギャンブルだけの傾向ではありません。自分にとって「どちらの結果が嬉しいのか」という予測と、それに向けて行動する「機会」が「勝負」なのです。白か黒かハッキリと判別したいことを検討すると、より良い判定結果へ導かれる大吉祥日へと昇華します。

勝ったら、すぐに感謝する

日干支が「丙辰」となるため、「傲慢」の傾向が強まるので注意してください。「傲慢」の反意語は「謙遜」です。勝負の結果は自分の実力＝自力だけで導かれるわけではありません。「勝ったら、すぐに感謝すること」を徹底してください。

［人］
恋人
家族
子ども

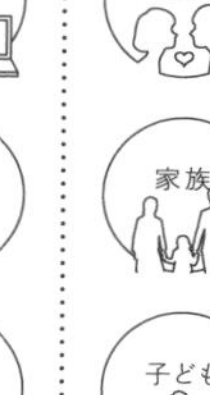

［行動］
仕事
検討
実行

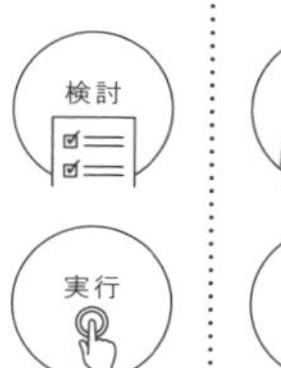

［健康］
運動
たんぱく質
炭水化物

［お金］
買う（有形）
投資
自分へのご褒美

6月24日（月）

自分の基礎を点検する

［六曜］大安
［日干支］己未
［月干支］辛未
［年干支］甲辰
［二十八宿］張
［十二直］除
［暦注下段］神吉日、大明日

［陰陽］陰

陽 / 中庸 / 陰

［二十四節気］夏至
［七十二候］乃東枯
［旧暦］2024年5月19日

基礎と土台を確認する

日干支の「己未」と複数の善日が重複することで、自分の「基礎と土台」となるものを確認すると、多くの支援が実感できる大吉日です。現在の自分に至るまでには、考え方の「基礎」となるもの、選択の基準となるような「土台」があります。このタイミングで、自分の「基礎と土台」が自分の好みと合っているのか、点検してみてください。

頑固さはコミュニケーションの邪魔になる

二十八宿の「張」と十二直の「除」の重複で「頑固」になる傾向が強くなる日です。頑固さは時には必要な感覚ですが、今日は人間関係に良くない影響として現れてしまいます。コミュニケーションのなかで、自分が必要以上に頑固になっていないか、注意してみてください。

［人］
家族
両親
単独

［行動］

準備
検討
調査

［健康］
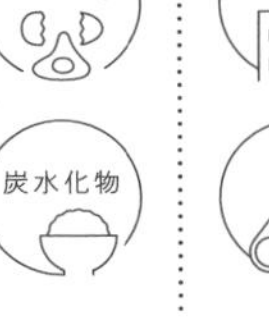
休息
たんぱく質
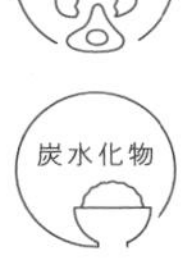
炭水化物

［お金］

貯金
投資
寄付

6月30日（日）

身を清め、場を清め、良い夏を迎える

【六曜】大安（たいあん）
【日干支】乙丑（きのとうし）
【月干支】辛未（かのとひつじ）
【年干支】甲辰（きのえたつ）
【二十八宿】房（ぼう）
【十二直】危（あやぶ）
【暦注下段】夏越（なごし）の大祓（おおはらえ）、神吉日（かみよしにち）、天恩日（てんおんにち）

【陰陽】陰

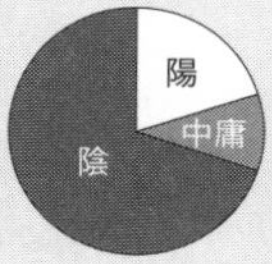

陽
中庸
陰

【二十四節気】夏至（げし）
【七十二候】菖蒲華（あやめはなさく）
【旧暦】2024年5月25日

成長から収穫へ

全体が良くなる「大安」と多くの善日が重複する大吉日です。さらに「夏越（なごし）の大祓（おおはらえ）」*ですので、身を清め、掃除や片づけで「夏に備える」ことで、心と体のより良い準備となります。今年も半分が過ぎたことに感謝して、「成長フェイズ」から「収穫フェイズ」へと移行したことを意識してみてください。

恐れや不安に呑まれない

十二直の「危」からの影響で、漠然とした「恐れ」や「不安」が芽生えやすい傾向が強まります。生きるためには必要な感覚ですが、このタイミングでは正しく機能しないのです。「負の感情」が強まるのを感じたら、その場所から移動してみてください。少し時間をとって休憩するだけでも有効です。

［人］

［行動］

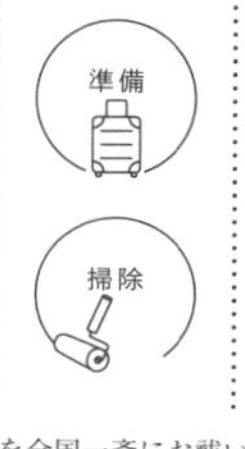

［健康］［お金］

＊お正月からの半年間に溜まった穢れを全国一斉にお祓いする神事。

2024年

7月

【月干支】壬申

陽の月干支となり、目に見える領域で「良い流れが拡がる」傾向が強い期間となります。

2024年7月の「大吉日」ベスト3

第❶位 7月29日（月）

［注目の古暦］

天赦日、一粒万倍日、神吉日、母倉日、月徳日

大きな「新しい波」が起こるので、それにうまく同調する意識をもってください。「全体を良くする」という意思をもつだけで、良い変化が始まります。

第❷位 7月19日（金）

［注目の古暦］

鬼宿日、神吉日、月徳日

「内側」での支援が増幅するので、「自分の内面」に意識を向けてください。自分の「意思」「意向」を優先させることで、そこに力強い支援がやってきます。

第❸位 7月17日（水）

［注目の古暦］

大安、一粒万倍日、神吉日、大明日、母倉日、天恩日

いつもよりも「直感」を重視することで、良い結果へとつながります。この日に「良い選択」ができれば、万倍化の恩恵が嬉しい結果へと直結します。

7月2日（火）

整理がツキを呼ぶ

【六曜】先勝（せんしょう）
【日干支】丁卯（ひのとう）
【月干支】壬申（みずのえさる）
【年干支】甲辰（きのえたつ）
【二十八宿】尾（び）
【十二直】納（おさん）
【暦注下段】神吉日（かみよしにち）、母倉日（ぼそうにち）、天恩日（てんおんにち）

【陰陽】陽

陰
中庸
陽

【二十四節気】夏至（げし）
【七十二候】半夏生（はんげしょうず）
【旧暦】2024年5月27日

アイデアは整理から生まれる

二十八宿の「尾」と十二直の「納」が重複することにより、「創造性」と「整理」への支援が増幅する大吉日です。新しい収納方法やインテリアの配置などを検討すると、良いアイデアや思いつきなどがやってきます。また「風水」を検討する日としても最適ですので、新しい見識を深めてみてください。

いらないものを見直す

日干支が「丁卯」となるため、いらないものが増えたり、余計な手間が増えたりしてしまう傾向が強まる日です。ものも手間も「断捨離」する感覚で、優先度を検討してみてください。特に使用していない道具が出しっぱなしになっていないか、点検してみてください。

［人］

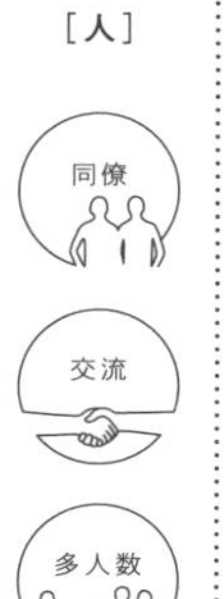

［行動］

［健康］

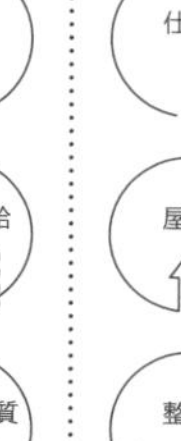

［お金］

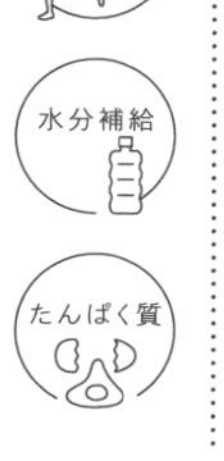

7月4日（木）

家計簿や財布を見直して、お金にまつわる支援を得る

［六曜］先負
［日干支］己巳
［月干支］壬申
［年干支］甲辰
［二十八宿］斗
［十二直］閉
［暦注下段］己巳、一粒万倍日、神吉日、大明日

［陰陽］陽

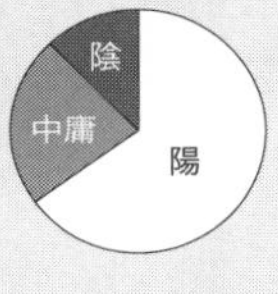

［二十四節気］夏至
［七十二候］半夏生
［旧暦］2024年5月29日

お金関連の点検に取り組む

弁財天さまのご縁日＊である「己巳」を筆頭に、増殖の傾向となる「一粒万倍日」、先が見通せる「大明日」、願いがうまく通る「神吉日」が重複する「お金関連の大吉日」です。今日は見える領域での活動が有効となりますので、家計簿や帳簿の点検、新しい「財テク」の検討、新しい財布への切り替えが有効となるタイミングです。

冷静さを失わない

二十八宿の「斗」と十二直の「閉」が重複するため、「執着」や「自暴自棄」の傾向が強まるので注意が必要です。「お金」は感情と強く結びついていますので、できるだけ冷静かつ客観的に向き合えるかどうかが、この大吉日を活用するポイントとなります。

［人］
家族
男性
単独

［行動］
検討
相談
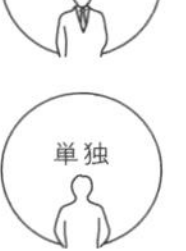

［健康］
休息
ビタミン
ミネラル

［お金］

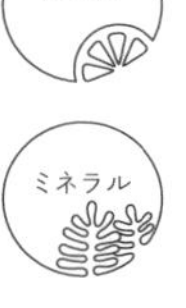
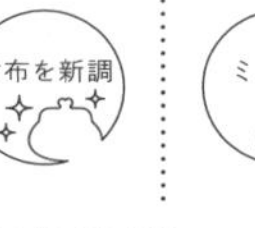

＊神仏と縁のある日。

7月8日（月）

良縁を増殖させる

［六　曜］友引
［日干支］癸酉
［月干支］壬申
［年干支］甲辰
［二十八宿］危
［十二直］満
［暦注下段］一粒万倍日、神吉日、大明日

［陰陽］陽

陰
中庸
陽

［二十四節気］小暑
［七十二候］温風至
［旧暦］2024年6月3日

今日のタネが良いご縁につながる

今日の日干支「癸酉」と「一粒万倍日」は、ともに「増殖の傾向」を示す古暦です。そのため、今日の「タネ」を自分の幸せに役立つ内容にすることで「万倍化」の恩恵が受けられます。さらに「友引」の重複となるので、「人間関係」において「良いタネ」を意識すると、より良いご縁が拡がる大吉日となります。

喜ばれる言葉でマイナスを避ける

二十八宿の「危」が重複しているため、「軽はずみな発言」や「他人を軽蔑すること」に、特に注意が必要な1日となります。今日は「マイナスの側面」も増殖してしまう傾向にあるので、先回りして、「喜ばれる発言」や「褒めること」を意識すれば古暦の大活用となります。

［人］
同僚
友達
多人数

［行動］
相談

仕事
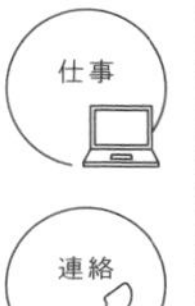
連絡
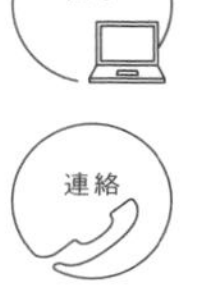

［健康］
休息
ダイエット
ミネラル

［お金］
貯金
投資
他人へのプレゼント

7月14日（日）

未来の喜びを今、祝う

［六曜］友引
［日干支］己卯
［月干支］壬申
［年干支］甲辰
［二十八宿］昴
［十二直］成
［暦注下段］神吉日、大明日、天恩日

［陰陽］陰

［二十四節気］小暑
［七十二候］蓮始開
［旧暦］2024年6月9日

予祝の力を実感する

暦注下段に善日が重なり、二十八宿の「昴」が祝福を示す大吉日です。これからやってくる「嬉しいこと」をあらかじめお祝いする「予祝」が有効な大吉日です。役者さんになったつもりで、「未来のこと」をお祝いしてみてください。今日のタイミングで、仲間や家族と一緒にやれば、効果が倍増します。

祝う時間を確保する

日干支が「己卯」となるため、防衛本能が強まる傾向となる日です。用事が増える日となるため、しっかりとした「時間管理」が求められます。仕事や勉強だけを優先せず、しっかりと「祝う」「喜ぶ」という時間を意識して確保してください。用事に流されない意識が有効です。

［人］
友達
家族
多人数

［行動］
計画
遊び
実行

［健康］
たんぱく質
炭水化物

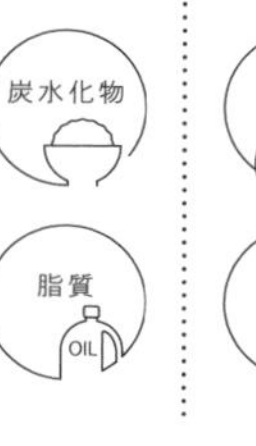
脂質

［お金］
払う（無形）
ポイント関連
自分へのご褒美

7月17日（水）

直感を信じて、良い流れに乗る

［六曜］大安
［日干支］壬午
［月干支］壬申
［年干支］甲辰
［二十八宿］参
［十二直］閉
［暦注下段］一粒万倍日、神吉日、大明日、母倉日、天恩日

［陰陽］陽

陰　中庸　陽

［二十四節気］小暑
［七十二候］鷹乃学習
［旧暦］2024年6月12日

自分の感覚で選択する

暦注下段に善日が多く出現し、六曜の大吉日である「大安」が重複する「わかりやすい大吉日」です。ある程度「直感」や「勘」を優先して過ごした方が良い方向へと導かれ、良い側面での「万倍化」が起きやすい1日となります。「自分の感覚で選択する」、その意識が良い流れに乗る「鍵」となります。

気分を良くする選択をする

日干支が「壬午」となるため、内側に籠りたくなる傾向が強まります。自分の感覚を大切にしつつ、外側を意識することで、よりバランスがとれた大吉祥日へと昇華していきます。閉塞を感じたら、散歩や移動が有効な日です。自分で自分の「気分を良くする」という選択をしてみてください。

［人］

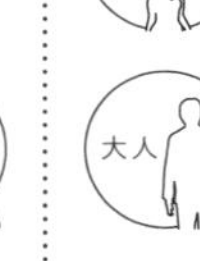

［行動］

［健康］

［お金］

財布を整理

7月19日（金）

誰かの意見よりも自分の意思を優先する

［六曜］先勝（せんしょう）
［日干支］甲申（きのえさる）
［月干支］壬申（みずのえさる）
［年干支］甲辰（きのえたつ）
［二十八宿］鬼（き）
［十二直］除（のぞく）
［暦注下段］鬼宿日（きしゅくび）、神吉日（かみよしにち）、月徳日（つきとくにち）

［陰陽］陰

陽　中庸　陰

［二十四節気］小暑（しょうしょ）
［七十二候］鷹乃学習（たかすなわちわざをならう）
［旧暦］２０２４年６月14日

悩みや課題に向き合う日

二十八宿・暦注下段でも最強といわれる「鬼宿日」と多くの善日が重複する大吉日です。「心」や「気持ち」といった内面での良い変化、良い支援が得られる日となるため、抱えていた悩みや課題に取り組むタイミングとなります。今日は「他人の意見」ではなく「自分の意思」を優先すると大吉祥日へと昇華します。

内面と向き合うチャンス

日干支が「甲申」となるため、分断や孤立の傾向が強まる日となり、注意が必要です。ただし、自分の内側を検討するには他人の干渉は邪魔になるので、逆手にとって活用しましょう、今日の孤立は一時的ですので、気にせず自分の内面と向き合うチャンスとして活用しましょう。

［人］
男性
大人
単独

［行動］
検討
仕事
屋内

［健康］
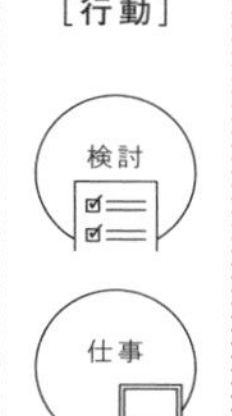

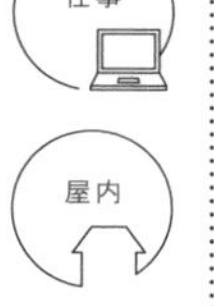
休息
バランスのいい食事
ミネラル

［お金］
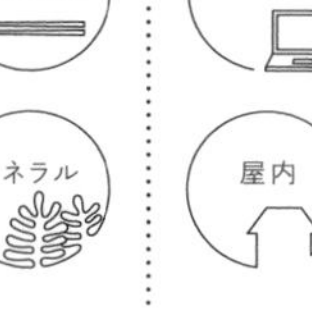
払う（無形）
貯金
寄付

7月

7月20日（土）

［六曜］友引
［日干支］乙酉
［月干支］壬申
［年干支］甲辰
［二十八宿］柳
［十二直］満
［暦注下段］一粒万倍日、神吉日

ありのままに話してみると、うまくいく

［陰陽］陰

陽
中庸
陰

［二十四節気］小暑
［七十二候］鷹乃学習
［旧暦］2024年6月15日

会話を楽しむ

二十八宿の「柳」と十二直の「満」が重複することにより、自然体でいることでうまくいく傾向となる大吉日です。「一粒万倍日」なので、「良いタネとなること」を意識して、それが増殖するイメージを描いてみてください。「友引」でもあるため、交流や話し合いにも恩恵がつきます。会話を楽しむと、この先の展開がより良くなります。

自然体でいられる人との時間を大切に

日干支が「乙酉」となるため、「分離」の感覚が強まるので注意が必要です。人はもともとは地球という惑星の「一つのエネルギー」が分化したものにすぎません。自分が自然体でいられる人は「ご縁」がある人です。その大切さに感謝して、一緒の時間を楽しんでください。

［人］
友達
恋人
家族

［行動］
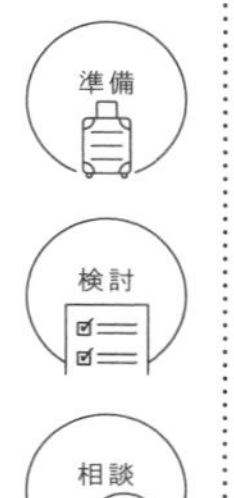
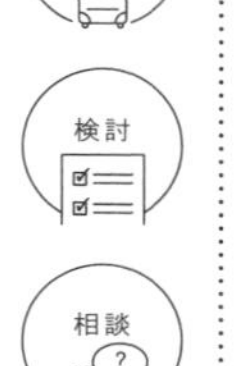
準備
検討
相談

［健康］
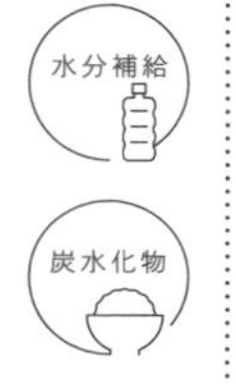
休息
水分補給
炭水化物

［お金］

買う（有形）
電子マネーチャージ
自分へのご褒美

7月23日（火）

能力や経験を思い出すと、道が拓(ひら)ける

［六　曜］大安(たいあん)
［日干支］戊子(つちのえね)
［月干支］壬申(みずのえさる)
［年干支］甲辰(きのえたつ)
［二十八宿］翼(よく)
［十二直］執(とる)
［暦注下段］神吉日(かみよしにち)

［陰陽］陰

陽
中庸
陰

［二十四節気］大暑(たいしょ)
［七十二候］桐始結花(きりはじめてはなをむすぶ)
［旧暦］2024年6月18日

見えない土台を思い出す

二十八宿の「翼」と十二直の「執」の重複により、「土台を育てる」という感覚が有効な大吉日となります。今日は「見えない領域」での「自分の土台となるもの」を意識してください。それは、今まで培った「能力」や「経験」などを意味しています。この機会に「自分は唯一無二の存在」だという事実を思い出してみてください。

あなたは生きているだけですごい存在

日干支が「戊子」となるため、自分を「たいしたことはない」と思い込みたくなる衝動が強まります。あなたは生きているだけで「すごい存在」です。せっかく授かった「心と体」を貶(けな)しても得はありません。今日は「謙遜」という行為も自分に禁止して、過ごしてみてください。

［人］

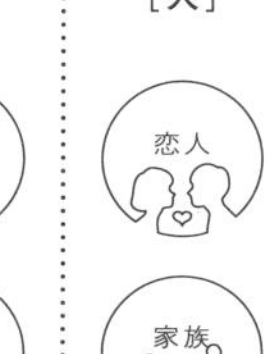

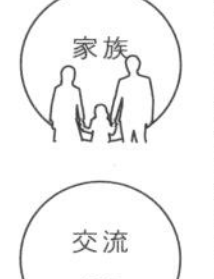

［行動］

計画

検討

［健康］

運動

バランスのいい食事

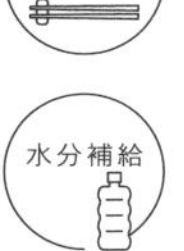

［お金］

払う（無形）

もらう

変革が始まる特別な転換点

【六曜】大安（たいあん）
【日干支】甲午（きのえうま）
【月干支】壬申（みずのえさる）
【年干支】甲辰（きのえたつ）
【二十八宿】心（しん）
【十二直】閉（とづ）
【暦注下段】天赦日（てんしゃにち）、一粒万倍日（いちりゅうまんばいび）、神吉日（かみよしにち）、母倉日（ぼそうにち）、月徳日（つきとくにち）

【陰陽】陽

陰
中庸
陽

【二十四節気】大暑（たいしょ）
【七十二候】土潤溽暑（つちうるおうてむしあつし）
【旧暦】2024年6月24日

新しい波が今日から始まる

最強の吉日「天赦日」を筆頭に、多くの善日と良い古暦が重複する大吉日です。この日を「変革」のために活用できれば、2024年全体が向上する「新しい波が始まる日」となります。「一粒万倍日」を意識して「全体が良くなる」選択を意識してみてください。ヒントとなる「兆候」を見逃さないように、特別な1日を楽しみましょう。

先人の智慧を素直に受け入れる

「全般に良い最強の大吉日」ですが、その情報を拒絶したくなる「アレルギー反応」も強くなります。未知の世界、学校では教えてくれなかったことには、「警戒」がつきまとうのです。今日はその反応も受け入れて、「古暦を活用する」と宣言してみてください。

［人］
友達
交流
多人数

［行動］

［健康］
運動
ビタミン
ミネラル

［お金］

2024年

8月

【月干支】

癸酉（みずのと とり）

陰の月干支となり、目に見えない領域で「良い状態が増す」傾向が強い期間となります。

2024年8月の「大吉日」ベスト3

第❶位 8月12日(月)

［注目の古暦］
天赦日（てんしゃにち）、神吉日（かみよしにち）

この日に行う「準備」に対して、さまざまな支援がやってきます。仕事もプライベートも、良い準備を行うことで、さらに良くなるという状態が展開していきます。

第❷位 8月16日(金)

［注目の古暦］
鬼宿日（きしゅくび）、一粒万倍日（いちりゅうまんばいび）、神吉日（かみよしにち）、天恩日（てんおんにち）、月徳日（つきとくにち）

「笑顔」を増やすだけで、より良い結果がやってきます。暑さや状況に負けずに、笑顔を維持してください。それにより、「一粒万倍日」の効果が良い側面で発揮されます。

第❸位 8月23日(金)

［注目の古暦］
友引（ともびき）、一粒万倍日（いちりゅうまんばいび）、神吉日（かみよしにち）、大明日（だいみょうにち）、母倉日（ぼそうにち）

「新しいこと」に支援が集まり、そこから「一粒万倍日」の効果を得る「良いタネ」が発生します。「初めて」を意識的に選択してください。

8月1日（木）

一人静かに過ごす時間が喜びへとつながる

［六曜］友引（ともびき）
［日干支］丁酉（ひのととり）
［月干支］癸酉（みずのとのとり）
［年干支］甲辰（きのえたつ）
［二十八宿］斗（と）
［十二直］満（みつ）
［暦注下段］一粒万倍日（いちりゅうまんばいび）、神吉日（かみよしにち）

［陰陽］陰

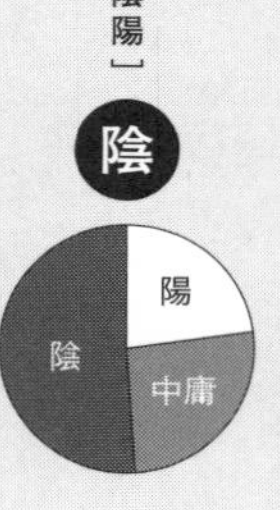

［二十四節気］大暑（たいしょ）
［七十二候］土潤溽暑（つちうるおうてむしあつし）
［旧暦］2024年6月27日

心も体もあえて隔離する

日干支が「丁酉」となり、「静かな時」が良い導きをもたらし、それが「良い万倍化」へとつながる大吉日です。意図的に心も体も「静かに過ごす」という時間を確保してください。スマホやパソコンなども別の場所に置いて、他の人が干渉できない場所を確保できれば、大吉日の恩恵を受けます。

用事をブロックして、雑音を避ける

万倍化の影響で、「忙しさ」や「雑音」が大きくなる傾向が強くなります。先手を打って、用事を順番に片づけたうえで、新しい用事が入り込まないように意識してください。今日は、静かな時間が「休息」ではなく「創造」へとつながる選択となりますので、それを楽しみに行動してみてください。

［人］
大人
女性
単独

［行動］
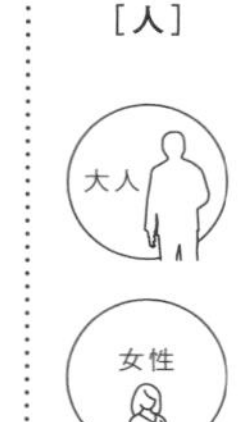

計画
準備

屋内

［健康］
休息
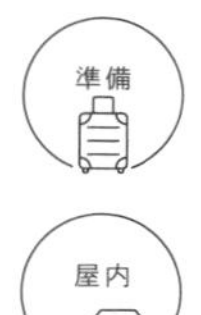
水分補給
たんぱく質

［お金］
もらう

貯金

寄付

8月8日（木）

良い情報が今後の喜びに役立つ

［六曜］大安（たいあん）
［日干支］甲辰（きのえたつ）
［月干支］癸酉（みずのとのとり）
［年干支］甲辰（きのえたつ）
［二十八宿］奎（けい）
［十二直］成（なる）
［暦注下段］大明日（だいみょうにち）、母倉日（ぼそうにち）

［陰陽］陽

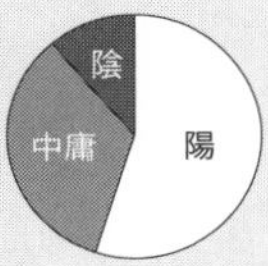

陰　中庸　陽

［二十四節気］立秋（りっしゅう）
［七十二候］涼風至（すずかぜいたる）
［旧暦］２０２４年７月５日

感度を高めて良い情報を集める

日干支が「甲辰」となり、良い知らせがやってくる大吉日です。「大安」や「大明日」などの日に見える領域での「吉兆暦*」が重複しているので、この日に得られる情報は長期的に有利な状況をもたらしてくれます。普段よりもアンテナの感度を上げる感覚で、良い情報を集めてみてください。

吟味して、検討する

二十八宿の「奎」には停滞の氣が含まれるため、思っていたよりも物事の進行が遅かったり、結果が先になったりする傾向が強まります。先回りして「焦らない」という意識を強くしてください。また、得た情報からすぐに行動へと移行せず、今日は「吟味して、検討する」という選択に支援が集まります。

［人］
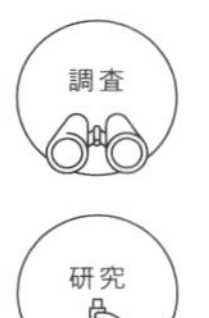

［行動］

［健康］
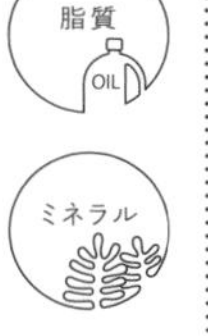

［お金］
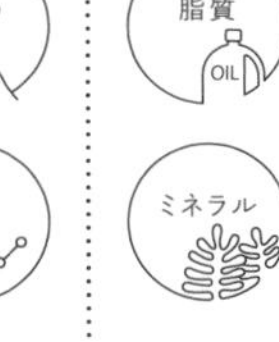
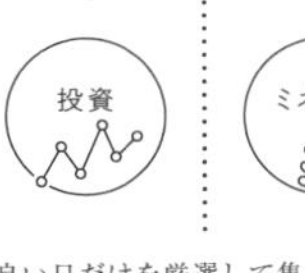

＊良い日だけを厳選して集めたカレンダー。

8月10日（土）

心を強くもっと、より良い展開に恵まれる

【六曜】先勝（せんしょう）
【日干支】丙午（ひのえうま）
【月干支】癸酉（みずのととり）
【年干支】甲辰（きのえたつ）
【二十八宿】胃（い）
【十二直】開（ひらく）
【暦注下段】神吉日（かみよしにち）、大明日（だいみょうにち）

【陰陽】陰

陽
中庸
陰

【二十四節気】立秋（りっしゅう）
【七十二候】涼風至（すずかぜいたる）
【旧暦】2024年7月7日

今日はあえて譲らない

二十八宿の「胃」と十二直の「開」の重複により、「強気」がキーワードとなる大吉日です。今日は自分の内側である「心の姿勢」において、「強気の選択」をしてみてください。普段なら譲歩してしまうことも、今日は「自分の都合」を優先することによって、良い展開に恵まれる日となります。

強気は内面だけに留める

日干支の「丙午」の影響により、過剰な反応や対応をしてしまう傾向が強まります。あくまでも「内面での強気」が有効な日ですので、態度や受け答えが「偉そう」にならないようにしてください。「強気」が上手な人は、交渉も上手なのです。内面がそのまま表れないように注意しましょう。

［人］

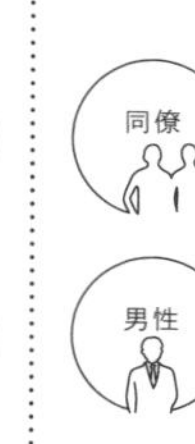

［行動］

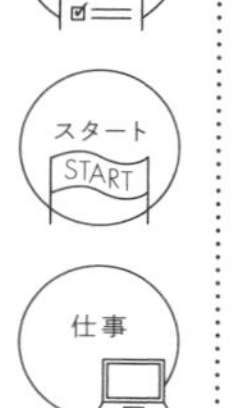

［健康］

［お金］

8月11日（日）

自分から優しくする

［六曜］友引
［日干支］丁未
［月干支］癸酉
［年干支］甲辰
［二十八宿］昴
［十二直］閉
［暦注下段］一粒万倍日、神吉日、大明日、母倉日

［陰陽］陰

陽
中庸
陰

［二十四節気］立秋
［七十二候］涼風至
［旧暦］2024年7月8日

今日は自分から話しかける

「神吉日」「大明日」「母倉日」を筆頭に、「内面でのコミュニケーション」が有効となる「一粒万倍日」の大吉日です。いつもよりも少し思いやり、優しさ、協力といった意識をもつだけで、人間関係が良くなっていきます。「自分から話しかける」というルールで過ごしてみてください。相手を褒めるようにすると、大吉祥日へと昇華します。

変えなくていいことまで変えない

日干支が「丁未」となるため、「変更したい欲求」が強まる傾向となります。変更が改善となるなら有効ですが、変えなくていいことまで変えたくなるので、注意が必要です。特に人との関係性やご縁については、その場の衝動で変えてしまわないように注意してください。

［人］

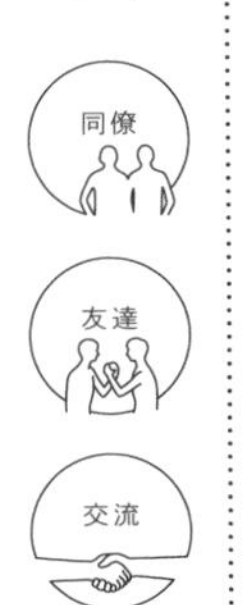

［行動］

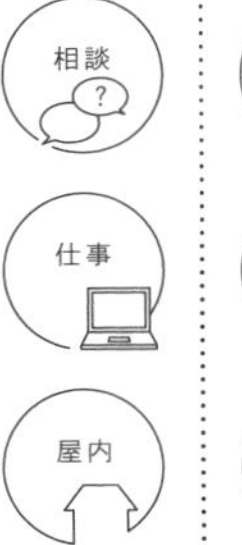

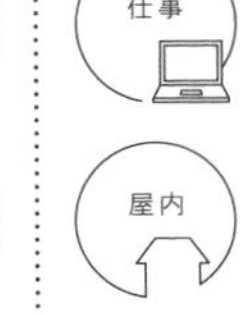

［健康］

［お金］

8月12日（月）

未来のために楽しく準備する

［六　曜］先負
［日干支］戊申
［月干支］癸酉
［年干支］甲辰
［二十八宿］畢
［十二直］建
［暦注下段］天赦日、神吉日

［陰陽］陰

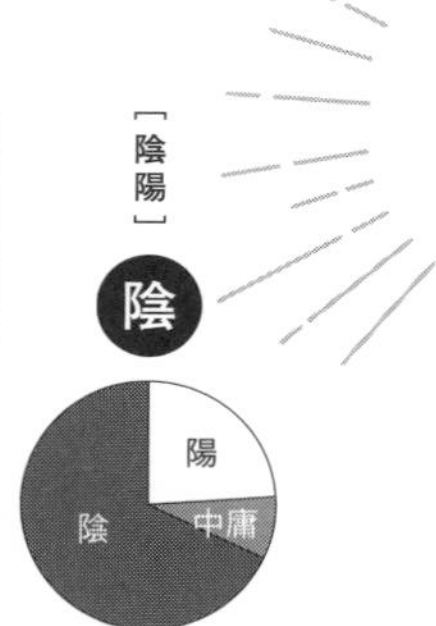

［二十四節気］立秋
［七十二候］寒蝉鳴
［旧暦］2024年7月9日

準備に支援が集まる

最強の善日「天赦日」です。全体の機運が良くなり、全般に物事がスムーズに進行します。二十八宿の「畢」と十二直の「建」が重複することにより、「準備を構築する」という行為に良い支援と恩恵が集まる傾向となります。今日の「準備」には、良い気づきと発想が得られます。仕事以外に、旅行や行事などの準備も率先してください。

淡々と、落ち着いて準備する

日干支が「戊申」となるため、思考や行動が「過激」になりがちです。今日は、淡々と楽しむ感覚で準備に専念してください。他人からの挑発や批評にも、耳を貸す必要はありません。穏やかに受け止め、自分の選択から切り離すことで、より良い吉日の過ごし方となります。

［人］
家族
女性
単独

［行動］

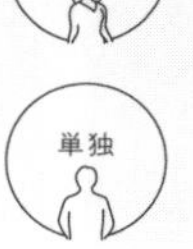

［健康］
休息
バランスのいい食事
水分補給

［お金］

8月14日（水）

夢や理想を現実化するためお金と向き合う

【六　曜】大安
【日干支】庚戌
【月干支】癸酉
【年干支】甲辰
【二十八宿】参
【十二直】満
【暦注下段】大明日、母倉日、天恩日

【陰陽】陽

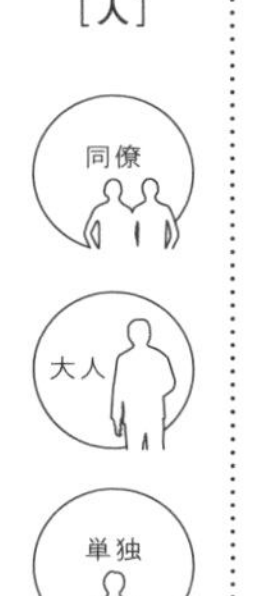

【二十四節気】立秋
【七十二候】寒蟬鳴
【旧暦】2024年7月11日

お金の現在地、夢を見直す

日干支が「庚戌」となり、色々なことが好転していく大吉日となります。二十八宿の「参」が重複することにより、「お金関連」の吉日ともなるため、自分の経済状況やこれからの計画なども検討すると、わかりやすい支援が集まる日です。夢や理想を大切にしながら、それを現実化するための検討に挑んでみてください。

結論を急がない

十二直の「満」の影響で、どうしても結論を急ぎたくなる傾向が強まります。結論を急ぐのではなく、前向きに検討を進める感覚を意識してください。「検討する」には、必ずしも結論が必要ではないのです。検討そのものが有効な1日ですので、楽しんでみてください。

［人］
同僚
大人
単独

［行動］
検討
調査
研究

［健康］
運動
たんぱく質
炭水化物

［お金］
払う（無形）
貯金
投資

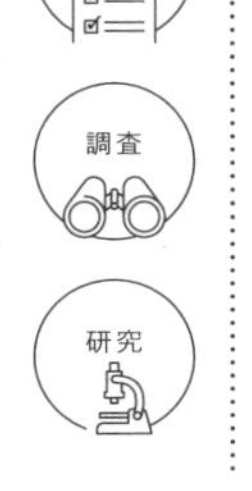
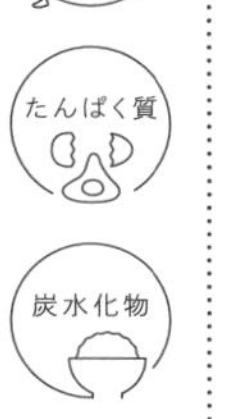

8月16日（金）

先人が受け継いでくれた笑顔の意味を噛み締める

【六曜】先勝（せんしょう）
【日干支】壬子（みずのえね）
【月干支】癸酉（みずのととり）
【年干支】甲辰（きのえたつ）
【二十八宿】鬼（き）
【十二直】定（さだん）
【暦注下段】鬼宿日（きしゅくび）、一粒万倍日（いちりゅうまんばいび）、神吉日（かみよしにち）、天恩日（てんおんにち）、月徳日（つきとくにち）

【陰陽】陽

陰　中庸　陽

【二十四節気】立秋（りっしゅう）
【七十二候】寒蟬鳴（ひぐらしなく）
【旧暦】2024年7月13日

いつもの3割増しの笑顔

「一粒万倍日」と最強の宿である「鬼宿日」が重複する大吉日です。多くの善日の重複により、全体の機運が良い方向へと上がるタイミングとなります。特に重要な鍵となるのが「笑顔」です。いつもよりも「3割増し」くらいを意識して、笑顔を維持してみてください。「笑う門には福来たる」というのは、そういう現象を認めた先人たちからのメッセージなのです。

自分の心の動きで笑顔を妨げない

日干支の「壬子」の影響により、全般に「移ろいやすく」なります。笑顔を意識しても、それを中断させるような現象がやってきますが、それらは「錯覚」です。現象に意味をつけているのは自分自身。良い状態を維持する意識を保ちましょう。

［人］

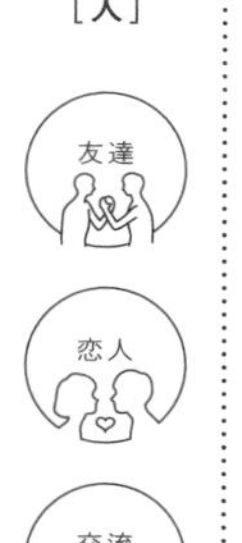

［行動］

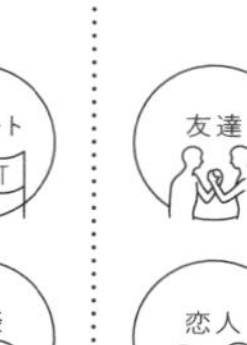

［健康］

［お金］

買う（有形）

もらう

8月17日（土）

徹底的に褒めて、良い変化を生み出す

［六　曜］友引（ともびき）
［日干支］癸丑（みずのとうし）
［月干支］癸酉（みずのととり）
［年干支］甲辰（きのえたつ）
［二十八宿］柳（りゅう）
［十二直］執（とる）
［暦注下段］母倉日（ぼそうにち）、天恩日（てんおんにち）

［陰陽］陰

陽
中庸
陰

［二十四節気］立秋（りっしゅう）
［七十二候］蒙霧升降（ふかききりまとう）
［旧暦］2024年7月14日

心のなかで家族や友達を褒める

「母倉日」「天恩日」の影響により、自分の内面の「想い」や「感覚」が良い方向へと導かれる大吉日です。「友引」との重複により「人間関係の改善や向上」に良い傾向が集まります。「心のなかで家族や友達を褒める」という行為を実践すると、目に見える領域でも良い変化がスタートします。ゲーム感覚で徹底的に「褒めて」みてください。

一時的な感情で精算しない

日干支の「癸丑」の影響により、色々なことを「精算」して終わらせたい衝動が強まります。終わらせるべきことなら有効ですが、せっかく続けてきたことを停止してしまうには、もったいないことも多くあるのです。一時的な感情に振り回されないよう、注意してください。

［人］
友達
恋人
家族

［行動］

準備

検討
相談

［健康］
休息
ダイエット
水分補給

［お金］
貯金

寄付

ポイント関連

8月

8月20日(火)

[六曜] 大安
[日干支] 丙辰
[月干支] 癸酉
[年干支] 甲辰
[二十八宿] 翼
[十二直] 成
[暦注下段] 大明日、母倉日

かつて味わった嬉しい感覚がチャンスを呼び寄せる

[陰陽] 陽

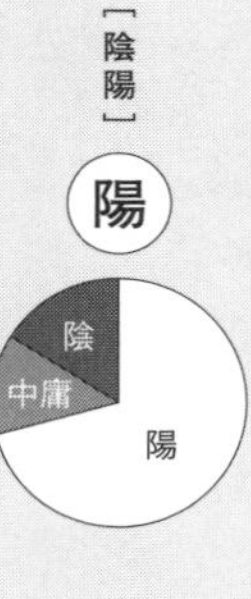

[二十四節気] 立秋
[七十二候] 蒙霧升降
[旧暦] 2024年7月17日

良い記憶を再生する

日干支が「丙辰」となり、全体の機運が向上する「大安」との重複から、「再生」がキーワードとなります。昔の記録や経験を確認して、良い記憶として再生してみてください。「感覚」や「感情」なども再生し、「嬉しかったこと」「楽しかったこと」を感覚として蘇らせれば、それは次の「好機」を呼び寄せることになります。

寛大さを忘れない

二十八宿に「翼」が現れるため、細かいことに注意が向いてしまう傾向が強まります。普段なら気にならないようなことまで気にしたくなるので、注意してください。他人の態度や発言などを気にしてしまう傾向が強まりますので、「寛大」であることを心がけてください。

[人]
同僚
男性
単独

[行動]
検討
屋内
調査

[健康]
休息
水分補給
ミネラル

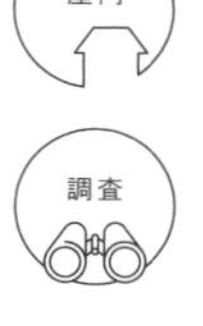

[お金]
払う(無形)
もらう
電子マネーチャージ

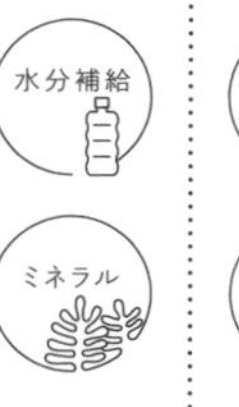

8月23日（金）

あなたにとっての「初」が良いタネとなる

［六曜］友引
［日干支］己未
［月干支］癸酉
［年干支］甲辰
［二十八宿］亢
［十二直］閉
［暦注下段］一粒万倍日、神吉日、大明日、母倉日

［陰陽］陽

陽
中庸
陰

［二十四節気］処暑
［七十二候］綿柎開
［旧暦］2024年7月20日

初めての体験が良いタネになる

暦注下段を中心に、さまざまな良い傾向が「一粒万倍日」の影響で増殖する日です。特に二十八宿の「亢」の影響により「新しいこと」「初めてのこと」に良い支援が多く集まり、それが「良いタネ」となって増殖する傾向となります。「初めての店」や「初めての体験」も意識すると、大吉祥日へと昇華します。

不明瞭を原因に立ち止まらない

日干支が「己未」となるため、「不明瞭なこと」を多く感じる傾向が強まります。そこにとらわれてしまうと、それが「タネ」となり万倍化の影響を受けるので、注意が必要です。多少ハッキリしないことがあっても、それを理由に足踏みすることのないように気をつけましょう。

［人］
同僚
子ども
交流

［行動］
スタート
実行
屋外

［健康］
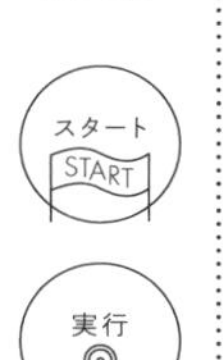
ダイエット

ビタミン
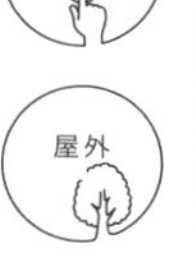
ミネラル

［お金］
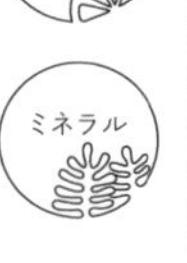
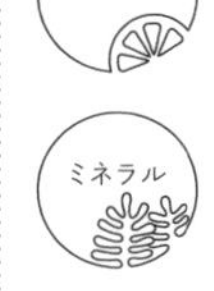
買う（有形）
払う（無形）

他人へのプレゼント

8月28日（水）

今日決めたことはしっかりと育つ

［六　曜］先勝
［日干支］甲子
［月干支］癸酉
［年干支］甲辰
［二十八宿］箕
［十二直］定
［暦注下段］甲子、一粒万倍日、天恩日

［陰陽］陽

陰　中庸　陽

［二十四節気］処暑
［七十二候］天地始粛
［旧暦］2024年7月25日

手続きにも最適

日干支の「甲子」と「一粒万倍日」が重複する大吉日です。十二直の「定」も出現することにより、「始めることを決定する」と恩恵が発生します。今日は「決めたことはやり抜く」という意識をもって、他の選択肢を「断つ」つもりで、スタートしてみてください。会社設立や登記、結婚の届け出などの「手続き」も実行すると、大吉祥日へと昇華します。

自信と油断は表裏一体

二十八宿が「箕」となるため、「傲慢」な態度になりがちなので注意が必要です。「自信」と「油断」は表裏一体です。あくまでも謙虚でいることを意識しつつ、「初心忘るべからず」の言葉を念頭に、言動を選択しましょう。

［人］

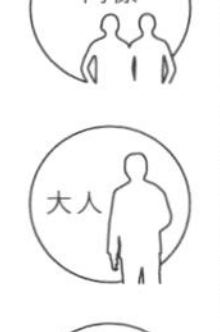

［行動］

［健康］

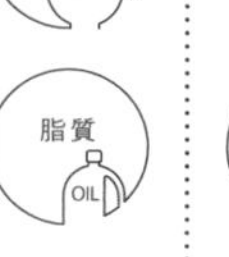

［お金］

買う（有形）
投資
電子マネーチャージ
¥

2024年

9月

【月干支】甲戌

陽の月干支となり、目に見える領域で「吸収される」傾向が強い期間となります。

2024年9月の「大吉日」ベスト3

第❶位 9月12日(木)

［注目の古暦］

大安、一粒万倍日、神吉日、大明日、天恩日

「偶然」を意識して大切にすることで、「良いこと」が「より良いこと」へと育っていきます。自分から楽しむという姿勢で、大吉日を活用しましょう。

第❷位 9月13日(金)

［注目の古暦］

鬼宿日、母倉日、天恩日、月徳日

「コミュニケーション」に、強い支援が集まる大吉日です。多くの人と関わるという選択が、良い変化をもたらしてくれます。

第❸位 9月1日(日)

［注目の古暦］

大安、母倉日、天恩日

「整理整頓」から始めることにより、この月全体へ良い影響が及ぶ日です。「片づけ」は昔から、とても効果がある「ゲン担ぎ」なのです。

9月1日（日）

今いる環境とは、内面の具現化である

【六曜】大安（たいあん）
【日干支】戊辰（つちのえたつ）
【月干支】甲戌（きのえいぬ）
【年干支】甲辰（きのえたつ）
【二十八宿】虚（きょ）
【十二直】成（なる）
【暦注下段】母倉日（ぼそうにち）、天恩日（てんおんにち）

【陰陽】陽

陽
中庸
陰

【二十四節気】処暑（しょしょ）
【七十二候】天地始粛（てんちはじめてさむし）
【旧暦】2024年7月29日

9月は片づけからスタートする

全体の機運が上がる「大安」と日干支の「戊辰」の重複により、「整理整頓」が有効な大吉日となります。目に見える領域を整えることにより、見えない領域でも恩恵が受けられる日です。9月の始まりは、身の回りの片づけからスタートしてみてください。自分が普段いる領域は、自分の「内面が外側に現れた状況」でもあるのです。

完璧を求めない

十二直の「成」の影響で、完璧を目指したくなる傾向が強くなります。「整理整頓」も、ついやりすぎてしまう傾向が強まりますので、注意してください。一度に全部片づけるのではなく、段階をイメージして進めるのがオススメです。

9月2日（月）

【六曜】赤口
【日干支】己巳
【月干支】甲戌
【年干支】甲辰
【二十八宿】危
【十二直】納
【暦注下段】己巳、神吉日、大明日

お金の現状を整理すると、理想が近づいてくる

【陰陽】陰

陽
中庸
陰

【二十四節気】処暑
【七十二候】禾乃登
【旧暦】2024年7月30日

お金の理想的な状態を考える

今日は弁財天さまのご縁日*でもある「己巳」。現代では一律に「金運の日」となっていますが、重複する暦が異なるので、すべての「己巳」が同じではないのです。今日は十二直の「納」との重複により、「お金関係の整理」に適した大吉日となります。「収入」と「支出」を確認して、この機会に「現状」を整理し、「理想的な状態を定義する」ことに挑んでみてください。

一時的な不安にとらわれない

二十八宿に「危」が入るため、何かと「心配」や「不安」という感情に振り回される傾向が強くなります。「金は天下の回りもの」ですので、一時的な状況だけを捉えるのではなく、短期・中期・長期的な視点から整理して向き合ってみてください。

【人】
男性
大人
単独

【行動】
計画
検討
調査

【健康】
休息
ダイエット
ミネラル

【お金】

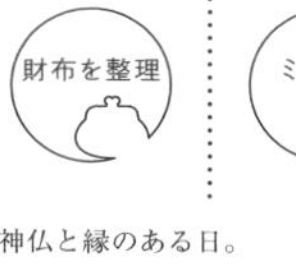
貯金
寄付
財布を整理

＊神仏と縁のある日。

9月6日（金）

人に話すことで、抱えている重荷を手放す

【六　曜】大安
【日干支】癸酉
【月干支】甲戌
【年干支】甲辰
【二十八宿】婁
【十二直】除
【暦注下段】神吉日、大明日

【陰陽】陽

陰
中庸
陽

【二十四節気】処暑
【七十二候】禾乃登
【旧暦】2024年8月4日

悩みの解消へと進める1日

二十八宿の「婁」と十二直の「除」の重複により、迅速な行動が良い結果へとつながる大吉日です。特に悩み事や課題などがあれば、その解決を最優先にして選択をしてみてください。相談も有効な吉日ですので、相手を見極めて、抱えている問題を相談してみてください。知らなかった解決方法や、解消への手がかりが得られます。

先にある気分を想像する

日干支が「癸酉」となるため、意識を向けた先が「増幅」する傾向となります。そのため「課題」や「問題点」に意識を向けないでください。重要なのは「解消」に意識を向けること。解消されると、どれくらい良い気分になれるのかを想像して取り組んでみてください。

［人］

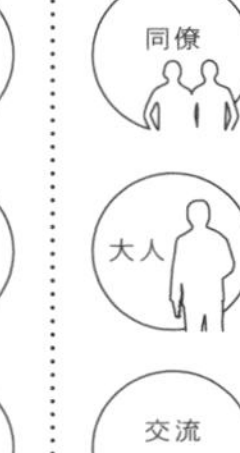

［行動］

［健康］

［お金］

9月12日(木)

自分を楽しませると、良い偶然が次から次へとやってくる

【六曜】大安(たいあん)
【日干支】己卯(つちのとう)
【月干支】甲戌(きのえいぬ)
【年干支】甲辰(きのえたつ)
【二十八宿】井(せい)
【十二直】破(やぶる)
【暦注下段】一粒万倍日(いちりゅうまんばいび)、神吉日(かみよしにち)、大明日(だいみょうにち)、天恩日(てんおんにち)

【陰陽】陽

陰
中庸
陽

【二十四節気】白露(はくろ)
【七十二候】鶺鴒鳴(せきれいなく)
【旧暦】2024年8月10日

偶然への感謝がより良い偶然を引き寄せる

全体の機運が良くなる「大安」を筆頭に、多くの善日が「一粒万倍日」の影響で増幅する大吉日です。偶然に感謝していると、より良い偶然が連鎖的に起こります。まずは気分を良くする選択を続けてみてください。「自分を優先する」という意識を適切に維持できれば、大吉祥日へと昇華します。自分を楽しませる感覚を意識してみましょう。

壊さなくていいものまで壊さない

日干支の「己卯」と十二直の「破」が重複することにより、「壊したくなる衝動」が強くなります。新しいことを創造するには古いものを破壊する必要がありますが、それがいきすぎてしまうのです。古いものを土台として、新しいものを組み立てる感覚でいきましょう。

[人]
友達
恋人
家族

[行動]

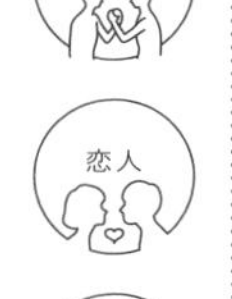

[健康]
休息
バランスのいい食事

[お金]

9月13日（金）

良いご縁は、あなたのアプローチから

【六曜】赤口
【日干支】庚辰
【月干支】甲戌
【年干支】甲辰
【二十八宿】鬼
【十二直】危
【暦注下段】鬼宿日、母倉日、天恩日、月徳日

【陰陽】陰

陽
中庸
陰

【二十四節気】白露
【七十二候】鶺鴒鳴
【旧暦】2024年8月11日

今日の連絡が良いご縁へとつながる

最強の二十八宿「鬼宿日」と、内面での良い変化を示す善日が重複する大吉日です。今日は、いつもよりも良いコミュニケーションが自然にとれるタイミングとなりますので、良いご縁をつなぐ感覚で連絡や声かけを実践してみてください。普段よりも「多くの人」と関わると、暦の良い側面の活用へとつながります。

受け身ではご縁は結べない

十二直が「危」となるため、ついつい「防御」したくなる気持ちが強まります。今日は受動的でいると好機を逃すことになるので、勇気をもって行動を選択してみてください。先回りして心配しないためにも、良いご縁が結ばれる「成果」をイメージするとやる気が湧いてきます。

［人］
同僚
友達
交流

［行動］
準備
屋内
連絡

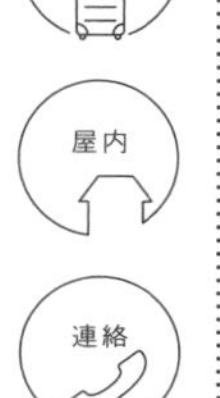

［健康］
休息
たんぱく質
脂質

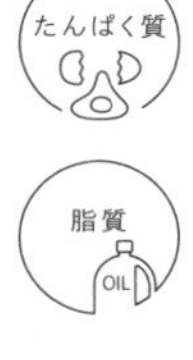

［お金］
もらう
寄付
他人へのプレゼント

9月15日（日）

心と体の落ち着きが良い区切りをつける

［六　曜］友引（ともびき）
［日干支］壬午（みずのえうま）
［月干支］甲戌（きのえいぬ）
［年干支］甲辰（きのえたつ）
［二十八宿］星（せい）
［十二直］納（おさん）
［暦注下段］神吉日（かみよしにち）、大明日（だいみょうにち）、天恩日（てんおんにち）

［陰陽］陰

陽　中庸　陰

［二十四節気］白露（はくろ）
［七十二候］鶺鴒鳴（せきれいなく）
［旧暦］2024年8月13日

環境を整えて、落ち着いた時間をつくる

日干支が「壬午」となり、全体が良い方向で「鎮静化」する大吉日です。落ち着いた時間を意図的につくり出すことで、他の善日の効果も引き出され、良い区切りとなる大吉祥日へと昇華します。人それぞれに「落ち着いた状態」は異なりますが、今日は「状況の変化」と「心の動き」をゆったりと感じられる環境がオススメです。

修正よりも正常な状態に目を向ける

二十八宿が「星」となるため、色々なことを修正したくなる気持ちが強くなります。もちろん、故障や不具合を修理することは有効ですが、今日のタイミングではそれに意識を向けるより、正常な機能や状況に意識を向けた方が古暦の良い側面を活用することになります。

［人］
大人
女性
単独

［行動］
屋内
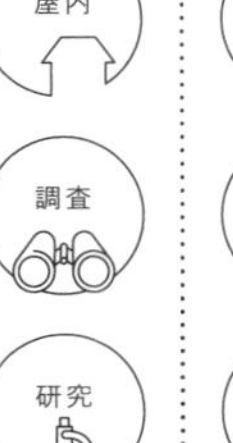
調査
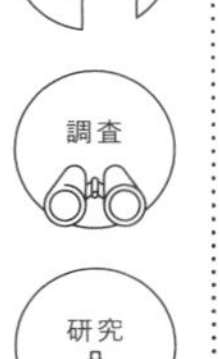
研究
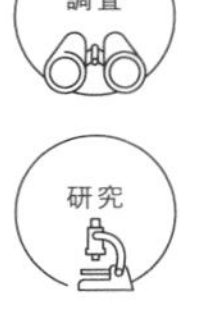

［健康］
休息
水分補給
脂質

［お金］
もらう
貯金
寄付

9月

9月21日（土）

楽しい挑戦を検討する

［六曜］友引（ともびき）
［日干支］戊子（つちのえね）
［月干支］甲戌（きのえいぬ）
［年干支］甲辰（きのえたつ）
［二十八宿］氐（てい）
［十二直］平（たいら）
［暦注下段］神吉日（かみよしにち）

［陰陽］陰

陽
中庸
陰

［二十四節気］白露（はくろ）
［七十二候］玄鳥去（つばめさる）
［旧暦］2024年8月19日

今日の検討は未来からのメッセージ

日干支の「戊子」と二十八宿の「氐」の重複となり、内面での「新しい試み」を検討するのが有効な大吉日となります。実現度や要件などは考えずに、これから秋に向かって「試してみたいこと」「挑戦してみたいこと」を検討してみてください。また、資料を請求したり、金額を比較したりするのも有効な吉日です。

「自分なんて」より「自分こそ」

十二直が「平」となるため、「ほどほど」や「適度」にしたい欲求が強まります。今日は妄想するくらいの検討が有効ですので、「現実的な要素」に惑わされないように注意してください。「自分なんて……」という感覚は捨てて、「自分こそ」という意識を優先しましょう。

［人］
友達
恋人
女性
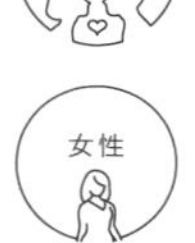

［行動］
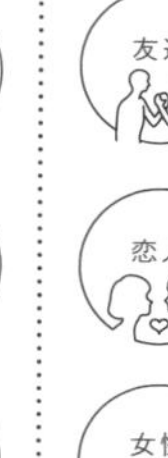
準備
検討
調査
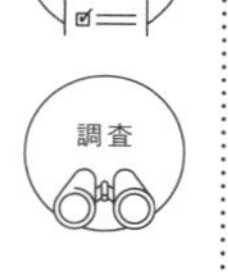

［健康］
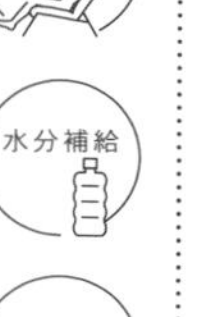
休息
水分補給
たんぱく質

［お金］
払う（無形）
もらう
投資

9月24日（火）

新しい道をつくり出す

【六曜】大安
【日干支】辛卯
【月干支】甲戌
【年干支】甲辰
【二十八宿】尾
【十二直】破
【暦注下段】一粒万倍日、神吉日

【陰陽】陽
陰
中庸
陽

【二十四節気】秋分
【七十二候】雷乃収声
【旧暦】2024年8月22日

今までと違う選択を考える

全体が良い機運となる「大安」と、ものをつくり出すことに支援が集まる「尾」が重複する大吉日です。「一粒万倍日」ですので、今日の「新しくつくり出す感覚」に増殖の作用が発生します。そのため、新しい仕事や収入源の検討にも相応しい吉日です。「新しい道をつくり出す」感覚で、今までなかった選択肢に取り組んでみてください。

不安を感じても変化を優先する

日干支が「辛卯」となるため、「変化に対する抵抗感」が強まる傾向となります。本来、「変化しないことこそリスクそのもの」なのですが、「現状維持」や「不安」が増幅してしまうので、先回りして「新しいことの魅力と報酬」を検討するようにしてください。

［人］
同僚
子ども
多人数

9月

9月27日(金)

整った空間が嬉しい結果を招く

［六曜］友引
［日干支］甲午
［月干支］甲戌
［年干支］甲辰
［二十八宿］牛
［十二直］納
［暦注下段］神吉日

［陰陽］陽

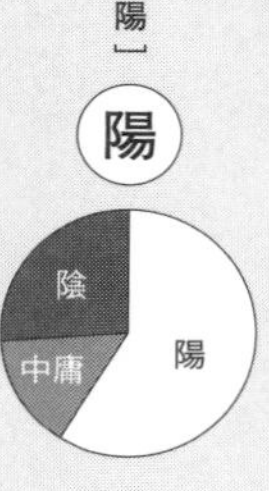

［二十四節気］秋分
［七十二候］雷乃収声
［旧暦］2024年8月25日

物事が自然と整う

二十八宿の「牛」と十二直の「納」が重複することで、「物事が自然と整う」傾向が強くなる大吉日です。今日は「整っている感覚」を基準に行動を決めてみてください。歩く道や自分がいる空間が整っているほど、良い機運へと寄っていく日です。シンプルなデザインのインテリアも良い方向へと導いてくれるアイテムとなりますので、探してみてください。

普段以上に「自然体」を意識する

日干支が「甲午」となることで、「いきすぎ」「やりすぎ」の傾向が強まるため、注意が必要です。自然体でいることで充分な恩恵が受けられる日ですので、「自分らしくないかも」と感じたら、深呼吸と小休止で、自然な流れを取り戻しましょう。

［人］

［行動］
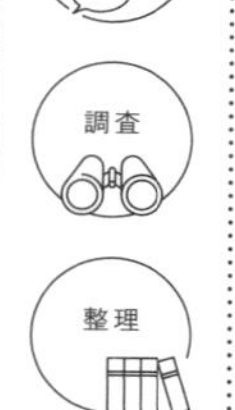

［健康］

［お金］
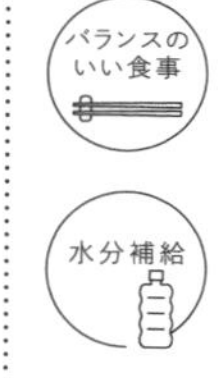

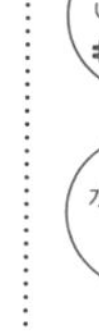

9月30日（月）

年内の「楽しい予定」は今日計画する

［六曜］大安（たいあん）
［日干支］丁酉（ひのととり）
［月干支］甲戌（きのえいぬ）
［年干支］甲辰（きのえたつ）
［二十八宿］危（き）
［十二直］建（たつ）
［暦注下段］神吉日（かみよしにち）

［陰陽］陰

陽
中庸
陰

［二十四節気］秋分（しゅうぶん）
［七十二候］蟄虫坏戸（むしかくれてとをふさぐ）
［旧暦］2024年8月28日

年末へ向けた計画を検討する

全体が良くなる「大安」と良い計画に支援が集まる「建」が重複する大吉日です。9月最終日ですが、目の前の雑用に翻弄されることなく、2024年末に向けた計画を検討してみてください。予約や手配もうまくいく吉日ですので、情報を集めて検討することで、計画の実現性がどんどん高くなっていきます。具体化を意識して、「楽しい計画」を練ってください。

喜びを予測して計画を練る

日干支が「丁酉」となる影響で、「動きたくない」という欲求が強まる傾向となります。計画が実現されたときの「成果」や「喜び」をイメージして、計画・検討の原動力にしましょう。

［人］
同僚
大人
交流

［行動］
計画
検討
調査

［健康］
運動
水分補給
炭水化物

［お金］
貯金
投資
寄付

9月

2024年

10月

【月干支】乙亥

陰の月干支となり、目に見えない領域で「よく育つ」傾向が強い期間となります。

2024年10月の「大吉日」ベスト3

第❶位 10月11日(金)

[注目の古暦]

大安、鬼宿日、天赦日、神吉日

何をやっても支援がつく日ですが、この後の恩恵も得るために、「自分の気分を良くする」という選択を意識してください。この日に得た「感覚」は、この日以降にも良い変化をもたらすエナジーとなります。

第❷位 10月12日(土)

[注目の古暦]

一粒万倍日、神吉日、大明日、天恩日

前日の「天赦日」の良い影響も継続する大吉日です。「自分の価値」が高まるタイミングが来ています。自分の「得意なこと」を意識すれば、周囲の評価も「一粒万倍日」の効果で増大していきます。

第❸位 10月21日(月)

[注目の古暦]

一粒万倍日、神吉日、大明日、母倉日

「初めての場所」が良い変化へとつながります。「一粒万倍日」の効果も、「初めて」という条件を満たすことで良い効果として発揮されますので、意識してみてください。

10月5日（土）

好きな時間を「増やす」ことで支援も集まる

【六曜】大安（たいあん）
【日干支】壬寅（みずのえとら）
【月干支】乙亥（きのとい）
【年干支】甲辰（きのえたつ）
【二十八宿】胃（い）
【十二直】執（とる）
【暦注下段】大明日（だいみょうにち）

【陰陽】陽

陰／中庸／陽

【二十四節気】秋分（しゅうぶん）
【七十二候】水始涸（みずはじめてかるる）
【旧暦】2024年9月3日

増やしたいものが増える

日干支が「壬寅」となり、「増やしたいものが増える」傾向が強まる大吉日です。そのため「寅の日で金運が良い」*という通説となるのですが、この傾向は「お金」に限定するものではありません。今日は「自分が増やしたいもの」について検討してみてください。「物質」に限定する必要はありません。「好きな時間を増やす」というのも有効です。

自分の好みを優先する

十二直で「執」が出現するため、「対抗心」が強くなる傾向に注意が必要です。他人との比較は有効ですが、それにとらわれすぎると、本来の「自分の好み」が不明瞭になってしまいます。「自分にとって増やしたいこと」に集中しましょう。

［人］
家族
女性
単独

［行動］
検討
開始
調査

［健康］
休息
バランスのいい食事
水分補給

［お金］
買う（有形）
貯金
寄付

＊「千里を駆け、千里を戻る」という虎の故事からお金や投資に良い日とされる。

10月6日（日）

前に進むことで道が拓く

【六曜】赤口（しゃっこう）
【日干支】癸卯（みずのとう）
【月干支】乙亥（きのとい）
【年干支】甲辰（きのえたつ）
【二十八宿】昴（ぼう）
【十二直】破（やぶる）
【暦注下段】一粒万倍日（いちりゅうまんばいび）、神吉日（かみよしにち）

【陰陽】陽

陽 / 中庸 / 陰

【二十四節気】秋分（しゅうぶん）
【七十二候】水始涸（みずはじめてかるる）
【旧暦】2024年9月4日

未来へ進むことを優先する

十二直の「破」と「一粒万倍日」が重複することにより、「前進する力」が増幅する大吉日となります。今日は「前に進む」という感覚を意識してみてください。仕事でもプライベートでも「以前に戻る」よりも「未来へ進む」ことを選択してみましょう。特に、「前にあきらめていたこと」に再挑戦すると、思わぬご褒美がやってきます。

一歩一歩の歩みを丁寧に

二十八宿が「昴」となるため、少しの「つまずき」を大げさに捉えて、歩みを止めたくなる現象が発生します。誰でも前に進んでいくと、「抵抗」や「停滞」を感じることがあるのです。一歩一歩を大切に、丁寧に進めることで、この邪魔なものは自然と消えていきます。

［人］
同僚
大人
多人数

［行動］
スタート
実行
挑戦

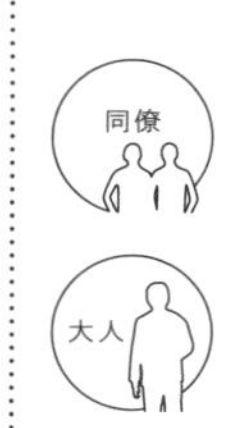
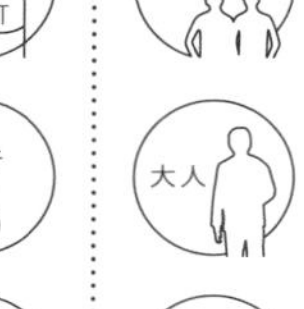

［健康］
運動
水分補給
炭水化物

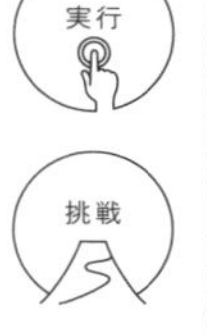

［お金］
買う（有形）
投資
電子マネーチャージ

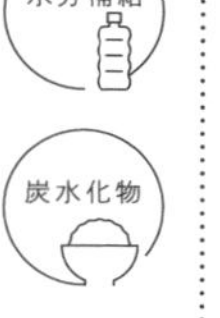
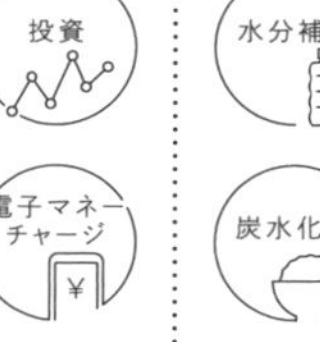

10月9日（水）

喜びが次の喜びを呼ぶ

［六　曜］先負
［日干支］丙午
［月干支］乙亥
［年干支］甲辰
［二十八宿］参
［十二直］成
［暦注下段］一粒万倍日、神吉日、大明日、母倉日、月徳日

［陰陽］陽

陰　中庸　陽

［二十四節気］寒露
［七十二候］鴻雁来
［旧暦］2024年9月7日

喜ぶ人に良い偶然がもたらされる

暦注下段に多くの善日が重複する「目に見えて、わかりやすい嬉しいこと」が連続する大吉日です。今日の「嬉しい偶然」は「一粒万倍日」の影響で増殖する傾向となるため、「喜ぶ」「楽しむ」という選択により、大吉祥日へと昇華します。「喜ぶ人に良い偶然がもたらされる日」ですので、「くじ運」を試してみるのもオススメです。

バランスを重視する

日干支が「丙午」となるため、「もっと、もっと」という欲求が強くなります。万倍化の影響があるので、それは自分から出さなくても、自然と「上乗せ」されてしまう状況となります。「バランス感覚」を意識して、大吉日を楽しんでください。

［人］
友達
恋人
家族

［行動］
検討
遊び
屋外

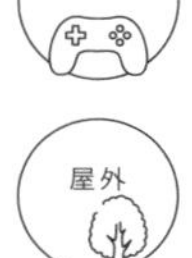

［健康］
運動
ビタミン
ミネラル

［お金］
買う（有形）
払う（無形）
もらう

10月11日（金）

本年最上の大吉日で、自分の気分を上げる

［六　曜］大安
［日干支］戊申
［月干支］乙亥
［年干支］甲辰
［二十八宿］鬼
［十二直］開
［暦注下段］鬼宿日、天赦日、神吉日

［陰陽］陽

陽／中庸／陰

［二十四節気］寒露
［七十二候］鴻雁来
［旧暦］2024年9月9日

徹底して自分の気分を良くする

最強の大吉日である「天赦日」に、全体が良くなる「大安」、宿のなかでも一番の大吉日といわれる「鬼宿日」が重複する2024年内でも最上位となる「わかりやすい大吉日」です。陰陽のバランスがとれ、全体の流れが本来のバランスを取り戻すタイミングです。今日は「自分の気分を良くする」ことを徹底的に実践してください。

自然体が最強の態度

日干支が「戊申」となるため、「頑固」になってしまう傾向が強くなります。今日は「自然体が最強の態度」となりますので、肩の力を抜いて、心も体も「柔らかい」イメージを維持してみてください。簡単なストレッチや体操を意識して行うと、より良い日となります。

［人］
同僚
交流
多人数

［行動］
仕事

遊び
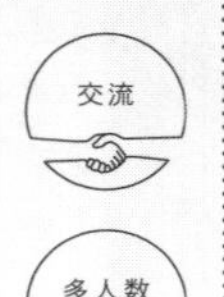
実行

［健康］
運動
休息
バランスのいい食事

［お金］
払う（無形）

投資

自分へのご褒美
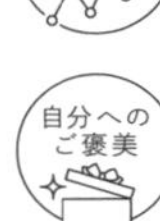

10月12日（土）

アピールがうまくいく

［六曜］赤口（しゃっこう）
［日干支］己酉（つちのととり）
［月干支］乙亥（きのとい）
［年干支］甲辰（きのえたつ）
［二十八宿］柳（りゅう）
［十二直］閉（とづ）
［暦注下段］一粒万倍日（いちりゅうまんばいび）、神吉日（かみよしにち）、大明日（だいみょうにち）、天恩日（てんおんにち）

［陰陽］陰

陽
中庸
陰

［二十四節気］寒露（かんろ）
［七十二候］鴻雁来（こうがんきたる）
［旧暦］2024年9月10日

自然と評価が高まっていく

日干支の「己酉」と暦注下段の善日、「一粒万倍日」の重複により「自分の価値」が上がっていく大吉日です。今日は、自分の仕事や能力などへの評価が自然と高くなるタイミングとなります。「自分で自分を評価できること」を具体的に認識して、それを周囲に発信することが有効です。今日は「アピールすること」にも支援が集まるので、上手に評価を高めることができます。

わかる人にわかってもらえればいい

十二直が「閉」となるため、些細な批判で「自己嫌悪」に陥りやすい傾向が強まります。わかる人から評価されれば良いのです。あなたの価値をわからない人にわからせようとするのは、エネルギーの無駄遣いです。

［人］
同僚
交流
多人数

［行動］
相談
仕事
屋内

［健康］
休息
炭水化物
脂質

［お金］

10月14日(月)

無意識に貼ったレッテルを捨てる

［六曜］友引(ともびき)
［日干支］辛亥(かのとい)
［月干支］乙亥(きのとい)
［年干支］甲辰(きのえたつ)
［二十八宿］張(ちょう)
［十二直］除(のぞく)
［暦注下段］神吉日(かみよしにち)、大明日(だいみょうにち)、天恩日(てんおんにち)

［陰陽］陰

陽
中庸
陰

［二十四節気］寒露(かんろ)
［七十二候］菊花開(きくのはなひらく)
［旧暦］2024年9月12日

思い込みがうまく解消されていく

日干支の「辛亥」と「友引」の重複により、「人間関係」に良い支援が集まる大吉日となります。自分の内側、つまり「心のなか」で他人への評価や、いつの間にか貼ってしまった「レッテル」を見直すことが有効です。「思い込み」や「誤解」がうまく解消されていくタイミングですので、時間をとって取り組んでみてください。

ご縁を無駄にしない

十二直が「除」となるため、人間関係を「解除」したくなる衝動が強くなります。悪縁を断ち、良縁を選ぶことは本来良いことですが、それを焦ってしまうと、良縁に変化するご縁まで捨ててしまいかねません。今日は「良い側面」に焦点をあてて、ご縁を大切にしてください。

［人］

［行動］

［健康］
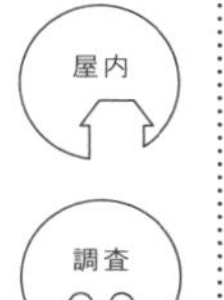

［お金］

10月21日(月)

初めての場所が福を招く

【六曜】先負
【日干支】戊午
【月干支】乙亥
【年干支】甲辰
【二十八宿】心
【十二直】成
【暦注下段】一粒万倍日、神吉日、大明日、母倉日

【陰陽】陽

陰 / 中庸 / 陽

【二十四節気】寒露
【七十二候】蟋蟀在戸
【旧暦】2024年9月19日

行ったことのない場所に身を置く

暦注下段に善日が重複し、二十八宿の「心」の影響により、「初めての場所に行く」ことが、全体を良い機運に寄せる選択となる日です。今日は意図的に、行ったことがない空間に身を置いてみてください。入ったことがない店や降りたことがない駅なども有効です。「一粒万倍日」ですので、そこでの気づきや発見が、良い側面で増殖します。

「無駄」と思い込まないようにする

日干支が「戊午」となるため、やる前から「無駄」と決めつけてしまう傾向が強くなります。面倒に感じても、それを突破して取り組んでみると、うまくいくことが多くなる日です。「初めての場所」も暦の傾向を「検証してみる」感覚で訪れると、抵抗感を乗り越えて実現します。

［人］

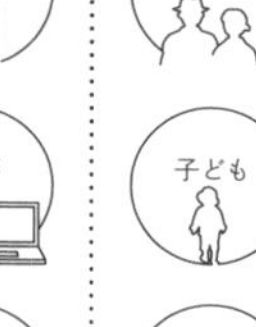

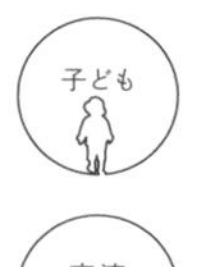

［行動］

準備
仕事
調査

［健康］

運動
バランスのいい食事
水分補給

［お金］

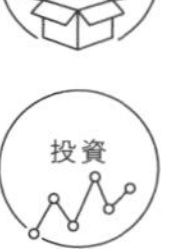

10月24日（木）

今日までのあなたが成し遂げたことを振り返る

［六　曜］赤口（しゃっこう）
［日干支］辛酉（かのととり）
［月干支］乙亥（きのとい）
［年干支］甲辰（きのえたつ）
［二十八宿］斗（と）
［十二直］閉（とづ）
［暦注下段］辛酉（かのととり）、一粒万倍日（いちりゅうまんばいび）、神吉日（かみよしにち）、大明日（だいみょうにち）

［陰陽］
陽
陰
中庸
陽

［二十四節気］霜降（そうこう）
［七十二候］霜始降（しもはじめてふる）
［旧暦］２０２４年９月22日

成果と変化を見つめる

日干支の「辛酉」は収穫がより良くなる傾向を示し、「一粒万倍日」と他の善日との重複により「成果をまとめる」ことに支援と増殖力が集まります。今日は、今まで取り組んできたことの成果とそれがもたらした変化について、検討してみてください。継続すべきか違うことを選択すべきかを検討すると、良い支援が集まります。

気分で無闇に終わらせない

二十八宿の「斗」と十二直の「閉」の影響により、終わらせることに惹かれる傾向が強くなります。適正な検討の結果なら終わらせることは有効な選択肢ですが、気分や気持ちで判定してしまうと、「もったいない」結果となることも珍しくありません。

［人］

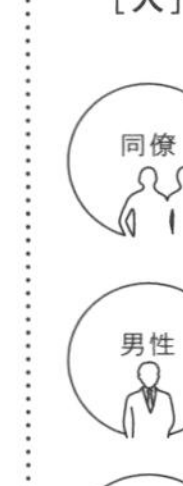

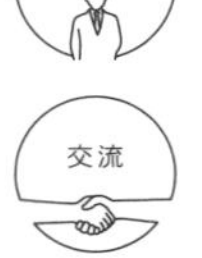

［行動］

［健康］
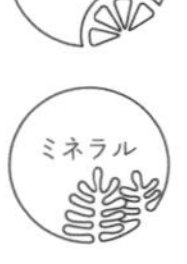

［お金］

10月27日（日）

今日やってくる情報が未来を輝かせる準備となる

［六曜］先負（せんぶ）
［日干支］甲子（きのえね）
［月干支］乙亥（きのとい）
［年干支］甲辰（きのえたつ）
［二十八宿］虚（きょ）
［十二直］満（みつ）
［暦注下段］甲子（きのえね）、天恩日（てんおんにち）

［陰陽］陰

陽　中庸　陰

［二十四節気］霜降（そうこう）
［七十二候］霜始降（しもはじめてふる）
［旧暦］2024年9月25日

始めるための準備を始める

開始することに支援がつく「甲子」ですが、今日は「内側」での作用が大きくなる大吉日です。「天恩日」との重複もあるため、現状に感謝しつつ、「これから良くすること」を意識して「調査や検討を開始」してください。「始めるための準備を始める」感覚が重要となります。今日やってくる情報は、将来役に立つものが多くなります。

思うがままに想像する

二十八宿が「虚」となるため、想像や連想に邪魔が入る傾向が強まります。私たちが暮らす世界は、昔に生きた誰かが想像して望んでいた世界です。自分の未来を「想像」することによって「創造」が始まるのです。楽しくなるような想像に取り組んでみてください。

［人］
友達
恋人
家族

［行動］
検討
調査
準備

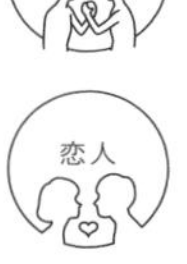

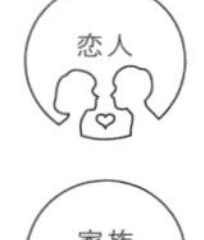

［健康］
休息
炭水化物
脂質

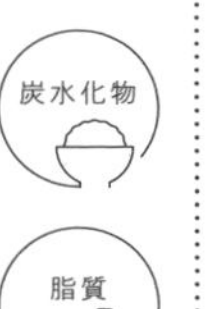

［お金］
もらう
貯金
ポイント関連

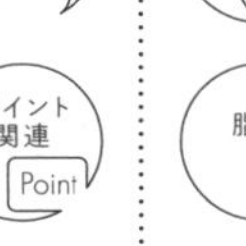

10月29日（火）

お金が増えていく道に一歩踏み出す

［六　曜］大安
［日干支］丙寅
［月干支］乙亥
［年干支］甲辰
［二十八宿］室
［十二直］定
［暦注下段］天恩日、月徳日

［陰陽］陽

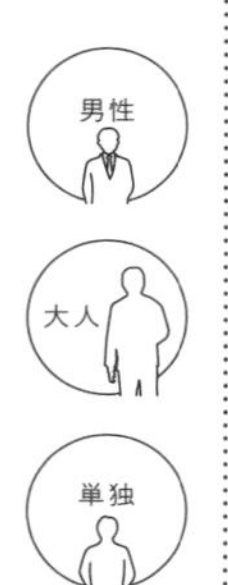

［二十四節気］霜降
［七十二候］霎時施
［旧暦］2024年9月27日

着実にお金を増やすための1日

日干支の「丙寅」と全体が良くなる「大安」の重複により、「お金関連」で良い支援が得られる大吉日となります。とはいえ、今日の傾向としては「一攫千金」よりも「徐々に増幅していく道」が有効となるので、財テクなど「適正に増やすこと」を意識して、調査と検討をしてみてください。「データ」や「実績」も確認することで大吉祥日へと昇華します。

慌てそうになったら、一休みを心がける

二十八宿の「室」の影響により、「慌ててしまう」傾向が強まる日です。いつもよりも「落ち着いた行動」「落ち着いた検討」を心がけてください。疲れを感じたら時間をつくって、意図的に自分を落ち着かせる選択をしてください。

［人］
男性
大人
単独

［行動］
検討
調査
研究

［健康］
休息
炭水化物
ミネラル

［お金］
貯金
投資
寄付

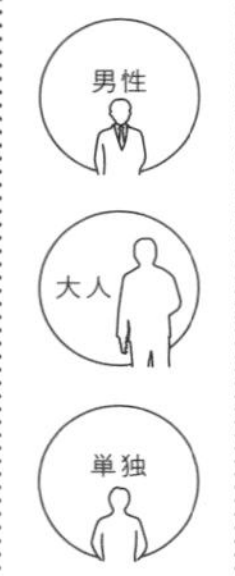
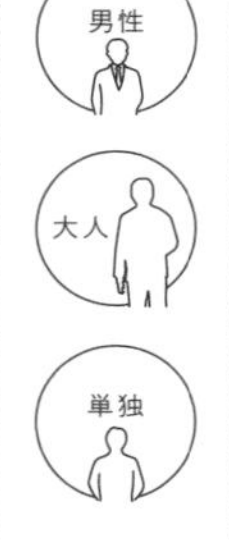
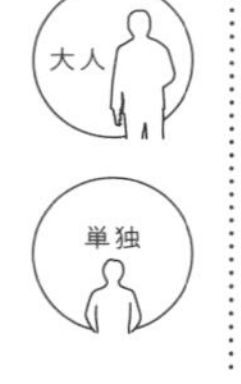
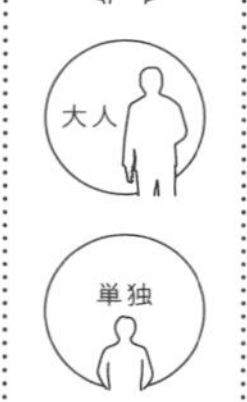

2024年

11月

【月干支】丙子（ひのえね）

陽の月干支となり、目に見える領域で「上昇する」傾向が強い期間となります。

2024年11月の「大吉日」ベスト3

第❶位　11月2日（土）

［注目の古暦］
大安（たいあん）、一粒万倍日（いちりゅうまんばいび）、神吉日（かみよしにち）、大明日（だいみょうにち）、母倉日（ぼそうにち）

「チャンス」がキーワードとなる、強力な大吉日です。普段よりも「感度」を上げて、好機を見逃さないよう意識してください。

第❷位　11月16日（土）

［注目の古暦］
神吉日（かみよしにち）、母倉日（ぼそうにち）、月徳日（つきとくにち）

陰陽のバランスがとれた大吉日です。色々なことに「興味」をもって、調べてみてください。良い話が聴けるタイミングでもあるので、会話も心がけましょう。

第❸位　11月11日（月）

［注目の古暦］
友引（ともびき）、神吉日（かみよしにち）、大明日（だいみょうにち）、天恩日（てんおんにち）

「お祝い」に強い支援が集まる大吉日ですが、誰かをお祝いするより、「自分で自分をお祝い」することで、さらに良い傾向を強めます。「予祝」にも最適な大吉日です。

11月2日（土）

メッセージに現れるチャンスを逃さない

［六　曜］大安（たいあん）
［日干支］庚午（かのえうま）
［月干支］丙子（ひのえね）
［年干支］甲辰（きのえたつ）
［二十八宿］胃（い）
［十二直］成（なる）
［暦注下段］一粒万倍日（いちりゅうまんばいび）、神吉日（かみよしにち）、大明日（だいみょうにち）、母倉日（ぼそうにち）

［陰陽］陽

［二十四節気］霜降（そうこう）
［七十二候］楓蔦黄（もみじつたきばむ）
［旧暦］2024年10月2日

良いメッセージが巡ってくる

「大安」を筆頭に善日が多く重複し、さらに「一粒万倍日」の影響で増殖する傾向となる「チャンスの大吉日」です。今日は「良いメッセージ」を見逃さないように、意識を外に向けて行動してみてください。チャンスは「掴まないとすぐに去ってしまう」傾向が強いのです。今日は「チャンスを掴んで、より良くする」という意識で過ごしてみてください。

謙虚にチャンスと向き合う

二十八宿の「胃」の影響により、「傲慢さ」が表に出てしまう傾向が強くなります。外面は「クール」で、内面は「ホット」な状態が理想的です。「謙虚な気持ち」を表しつつ、チャンスを自分のものにするという意思をもってください。

［人］
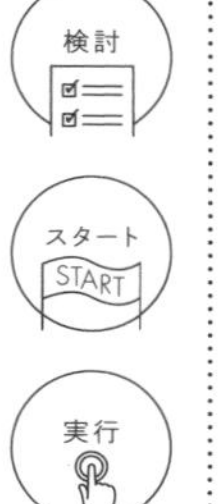

［行動］
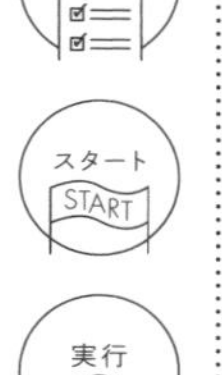

［健康］
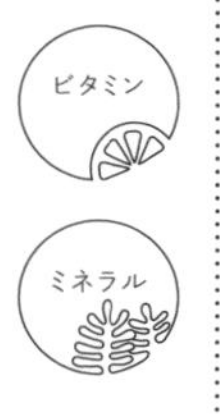

［お金］

11月5日（火）

ポジティブさと笑顔で いいことが どんどん増える日

［六曜］友引（ともびき）
［日干支］癸酉（みずのととり）
［月干支］丙子（ひのえね）
［年干支］甲辰（きのえたつ）
［二十八宿］觜（し）
［十二直］閉（とつ）
［暦注下段］一粒万倍日（いちりゅうまんばいび）、神吉日（かみよしにち）、大明日（だいみょうにち）

［陰陽］陽

陰
中庸
陽

［二十四節気］霜降（そうこう）
［七十二候］楓蔦黄（もみじつたきばむ）
［旧暦］2024年10月5日

いいことを増殖する

日干支の「癸酉」と「一粒万倍日」の重複により、さまざまなことが「増殖する」「増大する」傾向となる日です。これは「いいこと限定」ではないため、意識して「いいことを増やす」という感覚をもつことにより大吉日として成立します。今日は「否定」よりも「肯定」する言葉を選んで使用してください。笑顔を追加すると「良い側面の万倍化」へと活用できます。

壊すよりも、守る

二十八宿が「觜」となるため「壊したくなる衝動」が強まる傾向となります。破壊は時には有効ですが、自分の意思で選択しなければもったいない結果となってしまうのです。今日は「壊すよりも、守る」という意識を優先させてください。

［人］

友達

恋人

子ども

［行動］

計画

準備

検討

［健康］

運動

バランスのいい食事

水分補給

［お金］

買う（有形）

払う（無形）

投資

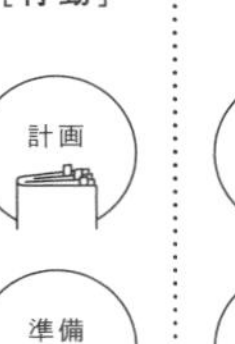
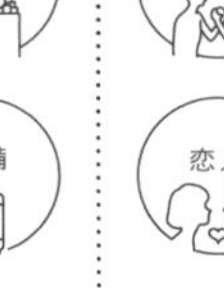
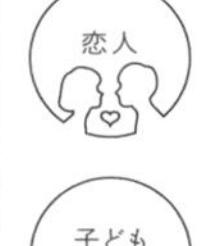

11月8日（金）

「発信」が誰かを助ける

［六曜］大安（たいあん）
［日干支］丙子（ひのえね）
［月干支］丙子（ひのえね）
［年干支］甲辰（きのえたつ）
［二十八宿］鬼（き）
［十二直］除（のぞく）
［暦注下段］鬼宿日（きしゅくび）

［陰陽］陰

陽
中庸
陰

［二十四節気］立冬（りっとう）
［七十二候］山茶始開（つばきはじめてひらく）
［旧暦］2024年10月8日

伝えるために最適な1日

宿において最強の吉日となる「鬼宿日」と月干支、日干支の「丙子」が重複するため、「発信すること」に強力な支援がつく大吉日です。SNSに限定せず、周囲の人に役に立つ情報を伝えたり、自分の意見や考えを伝えたりすることも有効です。発信する前に「それが相手にとってどのように役立つのか」を検討すると、さらに良い結果へと導かれます。

煩わしさを乗り越えてやってみる

十二直が「除」となるため、色々なことが「面倒」に感じられる傾向が強まります。その抵抗感を乗り越えてこそ、嬉しいご褒美が待っていますので、そこを目指して、まず「やってみる」ことが大切です。

［人］

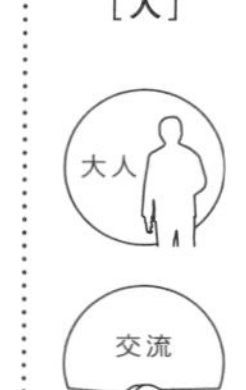

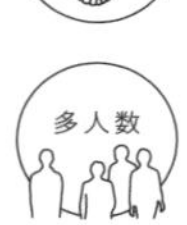

［行動］

相談

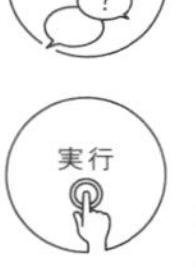

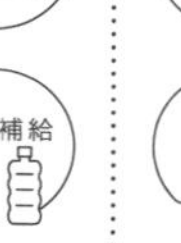

［健康］

運動

バランスのいい食事

［お金］

買う（有形）

払う（無形）

11月11日（月）

自分で自分をお祝いする意味と意義を知る

［六曜］友引（ともびき）
［日干支］己卯（つちのとう）
［月干支］丙子（ひのえね）
［年干支］甲辰（きのえたつ）
［二十八宿］張（ちょう）
［十二直］定（さだん）
［暦注下段］神吉日（かみよしにち）、大明日（だいみょうにち）、天恩日（てんおんにち）

［陰陽］陽

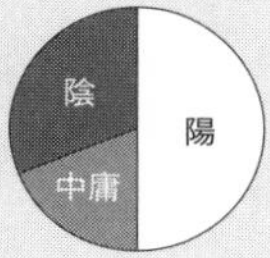

［二十四節気］立冬（りっとう）
［七十二候］山茶始開（つばきはじめてひらく）
［旧暦］2024年10月11日

些細（ささい）なお祝いでも十分

二十八宿の「張」と十二直の「定」が重複することにより、「お祝い事」に支援が集まる大吉日となります。といっても、今日は「自分で自分を祝福」してください。これから起きてほしいことをお祝いする「予祝」でも大丈夫です。「良かった」「嬉しい」「ありがとう」などと一人で呟いて、美味しいご馳走（ちそう）を楽しめば、それが「祝福」となります。

理屈に逃げない

日干支が「己卯」となるため「理屈っぽくなる」傾向が強まります。この世界で人間が理解できる領域は、「ごく一部」。科学が進化したとしても、地球が回る理屈を人間が理解する日は来ません。理屈に逃げないように、気をつけてください。

［人］

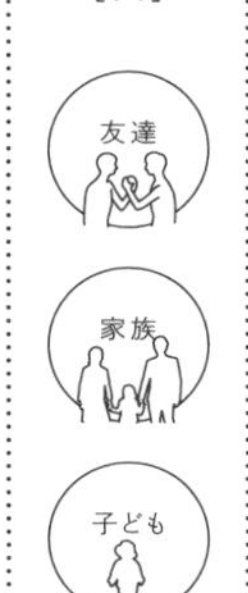

［行動］

［健康］

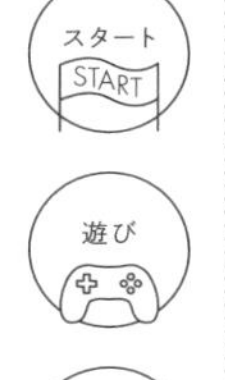

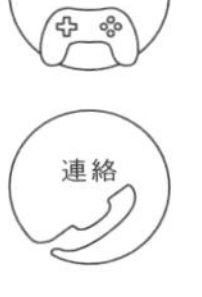

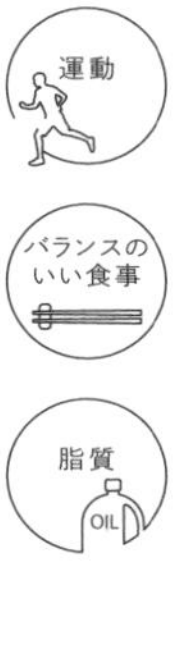

［お金］

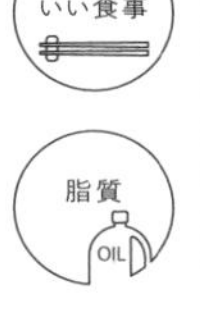

11月14日（木）

動より静。心の落ち着きが福を招く

［六　　曜］大安（たいあん）
［日 干 支］壬午（みずのえうま）
［月 干 支］丙子（ひのえね）
［年 干 支］甲辰（きのえたつ）
［二十八宿］角（かく）
［十 二 直］危（あやぶ）
［暦注下段］神吉日（かみよしにち）、大明日（だいみょうにち）、天恩日（てんおんにち）

［陰陽］陰

［二十四節気］立冬（りっとう）
［七十二候］地始凍（ちはじめてこおる）
［旧暦］2024年10月14日

心の落ち着きを重視する

全体が良くなる「大安」と日干支の「壬午」の重複により、「物事を落ち着かせる」のに適した大吉日です。今日は「動」よりも「静」を意識して、行動を選択してみてください。年末に向けての多忙な波が高まる期間へと移行しますが、その波に同調することなく堂々と構えて、腰を落ち着かせてみてください。静かに「内観」することにより、大吉祥日へと昇華します。

恐れを否定せず、落ち着くまで待つ

十二直が「危」となるため、防衛本能が強まる傾向となる日です。自分のなかで「恐れ」が強まったら、それを否定するのではなく「落ち着くまで待つ」という選択をすると、自然と良い方向へと導かれていきます。

［人］

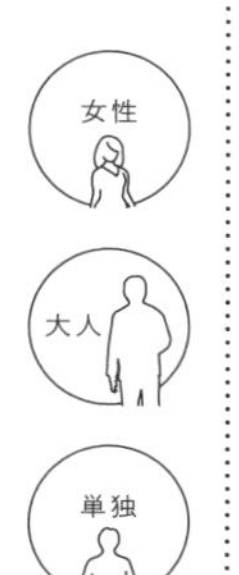

［行動］

［健康］

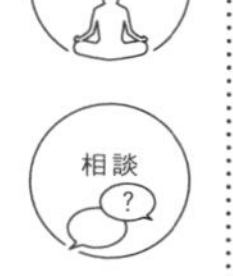

［お金］

11月16日（土）

好奇心全開で良い状況を引き寄せる

［六　曜］先勝
［日干支］甲申
［月干支］丙子
［年干支］甲辰
［二十八宿］氐
［十二直］納
［暦注下段］神吉日、母倉日、月徳日

［陰陽］陽

陰
中庸
陽

［二十四節気］立冬
［七十二候］地始凍
［旧暦］2024年10月16日

良い導きが待っている

暦注下段の善日が多数重複する大吉日です。陰陽のバランスも良く、内面でも外面でも、良い導きが得られやすい傾向が強まります。今日やってくる情報は有益なものが多くなりますので、好奇心を強めにして、色々な話を聞く姿勢を意識してみてください。興味がある姿勢が相手に伝わると、よりお得な情報が得やすくなります。

否定的な感情も認めてあげる

二十八宿が「氐」となるため、否定的な感情が芽生えやすくなる傾向が強まります。その感情を否定しようとすると、ますます「否定する力」が強まってしまいます。その感情を認めたうえで、否定より先に「面白そうだから、確認してみる」という感覚で過ごしてください。

［人］
同僚
交流
多人数

［行動］
検討
相談
調査

［健康］
運動
バランスのいい食事
水分補給

［お金］
買う（有形）
払う（無形）
もらう

11月17日(日)

人生の役者として、感じのいい人を演じる

【六曜】友引
【日干支】乙酉
【月干支】丙子
【年干支】甲辰
【二十八宿】房
【十二直】開
【暦注下段】一粒万倍日、神吉日、母倉日

【陰陽】陰

陽 / 中庸 / 陰

【二十四節気】立冬
【七十二候】金盞香
【旧暦】2024年10月17日

良縁を生み出すコミュニケーションの秘技

複数の善日と「友引」の重複により「コミュニケーション」において良いタネが生まれ、それが「一粒万倍日」の影響で増殖していく大吉日です。今日は役者になったつもりで「感じのいい人」を「演じて」ください。言葉、表情、しぐさ、それらを演じることにより、良縁が万倍化して大吉祥日へと昇華します。

分離より合流

日干支が「乙酉」となるため、「分離」や「離脱」の欲求が強まる傾向となります。そちらの波に同調してしまうと、せっかくの「良縁チャンス」を活用できません。それだけでなく、後で修復に苦労するので、今日はできるだけ「合流」と「協調」を意識してください。

［人］
同僚
交流
多人数

［行動］

検討
相談
屋内

［健康］
休息
たんぱく質
脂質

［お金］
払う(無形)
もらう
寄付

11月23日（土）

人類の叡智である芸術に触れる

【六曜】友引（ともびき）
【日干支】辛卯（かのとう）
【月干支】丙子（ひのえね）
【年干支】甲辰（きのえたつ）
【二十八宿】女（じょ）
【十二直】定（さだん）
【暦注下段】神吉日（かみよしにち）

【陰陽】陰

陽
中庸
陰

【二十四節気】小雪（しょうせつ）
【七十二候】虹蔵不見（にじかくれてみえず）
【旧暦】2024年10月23日

自分好みの芸術を楽しむ

二十八宿の「女」と十二直の「定」の重複により、「芸術に触れる」ことで内面に良い変化が生まれ、良い支援が集まる大吉日です。芸術の秋でもあるので、今日は「自分の好み」の芸術を楽しむ選択をしてみてください。美術館でもコンサートでも映画でも、人類の叡智として受け継がれる「芸」を楽しむ時間を検証してみてください。

心も体も柔らかくいる

日干支が「辛卯」となるため、柔軟性が失われる傾向が強くなる日です。いつもなら簡単に受け流せることも、気になってしまう傾向が強まります。心も体も「柔らかい」イメージで過ごしてみてください。芸術を楽しむ際も「良い側面」に意識を向けると、より楽しみが深まります。

［人］

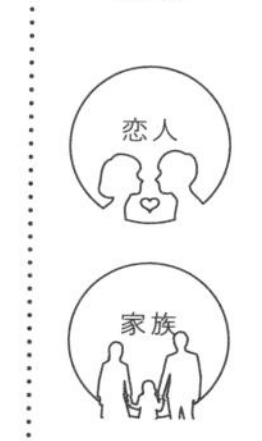

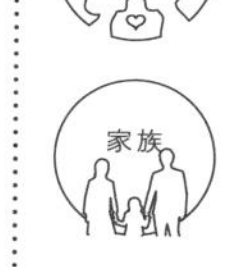

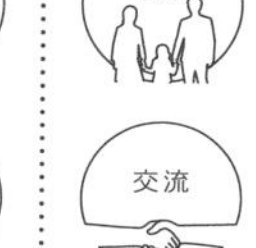

［行動］

相談
遊び
屋内

［健康］

休息

ミネラル

［お金］

払う（無形）

11月

11月26日（火）

解決よりも改善を選ぶ

［六　曜］大安（たいあん）
［日干支］甲午（きのえうま）
［月干支］丙子（ひのえね）
［年干支］甲辰（きのえたつ）
［二十八宿］室（しつ）
［十二直］危（あやぶ）
［暦注下段］神吉日（かみよしにち）、月徳日（つきとくにち）

［陰陽］陽

陰　中庸　陽

［二十四節気］小雪（しょうせつ）
［七十二候］虹蔵不見（にじかくれてみえず）
［旧暦］2024年10月26日

良い状態をより良くする

全体の機運が良くなる「大安」と日干支の「甲午」が重複することにより、「改善」に支援が集まる大吉日です。今良いことを「もっと良くする」ことが「改善」です。今日は「課題を解決すること」にエネルギーを使わずに「良い状態をより良くすること」に注力してください。それにより、自然と「課題」も解決していきます。

心配事や不安を具体化してみる

十二直に「危」が出現するため、心配や不安が強まる傾向となる日です。それらの感情は、生物としての「防衛本能」でもあるので否定しても消えることはありません。それを利用する感覚で「改善」のための心配事や不安が何かを具体化してみてください。

［人］

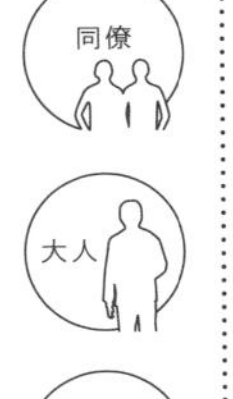

［行動］

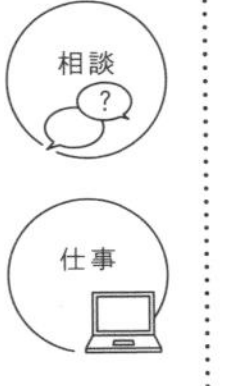

［健康］

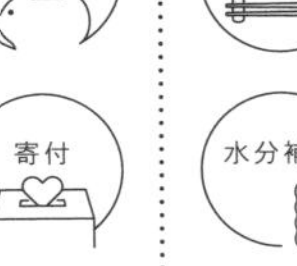

［お金］

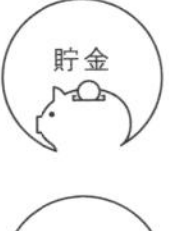

11月29日（金）

今日の「先手」が良いタネとなり、万倍化する

［六曜］友引（ともびき）
［日干支］丁酉（ひのととり）
［月干支］丙子（ひのえね）
［年干支］甲辰（きのえたつ）
［二十八宿］婁（ろう）
［十二直］開（ひらく）
［暦注下段］一粒万倍日（いちりゅうまんばいび）、神吉日（かみよしにち）、母倉日（ぼそうにち）

［陰陽］陽

［二十四節気］小雪（しょうせつ）
［七十二候］朔風払葉（きたかぜこのはをはらう）
［旧暦］2024年10月29日

先手を打つと良いタネが発生する

二十八宿の「婁」と十二直の「開」の重複により、「先手必勝」が有効となる大吉日です。先に動いておくと、それにより「良いタネ」が発生し、「一粒万倍日」の良い側面を活用できます。もうすぐ年末となりますが、今のうちに準備すべきこと、先にやっておいた方が良いことを検討し、具体化してください。その成果が万倍化して大吉祥日へと昇華します。

準備で本番に備える

日干支が「丁酉」となるため、行動や検討に抵抗感が強まる傾向となります。それも「先回り」して、「今準備しておくと、後で楽になる」という事実を確認してください。適切な準備が行われていれば「本番」は問題ない。これは事実なのです。

2024年

12月

【月干支】

丁（ひのと）丑（うし）

陰の月干支となり、目に見えない領域で「取り戻す」傾向が強い期間となります。

2024年12月の「大吉日」ベスト3

第❶位　12月26日（木）

［注目の古暦］

甲子（きのえね）、天赦日（てんしゃにち）、一粒万倍日（いちりゅうまんばいび）、天恩日（てんおんにち）

「2025年に始めるべきこと」を検討するためには、最高の日。部分的ではなく全体が良くなることをイメージして、具体的な検討に取り組みましょう。

第❷位　12月31日（火）

［注目の古暦］

年越（としこし）の大祓（おおはらえ）、己巳（つちのとみ）、神吉日（かみよしにち）、大明日（だいみょうにち）

しっかりと「締めくくる」という感覚をいつもの年より強くもってください。この日にしか楽しめないことを積極的に選択して、貴重な大晦日の大吉日を楽しみましょう。

第❸位　12月25日（水）

［注目の古暦］

クリスマス、大安（たいあん）、一粒万倍日（いちりゅうまんばいび）、神吉日（かみよしにち）

クリスマスは古暦ではありませんが、現代を生きる私たちにとっては、強い影響力をもつ「特別な日」です。この日に「自分を楽しませる」ことを意識し、実践していくと、この先も良い変化が継続していきます。

12月1日（日）

変化に備え、安心できる「守り」を整える

［六　曜］大安（たいあん）
［日干支］己亥（つちのとい）
［月干支］丁丑（ひのとうし）
［年干支］甲辰（きのえたつ）
［二十八宿］昴（ぼう）
［十二直］建（たつ）
［暦注下段］神吉日（かみよしにち）

［陰陽］陰

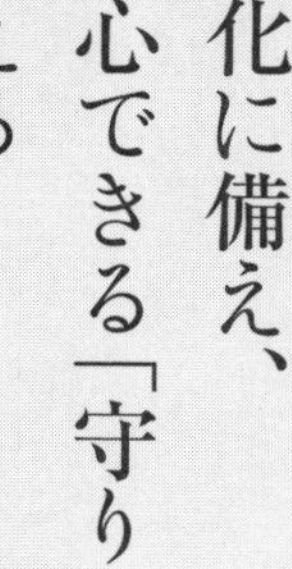

［二十四節気］小雪（しょうせつ）
［七十二候］朔風払葉（きたかぜこのはをはらう）
［旧暦］2024年11月1日

忙しくなる前に防御を意識

全体が良くなる「大安」と日干支の「己亥」の重複により、「守りを整える」ことに支援が集まる大吉日です。今日は年末に向けて忙しくなる前に「防御」を意識して、準備や状況を整えてください。災害への備えを点検することも有効です。安心できる環境を整えておくことで、激しい変化に直面しても、慌てることなく冷静に対処できるのです。

これまでのやり方に固執しない

十二直の「建」の影響で、今までのやり方に「固執」してしまう傾向が強まります。成功事例は有効な情報ですが、同じやり方が通用するとは限りません。「守り」においても、「今までのやり方が一番良い」という思い込みを手放してみてください。

［人］
家族
女性
多人数

［行動］
準備
検討
研究

［健康］
休息
バランスのいい食事
水分補給

［お金］
貯金
寄付
電子マネーチャージ

12月7日（土）

育てることで、自分も育つ

［六　曜］大安
［日干支］乙巳
［月干支］丁丑
［年干支］甲辰
［二十八宿］柳
［十二直］執
［暦注下段］神吉日、大明日

［陰陽］陽

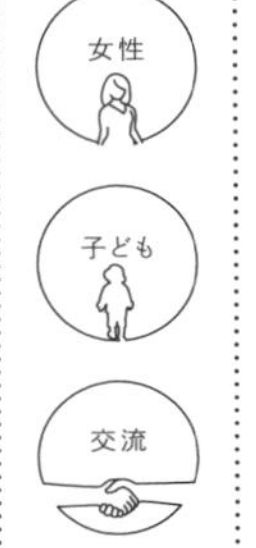

［二十四節気］大雪
［七十二候］閉塞成冬
［旧暦］2024年11月7日

あらゆる対象に「育てる」ことを意識する

全体が良くなる「大安」と十二直の「執」が重複することにより、「育てる」という行為にさまざまな支援が集まる大吉日です。子どもだけでなく、ペットや観葉植物なども含めて「自分が育てている対象」について、しっかりと観察し、現状を把握してみてください。「何かを育てる」ことによって「自分が育つ」のです。

正解は一つではないと認める

日干支の「乙巳」の影響により、物事を「決めつけたくなる」衝動が強まります。学校のテストは「正解は一つだけ」ですが、自然界では「正解はいくらでもある」のです。人それぞれに選択肢は異なりますので、今日はいつもよりも「認め合う」という意識をもちましょう。

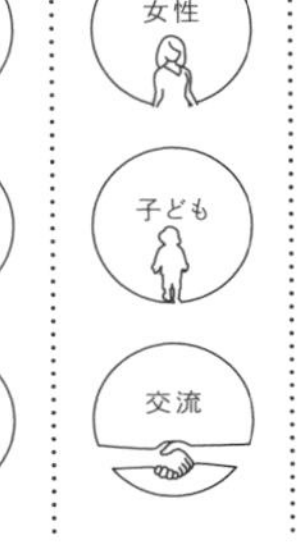

12月10日（火）

先人が築いてくれた「基礎」を固める

［六曜］友引（ともびき）
［日干支］戊申（つちのえさる）
［月干支］丁丑（ひのとうし）
［年干支］甲辰（きのえたつ）
［二十八宿］翼（よく）
［十二直］成（なる）
［暦注下段］神吉日（かみよしにち）、母倉日（ぼそうにち）

［陰陽］陰

陽
中庸
陰

［二十四節気］大雪（たいせつ）
［七十二候］閉塞成冬（そらさむくふゆとなる）
［旧暦］2024年11月10日

基礎固めが成長にもつながる

日干支の「戊申」と二十八宿の「翼」が重複することにより、「基礎を固める」ことに多くの良い支援が集まる大吉日です。

仕事でも遊びでも、必ず「基礎」となる「共通した事柄」が存在します。今日は昔の人が試行錯誤の末に確立してくれた「基礎となる知識・方法」を確認してください。良い状態になるだけでなく、今後の「成長」にも役立つことになります。

急いで「次」に進まない

十二直に「成」が出現するため、「次のステップに気持ちが移ってしまう」傾向が強まります。現在の作業や段階を終わらせたい欲求が強まりますが、「基礎」の大切さを認識することにより、間違いや障害を回避できると意識してください。

［人］
同僚
家族
交流

［行動］
準備
調査
研究

［健康］
休息
炭水化物
ミネラル

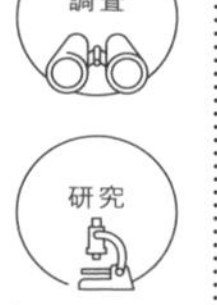

［お金］
払う（無形）
貯金
寄付

12月11日（水）

支援を活かして「出発の日」を選ぶ

［六曜］先負（せんぶ）
［日干支］己酉（つちのととり）
［月干支］丁丑（ひのとうし）
［年干支］甲辰（きのえたつ）
［二十八宿］軫（しん）
［十二直］納（おさん）
［暦注下段］神吉日（かみよしにち）、大明日（だいみょうにち）、母倉日（ぼそうにち）、天恩日（てんおんにち）

［陰陽］陰

陽　中庸　陰

［二十四節気］大雪（たいせつ）
［七十二候］熊蟄穴（くまあなにこもる）
［旧暦］2024年11月11日

新しい旅立ちを決めることに有効

暦注下段に善日が多く重複する大吉日です。十二直の「納」を活用することにより「出発を決めること」を意識すると、より多くの支援が実感できます。

春分の日の前くらいまでの「出発」に関連したスケジュールを検討してみてください。旅行だけでなく、「新しい生活を始める日」や「学びを始める日」など、自分にとって「出発」と思える日付の検討が有効です。

維持か変化かを見極める

日干支が「己酉」となるため、「現状維持」の欲求が高まる日です。良いことは「維持」を選びたいですが、そうでないことも維持してしまうと「惰性」となります。「維持すべきこと」と「変えるべきこと」を意識して選択してください。

［人］
恋人
家族
両親

［行動］

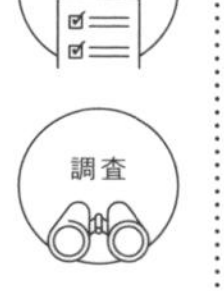
計画
検討
調査

［健康］
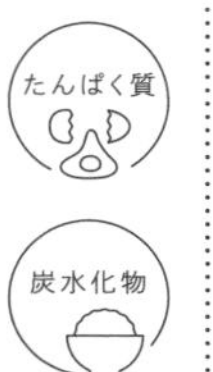
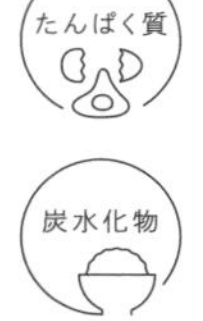
休息
たんぱく質
炭水化物

［お金］

払う（無形）
貯金
寄付

12月13日（金）

自分をご機嫌にすることができるのは自分だけ

【六曜】大安（たいあん）
【日干支】辛亥（かのとい）
【月干支】丁丑（ひのとうし）
【年干支】甲辰（きのえたつ）
【二十八宿】亢（こう）
【十二直】閉（とづ）
【暦注下段】一粒万倍日（いちりゅうまんばいび）、神吉日（かみよしにち）、大明日（だいみょうにち）、天恩日（てんおんにち）

【陰陽】陽

陰
中庸
陽

【二十四節気】大雪（たいせつ）
【七十二候】熊蟄穴（くまあなにこもる）
【旧暦】2024年11月13日

目に見えるいいことに合わせて気分も良くする

全体が良くなる「大安」を筆頭に、目に見える領域での嬉しいことが連続する善日が重複し、それが「一粒万倍日」の影響で増幅していく大吉日です。必要なのは「自分の機嫌を良くする」という意識です。今日はできるだけ「自分の機嫌が良くなる選択」を重ねてください。自分を楽しませることができるのは自分だけなのです。

終了の決断は明日以降に

十二直が「閉」となるため、「終わらせたい衝動」が強まる日となります。物事には始まりと終わりがありますが、それは「適正な選択」のうえで、決めることが大切です。今日のタイミングでは「終了」か「継続」かの選択はできるだけ避けてください。

［人］
友達
恋人
家族

［行動］
相談
遊び
屋外

［健康］
運動
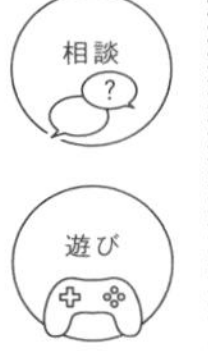
バランスのいい食事

脂質

［お金］
買う（有形）

もらう

自分へのご褒美

12月14日（土）

自分と他人の内側に意識を向ける

［六　曜］赤口（しゃっこう）
［日干支］壬子（みずのえね）
［月干支］丁丑（ひのとうし）
［年干支］甲辰（きのえたつ）
［二十八宿］氐（てい）
［十二直］建（たつ）
［暦注下段］一粒万倍日（いちりゅうまんばいび）、神吉日（かみよしにち）、天恩日（てんおんにち）、月徳日（つきとくにち）

［陰陽］陰

陽
中庸
陰

［二十四節気］大雪（たいせつ）
［七十二候］熊蟄穴（くまあなにこもる）
［旧暦］2024年11月14日

他人の気持ちも推測する

内面での良い変化を示す善日が重複し、「一粒万倍日」の増殖力が加わる大吉日です。今日は「内面」「内側」に意識をもってください。自分の「心」や「気持ち」を確認するのと同時に、他人の「内側」も想像してみてください。態度や言葉に含まれている「心」や「気持ち」といった内側へとアプローチしてみましょう。

他人の言葉に委ねない

日干支が「壬子」となり、「他人の意見に流されやすい」傾向が強まります。今日のタイミングでは、他人の言葉はあくまでも「参考」として、自分の意見や言葉を大切にしてください。自分の選択力を高める好機ともなりますので、頑固にならないように気をつけましょう。

［人］

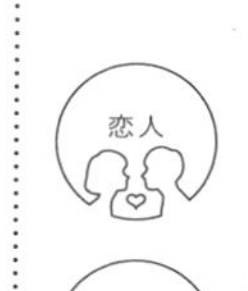

［行動］

内観
準備
検討

［健康］

休息
バランスのいい食事

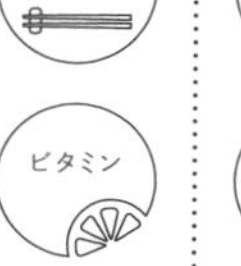

［お金］

12月22日（日）

良い年の締めくくりのための準備と根回し

［六　曜］友引
［日干支］庚申
［月干支］丁丑
［年干支］甲辰
［二十八宿］虚
［十二直］成
［暦注下段］神吉日、大明日、母倉日

［陰陽］陽

陰　中庸　陽

［二十四節気］冬至
［七十二候］乃東生
［旧暦］2024年11月22日

年末の準備に最適な１日

関係性が良くなる「友引」に、暦注下段の善日が重複する大吉日です。これから年末へと突入していきますので、年末全体が良くなるように、準備や根回しをするのに最適な日となります。さらに、初詣はまだ先ですが、今日のタイミングで好きな神社やお寺にお参りに行くと、さまざまな恩恵が「プラス」され、大吉祥日へと昇華します。

面倒でも家から出てみる

二十八宿が「虚」となるため、外出が面倒になる傾向が強まります。適度な休息がとれたら、せっかくの大吉日を活用するつもりで外出しましょう。寒さも本格的になりますが、寒いからこそ暖かいことを嬉しく感じるのです。今日の「陽」を楽しんでみてください。

［人］

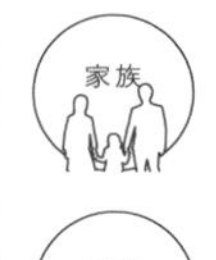

［行動］

準備

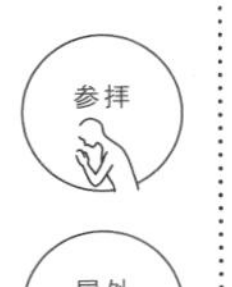

屋外

［健康］

運動

炭水化物

［お金］

買う（有形）

もらう

12月25日（水）

今だけの華やかな街を楽しむ

［六　曜］大安
［日干支］癸亥
［月干支］丁丑
［年干支］甲辰
［二十八宿］壁
［十二直］閉
［暦注下段］一粒万倍日、神吉日

［陰陽］陽

陰　中庸　陽

［二十四節気］冬至
［七十二候］乃東生
［旧暦］2024年11月25日

明るい場所、明るい光に良い導きが入る

2024年のクリスマスは全体が良くなる「大安」を筆頭に、善日と「一粒万倍日」が重複する大吉日となりました。華やかな街を楽しめるのも本日限りですので、「自分を楽しませる」ことに向き合ってください。明るい場所、明るい光に、良い導きが入ります。クリスマスのご馳走を楽しめれば、大吉祥日へと昇華する日です。

無闇にあきらめてしまわない

日干支が「癸亥」となるため、「あきらめたくなる衝動」が強くなる日です。特に外出時の混雑や渋滞などで、「自暴自棄」となってしまう傾向が強まります。先回りして「大丈夫、なんとかなる」と言っておくと、不快な状況が解消されていきます。

［人］
友達
恋人
家族

［行動］
遊び

開始

屋外

［健康］
運動
バランスのいい食事
炭水化物

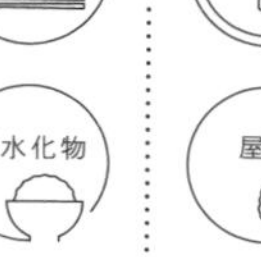

［お金］
払う（無形）
もらう
自分へのご褒美

12月26日（木）

来年の良い想像で心を満たす

［六　曜］赤口
［日干支］甲子
［月干支］丁丑
［年干支］甲辰
［二十八宿］奎
［十二直］建
［暦注下段］甲子、天赦日、一粒万倍日、天恩日

［陰陽］陰

［二十四節気］冬至
［七十二候］麋角解
［旧暦］2024年11月26日

2025年に始めることを考える

2024年最後の「天赦日」は、スタートアップに強力な支援がつく「甲子」との重複となりました。「2025年に始めるべきこと」の検討に取り組んでみてください。できるだけ「楽しい」「嬉しい」というイメージを優先して、想像を楽しみましょう。「全体が向上すること」をテーマにすると、さらに万倍化の効果も得られ、良い支援が集まります。

まずは気分が乗るまで続けてみる

二十八宿の「奎」の影響で、「面倒くさい」という感覚が強めに出てしまうので、注意しましょう。とりあえず取り組んでみて、気分が乗るまで続けていくと、勢いが増していきます。午前中から大吉日を活用する意識をもってみましょう。

［人］
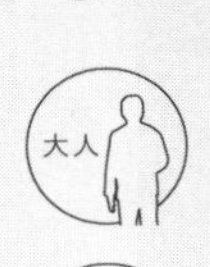

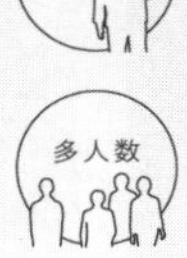

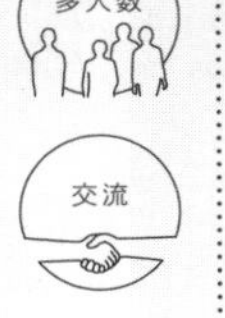

［行動］
計画
検討
調査

［健康］
ダイエット
ビタミン
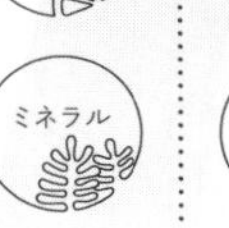

［お金］

12月31日（火）

大吉日で終わる1年の締めくくりに感謝する

【六　曜】赤口
【日干支】己巳
【月干支】丁丑
【年干支】甲辰
【二十八宿】觜
【十二直】執
【暦注下段】己巳、神吉日、大明日

【陰陽】陰

陽
中庸
陰

【二十四節気】冬至
【七十二候】雪下出麦
【旧暦】2024年12月1日

1年の最後に感謝を捧げる

2024年は大吉日に始まり、大吉日に終わる、とても珍しい年です。今日は弁財天さまのご縁日＊である「己巳」と複数の善日が重複することにより「締めくくりを楽しむ」ことで、多くの支援が集まる大吉日となります。大晦日限定のお楽しみを、積極的に探して体験しましょう。「神吉日」なので、初詣の前の「御礼参り」も有効です。

他人への対抗心に呑まれない

十二直に「執」が出現するため、色々なことに「対抗心」が芽生えやすい日です。自分の成長のために活用できる感情ではあるのですが、それもいきすぎるとバランスを失います。人それぞれに「幸せの形」は異なりますので、「自分なりの楽しみ方」を優先しましょう。

［人］
恋人
両親
子ども

［行動］
遊び
実行
参拝

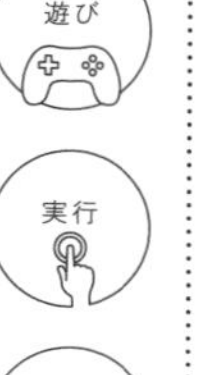
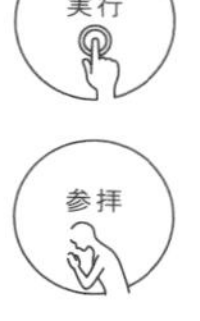

［健康］
ダイエット
ビタミン
ミネラル

［お金］
払う（無形）
財布を整理
自分へのご褒美

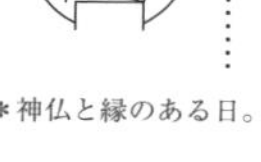

＊神仏と縁のある日。

大吉日大全
2025年

2025年【年干支】

乙巳

陰の年干支となり、目に見えない領域で「強い変化が起きる」傾向が強い年となります。

2025年の「機運が良い月」ベスト3

第❶位　7月

2024年と同じく、7月が全体への影響力がもっとも強い月となります。強力な「天赦日」だけでなく、他の大吉日も夏以降まで良い影響を与えてくれる力強い内容となりますので、活用してください。

第❷位　10月

年末に向けて、良い弾みがつく月となります。全般に流れが良くなりますが、特に「準備」や「計画」などに強い支援が集まります。秋を楽しみつつ、この冬のことや、その次の春のことまで意識して過ごしてみてください。

第❸位　8月

多くの強力な大吉日が発生しますが、特に「行動」に強力な支援がつく傾向となります。暑さをしのぎつつ、この月に動いたことが、この年の収穫へ強い影響をもたらしますので、積極的な選択を意識してください。

2025年

1月

【月干支】

戊寅

陽の月干支となり、目に見える領域で「準備が進む」傾向が強い期間となります。

2025年1月の「大吉日」ベスト3

第❶位 1月31日（金）

［注目の古暦］

鬼宿日、一粒万倍日、神吉日、月徳日

強力な善日が重複し、「学び」を意識することで「一粒万倍日」の効果も活用できる大吉日です。月末の忙しさに流されずにチェックしてください。

第❷位 1月3日（金）

［注目の古暦］

鬼宿日、神吉日、大明日、母倉日、月徳日

2025年で最初に多くの善日が集中する大吉日です。「創造力」を意識することで、2025年全体に良い影響が発生します。

第❸位 1月13日（月）

［注目の古暦］

神吉日、大明日、母倉日、天恩日

内面の良い変化を促す善日が重複し、「祈り」が嬉しい結果を招いてくれる大吉日です。神社やお寺でなくても「祈ること」は可能です。

1月3日（金）

新年の創造は、ここから

【六曜】先負
【日干支】壬申
【月干支】戊寅
【年干支】乙巳
【二十八宿】鬼
【十二直】成
【暦注下段】鬼宿日、神吉日、大明日、母倉日、月徳日

【陰陽】陽

陰　中庸　陽

【二十四節気】冬至
【七十二候】雪下出麦
【旧暦】２０２４年12月４日

今年の創造を想像する

２０２５年最初の大吉日は、最強の宿である「鬼宿日」に多くの善日が重複し、さらに日干支の「壬申」の影響で、「創造力」が強化される日となります。２０２５年に自分が新しく「つくり出すこと」を検討して、具体化してください。仕事でも学びでも広範囲で考えてみましょう。ただし「具体化」が大切ですので、できるだけ詳細な検討に挑んでみてください。

答えを急がない

十二直に「成」が出現するため「答えを急ぎたがる」傾向が強くなります。今日は落ち着いて検討できる時間を確保してください。２０２５年全体のイメージをもって、新しい世界を「創造する」という感覚で具体化に取り組んでください。

［人］
家族
大人
単独

［行動］
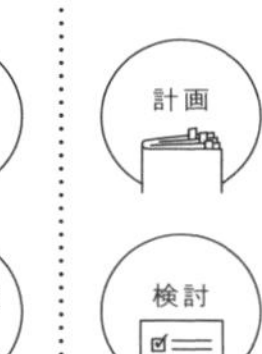
計画
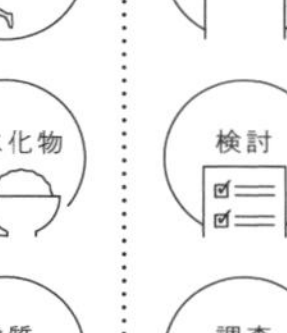
検討
調査

［健康］
運動
炭水化物

脂質

［お金］
もらう
貯金

寄付

1月8日（水）

話を聴くことで、良縁が拡がる

【六　　曜】友引（ともびき）
【日 干 支】丁丑（ひのとうし）
【月 干 支】戊寅（つちのえとら）
【年 干 支】乙巳（きのとみ）
【二十八宿】軫（しん）
【十 二 直】建（たつ）
【暦注下段】神吉日（かみよしにち）、大明日（だいみょうにち）

【陰陽】陽

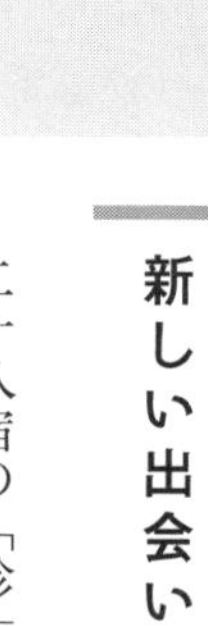

【二十四節気】小寒（しょうかん）
【七十二候】芹乃栄（せりすなわちさかう）
【旧暦】2024年12月9日

新しい出会いを求める

二十八宿の「軫」と十二直の「建」が良い側面で展開するため、「新しいご縁」を拡げる絶好のチャンスとなる大吉日です。「新しい出会い」となる機会を意識してみてください。今日のタイミングでは「自己紹介」よりも「相手の話をよく聴く姿勢」を意識すると、より良いご縁だけが拡がっていく大吉祥日へと昇華します。

新しい一歩をためらわない

日干支が「丁丑」となるため、ご縁を拡大するための「最初の一歩」に抵抗を感じやすくなります。ご縁を拡大することは勇気のいる行動ではありますが、それを乗り越えた先にある「恩恵」はとても大きいのです。今日は「新しい一歩」を踏み出してみてください。

［人］

［行動］

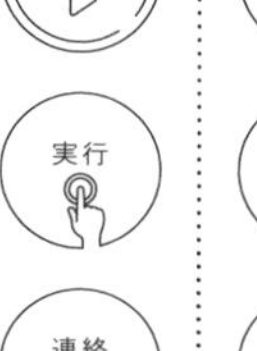
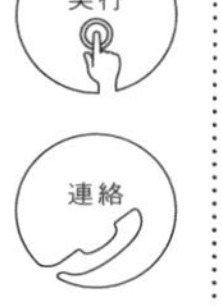

［健康］

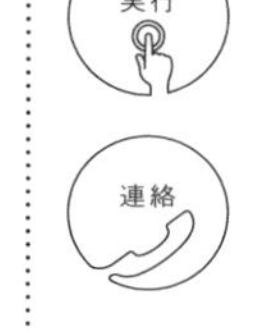

［お金］

1月11日（土）

偶然という現象に感謝する

【六曜】大安
【日干支】庚辰
【月干支】戊寅
【年干支】乙巳
【二十八宿】氐
【十二直】平
【暦注下段】天恩日、月徳日

【陰陽】陽

陰　中庸　陽

【二十四節気】小寒
【七十二候】水泉動
【旧暦】2024年12月12日

嬉しい偶然が多発する

全体が良くなる「大安」と日干支の「庚辰」が重複するため、「嬉しい偶然が多発する」大吉日です。今日は「偶然」に感謝する態度で過ごしてください。世界は「必然」と「偶然」によって構築されています。自分が認識する「偶然」には、さまざまな意味が隠されています。それらを考えることにより、与えられた「贈り物」の価値をより高めることができるのです。

目の前の現実を疎かにしない

十二直が「平」となるため、「気づきのアンテナ」の感度が、鈍る傾向が強くなります。「偶然」がやってきても、気づかずに過ごしてしまいそうです。まずは「今、ここ」に自分の意識を戻しましょう。

［人］

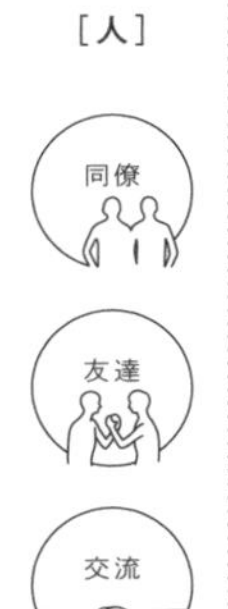

［行動］

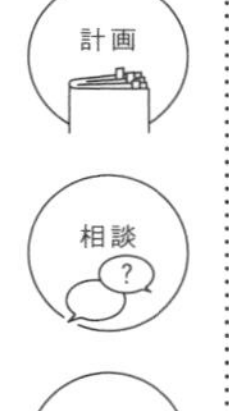

［健康］

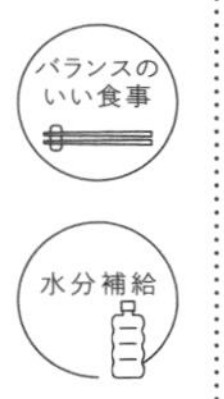

［お金］

買う（有形）

1月12日（日）

小さな喜びが大きな変化を呼ぶ

【六曜】赤口（しゃっこう）
【日干支】辛巳（かのとみ）
【月干支】戊寅（つちのえとら）
【年干支】乙巳（きのとみ）
【二十八宿】房（ぼう）
【十二直】定（さだん）
【暦注下段】母倉日（ぼそうにち）、天恩日（てんおんにち）

【陰陽】陰

陽　中庸　陰

【二十四節気】小寒（しょうかん）
【七十二候】水泉動（しみずあたたかをふくむ）
【旧暦】2024年12月13日

1月

当たり前を喜ぶ

二十八宿の「房」と善日の重複により、「喜ぶ」という行為が良い方向へと導いてくれる大吉日です。今日は普段スルーしていることでも喜んでみてください。睡眠がとれること、食事ができること、人の役に立てること。普段は「当たり前」として認識していることをあえて「喜ぶ」、というゲームを楽しみましょう。

緩みすぎないようにする

日干支が「辛巳」となるため、「緩みたい」という感覚が強くなります。もちろん普段なら、適度な「緩み」と「緊張」のバランスは必要ですが、今日は油断していると「緩みっぱなし」となってしまうので注意が必要です。

［人］

［行動］

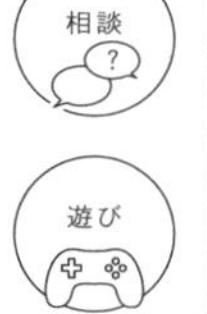

［健康］

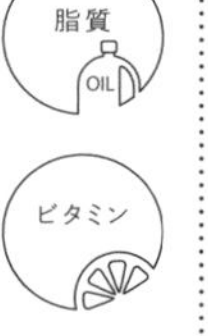

［お金］

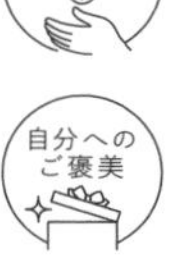

1月13日（月）

受け継がれた場所で大切な「祈り」を捧げる

【六　曜】先勝（せんしょう）
【日干支】壬午（みずのえうま）
【月干支】戊寅（つちのえとら）
【年干支】乙巳（きのとみ）
【二十八宿】心（しん）
【十二直】執（とる）
【暦注下段】神吉日（かみよしにち）、大明日（だいみょうにち）、母倉日（ぼそうにち）、天恩日（てんおんにち）

【陰陽】陰

陽　中庸　陰

【二十四節気】小寒（しょうかん）
【七十二候】水泉動（しみずあたたかをふくむ）
【旧暦】２０２４年12月14日

生きていることに感謝を捧げる

暦注下段に善日が多く重複し、日干支の「壬午」の影響が強まるため、「静かな祈り」がとても有効な大吉日となります。近所の神社やお寺で「祈る」という時間を選択してみてください。この日の祈りは、「願い事」ではなく「感謝」です。「日々生きていること」そのものに、「ありがとう」の祈りを捧げてみてください。

スリルを求めすぎず、落ち着きを取り戻す

二十八宿に「心」が出現するため「スリルを求める」傾向が強くなります。仕事やプライベートで無闇に「スリル」を求めていると、色々な「破壊」へとつながってしまいます。できるだけ「落ち着いて」「静かに過ごす」という意識で、1日を過ごしてください。

［人］
大人

両親
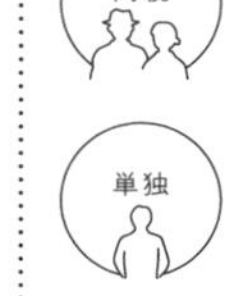
単独

［行動］
参拝

準備
相談

［健康］
休息
バランスのいい食事

水分補給

［お金］
もらう
貯金
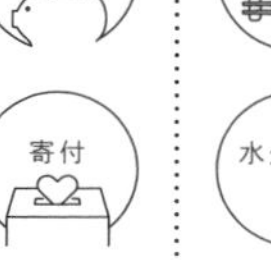
寄付

1月19日（日）

【六　　曜】先勝（せんしょう）
【日 干 支】戊子（つちのえね）
【月 干 支】戊寅（つちのえとら）
【年 干 支】乙巳（きのとみ）
【二十八宿】虚（きょ）
【十 二 直】閉（とづ）
【暦注下段】一粒万倍日（いちりゅうまんばいび）、神吉日（かみよしにち）

先を見据えて、調整を意識する

【陰陽】陰

陽
中庸
陰

【二十四節気】小寒（しょうかん）
【七十二候】雉始雊（きじはじめてなく）
【旧暦】２０２４年12月20日

先々のための根回しを

日干支の「戊子」の影響が強まるため、「根回し」が有効な大吉日となります。「根回し」とは、「あらかじめ想定した成果のために色々な可能性を検討し、調整しておくこと」です。「一粒万倍日」の増殖力もつきますので、できるだけ多くの「根回し」を検討して、それらが良いタネとなり、万倍化するイメージをもってみてください。

考えすぎないで取りかかる

十二直が「閉」となるため、「意欲」が抑え込まれる傾向が強くなります。そのため「取りかかる」までに時間がかかってしまいがちに。あれこれと考える前に行動する感覚で、「根回し」を始めてみてください。スタートさえきれれば、後は支援がつくので問題ありません。

［人］
同僚
交流
多人数

［行動］
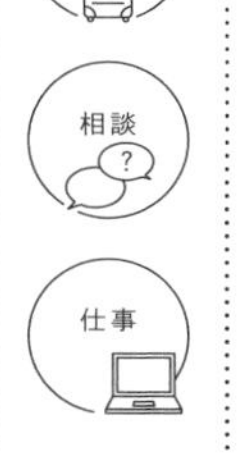

［健康］

［お金］
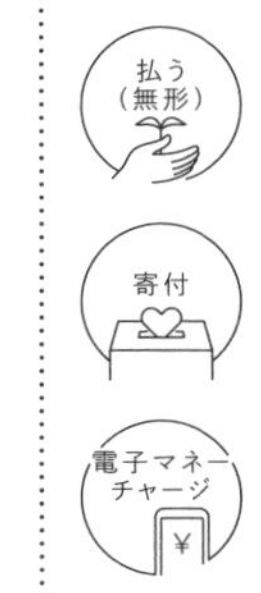

1月23日（木）

［六曜］大安
［日干支］壬辰
［月干支］戊寅
［年干支］乙巳
［二十八宿］奎
［十二直］平
［暦注下段］大明日

出張、旅行、散歩。あらゆる移動が嬉しい変化となる

［陰陽］陽

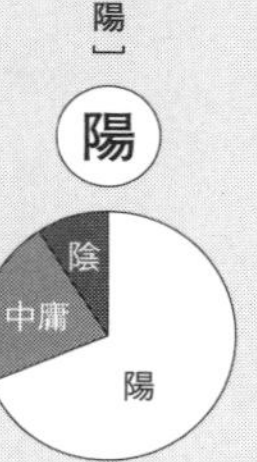

［二十四節気］大寒
［七十二候］款冬華
［旧暦］２０２４年12月24日

普段とは違う環境に「移動」する

全体が良くなる「大安」と二十八宿の「奎」の重複により、「移動すること」にさまざまな恩恵や支援が集まる大吉日です。出張や旅行はもちろん、屋内での仕事の方は「散歩」も有効です。普段とは違う環境に移動することで、良い機運へと引き寄せられていく日です。この日に「発見したこと」は、内面にも外面にも良い影響を及ぼします。まずは外に出てみてください。

わからないことは横に置いてみる

日干支が「壬辰」となるため、「今まで見えていたこと」が不明瞭になる傾向が強くなります。一時的なことなので慌てる必要はないのですが、「わからないこと」は一旦横に置いて、わかることから取り組んでいきましょう。

［人］
男性
大人
単独

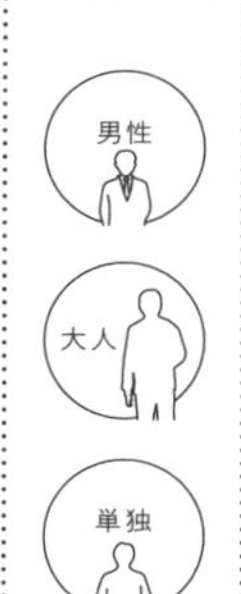

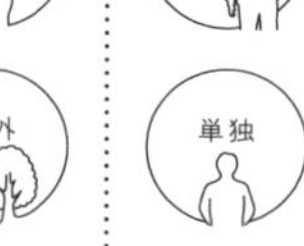

［行動］
スタート
実行
屋外

［健康］
ダイエット
ビタミン
ミネラル

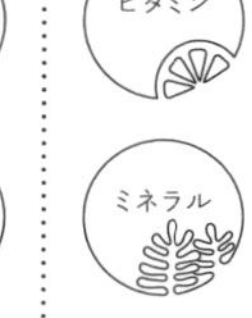

［お金］
払う（無形）
もらう
投資

1月25日（土）

今日心に浮かんだ想いは、しっかり育てる

【六曜】先勝（せんしょう）
【日干支】甲午（きのえうま）
【月干支】戊寅（つちのえとら）
【年干支】乙巳（きのとみ）
【二十八宿】胃（い）
【十二直】執（とる）
【暦注下段】神吉日（かみよしにち）、母倉日（ぼそうにち）

【陰陽】陰

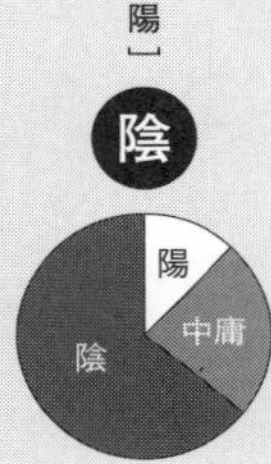

【二十四節気】大寒（だいかん）
【七十二候】水沢腹堅（さわみずこおりつめる）
【旧暦】2024年12月26日

良い想いを大きく育てる

日干支の「甲午」と十二直の「執」が重複することにより、「良い想いが育つ」大吉日となります。自分の幸せに役に立つ想いが、「良い想い」です。それを「大きく育てる」という感覚を意識してみてください。自分の内面に浮かんだことを肯定してあげることで、良い導きが得られます。静かな環境で「自分を癒やす」感覚も合わせると、大吉祥日へと昇華します。

うぬぼれを警戒し、良い側面を育てる

二十八宿の「胃」の影響により、「傲慢さ」が強くなる傾向となります。適度な自信は大切ですが、度を越すと「過剰」となり、やがて「うぬぼれ」となってしまいます。今日は他人の承認は必要ないことを忘れないでください。

［人］

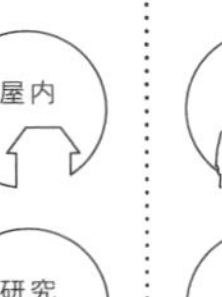

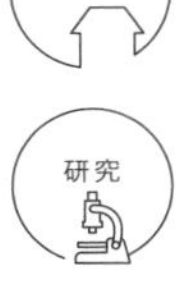

［行動］
準備
屋内

［健康］
休息
炭水化物

［お金］
払う（無形）
もらう

1月30日(木)

うまく意思が伝わりコミュニケーションが好転する

【六曜】友引
【日干支】己亥
【月干支】戊寅
【年干支】乙巳
【二十八宿】井
【十二直】開
【暦注下段】神吉日

【陰陽】陽

陰　中庸　陽

【二十四節気】大寒
【七十二候】鶏始乳
【旧暦】2025年1月2日

いつもより意思の伝達がうまくいく

人間関係が好転する「友引」と十二直の「開」が重複するため、「コミュニケーション全般」にさまざまな恩恵や支援が集まる大吉日です。いつもよりも意思の伝達や連絡がうまくいく傾向が強まるので、ミーティングや会議なども有効となる1日です。自分から発信することを心がけると、さらに良い展開が期待できる大吉祥日へと昇華します。

隠れたくても隠れない

日干支が「己亥」となるため、「隠れたくなる気持ち」が強くなる傾向が現れます。隠れていると面倒事から逃げられるように感じますが、それは幻想です。「良いコミュニケーション」の機会を逃すだけでなく、後から面倒事が芽生えてしまうので注意してください。

［人］

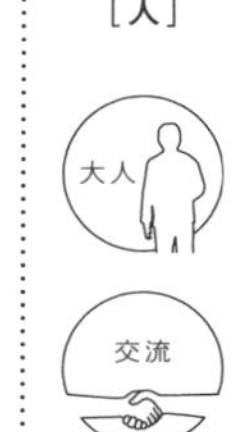

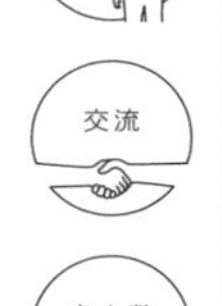

多人数

［行動］

検討

相談

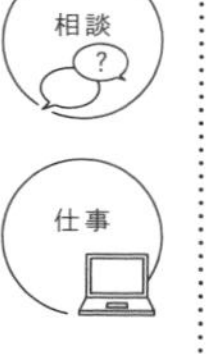

［健康］

ダイエット

ビタミン

［お金］

もらう

寄付

1月31日（金）

先人に学ぶと良い認識に至る

［六曜］先負（せんぶ）
［日干支］庚子（かのえね）
［月干支］戊寅（つちのえとら）
［年干支］乙巳（きのとみ）
［二十八宿］鬼（き）
［十二直］閉（とづ）
［暦注下段］鬼宿日（きしゅくび）、一粒万倍日（いちりゅうまんばいび）、神吉日（かみよしにち）、月徳日（つきとくにち）

［陰陽］陰

陽 / 中庸 / 陰

［二十四節気］大寒（だいかん）
［七十二候］鶏始乳（にわとりはじめてとやにつく）
［旧暦］2025年1月3日

新しい知識を迎えにいく

宿最上の大吉日である「鬼宿日」と複数の善日が重複することにより、深いところでの「良い認識」が得られる日となります。この日の支援は「学び」や「新しい知識を得る」ことに集中します。実際に興味のあることや、「自分がしたいことを先にやっている人」の話を直接聞くことで、言語では認識できない変化が生じます。

表面にとらわれすぎない

日干支が「庚子」となるため、「表面」や「表層」に気をとらわれてしまう傾向が強まります。「見た目」は重要ですが、そこにこだわりすぎると、大事なことに気づかないことになります。しっかりと「外面」と「内面」を認識して、学びの対象や内容を検討してください。

［人］
大人
交流
単独

［行動］
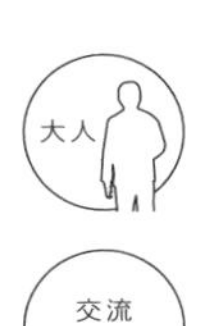

研究

［健康］
休息
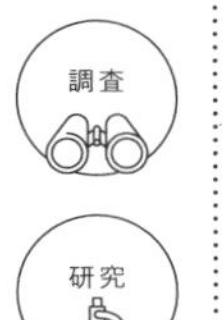

ミネラル

［お金］
払う（無形）
投資

2025年

2月

【月干支】己卯

陰の月干支となり、目に見えない領域で「勢いが増す」傾向が強い期間となります。

2025年2月の「大吉日」ベスト3

第❶位　2月11日(火)

［注目の古暦］
友引、神吉日、大明日、母倉日、天恩日

「思いやり」と「優しさ」を意識するだけで、全体が良い状態へと変化していく大吉日です。

第❷位　2月12日(水)

［注目の古暦］
神吉日、母倉日、天恩日

「調査」「研究」に支援が集まります。知識を深めることで、認識が深まり、自分の世界がより楽しくなる大吉日です。

第❸位　2月28日(金)

［注目の古暦］
友引、鬼宿日、天恩日

「連絡」に強力な支援が集まる日です。いつもよりも的確に意思を伝えることができ、チームをまとめるのに有効な大吉日です。

2月2日(日)

能力まで含めた「財運」が向上する

【六曜】大安（たいあん）
【日干支】壬寅（みずのえとら）
【月干支】己卯（つちのとう）
【年干支】乙巳（きのとみ）
【二十八宿】星（せい）
【十二直】除（のぞく）
【暦注下段】大明日（だいみょうにち）

【陰陽】陽

【二十四節気】大寒（だいかん）
【七十二候】鶏始乳（にわとりはじめてとやにつく）
【旧暦】2025年1月5日

財運に良い兆しがある寅の日*

日干支の「壬寅」と全体が良くなる「大安」の重複により、「財運を向上させる」ことに支援が集まる大吉日となります。

「財運」というのは、自分の稼働に対して得られる報酬が増えることを意味しています。「資産」や「投資」だけでなく、自分の能力や技能なども「財」です。今日はそれらを活用して「お金を増やす」ことに向き合ってください。

やる前からあきらめない

二十八宿の「星」と十二直の「除」の影響により、「やる前から、あきらめる」傾向が強くなります。あなたは「唯一無二」の存在で、世界中の誰ももっていない「財」をもって生まれてきたことを思い出してください。

［人］男性 大人 単独

［行動］計画 検討 相談

［健康］運動 たんぱく質 脂質

［お金］払う(無形) 投資 財布を新調

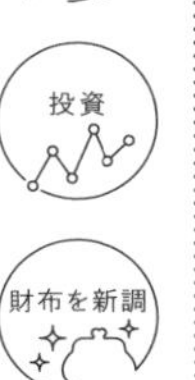

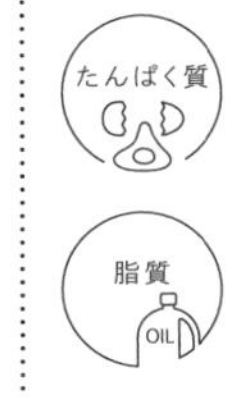
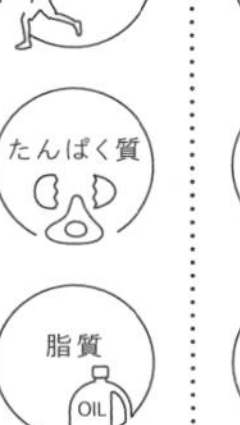
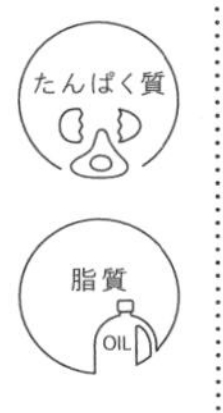
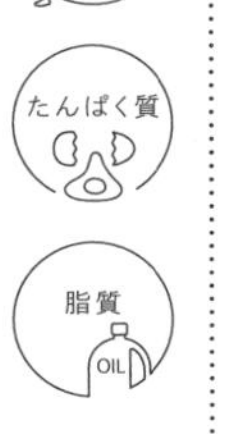
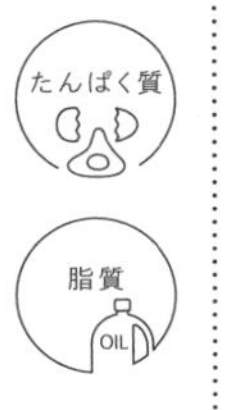
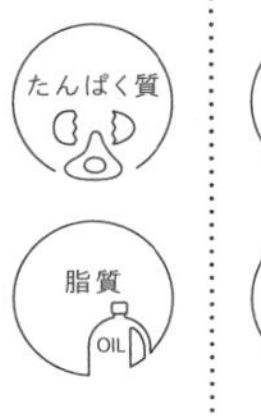
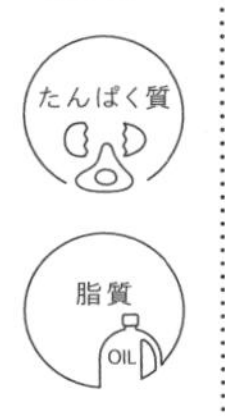
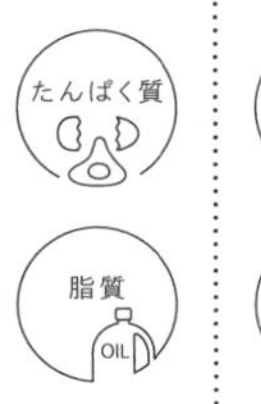
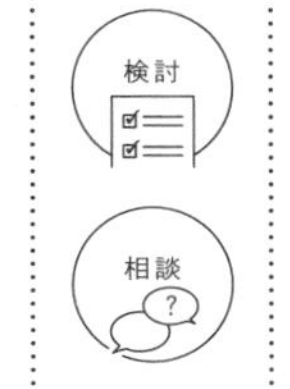

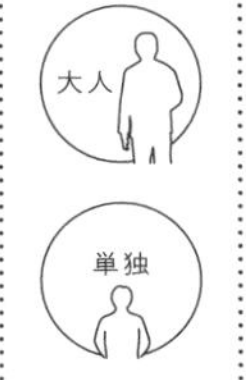

＊「千里を駆け、千里を戻る」という虎の故事からお金や投資に良い日とされる。

2月5日（水）

他力への意識で金運上昇

［六　曜］友引（ともびき）
［日干支］乙巳（きのとみ）
［月干支］己卯（つちのとう）
［年干支］乙巳（きのとみ）
［二十八宿］軫（しん）
［十二直］平（たいら）
［暦注下段］神吉日（かみよしにち）、大明日（だいみょうにち）

［陰陽］陰

陽　中庸　陰

［二十四節気］立春（りっしゅん）
［七十二候］東風解凍（はるかぜこおりをとく）
［旧暦］2025年1月8日

見えない領域でお金が増える支援を得る

年干支と日干支が「乙巳」で重複し、目に見えない領域での「収入を向上させること」に支援が集まる日です。今日は収入が増える、能力が適正に評価されるという「他力」を意識してみてください。弁財天さまへのお参りや願掛けも有効ですが、お稲荷さまを筆頭とした「金運のご神徳」を得られる「祈りの場」なら、すべて有効です。

常識にとらわれすぎない

十二直の「平」が出現するため、「常識に縛られる」傾向が強くなってしまいます。常識だけで「うまくいく」のなら、世界の姿はこのようにはなっていません。常識だけでなく非常識にも、知るべきこと、実践すべきことがあるのです。

［人］
同僚　子ども　単独

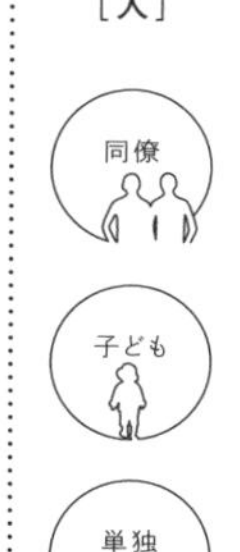

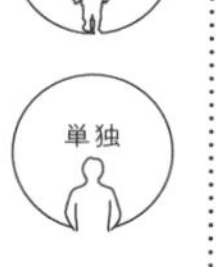

［行動］
準備　参拝　研究

［健康］
休息　水分補給　ビタミン

［お金］
貯金　投資　寄付

2月

2月8日（土）

新しい発想と交流でうまくいく

［六曜］大安（たいあん）
［日干支］戊申（つちのえさる）
［月干支］己卯（つちのとう）
［年干支］乙巳（きのとみ）
［二十八宿］氐（てい）
［十二直］破（やぶる）
［暦注下段］神吉日（かみよしにち）

［陰陽］陰

陽　中庸　陰

［二十四節気］立春（りっしゅん）
［七十二候］黄鶯睍睆（うぐいすなく）
［旧暦］2025年1月11日

自由な発想で考え、話す

全体が良くなる「大安」と二十八宿の「氐」の重複により、「新しい発想」に多くの支援と恩恵が集まる大吉日です。「アイデア出し」「新しい企画の検討」により、良い方向へと導かれます。さらに「自由な発想の打ち合わせ」で、他の人の発想やアイデアにも触れることができれば、より強力な支援となり、大吉祥日へと昇華します。

今あるものを無闇に壊さない

十二直で「破」が出現するため、既存のものや概念を「壊したくなる」衝動が強まります。新しい発想やアイデアは、既存の概念からの発展や改善にも有効なのです。今日は、今ある資産を大切に活かしつつ、「もっと、良くしていく」という感覚で、発想を練ってみてください。

［人］
同僚
大人
交流

［行動］
検討
仕事
相談

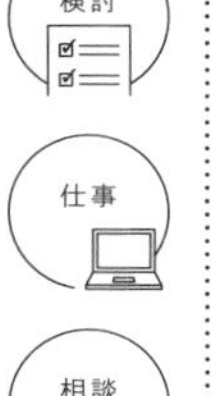

［健康］
休息
炭水化物
脂質

［お金］
払う（無形）
もらう
ポイント関連

2月11日（火）

まずは「ありがとう」を伝える

［六　曜］友引（ともびき）
［日干支］辛亥（かのとい）
［月干支］己卯（つちのとう）
［年干支］乙巳（きのとみ）
［二十八宿］尾（び）
［十二直］納（おさん）
［暦注下段］神吉日（かみよしにち）、大明日（だいみょうにち）、母倉日（ぼそうにち）、天恩日（てんおんにち）

［陰陽］陽

陰　中庸　陽

［二十四節気］立春（りっしゅん）
［七十二候］黄鶯睍睆（うぐいすなく）
［旧暦］2025年1月14日

「ありがとう」が今年全体を好転させる

関係性が良くなる「友引」と、多くの善日が重複する大吉日です。自分から「思いやり」や「優しさ」を発揮していくと、現状が良くなるだけでなく、2025年全体が良くなります。まずは、家族に「ありがとう」と言ってみてください。感謝していなくても、まずは「使う言葉を変える」ことから、スタートしてください。

照れはゲーム感覚で乗り越える

二十八宿の「尾」の影響により、「恥ずかしさ」「照れ」が増幅する傾向となります。今日は「感謝をいつもより多く伝える」というゲームを楽しむ感覚で、過ごしてください。特に、家族や身近な人に対して「照れる」感覚が強くなるので、注意して乗り越えてみてください。

［人］
同僚

恋人
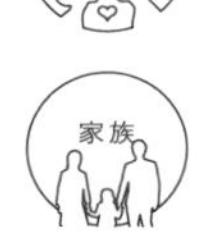
家族

［行動］
準備
相談
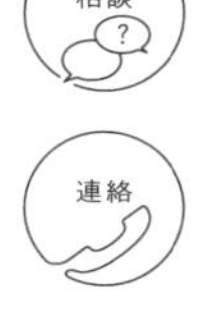
連絡

［健康］
ダイエット
ビタミン

ミネラル

［お金］
買う（有形）
払う（無形）

他人へのプレゼント

2月12日（水）

知識を深めると世界が深まる

［六　　曜］先負（せんぶ）
［日 干 支］壬子（みずのえね）
［月 干 支］己卯（つちのとう）
［年 干 支］乙巳（きのとみ）
［二十八宿］箕（き）
［十 二 直］開（ひらく）
［暦注下段］神吉日（かみよしにち）、母倉日（ぼそうにち）、天恩日（てんおんにち）

［陰陽］陰

陽　中庸　陰

［二十四節気］立春（りっしゅん）
［七十二候］黄鶯睍睆（うぐいすなく）
［旧暦］2025年1月15日

知識を深めるのに最適

二十八宿の「箕」と十二直の「開」が重複することにより、「調査」や「研究」などの「深掘りしていくこと」に支援が集まる大吉日です。今日はテーマを決めて、多くの情報と深い認識を得ることを選択してみましょう。「調査結果」や「データ」に対する理解力や解読力も向上しますので、それによる恩恵を検証してみる感覚で、取り組んでみてください。

テーマは直感で選ぶ

日干支が「壬子」となるため、「調査を開始する」ことに抵抗感を抱く傾向となります。今日は、「テーマの選択」に余計な負荷がかかるので、まずは「直感」で「これを調べる」と決めて、色々と迷わないうちに作業を開始するのが得策です。

［人］

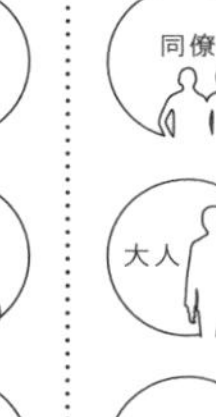

［行動］

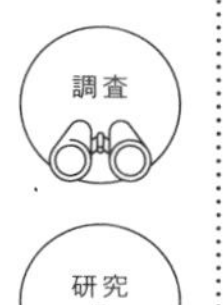

［健康］

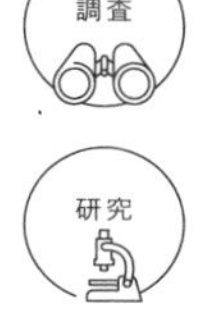

［お金］

2月20日(木)

「ちょっぴり贅沢」が喜びと仲間を引き寄せる

【六曜】大安(たいあん)
【日干支】庚申(かのえさる)
【月干支】己卯(つちのとう)
【年干支】乙巳(きのとみ)
【二十八宿】奎(けい)
【十二直】破(やぶる)
【暦注下段】神吉日(かみよしにち)、大明日(だいみょうにち)

【陰陽】陽

陰 中庸 陽

【二十四節気】雨水(うすい)
【七十二候】土脉潤起(つちのしょううるおいおこる)
【旧暦】2025年1月23日

いつもよりも背伸びしてみる

全体が良くなる「大安」と日干支の「庚申」の影響により、「ちょっぴり贅沢」することにより、より良いご縁が拡がり、良い展開へと導かれる大吉日です。着る服、食事、身を置く空間などを「高級」や「上質」といった認識がもてるものとするのです。気の合う仲間と食事を楽しめれば、大吉祥日へと昇華します。

気分良く過ごすことを第一に考える

二十八宿の「奎」と十二直の「破」の影響により、気分が変わりやすい傾向が増強されます。せっかくの「贅沢」を喜んでいるのに、些細なことでその気分を損なうような選択をしてしまいがちです。今日は「自分も周囲の人も気分良く過ごす」という感覚を強めてください。

【人】友達 家族 交流

【行動】相談 遊び 開始

【健康】運動 炭水化物 脂質

【お金】もらう 寄付 自分へのご褒美

2月23日（日）

人とのご縁を整理する

［六　曜］友引
［日干支］癸亥
［月干支］己卯
［年干支］乙巳
［二十八宿］昴
［十二直］納
［暦注下段］神吉日、母倉日

［陰陽］陰

陽
中庸
陰

［二十四節気］雨水
［七十二候］霞始靆
［旧暦］2025年1月26日

つなぐご縁と手放すご縁を考える

関連性が良くなる「友引」と十二直の「納」の重複により、「人間関係の整理整頓」に多くの支援と恩恵が発生する大吉日です。「自分と関係がある人」をしっかり確認して、その「ご縁」を継続するのか、停止するのかを検討してみてください。「すべての人と良い関係を維持する」のは、摂理として難しい選択なのです。

反省よりも自分を認める

二十八宿の「昴」の影響が強まるため、「自己嫌悪」したくなる衝動が強まる日です。時には「反省」も必要ですが、今日のタイミングではそれが「過剰となってしまう」ので注意が必要です。まずは「自分を認める」という意識をもって、人間関係の整理に取り組んでください。

［人］
同僚
友達
単独

［行動］
準備
検討
屋内

［健康］
ダイエット
ビタミン
ミネラル

［お金］
貯金
寄付
財布を整理

2月26日（水）

本物の投資を選択する

［六曜］大安（たいあん）
［日干支］丙寅（ひのえとら）
［月干支］己卯（つちのとう）
［年干支］乙巳（きのとみ）
［二十八宿］参（しん）
［十二直］建（たつ）
［暦注下段］天恩日（てんおんにち）、月徳日（つきとくにち）

［陰陽］陽

陰
中庸
陽

［二十四節気］雨水（うすい）
［七十二候］霞始靆（かすみはじめてたなびく）
［旧暦］2025年1月29日

買い物の機運も高まる

全体が良くなる「大安」と日干支の「丙寅」が重複することにより、「投資」「取引」といった行動に多くの支援が集まる大吉日です。「投資」は株の売買や金融商品のことだけでなく、自分の経験や学びを選択することも含まれます。また、「良い買い物ができる機運」も高まる日なので、以前から気になっていたもの、欲しいものを検討すると大吉祥日へと昇華します。

過去の成功は一旦忘れる

十二直が「建」となるため、今までの方法や内容に「執着」する傾向が強くなります。世界は常に変化を続けており、同じ方法、同じ手順がずっと有効だとは限らないのです。執着を手放すと、新たな発見へと導かれます。

［人］
同僚
男性
単独

［行動］
検討
調査
研究

［健康］
ダイエット
水分補給
ビタミン

［お金］
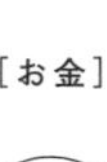

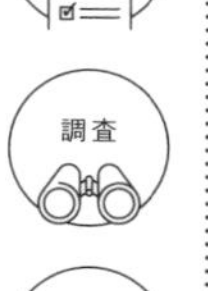
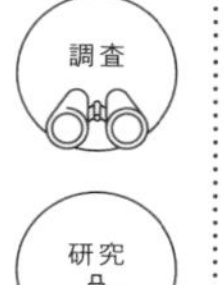
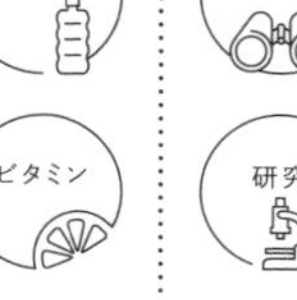
買う（有形）
払う（無形）
投資

2月28日（金）

【六曜】友引（ともびき）
【日干支】戊辰（つちのえたつ）
【月干支】己卯（つちのとう）
【年干支】乙巳（きのとみ）
【二十八宿】鬼（き）
【十二直】満（みつ）
【暦注下段】鬼宿日（きしゅくび）、天恩日（てんおんにち）

交流が嬉しい現実を招く

【陰陽】陰

陽
中庸
陰

【二十四節気】雨水（うすい）
【七十二候】草木萌動（そうもくめばえいずる）
【旧暦】2025年2月1日

連絡、ミーティングならこの日

色々な関連性が良くなる「友引」と、宿最強の吉日となる「鬼宿日」が重複し、「連絡」や「意思疎通」に多くの支援と恩恵が集まる大吉日です。今日は「自分から発信する連絡」を選択してみてください。チームの「意思統一」なども普段よりスムーズにいきます。ミーティングや会話を多く交わすことを心がけてみてください。

一つずつ、着実に対応する

日干支が「戊辰」となるため、「忙しくなる」傾向が強まります。イレギュラーな出来事なども発生しやすくなっていますので、「一つずつ対応する」感覚で、片づけていきましょう。「先送り」にも注意が必要です。明日からの3月に持ち越すことがないよう、注意してください。

［人］
同僚
交流
多人数

［行動］
連絡
相談
仕事

［健康］
運動
バランスのいい食事
水分補給

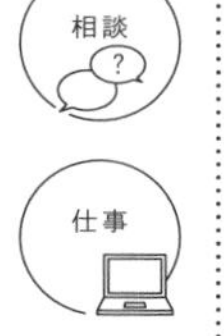

［お金］
買う（有形）
自分へのご褒美
他人へのプレゼント

2025年 3月

【月干支】 庚辰

陽の月干支となり、目に見える領域で「登場する」傾向が強い期間となります。

2025年3月の「大吉日」ベスト3

第❶位 3月10日(月)

［注目の古暦］
天赦日、一粒万倍日

全体が向上する大吉日ですが、特に「旅行」や「出張」など、自分が移動する行為を検討し、手配することで、その恩恵が強まる日です。

第❷位 3月5日(水)

［注目の古暦］
啓蟄、一粒万倍日、神吉日、大明日

「新しい春の準備」に取り組むことで、万倍化が良い側面で展開する大吉日です。新年度の準備はこの日にすると、多くの支援がやってきます。

第❸位 3月1日(土)

［注目の古暦］
己巳、神吉日、大明日

弁財天さまのご縁日と多くの良い暦が重複する大吉日です。「バランス感覚」を意識して現状を検討すると、より良い状態へと移行します。

3月1日（土）

全体のバランスを意識する

［六曜］先負（せんぶ）
［日干支］己巳（つちのとみ）
［月干支］庚辰（かのえたつ）
［年干支］乙巳（きのとみ）
［二十八宿］柳（りゅう）
［十二直］平（たいら）
［暦注下段］己巳（つちのとみ）、神吉日（かみよしにち）、大明日（だいみょうにち）

［陰陽］陰

陽　中庸　陰

［二十四節気］雨水（うすい）
［七十二候］草木萌動（そうもくめばえいずる）
［旧暦］2025年2月2日

内と外のバランスが良くなる

弁財天さまのご縁日*であり、良いことが増加していく「己巳」と十二直の「平」が重複するため、「良いバランスがとれるようになる」大吉日です。「バランス感覚」を取り戻すことで、成長へと誘導されます。「気持ち」や「感情」といった内側と、「条件」や「環境」といった外側の感覚に、「偏り」がないかチェックしてみてください。

ご褒美で無気力を回避する

二十八宿の「柳」の影響で、「無気力感」が強まる傾向となります。適度に「自分へのご褒美」を設定するとうまく回避できるので、「終わったら美味しいケーキを食べる」「一休みする」など、具体的ですぐにできる「わかりやすい報酬」を自分に提供してみてください。

［人］
同僚
大人
単独

［行動］
検討

仕事
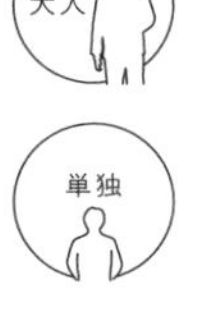
研究

［健康］
休息
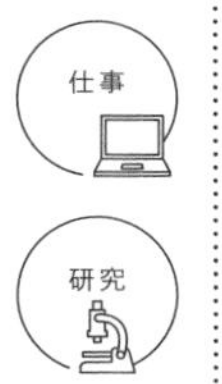
ビタミン
ミネラル

［お金］
もらう
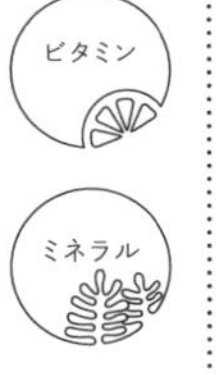

自分へのご褒美

寄付

＊神仏と縁のある日。

3月

3月3日（月）

桃の節句という特別な日をお祝いで活用する

［六　曜］大安（たいあん）
［日干支］辛未（かのとひつじ）
［月干支］庚辰（かのえたつ）
［年干支］乙巳（きのとみ）
［二十八宿］張（ちょう）
［十二直］執（とる）
［暦注下段］大明日（だいみょうにち）

［陰陽］陽

陰
中庸
陽

［二十四節気］雨水（うすい）
［七十二候］草木萌動（そうもくめばえいずる）
［旧暦］2025年2月4日

特別な晩ご飯で子どもたちの幸せを願う

2025年の「桃の節句」は、全体が良くなる「大安」とお祝い事に恩恵が集まる「張」が重複する大吉日です。せっかくの「お祭り日」ですので子どもの有無に関係なく「お祝い」を実践してみてください。今日の晩ご飯はいつもよりも、「特別な感じ」を演出すると、大吉祥日へと昇華します。

寛容さで態度を柔らかくする

十二直の「執」の影響で、「独善的な態度」が強くなる傾向となります。今日は注意しながら、周囲の人に対して「寛容さ」をもって接してください。人は誰でも「自分は正しい」と認めてもらいたい欲求をもっているものです。それに対して過剰な反応をしないように注意しましょう。

［人］
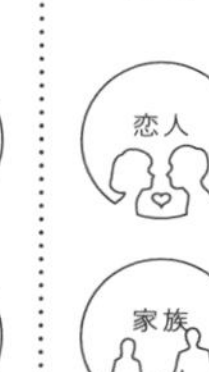

［行動］
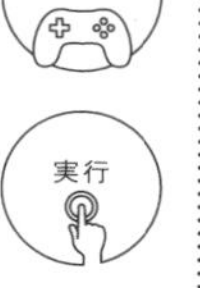

［健康］
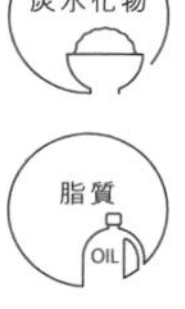

［お金］

3月5日（水）

新年度の「備え」は今日しよう

【六　曜】先勝（せんしょう）
【日干支】癸酉（みずのとのとり）
【月干支】庚辰（かのえたつ）
【年干支】乙巳（きのとみ）
【二十八宿】軫（しん）
【十二直】破（やぶる）
【暦注下段】一粒万倍日（いちりゅうまんばいび）、神吉日（かみよしにち）、大明日（だいみょうにち）

【陰陽】陰
陽　中庸　陰

【二十四節気】啓蟄（けいちつ）
【七十二候】蟄虫啓戸（すごもりのむしとをひらく）
【旧暦】２０２５年２月６日

新しい春に向けて、外も内も整える

「新しい春」に向けて目に見えない領域での変化が始まる「啓蟄」と、多くの善日が重複する大吉日です。今日は4月以降の準備を始めると、良い支援、良い影響を受け取れ、それらが「一粒万倍日」と日干支の「癸酉」の影響により、大きく育つ恩恵が受けられます。「備え」をしておく感覚で、準備に取りかかってください。

上手に気分転換しながら準備する

十二直の「破」の影響で、「忍耐力が弱まる」傾向となります。少しのミスや停滞が生じただけで投げ出したくなる気持ちが強く表れるので、気をつけてください。良い準備には、多少の負荷があった方が良いのです。「気分転換」をしながら、春の準備を楽しみましょう。

［人］
同僚
家族
交流

［行動］
計画

準備

検討

［健康］
ダイエット
ビタミン

ミネラル

［お金］
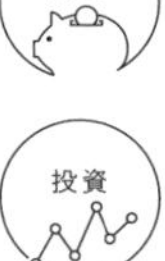
貯金

投資
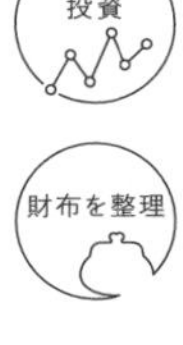
財布を整理

3月

3月9日（日）

振り返って気づいたことが、武器になる

【六曜】大安
【日干支】丁丑
【月干支】庚辰
【年干支】乙巳
【二十八宿】房
【十二直】開
【暦注下段】神吉日、大明日

【陰陽】陽

陽　中庸　陰

【二十四節気】啓蟄
【七十二候】蟄虫啓戸
【旧暦】2025年2月10日

1月1日から今日までを振り返ってみる

全体が良くなる「大安」と日干支「丁丑」が重複することにより、「振り返ること」に、さまざまな恩恵が集まる大吉日です。まずは、記憶に新しい2025年の始まりから今日までの「変化」を振り返ってみてください。何が、どのように変化したのか。そのなかで喜べる点は何かを、淡々と振り返るのです。今日の気づきは、変化への役に立つ「武器」となります。

振り返りは「前向き」に

十二直の「開」の影響により、自分の振り返りに対して「批判」や「反省」の気持ちが強くなる傾向となります。「あのときは、あれが良かった」と解釈できることは、いくらでもあります。「前向きな振り返り」を心がけてみてください。

［人］
同僚
女性
単独

［行動］
準備
検討
相談

［健康］
ダイエット
たんぱく質
ビタミン

［お金］
貯金
寄付
電子マネーチャージ

3月10日（月）

旅する喜びが万倍化する

【六曜】赤口（しゃっこう）
【日干支】戊寅（つちのえとら）
【月干支】庚辰（かのえたつ）
【年干支】乙巳（きのとみ）
【二十八宿】心（しん）
【十二直】閉（とづ）
【暦注下段】天赦日（てんしゃにち）、一粒万倍日（いちりゅうまんばいび）

【陰陽】陽

【二十四節気】啓蟄（けいちつ）
【七十二候】桃始笑（ももはじめてさく）
【旧暦】2025年2月11日

3月

ゴールデンウィークの予定を立てる

全体が良い方向へと導かれる「天赦日」と、移動や移行することに良い支援が集まる「戊寅」の重複により、「旅行や出張を検討する」という選択が良い結果となる大吉日となります。「一粒万倍日」の影響により、移動の楽しみが「良いタネ」となります。予定を組める人は今日のうちにゴールデンウィークの計画と予約を完了させてしまいましょう。

楽しい気持ちを優先する

十二直が「閉」となるため、楽しい気持ちを邪魔する感情が強くなります。多少の「困難」や「問題」は、乗り越えたときに「喜びを倍増させるためのスパイス」となります。自分の「楽しみ」と「嬉しさ」を優先する選択を意識してください。

［人］
友達
恋人
家族

［行動］

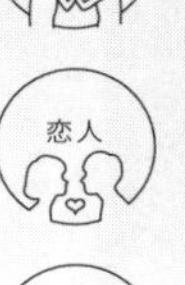

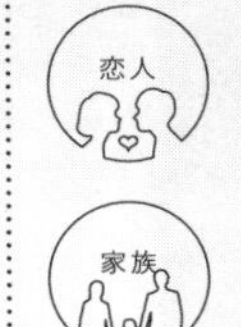
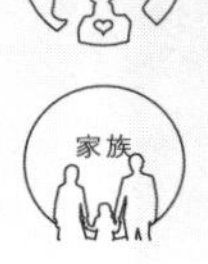

［健康］
運動
バランスのいい食事
水分補給

［お金］
払う（無形）
自分へのご褒美
他人へのプレゼント

3月11日(火)

組み合わせることで良い結果が生まれる

【六曜】先勝（せんしょう）
【日干支】己卯（つちのとう）
【月干支】庚辰（かのえたつ）
【年干支】乙巳（きのとみ）
【二十八宿】尾（び）
【十二直】建（たつ）
【暦注下段】神吉日（かみよしにち）、大明日（だいみょうにち）、天恩日（てんおんにち）

【陰陽】陽

陰 中庸 陽

【二十四節気】啓蟄（けいちつ）
【七十二候】桃始笑（ももはじめてさく）
【旧暦】2025年2月12日

組み合わせる楽しさを見つける

二十八宿の「尾」と善日の重複により、「組み合わせること」に支援と恩恵が集まる大吉日です。実際にものを組み合わせる作業にも適した日ですが、発想やアイデアを組み合わせたり、資料を組み合わせたりして作成することにも、恩恵が降り注ぐ日です。組み合わせることの「楽しさ」を発見しましょう。

選択肢を絞って考える

日干支が「己卯」となるため、「迷い」や「優柔不断」の傾向が強くなる日です。検討することは有効なのですが、無闇に選択肢を拡大してしまうと「迷う」ことになります。対象を絞って検討を始めて、具体化したら、次のステップに進む感覚をもってください。

［人］
同僚
男性
交流

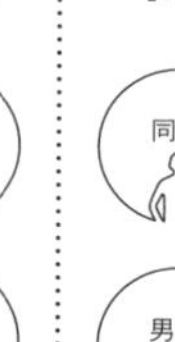

［行動］
計画
検討
調査

［健康］
運動
脂質
ミネラル

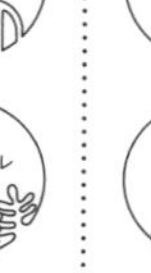

［お金］
買う（有形）
貯金
投資

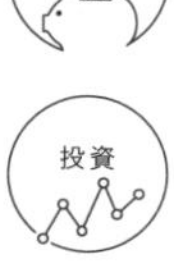

3月15日（土）

良い要素が内側に届く

［六　曜］大安（たいあん）
［日干支］癸未（みずのとひつじ）
［月干支］庚辰（かのえたつ）
［年干支］乙巳（きのとみ）
［二十八宿］女（じょ）
［十二直］定（さだん）
［暦注下段］天恩日（てんおんにち）

［陰陽］陰

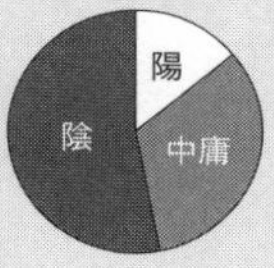

陽　中庸　陰

［二十四節気］啓蟄（けいちつ）
［七十二候］菜虫化蝶（なむしちょうとなる）
［旧暦］２０２５年２月16日

良い要素を吸収する

全体が良くなる「大安」と日干支の「癸未」が重複することにより、「吸収」がキーワードとなる大吉日となります。今日は「自分の内側に、良い要素を吸い込む」という感覚をもってみてください。知識や情報を吸い込むのも有効ですし、「他人の技能や能力を吸収して、自分でもできるようになる」という意識も有効となります。

知らない分野でも意識して触れてみる

十二直の「定」の影響により、「視野が狭くなる」傾向が強まる日です。実際の視力ではなく、自分が認識する世界を「限定的」にしてしまいがちになるので、注意が必要です。意識的に色々なジャンルの情報や、普段関心がない領域の話題なども吸収することを意識してみてください。

［人］
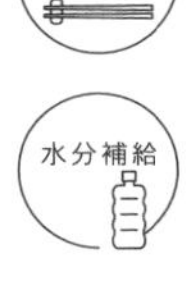

［行動］

［健康］
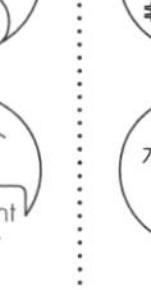

［お金］

3月17日（月）

幸せに不要なものを手放す

【六曜】先勝（せんしょう）
【日干支】乙酉（きのとのとり）
【月干支】庚辰（かのえたつ）
【年干支】乙巳（きのとみ）
【二十八宿】危（き）
【十二直】破（やぶる）
【暦注下段】一粒万倍日（いちりゅうまんばいび）、神吉日（かみよしにち）

【陰陽】陰

陽
中庸
陰

【二十四節気】啓蟄（けいちつ）
【七十二候】菜虫化蝶（なむしちょうとなる）
【旧暦】2025年2月18日

いらないものは抱え込まない

日干支の「乙酉」と善日の重複により、「捨てること」「手放すこと」に支援と恩恵が集まる大吉日です。今日は「もの」だけなく、「想い」や「気持ち」も点検して、自分の幸せを邪魔するものがないか考えてください。もちろん「目に見えるもの」を片づける、破棄するという行為も有効な日となります。

迷ったら捨てる

二十八宿の「危」の影響が強まるため、「捨てたくない」欲求も強くなる日です。迷ったら「捨てる」方を選択すると、良い結果へとつながる日です。「もったいない」という感覚は適度に必要ですが、不要なものや想いからは「良くない影響」が発生すると思い出しましょう。

［人］
男性
大人
単独

［行動］
整理
検討
実行

［健康］
ダイエット

ビタミン
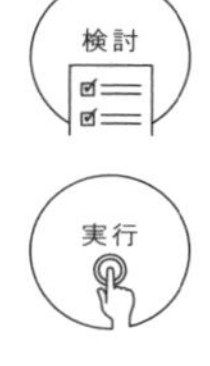
ミネラル

［お金］
貯金
寄付
財布を整理

3月27日（木）

「初めて」を思い出すと良い方向へと導かれる

【六曜】大安（たいあん）
【日干支】乙未（きのとひつじ）
【月干支】庚辰（かのえたつ）
【年干支】乙巳（きのとみ）
【二十八宿】井（せい）
【十二直】定（さだん）
【暦注下段】大明日（だいみょうにち）

【陰陽】陰
陽／中庸／陰

【二十四節気】春分（しゅんぶん）
【七十二候】桜始開（さくらはじめてひらく）
【旧暦】2025年2月28日

3月

新年度の前に初心を思い出す

全体に良い機運となる「大安」と日干支の「乙未」が重複することにより、「初心を思い出す」という行為が良い運氣に同調し、良い方向へと導かれる結果となります。新年度が始まる前に、「初心」を意識してください。緊張を含みながら、期待と不安が入り交じった感覚を思い出すことが新しい年度をより良くするための「鍵」となるのです。

楽しくないコミュニケーションの「先」を考える

二十八宿の「井」の影響により、「楽しくないコミュニケーション」が普段よりも多く発生する傾向となります。たまに「苦痛」に感じられるコミュニケーションもありますが、それは必要な「負荷」であり、それを乗り越えたときのご褒美を思い出しましょう。

［人］
友達
恋人
子ども

［行動］

準備
相談
屋内

［健康］

休息
炭水化物
脂質

［お金］

もらう
貯金
電子マネーチャージ

3月31日（月）

区切ることで、新しい変化が生まれる

［六曜］大安
［日干支］己亥
［月干支］庚辰
［年干支］乙巳
［二十八宿］張
［十二直］成
［暦注下段］神吉日、母倉日

［陰陽］陽

［二十四節気］春分
［七十二候］雷乃発声
［旧暦］2025年3月3日

上半期全体へ影響する成果の見える化

全体が良くなる「大安」と二十八宿の「張」、十二直の「成」が重複することにより、「区切る」という行為に良い支援と恩恵が集まる日です。ちょうど3月末日ですので、色々な作業や継続している行動を点検して、ここまでの成果を「見える化」してみてください。今日得られた気づきは、2025年上半期全体への良い影響があります。

見た目に惑わされず、慎重な発言を心がける

日干支が「己亥」となるため、「目に見えている情報」から得られることが減少する傾向となります。特に「心」や「気持ち」といった内面の変化に鈍感となる傾向が強まるため、いつもよりも慎重な発言をするように心がけてください。

［人］
同僚
男性
大人

［行動］
計画

仕事

調査
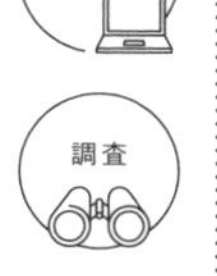

［健康］

運動
たんぱく質
炭水化物

［お金］
貯金

投資

寄付

2025年

4月

【月干支】辛巳

陰の月干支となり、目に見えない領域で「柔らかくなる」傾向が強い期間となります。

2025年4月の「大吉日」ベスト3

第❶位　4月25日(金)

［注目の古暦］

甲子、鬼宿日、一粒万倍日、天恩日

「始めること」「始まること」に、強力な支援が集まる大吉日です。万倍化したいことを見極めて、それをスタートさせてください。

第❷位　4月30日(水)

［注目の古暦］

己巳、神吉日、大明日、母倉日

「笑顔」を意識すると、色々な「嬉しいこと」がやってくる大吉日です。とびっきりのゴールデンウィークを楽しむためにも、スタートとなる大吉日を活用しましょう。

第❸位　4月13日(日)

［注目の古暦］

一粒万倍日、神吉日、天恩日、月徳日

自分の内面である、「心」「気持ち」「感情」と向き合うことで、良い変化が生まれ、大きく育つ「始まり」となる大吉日です。静かな時間を楽しんでください。

4月3日（木）

投資のタネが万倍化へとつながる

［六　曜］友引（ともびき）
［日干支］壬寅（みずのえとら）
［月干支］辛巳（かのとみ）
［年干支］乙巳（きのとみ）
［二十八宿］角（かく）
［十二直］閉（とづ）
［暦注下段］一粒万倍日（いちりゅうまんばいび）、大明日（だいみょうにち）

［陰陽］陽

［二十四節気］春分（しゅんぶん）
［七十二候］雷乃発声（かみなりすなわちこえをはっす）
［旧暦］2025年3月6日

この後、増やしたいことに集中する

関係性が良くなる「友引」と日干支の「壬寅」の重複によって、「投資」に関連した選択に強い支援が集まる大吉日です。今日は「一粒万倍日」も重複しているので、積極的に「投資」となる良いタネを選んでみてください。「この後、増やしたいこと」だけに集中して検討すると、大吉祥日へと昇華します。

不安は休憩で乗り越える

十二直で「閉」が発生するため、消極的になりがちな日となります。なんとなく「不安」や「恐れ」を感じてしまうので、今日の「寅の日*」と「一粒万倍日」の重複をスルーしてしまわないように注意してください。適度な「休憩」や「甘いおやつ」が有効です。楽しみながら、良いタネを見つけてください。

＊「千里を駆け、千里を戻る」という虎の故事からお金や投資に良い日とされる。

4月6日（日）

人類が生み出した「芸術」を楽しむ

［六　曜］大安
［日干支］乙巳
［月干支］辛巳
［年干支］乙巳
［二十八宿］房
［十二直］除
［暦注下段］神吉日、大明日、母倉日

［陰陽］陽

陰
中庸
陽

［二十四節気］清明
［七十二候］玄鳥至
［旧暦］2025年3月9日

芸術で良い波に乗る

全体の機運が良くなる「大安」と日干支の「乙巳」の重複により、「芸術を楽しむ」という選択が良い結果へと導かれ、良い波に乗る行為となります。今日は「鑑賞」だけでなく、自分から「芸術を生み出す」という選択をしてください。音楽でも絵画でもダンスでも、自分が「芸術」として認識できるものなら、なんでも大丈夫です。

楽しむなら しっかり腰を据えて

十二直の「除」の影響により、普段よりも「飽きっぽい」傾向が強まります。芸術を楽しむなら、腰を据えてしっかりと取り組んでみてください。もちろん対象を変更しても有効ですので、色々なジャンルの芸術を試してみて、自分の好みに合ったものを見つけてみてください。

［人］
友達
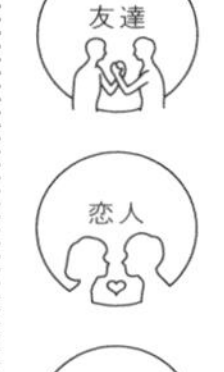

［行動］
検討
実行
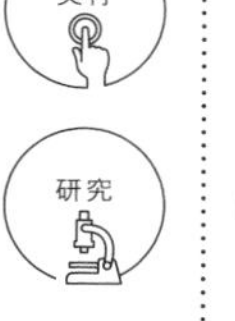

［健康］
ダイエット
ビタミン
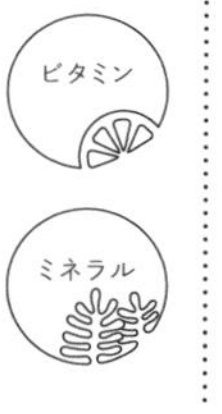

［お金］
払う（無形）
投資
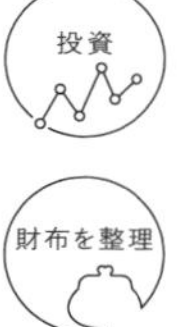

4月7日（月）

もう一歩、前に進む

［六　曜］赤口
［日干支］丙午
［月干支］辛巳
［年干支］乙巳
［二十八宿］心
［十二直］満
［暦注下段］神吉日、大明日、母倉日

［陰陽］陽

陰
中庸
陽

［二十四節気］清明
［七十二候］玄鳥至
［旧暦］2025年3月10日

平均点より上を目指すと成長できる

日干支の「丙午」と複数の善日の重複により、「もう一歩、先に進む」ことを意識すると、嬉しい恩恵がやってくる日です。今日は「平均点」ではなく、さらに上を目指すことで、成長や進化が促進されます。その行為を選択できたら、「自分を褒める」ということも実践してみてください。それにより大吉祥日へと昇華します。

自分も相手も多少のことは許して

二十八宿の「心」の影響により、「態度が大きくなる」傾向が強くなります。これは自分だけでなく周囲の人にも発生するので、「多少のことは許す」という感覚で過ごしてみてください。相手の態度につられず、自分の態度を変えないでいると、相手も正常な状態へと戻ります。

［人］
同僚
大人
多人数

［行動］
検討
相談
改善

［健康］
ダイエット
たんぱく質
ミネラル

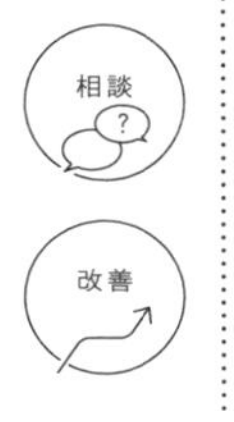

［お金］
貯金
投資
寄付

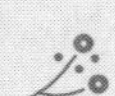

4月9日(水)

他者への敬意を伝える

【六曜】友引(ともびき)
【日干支】戊申(つちのえさる)
【月干支】辛巳(かのとみ)
【年干支】乙巳(きのとみ)
【二十八宿】箕(き)
【十二直】定(さだん)
【暦注下段】神吉日(かみよしにち)

【陰陽】陰

陽 / 中庸 / 陰

【二十四節気】清明(せいめい)
【七十二候】鴻雁北(こうがんかえる)
【旧暦】2025年3月12日

4月

親しき仲にも礼儀ありを心がける

人間関係に恩恵がある「友引」と二十八宿の「箕」、十二直の「定」の重複により、「礼儀を正す」ことでさまざまな支援と恩恵がやってくる日です。今日は最低限のマナーではなく、相手に「敬意」が伝わることを意識して、態度や言葉を選択してみてください。「親しき仲にも礼儀あり」を徹底して、礼儀の重要性を確認しましょう。

「批判」の感情を受け流す

日干支が「戊申」となるため、「批判したくなる」衝動が強まります。この社会には価値観も倫理観も異なる人が共存しているため、感覚が合わない人に「敵」というレッテルを貼ってしまうのです。今日は批判されても受け流し、寛容な心を大切にしてみてください。

【人】

家族

【行動】

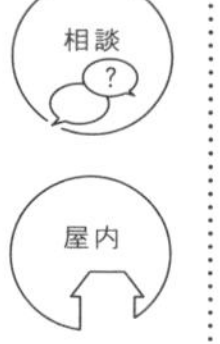

屋内

【健康】

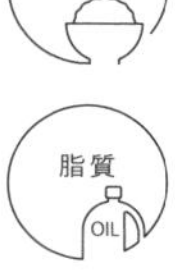

脂質

【お金】

寄付

4月12日（土）

自然の変化が自分の良い変化につながる

［六曜］大安（たいあん）
［日干支］辛亥（かのとい）
［月干支］辛巳（かのとみ）
［年干支］乙巳（きのとみ）
［二十八宿］女（じょ）
［十二直］危（あやぶ）
［暦注下段］神吉日（かみよしにち）、大明日（だいみょうにち）、天恩日（てんおんにち）

［陰陽］陽

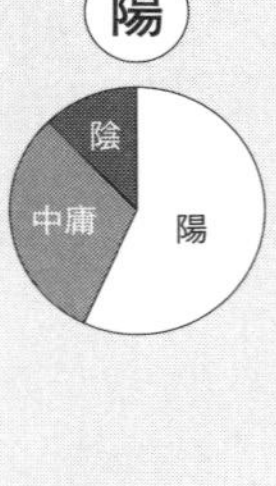

［二十四節気］清明（せいめい）
［七十二候］鴻雁北（こうがんかえる）
［旧暦］2025年3月15日

春を前に景色の変化を見つめる

全体が良くなる「大安」と善日が重複する大吉日です。今日は「目に見える領域」での良い変化が起きる傾向が強まります。そのため「観察」や「研究」に多くの支援が集まる日となります。季節は、確実に春へと移行していきます。今日は時間をとって、公園や神社の森など、自然豊かな場所を散策してみてください。良い変化を迎えるための準備が自然と整います。

変化を恐れない

二十八宿の「女」と十二直の「危」が重複することにより、「変化に対する恐れ」が強まります。知らない場所を避けたくなる気持ちが強くなるので、先回りして「好奇心」を意識してみてください。未来はわからないからこそ、面白いのです。

［人］
友達
恋人
家族

［行動］
観察
研究
屋外

［健康］
運動
バランスのいい食事
水分補給

［お金］

4月13日（日）

一人静かに心と向き合う

［六　曜］赤口
［日干支］壬子
［月干支］辛巳
［年干支］乙巳
［二十八宿］虚
［十二直］成
［暦注下段］一粒万倍日、神吉日、天恩日、月徳日

［陰陽］陰

陽
中庸
陰

［二十四節気］清明
［七十二候］鴻雁北
［旧暦］2025年3月16日

4月

感情の気づきが良いタネになる

「一粒万倍日」と内面系の善日が多く重複する大吉日です。今日は、自分の気持ちや心と向き合う時間を意識的にとってください。静かな部屋のなかでリラックスしながら、最近感じたこと、思ったことを「喜怒哀楽」ごとに整理して、確認してみてください。そこでの「気づき」が「良いタネ」となり、「一粒万倍日」の恩恵となります。

集中力は環境を整えて高める

日干支が「壬子」となることで、色々なことが気になり、なかなか集中できない傾向が強まります。そんなときは、「環境を整える」ことから取りかかってください。静かな環境や、落ち着いた気持ちになれるアロマや音楽など、準備していくうちに、集中力が高まっていきます。

［人］
女性
大人
単独

［行動］
検討
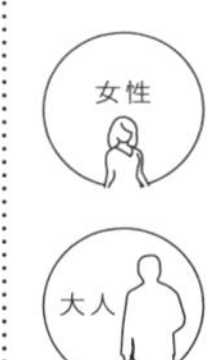

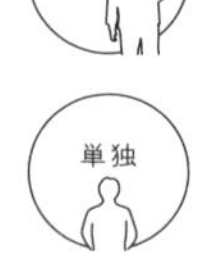

［健康］
休息
炭水化物

［お金］
払う（無形）
もらう
財布を整理

4月18日（金）

「推し」がうまく伝わる

［六曜］大安（たいあん）
［日干支］丁巳（ひのとみ）
［月干支］辛巳（かのとみ）
［年干支］乙巳（きのとみ）
［二十八宿］婁（ろう）
［十二直］除（のぞく）
［暦注下段］母倉日（ぼそうにち）

［陰陽］陽

陰　中庸　陽

［二十四節気］清明（せいめい）
［七十二候］虹始見（にじはじめてあらわる）
［旧暦］2025年3月21日

勧めると新しい気づきが得られる

全体が良くなる「大安」と日干支の「丁巳」が重複することにより、「勧めること」に支援が集まる日となります。自分の体験や認識から「良い」と判定できたものを、人に勧めてみてください。「自分が、なぜ良いと思ったのか」、その具体的な理由や背景を言葉にするだけで、相手にうまく伝わる日です。また、相手の反応から新しい「気づき」を得ることができます。

焦らず、結論を急がない

二十八宿の「婁」の影響により、「結論を急ぎたがる」傾向が強くなります。特に、最初の相手の反応が自分の予想と違うと、すぐに「失敗」だと決めつけたくなる衝動が強くなります。普段よりも落ち着いて行動する意識を忘れないでください。

［人］

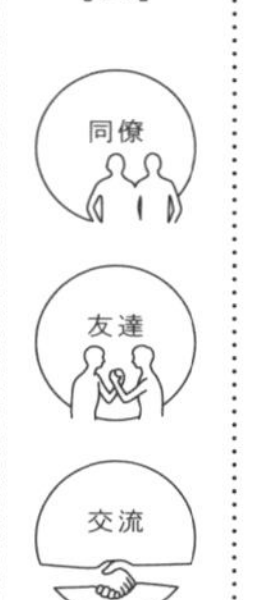

［行動］

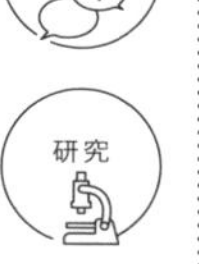

［健康］

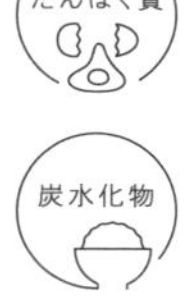

［お金］

4月21日（月）

計画が未来を書き換える

【六曜】友引（ともびき）
【日干支】庚申（かのえさる）
【月干支】辛巳（かのとみ）
【年干支】乙巳（きのとみ）
【二十八宿】畢（ひつ）
【十二直】定（さだん）
【暦注下段】神吉日（かみよしにち）、大明日（だいみょうにち）

【陰陽】陰

【二十四節気】穀雨（こくう）
【七十二候】葭始生（あしはじめてしょうず）
【旧暦】2025年3月24日

得たい結果と目標を明確に、計画を考える

日干支の「庚申」と二十八宿の「畢」が重複することにより、「計画」や「準備」に支援と恩恵が集まる大吉日となります。

これからの「予定」について、「得たい結果」と「目標」を具体的にして、「計画」と「準備」を進行させることを意識してください。「段階」を明確にすることにより、「現実化」への支援が増し、具体的な計画を立てることが可能となります。

決めつけず、可能性を追い求める

十二直の「定」の影響で、「はやとちり」する傾向が強くなります。最初の認識だけで判断することがないよう、意識してください。計画も「これがベスト」と決めつけずに、色々な可能性を検討すると、より良い機運へと上昇していきます。

［人］
同僚
男性
交流

［行動］

［健康］
ダイエット

［お金］
払う（無形）
貯金

4月24日（木）

親切な自分を楽しんで演じる

［六曜］大安（たいあん）
［日干支］癸亥（みずのとい）
［月干支］辛巳（かのとみ）
［年干支］乙巳（きのとみ）
［二十八宿］井（せい）
［十二直］危（あやぶ）
［暦注下段］神吉日（かみよしにち）

［陰陽］陽

陽
中庸
陰

［二十四節気］穀雨（こくう）
［七十二候］葭始生（あしはじめてしょうず）
［旧暦］2025年3月27日

良い気分になれる親切を発信する

全体が良くなる「大安」と二十八宿の「井」が重複することにより、「親切」がキーワードとなる大吉日です。普段は恥ずかしくてできない「親切」に挑戦してみてください。役者になったつもりで演じていると、どんどん上達します。笑顔をキープして、周囲に対して「親切」を発信してみてください。

やめる決断は今日はしない

日干支が「癸亥」となるため、色々なことを「やめたくなる」衝動が強まります。普段よりも続けることに抵抗感が出るため、本来なら「継続」することで価値が生まれることでも、手放したくなる欲求が強まります。今日は「続ける」「やめる」の判断を先送りして、親切を発信することに意識を向けてください。

［人］

［行動］

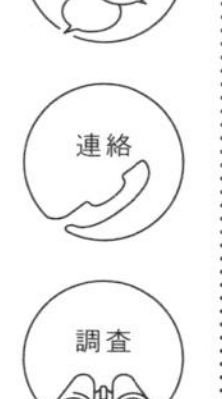

［健康］

運動

たんぱく質

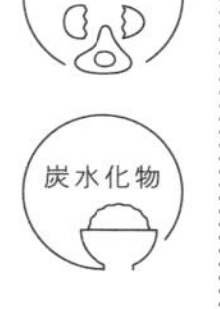

［お金］

払う（無形）

寄付

4月25日(金)

新しい始まりは新しい世界の始まり

［六曜］赤口
［日干支］甲子
［月干支］辛巳
［年干支］乙巳
［二十八宿］鬼
［十二直］成
［暦注下段］甲子、鬼宿日、一粒万倍日、天恩日

［陰陽］陽

中庸
陰
陽

［二十四節気］穀雨
［七十二候］霜止出苗
［旧暦］2025年3月28日

始めることに力強い支援が集まる

最強の宿である「鬼宿日」と60日に一度やってくる、最初の日干支となる「甲子」が重複する大吉日です。今日は「始めること」に力強い支援と「一粒万倍日」の増殖力が集まります。自分で選択したことはもちろん、たまたま始まることにも、良い傾向が強まります。最初は気乗りしなくても、大きな「成果」へと成長していきます。

今日の見送りはもったいない

十二直の「成」の影響で、「見送りたくなる」衝動が強まります。良い機会だと理解しているのに、最初の一歩が重くなる感覚です。今日は明らかに「好機」ですので、「今日の見送りはもったいない」という気持ちをもってみてください。

［人］

［行動］
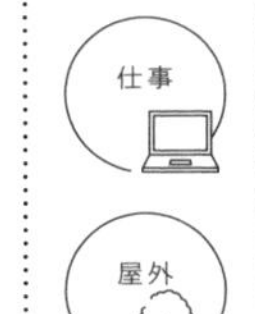

［健康］

［お金］

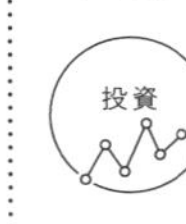

4月

4月30日（水）

笑顔がこの先の楽しみを生む

【六曜】赤口（しゃっこう）
【日干支】己巳（つちのとみ）
【月干支】辛巳（かのとみ）
【年干支】乙巳（きのとみ）
【二十八宿】軫（しん）
【十二直】除（のぞく）
【暦注下段】己巳（つちのとみ）、神吉日（かみよしにち）、大明日（だいみょうにち）、母倉日（ぼそうにち）

【陰陽】陰

陽　中庸　陰

【二十四節気】穀雨（こくう）
【七十二候】牡丹華（ぼたんはなさく）
【旧暦】2025年4月3日

笑顔を弁財天さまに奉納する

弁財天さまのご縁日*である「己巳」と、内側での良い変化を示す善日が重複する大吉日です。今日は自分の笑顔を弁財天さまに奉納する感覚で過ごすと、明日からの5月により楽しくなる変化が発生する日です。今年は曜日の関係で連休が短い方も多いのですが、大切なのは「長さ」ではなく、「濃さ」です。笑顔を意識することで、良い方向へ移行していきます。

難しく考えそうになったら「笑顔」を思い出す

二十八宿の「軫」と十二直の「除」が重複することにより、「難しく考えたくなる」傾向が強くなります。あれこれと悩む傾向が強くなるので、「笑顔」を維持してください。難しく感じられたことがすんなりと理解できる現象が発生します。

【人】同僚　子ども　交流

【行動】準備　検討　屋内

【健康】休息　炭水化物　ビタミン

【お金】買う（有形）　投資　自分へのご褒美

＊神仏と縁のある日。

2025年

5月

【月干支】壬午（みずのえうま）

陽の月干支となり、目に見える領域で「落ち着く」傾向が強い期間となります。

2025年5月の「大吉日」ベスト3

第❶位　5月25日(日)

［注目の古暦］
天赦日（てんしゃにち）、神吉日（かみよしにち）

「応援すること」に強力な支援がやってくる大吉日です。仕事でもプライベートでも、「自分が応援したい対象」を明確にしましょう。それにより、良いエネルギーの流れがより強く、より大きくなっていきます。

第❷位　5月23日(金)

［注目の古暦］
大安（たいあん）、鬼宿日（きしゅくび）、一粒万倍日（いちりゅうまんばいび）、大明日（だいみょうにち）

自分のいる空間を「良い状態」にする。その行動がすべて良い変化へとつながる大吉日です。掃除や整理整頓はもちろんのこと、インテリアの変更によっても良い結果へと導かれます。

第❸位　5月11日(日)

［注目の古暦］
大安（たいあん）、一粒万倍日（いちりゅうまんばいび）、天恩日（てんおんにち）、月徳日（つきとくにち）

「嬉しい偶然」が発生する大吉日です。それを見逃さず、行動を選択することで、より良い展開に恵まれていきます。

5月1日(木)

明るく振る舞うことを楽しむ

【六曜】先勝(せんしょう)
【日干支】庚午(かのえうま)
【月干支】壬午(みずのえうま)
【年干支】乙巳(きのとみ)
【二十八宿】角(かく)
【十二直】満(みつ)
【暦注下段】神吉日(かみよしにち)、大明日(だいみょうにち)、母倉日(ぼそうにち)

【陰陽】陽

陰
中庸
陽

【二十四節気】穀雨(こくう)
【七十二候】牡丹華(ぼたんはなさく)
【旧暦】2025年4月4日

ゲーム感覚で明るい態度を取り入れる

二十八宿の「角」と善日の重複により、「明るい態度」が全体を良くしていく大吉日です。気分は波の動きのように上下しますが、人に接する態度や対応は、自分の選択である程度コントロールすることができます。今日眠りにつく前に、明るい対応をした自分を褒めてあげると、大吉祥日へと昇華します。

休憩も入れつつ、うまく現状を良くしていく

日干支が「庚午」となるため、「意欲」が減少する傾向が強くなります。今日は「新しいことに挑戦」するよりも「現状を良くしていく」という感覚でいると、うまく対応できる1日となります。疲れを感じる前に、時間を決めて休憩を入れると、より効率的に動ける日となります。

［人］

同僚
女性

交流

［行動］
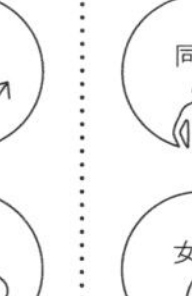
改善

相談
仕事

［健康］
運動
バランスのいい食事
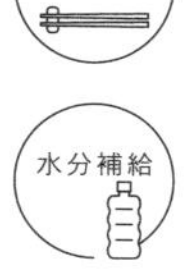
水分補給

［お金］
買う(有形)
もらう

自分へのご褒美

5月8日(木)

自分から話しかけて、ご縁を拡げる

【六　曜】友引（ともびき）
【日干支】丁丑（ひのとうし）
【月干支】壬午（みずのえうま）
【年干支】乙巳（きのとみ）
【二十八宿】斗（と）
【十二直】成（なる）
【暦注下段】神吉日（かみよしにち）、大明日（だいみょうにち）

【陰陽】陽

【二十四節気】立夏（りっか）
【七十二候】蛙始鳴（かわずはじめてなく）
【旧暦】2025年4月11日

5月

「新しい知り合い」を増やす行動を選ぶ

人間関係が自然と良くなる「友引」と二十八宿の「斗」が重複することにより、「新しいご縁」を拡げる感覚でいると、良い支援が集まる大吉日です。今日は、いつもよりも少しだけ「新しい知り合い」を増やすような行動を選択してみてください。同じ会社でも会話したことがない人や、普段関わりが少ない人も対象です。自分から話しかけることを心がけてみてください。

迷いを感じたら一旦別のことをする

日干支が「丁丑」となるため、「色々な迷い」が生じやすい傾向が強まります。普段は「即断即決」の人でも、「迷い」を感じたら、別のことを検討したり、別の作業に取り組んでみたりしてください。自然と迷いが解消されます。

［人］
大人
交流
多人数

［行動］
相談
連絡
調査

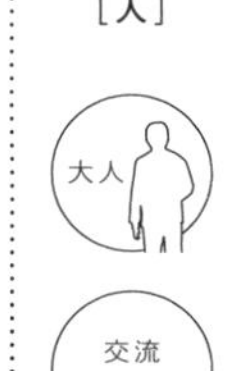

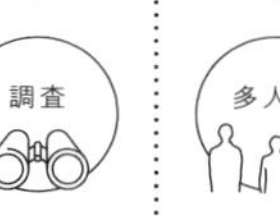

［健康］
運動
炭水化物
ミネラル

［お金］
払う（無形）
投資
寄付

5月11日（日）

偶然に感謝すると嬉しい偶然がやってくる

【六曜】大安
【日干支】庚辰
【月干支】壬午
【年干支】乙巳
【二十八宿】虚
【十二直】閉
【暦注下段】一粒万倍日、天恩日、月徳日

【陰陽】陰

陽
中庸
陰

【二十四節気】立夏
【七十二候】蚯蚓出
【旧暦】2025年4月14日

嬉しい偶然に恵まれる

全体が良くなる「大安」と日干支の「庚辰」が重複するため、「嬉しい偶然」が発生する大吉日となります。今日は「偶然」という現象について、意識を向けてみてください。この本の、この文章を読んでいるのも「意味のある偶然」なのです。今日は「偶然に感謝する」ことができると大吉祥日へと昇華します。

中立・公平を意識して、負ばかり見ない

二十八宿の「虚」の影響により、「負の側面」に注目してしまう傾向が強まる日です。すべての物事は「正」と「負」の両面を持ち合わせています。そのどちらで解釈するかにより、「善悪」や「成否」を判断しているのです。「中立」と「公平」の感覚をもつことにより、偏りを修正することができます。

［人］
友達
恋人
家族

［行動］
検討
調査
研究

［健康］
休息
たんぱく質
炭水化物

［お金］
買う（有形）
もらう
投資

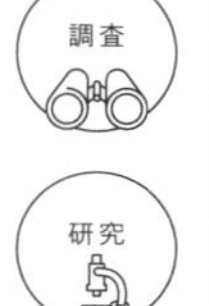
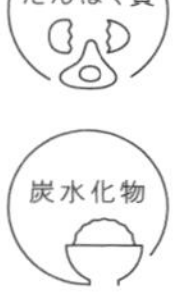

5月13日（火）

【六　曜】先勝
【日干支】壬午
【月干支】壬午
【年干支】乙巳
【二十八宿】室
【十二直】除
【暦注下段】神吉日、大明日、天恩日

落ち着きを取り戻す

【陰陽】陰

陽
中庸
陰

【二十四節気】立夏
【七十二候】蚯蚓出
【旧暦】2025年4月16日

落ち着くと良い機運と同調する

日干支と月干支が「壬午」となり、内面での良い変化を示す善日が重複する大吉日です。今日は「落ち着くこと」で全体の良い機運と同調し、良い方向へと導かれる日です。周囲の喧騒に同調することなく、自分の「内側」を落ち着かせましょう。今日は「雰囲気」だけで、評価が上がりますので、普段よりも「落ち着くこと」を楽しんでみてください。

忙しさに惑わされない

二十八宿の「室」と十二直の「除」が重複することにより、「慌ただしくなる」傾向が強くなります。対応することが増えてもそれに慌てることなく、順番に片づける感覚を維持できれば、自然と「落ち着いた状態」へと誘導されていきます。

［人］
同僚
大人
単独

［行動］
準備
検討
屋内

［健康］
休息
炭水化物
脂質

［お金］
貯金
投資
寄付

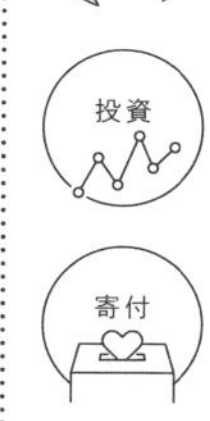

5月14日（水）

知識の吸収が新しい道をつくる

［六　曜］友引（ともびき）
［日干支］癸未（みずのとひつじ）
［月干支］壬午（みずのえうま）
［年干支］乙巳（きのとみ）
［二十八宿］壁（へき）
［十二直］満（みつ）
［暦注下段］天恩日（てんおんにち）

［陰陽］陰

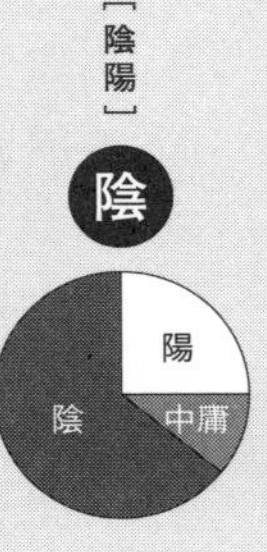

［二十四節気］立夏（りっか）
［七十二候］蚯蚓出（みみずいずる）
［旧暦］2025年4月17日

2025年

先人の試行錯誤からヒントを得る

関係性が良くなる「友引」に、日干支の「癸未」が重複することにより、「学び」や「知識の吸収」に支援と恩恵がつく大吉日となります。良い学びとは、先人が試行錯誤した結果を知り、自分の選択を決めること。先人たちの「悩み」も、私たちとそれほど変わりません。解決方法は、先人が検討してくれているのです。その経験と知識を分けてもらいましょう。

今日の学びは面白さを重視する

二十八宿の「壁」の影響で、「難しいことを避けたい」衝動が強まる日です。「難しい」と感じたら、別の内容を検討して、理解が進む感覚がある内容を選択してください。学びが「面白い」と感じられるものがあれば、それがベストです。

［人］

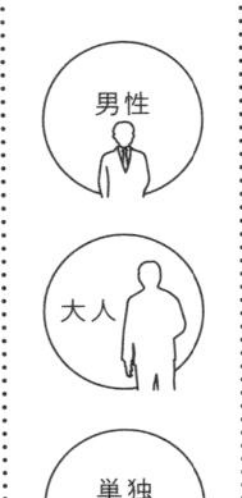

［行動］

［健康］

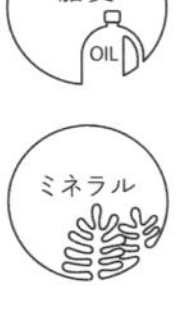

［お金］

5月23日（金）

自分がいる空間を良くする

［六　曜］大安（たいあん）
［日干支］壬辰（みずのえたつ）
［月干支］壬午（みずのえうま）
［年干支］乙巳（きのとみ）
［二十八宿］鬼（き）
［十二直］閉（とづ）
［暦注下段］鬼宿日（きしゅくび）、一粒万倍日（いちりゅうまんばいび）、大明日（だいみょうにち）

［陰陽］陽

陰　中庸　陽

［二十四節気］小満（しょうまん）
［七十二候］蚕起食桑（かいこおきてくわをはむ）
［旧暦］2025年4月26日

気持ちのいい状態がたくさんの恩恵に

全体が良くなる「大安」に最強の宿「鬼宿日」が重複し、善日の良い側面が増殖する「一粒万倍日」の効果も発生する大吉日です。日干支の「壬辰」の影響により、自分のいる空間を「気持ちのいい状態」にすることで、多くの恩恵が得られます。自分の部屋だけでなく、玄関、仕事場、自分の机の上など、普段目にする空間を「良くする」選択をしてください。

こだわりはほどほどに

十二直の「閉」の影響により、「もっと、もっと」という感覚が強くなり、適正な状態を超えてしまう傾向が強くなります。こだわることは大切ですが、それも度が過ぎると、弊害があります。自分なりの「適度な状態」を意識してみてください。

［人］
家族
女性
大人

［行動］

検討
整理
屋内

［健康］
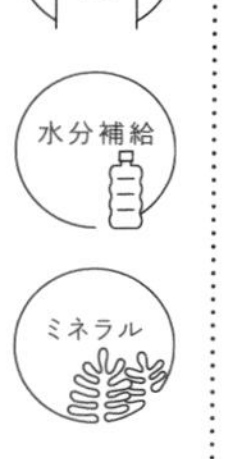
ダイエット
水分補給
ミネラル

［お金］
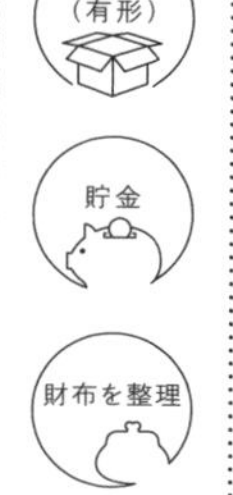
買う（有形）
貯金
財布を整理

5月25日（日）

応援することで、最高の福が舞い込む

【六曜】先勝（せんしょう）
【日干支】甲午（きのえうま）
【月干支】壬午（みずのえうま）
【年干支】乙巳（きのとみ）
【二十八宿】星（せい）
【十二直】除（のぞく）
【暦注下段】天赦日（てんしゃにち）、神吉日（かみよしにち）

【陰陽】陽

陽
中庸
陰

【二十四節気】小満（しょうまん）
【七十二候】蚕起食桑（かいこおきてくわをはむ）
【旧暦】2025年4月28日

応援は強力なゲン担ぎ

最強の善日である「天赦日」と日干支の「甲午」が重複することにより、「応援すること」に強い支援と恩恵が集まる、大吉日となります。今日は「自分が応援したいもの」を明確にして、応援してください。対象のジャンルは限定しません。「応援」は「自分の全体が向上する」強力な「ゲン担ぎ」でもあるのです。誰かと一緒に応援することも有効です。

細かいことは気にしない

二十八宿の「星」と十二直の「除」の影響により、些細な間違いや不具合に意識が向いてしまう傾向が強まります。せっかくのレアな大吉日ですので、寛容さと寛大さを発揮して、「細かいことは気にしない」という姿勢を選択してみてください。

【人】
友達
恋人
家族

【行動】

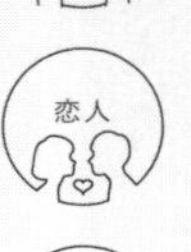

【健康】
運動
休息
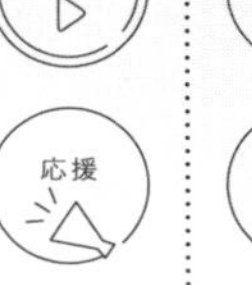
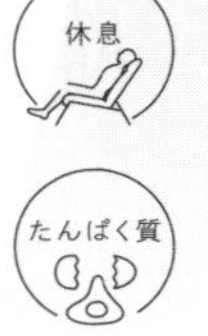

【お金】
買う（有形）
払う（無形）

5月26日（月）

喜びの輪を広げてくれる仲間を増やす

【六曜】友引
【日干支】乙未
【月干支】壬午
【年干支】乙巳
【二十八宿】張
【十二直】満
【暦注下段】大明日

【陰陽】陽

陽
陰
中庸

【二十四節気】小満
【七十二候】紅花栄
【旧暦】2025年4月29日

仲間を巻き込んで応援する

人間関係が良くなる「友引」と二十八宿の「張」、十二直の「満」が重複することにより、「仲間を増やす」という意識が、より良い結果へと導かれる大吉日となります。昨日の「応援」の機運も引き続き強いので、「同じ対象を応援する仲間を増やす」という行動により、より力強い大吉祥日へと昇華します。

臆病になりそうになったら勇気を支持する

日干支が「乙未」となるため、「臆病になる」傾向が強くなります。行動を起こす前から、色々な心配を巡らせたり、それを理由に行動しなかったりすることが「臆病」という状態です。消極的な気分が強まったら、明るい場所に移動して深呼吸して、自分のなかに湧いてくる「勇気」を支持しましょう。

［人］

［行動］

応援
屋外
連絡

［健康］

運動

［お金］

買う（有形）
払う（無形）
他人へのプレゼント

5月27日（火）

【六　曜】大安（たいあん）
【日干支】丙申（ひのえさる）
【月干支】壬午（みずのえうま）
【年干支】乙巳（きのとみ）
【二十八宿】翼（よく）
【十二直】平（たいら）
【暦注下段】神吉日（かみよしにち）

目の前の「やるべきこと」を淡々と片づける

【陰陽】陽

陰
中庸
陽

【二十四節気】小満（しょうまん）
【七十二候】紅花栄（べにばなさかう）
【旧暦】2025年5月1日

書類や手続きは今日取り組む

全体が良い機運となる「大安」と二十八宿の「翼」が重複することにより、「作業をすること」に良い支援と恩恵が集まる大吉日です。今日は新しいことを創造するよりも、既存のタスクや用事を「片づけていく」感覚が、より良い機運へと同調する選択となります。特に「書類系」や「手続き系」の作業がうまくいく傾向が強まります。

熱中しすぎに注意

日干支が「丙申」となるため「熱中しすぎる」という傾向が強くなります。集中して取り組むことは大切ですが、それも度を越すと、色々な弊害が生まれるのです。バランスを意識しながら、上手に休憩や他の時間を取り入れてみてください。

［人］
同僚
男性
単独

［行動］
スタート

手続き

［健康］
ダイエット
水分補給
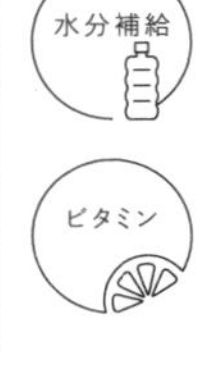

［お金］
貯金
投資
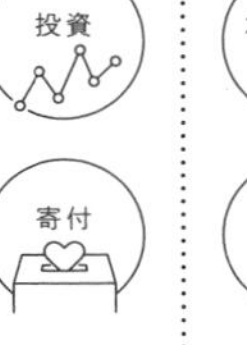

5月30日（金）

「あの人」の想いを大切にする

［六　　曜］友引（ともびき）
［日 干 支］己亥（つちのとい）
［月 干 支］壬午（みずのえうま）
［年 干 支］乙巳（きのとみ）
［二十八宿］亢（こう）
［十 二 直］破（やぶる）
［暦注下段］神吉日（かみよしにち）

［陰陽］陰

陽　中庸　陰

［二十四節気］小満（しょうまん）
［七十二候］紅花栄（べにばなさかう）
［旧暦］2025年5月4日

他人の想いを推測する

関係性が良くなる「友引」と日干支の「己亥」が重複することにより、「他人の想いを検討すること」に大きな恩恵が生まれる大吉日です。今日は、時間をとって「他人がどのような想いを抱いているのか」を検討してみてください。もちろん「正解」はありませんので、普段の言動や態度から、それらを推測するだけで構いません。

身近な人ほど大切に

二十八宿の「亢」と十二直の「破」が重複することにより、「乱暴な態度」が強く出てしまう傾向が強まります。特に身近な人に「これくらいなら、大丈夫だろう」という感覚で接し、傷つけてしまう言葉や対応が出てしまいます。今日は身近な人ほど大切に対応してください。

［人］
友達
恋人
家族

［行動］
準備
検討
屋内

［健康］

［お金］

5月

2025年 6月

【月干支】
癸未

陰の月干支となり、目に見えない領域で「吸収する」傾向が強い期間となります。

2025年6月の「大吉日」ベスト3

第❶位　6月30日(月)

［注目の古暦］
夏越の大祓、大安、一粒万倍日、神吉日、大明日

半年分の穢れを祓う「大祓」と、強い暦が重複する大吉日となりました。家や職場、学校の「掃除」がいつもよりも多くの「効果」をもたらしてくれます。

第❷位　6月20日(金)

［注目の古暦］
大安、鬼宿日、神吉日、大明日

「実験と検証」に強い支援が現れる大吉日です。授業や研究でなくても、「実験」と「検証」は有効なのです。予測と結果との差を確認した瞬間から、良い変化は始まっています。

第❸位　6月5日(木)

［注目の古暦］
友引、一粒万倍日、神吉日、大明日

「友達の輪」を拡げることに、さまざまな支援がつく大吉日です。「良いご縁」を万倍化する絶好のチャンスですので、実践しましょう。

6月2日（月）

収入だけでなく、ひらめきにも期待する

［六曜］大安（たいあん）
［日干支］壬寅（みずのえとら）
［月干支］癸未（みずのとひつじ）
［年干支］乙巳（きのとみ）
［二十八宿］心（しん）
［十二直］納（おさん）
［暦注下段］大明日（だいみょうにち）、母倉日（ぼそうにち）

［陰陽］陽

陰
中庸
陽

［二十四節気］小満（しょうまん）
［七十二候］麦秋至（むぎのときいたる）
［旧暦］2025年5月7日

経験よりも直感を大切に

全体が良い状態となる「大安」と、嬉しいことが増加する傾向となる日干支「壬寅」が重複する大吉日です。金運で有名な「寅の日*」ですが、今日は「収入」だけでなく、良い機会や良い「ひらめき」も増加する傾向となります。特に「仕事」の領域では、良いタイミングが自然と感知できるので、大吉日の恩恵を確認してみてください。

大きな勝負事は避ける

二十八宿の「心」の影響により、「投資」や「賭け事」に関しては迷いが生じ、良い結果が得難い傾向が強まります。「寅の日」なので勝負したくなるのですが、今日のところは少し抑制をして大きな勝負事を避けた方が、より良い結果と着実な増収へとつながります。

［人］
同僚
男性
単独

［行動］
計画
仕事
研究

［健康］
ダイエット
ビタミン
ミネラル

［お金］
買う（有形）
払う（無形）
もらう

*「千里を駆け、千里を戻る」という虎の故事からお金や投資に良い日とされる。

6月4日（水）

気分を優先して元気を取り戻す

［六　曜］先勝（せんしょう）
［日干支］甲辰（きのえたつ）
［月干支］癸未（みずのとひつじ）
［年干支］乙巳（きのとみ）
［二十八宿］箕（き）
［十二直］閉（とづ）
［暦注下段］一粒万倍日（いちりゅうまんばいび）、大明日（だいみょうにち）

［陰陽］陰

陽　中庸　陰

［二十四節気］小満（しょうまん）
［七十二候］麦秋至（むぎのときいたる）
［旧暦］2025年5月9日

今日の気づきがこれからを支えてくれる

日干支が「甲辰」となり、目に見えない領域での「準備」が有効な大吉日となります。今日は自分の内面にある「想い」や「気分」を、これからのために「準備する」という感覚をもってみてください。そこから得られた「気づき」が「一粒万倍日」に増殖させたい「良いタネ」となり、これからの行動を支えてくれる力へと変換されていきます。

自分を否定しないで前を向く

十二直の「閉」の影響により、「自己否定」の気持ちが強くなってしまう傾向となります。適度な「反省」は有効ですが、自分のことを「否定」することは、なんの利益ももたらしません。失敗はこの世界に生きる限り必ずあることなのです。

［人］
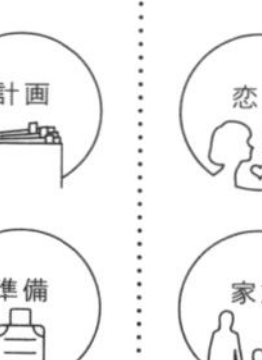

［行動］

［健康］

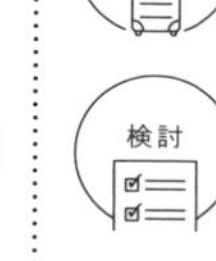

［お金］
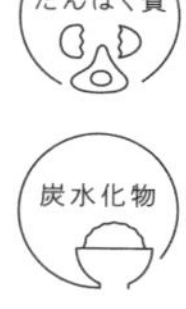

6月5日（木）

連絡で良いご縁のタネをまく

［六曜］友引（ともびき）
［日干支］乙巳（きのとみ）
［月干支］癸未（みずのとひつじ）
［年干支］乙巳（きのとみ）
［二十八宿］斗（と）
［十二直］閉（とづ）
［暦注下段］一粒万倍日（いちりゅうまんばいび）、神吉日（かみよしにち）、大明日（だいみょうにち）

［陰陽］陽

陰
中庸
陽

［二十四節気］芒種（ぼうしゅ）
［七十二候］螳螂生（かまきりしょうず）
［旧暦］２０２５年5月10日

友達の友達とも、友達になる

人間関係が良くなる「友引」と年干支、日干支の「乙巳」が重複することにより、良いご縁が連鎖的につながっていく大吉日となります。今日は「友達の友達とも、友達になる」という意向をもって、色々な連絡や機会を検討してみてください。直接会ったり、集まったりするのは、今日以降でオッケーです。「良いご縁のタネ」を「一粒万倍日」の影響で増殖させてください。

いつもより少しだけ「楽観的」に

二十八宿の「斗」の影響で、「慎重になりすぎる」傾向が強い日となります。普段なら気にしていないことにも注意を向けてしまい、気苦労が多くなってしまいます。今日はいつもより少しだけ「楽観的」になることを選択してください。

［人］
友達
交流

多人数

［行動］
計画
準備
連絡

［健康］
運動

たんぱく質

炭水化物

［お金］
払う（無形）
投資
寄付

6月

6月8日（日）

いつもより自分を喜ばせることを選択する

【六曜】大安
【日干支】戊申
【月干支】癸未
【年干支】乙巳
【二十八宿】虚
【十二直】満
【暦注下段】神吉日

【陰陽】陽

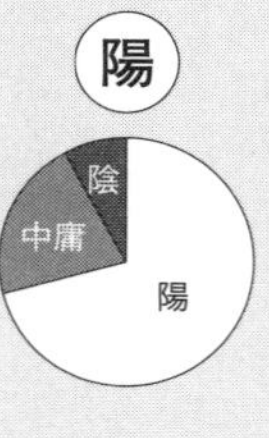

【二十四節気】芒種
【七十二候】蟷螂生
【旧暦】2025年5月13日

喜びのためのご褒美の日

全体が良くなる「大安」と二十八宿の「虚」、十二直の「満」が重複することにより、「自分を喜ばせる」ことで、多くの支援と恩恵が受けられる大吉日となります。今日はいつもよりも少しだけ「自己中心的」になってください。自分優先の選択をしてみてください。自分で自分を褒めてあげて、嬉しいご褒美や美味しいランチを楽しむなどの行動を選んでみましょう。

遠慮はいらない

日干支が「戊申」となるため、「遠慮したくなる」傾向が強くなります。行動を起こす前に、先回りして自分で否定してあきらめてしまうような気持ちが芽生えやすいのです。まずは「試してみる」という感覚で、行動しましょう。

【人】

【行動】

【健康】
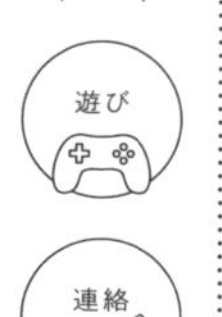

【お金】

6月11日（水）

思いやりが良い言葉のエネルギーを連れてくる

［六　　曜］友引
［日 干 支］辛亥
［月 干 支］癸未
［年 干 支］乙巳
［二十八宿］壁
［十 二 直］執
［暦注下段］神吉日、大明日、天恩日

［陰陽］陰

陽
中庸
陰

［二十四節気］芒種
［七十二候］腐草為螢
［旧暦］2025年5月16日

優しい言葉をプレゼントする

関係性が良くなる「友引」と、内面での良い変化を示す善日が複数重複する大吉日となります。今日のキーワードは「思いやり」です。周囲の人の状況や想いが、いつもよりもしっかり把握できるので、それに沿って「優しい言葉」をプレゼントしてください。あなたが発する「良い言葉のエネルギー」が、深いところで良い変化を誘発します。

他人との無意味な比較をしない

二十八宿の「壁」と十二直の「執」の影響から、「比べたくなる衝動」が強まる日です。放置すると他人と比較して「自分との優劣」という情報を探そうとしてしまうので、注意が必要です。無意味な比較をしないことを意識してください。

［人］
同僚
家族
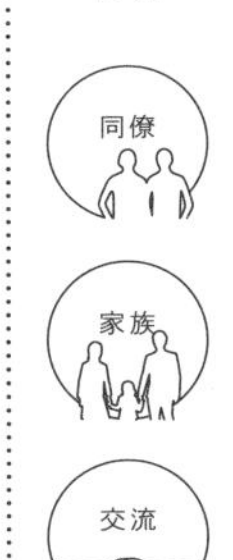
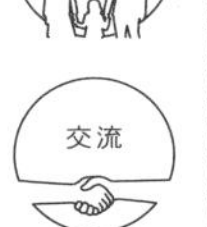

［行動］
準備
相談
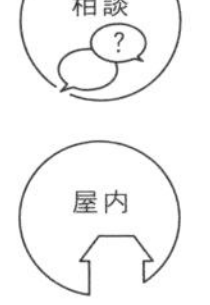

［健康］
休息
ビタミン

［お金］
払う（無形）
貯金

6月14日（土）

変化に気づいて、良い発見に恵まれる

［六曜］大安
［日干支］甲寅
［月干支］癸未
［年干支］乙巳
［二十八宿］胃
［十二直］成
［暦注下段］母倉日

［陰陽］陽

陰　中庸　陽

［二十四節気］芒種
［七十二候］腐草為螢
［旧暦］2025年5月19日

景色や人、状況などの変化を観察する

全体が良い機運となる「大安」と日干支の「甲寅」が重複することにより、「目に見える変化がしっかり確認できる」大吉日となります。今日は周囲の景色や、出会う人の表情、状況の変化などを「観察」してください。変化を把握する意識をもつと、より良い発見につながります。変化を把握して理解することは、自分の「より良い選択」へとつながるのです。

自分の基準を過信しない

二十八宿の「胃」と十二直の「成」が重複することで、「独善的」な傾向が強まります。「決めつけ」が強くなってしまうと、自分を縛る規制となってしまいます。他人の認識や行動も認めたうえで、自分の基準と照合する意識をもってください。

［人］

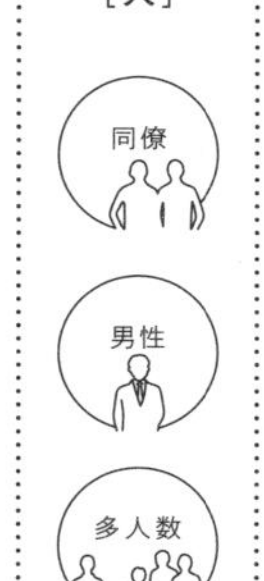

［行動］

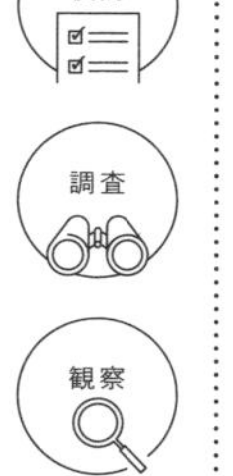

［健康］

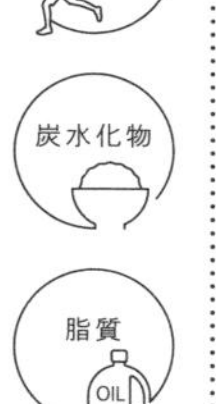

［お金］

6月20日（金）

実験と検証、普段とは違う選択が良い機運を引き寄せる

【六曜】大安（たいあん）
【日干支】庚申（かのえさる）
【月干支】癸未（みずのとひつじ）
【年干支】乙巳（きのとみ）
【二十八宿】鬼（き）
【十二直】満（みつ）
【暦注下段】鬼宿日（きしゅくび）、神吉日（かみよしにち）、大明日（だいみょうにち）

【陰陽】陽

陰 / 中庸 / 陽

【二十四節気】芒種（ぼうしゅ）
【七十二候】梅子黄（うめのみきばむ）
【旧暦】2025年5月25日

些細なことでも実験と検証をしてみる

全体が良くなる「大安」と最高の宿となる「鬼宿日」が重複する大吉日です。今日は「実験と検証」が、より多くの成果をもたらしてくれる日となります。予測に対して仮説を立てて実行するのが「実験」で、その結果と予想との差を確認するのが「検証」です。普段とは「違う行動」が良い機運を引き寄せるので、意識してください。

意図的に気にしない意識をもつ

日干支が「庚申」となるため、「過剰な反応」が起きやすい傾向が強まる日です。いつもなら気にならないようなことに意識や注意が向いてしまうので、意図的に「気にしない」という意識をもって過ごしてみてください。

［人］

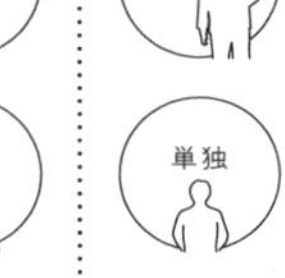

［行動］

検討
確認
研究

［健康］

ダイエット
ビタミン
ミネラル

［お金］

6月23日（月）

少しだけ待ってみると、良い方向へ導かれる

［六　曜］友引（ともびき）
［日干支］癸亥（みずのとい）
［月干支］癸未（みずのとひつじ）
［年干支］乙巳（きのとみ）
［二十八宿］張（ちょう）
［十二直］執（とる）
［暦注下段］神吉日（かみよしにち）

［陰陽］陰

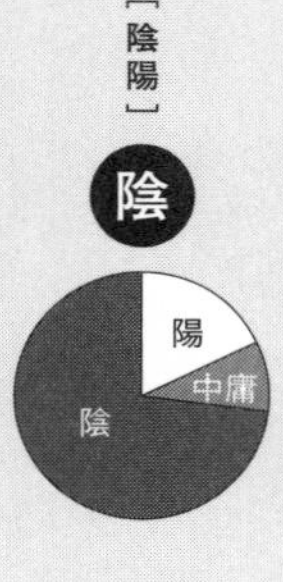

［二十四節気］夏至（げし）
［七十二候］乃東枯（なつかれくさかるる）
［旧暦］2025年5月28日

心まで休ませる感覚で少し待ってみる

関係性が良くなる「友引」と日干支の「癸亥」の重複により、「少し待つ」という選択が良い効果を生み、良い方向への起点となる日です。「変化」や「行動」のタイミングとなることだけが、大吉日の傾向ではありません。今日は、「様子を見る」「少しだけ、止まってみる」という意識が、全体の良い側面の活用へとつながる日です。短時間で良いので休憩もとってみてください。

他人と対抗せず、自分の幸せを優先する

十二直が「執」となるため、「対抗心」が強まる傾向に注意が必要です。過度なライバル意識は成長を妨げます。他人に「対抗」するのではなく、自分の幸せを優先する選択を心がけてください。

［人］
家族
大人
単独

［行動］
計画
調査
研究

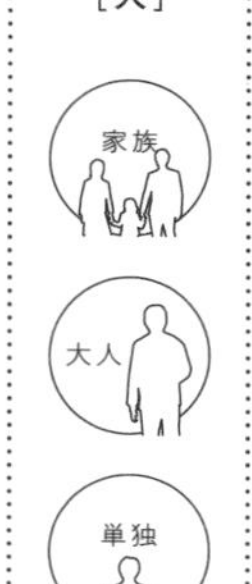

［健康］
休息
たんぱく質
炭水化物

［お金］
貯金
寄付
財布を整理

6月26日（木）

特別じゃない日のプレゼント

【六　曜】先勝
【日干支】丙寅
【月干支】癸未
【年干支】乙巳
【二十八宿】角
【十二直】成
【暦注下段】母倉日、天恩日、月徳日

【陰陽】陽

陽
中庸
陰

【二十四節気】夏至
【七十二候】菖蒲華
【旧暦】2025年6月2日

相手が喜ぶプレゼントが大吉

日干支の「丙寅」と複数の善日が重複する大吉日です。今日は「プレゼント」に多くの恩恵が集まり、嬉しい結果をもたらしてくれます。誕生日や記念日でなくても、「相手を喜ばせる贈り物」を検討してみてください。「もの」だけではなく「体験」や「時間」なども、喜ばれるプレゼントとなります。

過ぎたことに意味をつけすぎない

二十八宿の「角」の影響により、「過去の記憶にとらわれる」傾向が強くなります。思い出したくないことが不意に蘇ってしまうのは、自己防衛本能です。そこで悔やむのは時間の無駄であり、意欲が低下する原因に。「過ぎたこと」に意味をつけすぎないように気をつけてください。

［人］
友達
恋人
家族

［行動］
準備
検討
相談

［健康］
運動
炭水化物
脂質

［お金］
買う（有形）
寄付
他人へのプレゼント

6月30日（月）

「お祓い」に同調する

［六　曜］大安
［日干支］庚午
［月干支］癸未
［年干支］乙巳
［二十八宿］心
［十二直］建
［暦注下段］夏越の大祓、一粒万倍日、神吉日、大明日

［陰陽］陽

陰
中庸
陽

［二十四節気］夏至
［七十二候］菖蒲華
［旧暦］2025年6月6日

いつもよりも「より一層、きれいにする」

全体が良い機運となる「大安」と十二直の「建」、全国でお祓いのお祭りが行われる「夏越の大祓*」が重複するため、掃除、整理整頓、不要なものを捨てることで、多くの支援と良い変化を迎えるための準備となる日です。「より一層、きれいにする」という感覚で、掃除をしてください。特に「水回り」と「玄関」は必須です。全国の神社と同調して、スッキリしましょう。

掃除に集中する

十二直の「建」の影響で、なかなか掃除に集中できない状態となりそうです。忙しさを理由に貴重な「お祓いの好機」を逃してしまうのは、もったいないです。寝る前までに「しっかりとした掃除」を実践してください。

［人］
家族
女性
多人数

［行動］
掃除
整理
準備

［健康］
ダイエット
水分補給
ミネラル

［お金］
払う（無形）
寄付
財布を整理

＊お正月からの半年間に溜まった穢れを全国一斉にお祓いする神事。

2025年

7月

【月干支】

甲申（きのえさる）

陽の月干支となり、目に見える領域で「区別する」傾向が強い期間となります。

2025年7月の「大吉日」ベスト3

第❶位　7月24日(木)

［注目の古暦］
大安、天赦日、一粒万倍日、神吉日、母倉日、月徳日

2025年最上位の大吉日です。「自分優先」を意識するだけで、全体が良い方向へと導かれます。堂々と、この強力なタイミングを活用してください。

第❷位　7月12日(土)

［注目の古暦］
大安、一粒万倍日、神吉日、大明日、母倉日、天恩日

「楽しむ」という選択が、すべて良い変化へとつながる大吉日です。この日にしっかり楽しむことができれば、この夏全体に良い影響が続きます。

第❸位　7月18日(金)

［注目の古暦］
大安、鬼宿日、神吉日

「自分を育てる」という感覚が、良い成果へとつながる大吉日です。この日単体ではなく、その後の展開も変化するタイミングですので、習い事やトレーニングに取り組んでみてください。

7月3日（木）

未体験への挑戦が生きることを押し上げてくれる

［六　曜］友引
［日干支］癸酉
［月干支］甲申
［年干支］乙巳
［二十八宿］斗
［十二直］平
［暦注下段］神吉日、大明日

［陰陽］陽

陰
中庸
陽

［二十四節気］夏至
［七十二候］半夏生
［旧暦］２０２５年６月９日

積極的に新しい経験に取り組む

７月最初の大吉日は、人間関係が良くなる「友引」と日干支の「癸酉」、二十八宿の「斗」が重複することにより、「新しい環境」が嬉しい結果へとつながる傾向となります。今日は仕事や勉強に限らず、今まで知らなかった場所や体験したことがないことへの挑戦などを選択してみてください。この後の２０２５年全体の機運を押し上げてくれる作用へとつながっていきます。

楽しさを想像して、変化の壁を乗り越える

十二直の「平」の影響により、「変化を避ける」傾向が強くなります。現状の良い点を認めつつ、新しいことの「楽しさ」や「嬉しさ」を想像することで、抵抗感を乗り越えて行動できるのです。

［人］
男性
交流
多人数

［行動］
スタート
START
挑戦
調査

［健康］
運動
ビタミン
ミネラル

［お金］

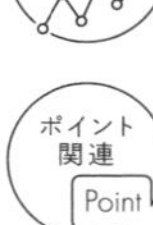

7月6日（日）

いつもより「少しだけ良くする」を目指す

［六　曜］大安（たいあん）
［日干支］丙子（ひのえね）
［月干支］甲申（きのえさる）
［年干支］乙巳（きのとみ）
［二十八宿］虚（きょ）
［十二直］破（やぶる）
［暦注下段］月徳日（つきとくにち）

［陰陽］陰

陽　中庸　陰

［二十四節気］夏至（げし）
［七十二候］半夏生（はんげしょうず）
［旧暦］2025年6月12日

バランスをとりながら「少しプラス」に

全体が良い機運となる「大安」と日干支の「丙子」が重複することにより、いつもよりも「少しだけプラスする」という感覚が、大きな成果となって現れる大吉日です。日常や仕事で、「少しだけ良くする」という感覚で行動してください。周囲の評価が自分の想像を超えて上がるだけでなく、後から楽しくなる変化がやってきます。

新しいことより、いつものこと

二十八宿の「虚」と十二直の「破」が重複することにより、「いつもとは違うこと」を試してみたくなる傾向が強まります。今日は「新しいこと」より「いつものこと」を良くすることに支援が集まりますので、色々と試すタイミングではないことを意識してみてください。

［人］

［行動］

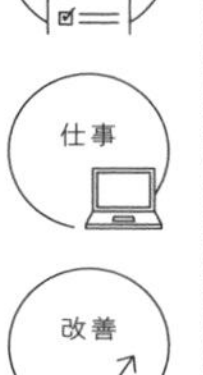

［健康］

［お金］

7月9日（水）

お互いに褒めるだけで全体が良くなる

［六　曜］友引（ともびき）
［日干支］己卯（つちのとう）
［月干支］甲申（きのえさる）
［年干支］乙巳（きのとみ）
［二十八宿］壁（へき）
［十二直］成（なる）
［暦注下段］神吉日（かみよしにち）、大明日（だいみょうにち）、天恩日（てんおんにち）

［陰陽］陽

陰　中庸　陽

［二十四節気］小暑（しょうしょ）
［七十二候］温風至（あつかぜいたる）
［旧暦］2025年6月15日

身近な人を褒めまくってみる

人間関係が良くなる「友引」と十二直の「成」が重複することにより、「いつもよりも、褒める」ことを意識して実践していくと、良縁が拡がり、さまざまな嬉しい結果へと導かれる大吉日です。今日は「家族」や「友達」といった身近な存在を些細なことでいいので「褒めまくって」ください。みんなでこのゲン担ぎに取り組めれば、大吉祥日へと昇華します。

反射的に思いつく言葉で褒めてみよう

日干支の「己卯」の影響により、「良い言葉や良い表現が浮かばない」という現象が発生します。褒めることが最優先なので、「すごい」「さすが」などの、簡単な言葉でも伝えるようにしてください。反応が確認できれば、適切な表現が浮かびます。

［人］
同僚
友達
家族

［行動］

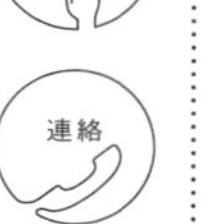

［健康］
ダイエット
ビタミン
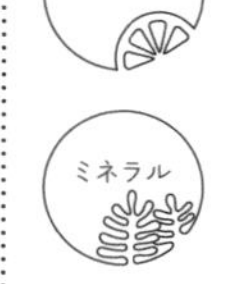

［お金］

7月12日（土）

楽しんでいると、嬉しい現象の連鎖が始まる

【六曜】大安
【日干支】壬午
【月干支】甲申
【年干支】乙巳
【二十八宿】胃
【十二直】閉
【暦注下段】一粒万倍日、神吉日、大明日、母倉日、天恩日

【陰陽】陽

陰
中庸
陽

【二十四節気】小暑
【七十二候】蓮始開
【旧暦】2025年6月18日

身近な人と、とにかく「楽しむ」

全体が良い機運となる「大安」を筆頭に、多くの善日が重複する大吉日です。今日はシンプルに「楽しむ」ことを選択の基準とすると、嬉しい現象が連鎖的に起きるだけでなく、「一粒万倍日」の影響で、この後の全体へも良い影響となって増殖してくれる日です。特に、家族や身近な人と「楽しい時間」を過ごしてください。

うまくいかなくても前向きに楽しむ

十二直の「閉」の影響により、ちょっとした挫折を大げさに捉えて、せっかくの大吉日を無為に過ごしてしまう危険性が高まります。今日は、「前向きに楽しむ」という姿勢を常に忘れないで過ごしてください。

［人］
友達
恋人
家族

［行動］
遊び
実行
屋外

［健康］
運動
バランスのいい食事
水分補給

［お金］
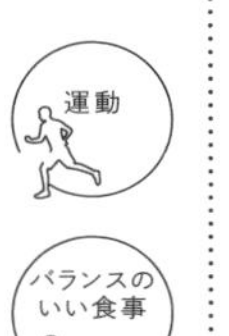

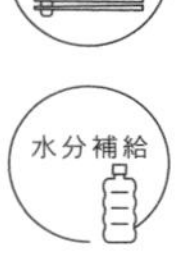
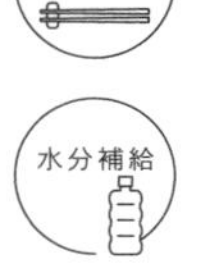

7月

7月14日（月）

下半期の計画を練ると最適へ導かれる

【六曜】先勝（せんしょう）
【日干支】甲申（きのえさる）
【月干支】甲申（きのえさる）
【年干支】乙巳（きのとみ）
【二十八宿】畢（ひつ）
【十二直】除（のぞく）
【暦注下段】神吉日（かみよしにち）、大明日（だいみょうにち）、月徳日（つきとくにち）

【陰陽】陰

陽
中庸
陰

【二十四節気】小暑（しょうしょ）
【七十二候】蓮始開（はすはじめてひらく）
【旧暦】2025年6月20日

ヒト・モノ・カネで計画を練る

二十八宿の「畢」と複数の善日が重複するため、「計画」や「スケジュールを組む」ことに、多くの支援と恩恵が集まる大吉日です。今日は2025年下半期全体の計画を検討するのに最適な日です。まだ「未定」なことも含めて、仕事もプライベートも計画を練ってください。計画の「ヒト・モノ・カネ」も検討していくと、適正な状態へと導かれていきます。

誤解があっても今日は解消しようとしない

月干支と日干支が「甲申」で重複するため、「分断」の傾向が強くなる日です。良好な関係やつながりであっても些細な誤解や行き違いが発生しやすいので、今日は余計な言葉や誤解を招く行為に注意してください。

［人］
同僚

大人
単独

［行動］
計画
準備

検討
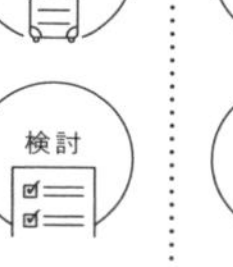

［健康］
休息
たんぱく質
炭水化物

［お金］
貯金
投資
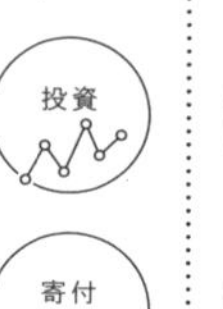
寄付

7月15日（火）

修復が最善の一手

［六　曜］友引（ともびき）
［日干支］乙酉（きのととり）
［月干支］甲申（きのえさる）
［年干支］乙巳（きのとみ）
［二十八宿］觜（し）
［十二直］満（みつ）
［暦注下段］一粒万倍日（いちりゅうまんばいび）、神吉日（かみよしにち）

［陰陽］陰

［二十四節気］小暑（しょうしょ）
［七十二候］蓮始開（はすはじめてひらく）
［旧暦］2025年6月21日

修理もお詫びもうまくいく

関係性が良くなる「友引」と二十八宿の「觜」、十二直の「満」が重複することにより、「修理」や「修復」に強い支援が集まる大吉日です。故障した機械や道具などがあれば、それを直すのに最適です。さらに、「人間関係」や「コミュニケーション」も修復できる好機となりますので、「お詫び」や「誤解を解く」という行動が最適解となります。

せっかくのチャンスに孤立しない

日干支が「乙酉」となるため、「一人でいたい」気持ちが強くなる日です。適度な孤立なら問題ないのですが、せっかくの「修復のチャンス」を逃してしまうには、もったいない大吉日です。勇気をもって、良いコミュニケーションを自分から始めてみてください。

［人］

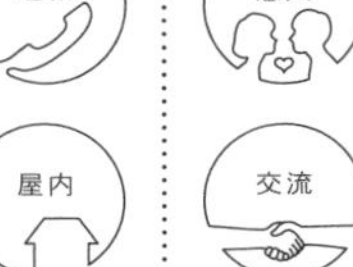

［行動］
相談
連絡
屋内

［健康］

［お金］

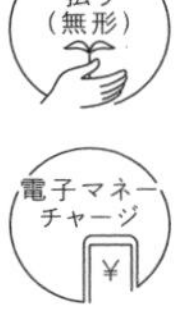

7月18日（金）

自分を育てるという選択

［六　曜］大安

［日干支］戊子

［月干支］甲申

［年干支］乙巳

［二十八宿］鬼

［十二直］執

［暦注下段］鬼宿日、神吉日

［陰陽］陽

［二十四節気］小暑

［七十二候］鷹乃学習

［旧暦］2025年6月24日

自分を育てることに集中する

全体が良くなる「大安」と宿最高の「鬼宿日」に十二直の「執」が重複することで、「自分を育てる」という選択が大きな成果となる日です。体を育てる、精神を育てる、教養を育てる、色々な「育て方」がありますので、検討を楽しんでみてください。「習い事」や「トレーニング」などを始めると、より良い成果をもたらす大吉祥日へと昇華します。

即断即決、迷ったら相談を心がける

日干支の「戊子」の影響で、「決断力が鈍る」という傾向が強くなります。色々と迷い始めると、面倒になって放棄したくなりますので、できるだけ「即断即決」を心がけるとバランスがとれます。また「相談」も有効な日です。

［人］同僚　大人　単独

［行動］検討　相談　調査

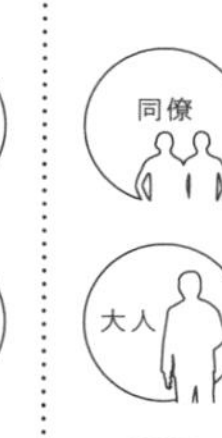

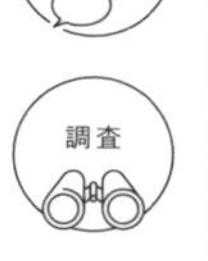

［健康］運動　バランスのいい食事　水分補給

［お金］払う（無形）　もらう　投資

7月21日（月）

夏にしか味わえない楽しみを見逃さない

【六曜】友引（ともびき）
【日干支】辛卯（かのとう）
【月干支】甲申（きのえさる）
【年干支】乙巳（きのとみ）
【二十八宿】張（ちょう）
【十二直】成（なる）
【暦注下段】神吉日（かみよしにち）

【陰陽】陰

陽 / 中庸 / 陰

【二十四節気】小暑（しょうしょ）
【七十二候】鷹乃学習（たかすなわちわざをならう）
【旧暦】2025年6月27日

夏の楽しさを満喫する

関係性に良い支援が集まる「友引」と二十八宿の「張」と十二直の「成」が重複することにより、「夏を楽しむ」という感覚が良縁を拡げ、嬉しい時間を引き寄せる大吉日です。これから夏が本格化します。夏だけの「楽しいこと」「嬉しいこと」を想像してください。友達と「楽しい計画」も立てられれば、大吉祥日へと昇華します。

愚痴は現実化してしまう

日干支の「辛卯」の影響により、「愚痴」や「不平」をついつい言葉として発してしまう衝動が強まります。人や環境に対しても不満を言いたくなる衝動が強まるので、要注意。望まない状況を言葉にすると、現実化へと動き出します。いつもより「使う言葉」を意識しましょう。

［人］
友達
恋人
家族

［行動］
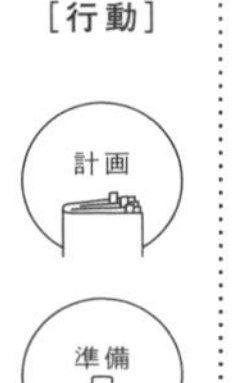

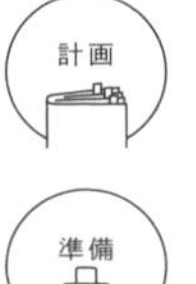

［健康］
休息
炭水化物

［お金］
払う（無形）
もらう
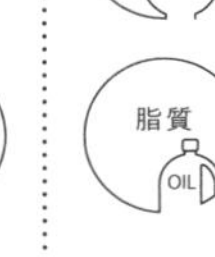

7月

7月24日（木）

最上の善日は、自分を最優先

［六曜］大安
［日干支］甲午
［月干支］甲申
［年干支］乙巳
［二十八宿］角
［十二直］閉
［暦注下段］天赦日、一粒万倍日、神吉日、母倉日、月徳日

［陰陽］陽

陰　中庸　陽

［二十四節気］大暑
［七十二候］桐始結花
［旧暦］2025年6月30日

今日のテーマは「自分優先」

全体が良くなる「大安」、最強の「天赦日」と多くの善日の重複、その効果が「一粒万倍日」によって増強される大吉日です。「自分優先」で「気分が良くなる選択」を徹底してみてください。これだけの「強力な善日」は、なかなか発生しません。「自分の気分」がこの後の状況に反映されます。家族や友達と「お祝い」が追加できれば、最強の大吉祥日へ昇華します。

自分が良くなければ、他人は助けられない

十二直の「閉」の影響で、「遠慮がち」な傾向が強まります。「自分だけが良くていいのかな？」と思っても、まずは自分が良くなければ、他人を助けることなどできないのです。自分ファーストを貫くと、周囲への貢献ともなります。

［人］
友達

家族
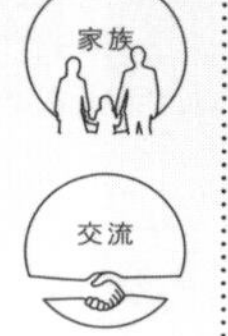
交流

［行動］
検討
遊び
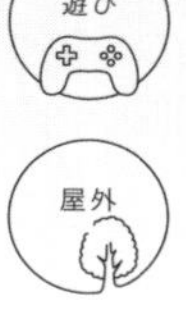
屋外

［健康］

運動

バランスのいい食事
水分補給

［お金］
払う（無形）
自分へのご褒美
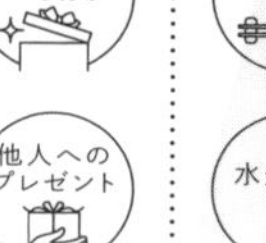
他人へのプレゼント

7月27日（日）

［六　　曜］友引（ともびき）
［日 干 支］丁酉（ひのととり）
［月 干 支］甲申（きのえさる）
［年 干 支］乙巳（きのとみ）
［二十八宿］房（ぼう）
［十 二 直］満（みつ）
［暦注下段］一粒万倍日（いちりゅうまんばいび）、神吉日（かみよしにち）

「涼む」を楽しめるのは夏だけ

［陰陽］陰

陽　中庸　陰

［二十四節気］大暑（たいしょ）
［七十二候］桐始結花（きりはじめてはなをむすぶ）
［旧暦］2025年閏6月3日

心と体を夏の暑さから遠ざける

関係性が良くなる「友引」と日干支の「丁酉」が重複することにより、「涼しいところで休む」ことが良い転換点となり、より良い方向へと導かれる大吉日となります。今日は「充電」するイメージで、心と体を休めて、夏の暑さから離れる環境を選択してください。旅行中や活動中の方も30分だけ涼む時間をとることを実践してみてください。

落ち着かなくても、まずは休んでみる

二十八宿の「房」と十二直の「満」の影響で、「落ち着かない気分」が強くなります。そのため、静かな時間を選択することを敬遠したくなるのですが、今日の「休息」は、普段よりも回復につながることを意識してみてください。

［人］

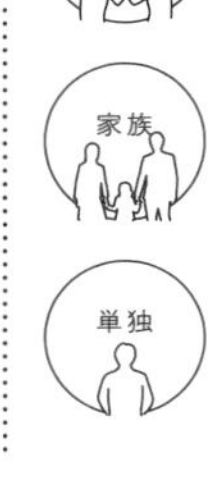

［行動］

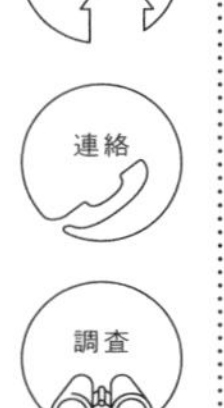

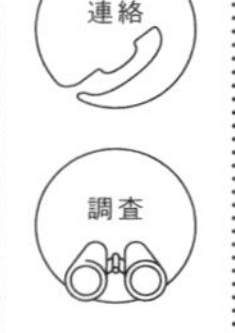

［健康］

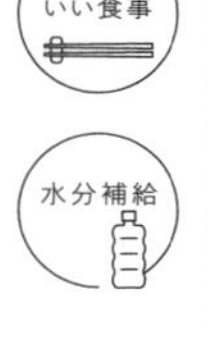

［お金］

2025年

8月

【月干支】乙酉

陰の月干支となり、目に見えない領域で「解き放つ」傾向が強い期間となります。

2025年8月の「大吉日」ベスト3

第❶位 8月7日(木)

［注目の古暦］
天赦日、神吉日

すべてがいつもよりもスイスイとうまくいく大吉日です。特に「移動」に関連することに支援がつくので、夏から秋の「旅行計画」も有効です。

第❷位 8月5日(火)

［注目の古暦］
大安、一粒万倍日、神吉日、大明日、母倉日

「新しいことへの挑戦」が、素晴らしい展開となる大吉日です。この日を「起点」として、自分の幸せにとって「役に立つ負荷」を選択してください。

第❸位 8月11日(月)

［注目の古暦］
大安、一粒万倍日、神吉日、天恩日、月徳日

「ステップ」を明確にすることで、その道筋がわかるだけでなく、その道を進むことに強力な支援が発生するようになる大吉日です。そのため「計画」や「予定」の検討も大いに有効となります。

8月2日（土）

会話や情報に潜む「意図」に想いを馳せる

【六曜】友引（ともびき）
【日干支】癸卯（みずのとう）
【月干支】乙酉（きのととり）
【年干支】乙巳（きのとみ）
【二十八宿】女（じょ）
【十二直】成（なる）
【暦注下段】神吉日（かみよしにち）

【陰陽】陰

陽 / 中庸 / 陰

【二十四節気】大暑（たいしょ）
【七十二候】大雨時行（たいうときどきふる）
【旧暦】2025年閏6月9日

意図を考えることが成果につながる

関係性が良くなる「友引」と日干支の「癸卯」が重複することにより、「意図」を検討するという意識が、色々な良い成果を連れてくる大吉日となります。

今日は、会話や情報に含まれる「意図」について考えてみてください。世界中を駆け巡るニュースにも、すべて「意図」が隠されています。発信者の狙いを考えるだけで、有効な気づきを得ることができます。

必要以上に危機感を強めない

二十八宿の「女」と十二直の「成」が重複することにより、「危機感を強めたくなる」衝動が高まるので、注意が必要です。それほど重要ではない問題を放置していると、自分の意識と防衛本能が向いてしまうので、意識的に修正してみてください。

［人］
同僚
男性
交流

［行動］
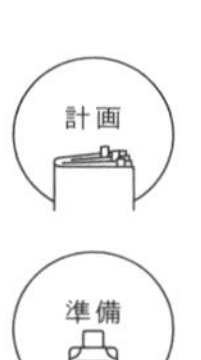
計画

準備

研究

［健康］
休息
炭水化物
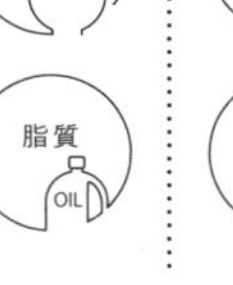

脂質

［お金］
貯金
投資

寄付

8月5日（火）

少しの勇気と大きな好奇心が推進力となる

［六　曜］大安（たいあん）
［日干支］丙午（ひのえうま）
［月干支］乙酉（きのととり）
［年干支］乙巳（きのとみ）
［二十八宿］室（しつ）
［十二直］閉（とづ）
［暦注下段］一粒万倍日（いちりゅうまんばいび）、神吉日（かみよしにち）、大明日（だいみょうにち）、母倉日（ぼそうにち）

［陰陽］陽

陰
中庸
陽

［二十四節気］大暑（たいしょ）
［七十二候］大雨時行（たいうときどきふる）
［旧暦］2025年閏6月12日

身近な人も巻き込みながら負荷を楽しむ

全体の機運が良くなる「大安」と二十八宿の「室」、複数の善日が重複する大吉日です。自然体でいるだけで、幸せな時間が訪れますが、「一粒万倍日」の増殖力を活かすなら「新しいことに挑戦する」という選択が有効です。少しの勇気と、大きな好奇心をもって、自分にとって負荷のかかることを始めてみてください。

臆病になりそうなときこそ大胆に

十二直の「閉」の影響により、「臆病な気持ち」が強まる傾向となります。慎重さは大切ですが、今日はそれが挑戦を邪魔してしまうのです。いつもよりも「大胆」なイメージをもってください。臆病な心を認めつつ、前に進む選択をしましょう。

［人］

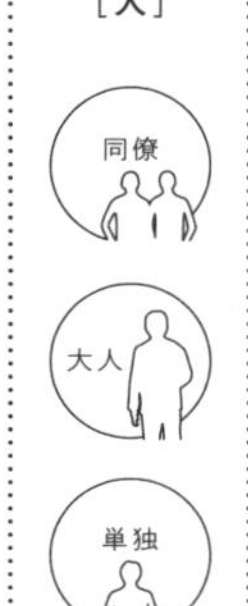

［行動］

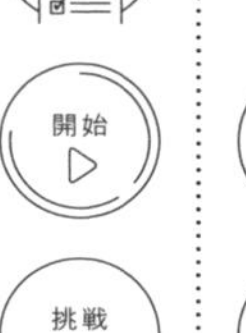
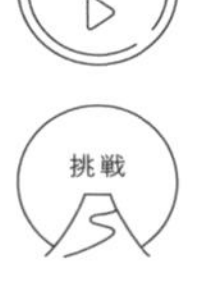

［健康］

［お金］

8月7日（木）

動くことで道が拓ける

［六　曜］先勝（せんしょう）
［日干支］戊申（つちのえさる）
［月干支］乙酉（きのととり）
［年干支］乙巳（きのとみ）
［二十八宿］奎（けい）
［十二直］建（たつ）
［暦注下段］天赦日（てんしゃにち）、神吉日（かみよしにち）

［陰陽］陽

［二十四節気］立秋（りっしゅう）
［七十二候］涼風至（すずかぜいたる）
［旧暦］2025年閏6月14日

身近な人と計画を立てる

機運が強力に上昇する「天赦日」です。全体の雰囲気が良い方向へと移行し、いつもなら抵抗があることでも、すんなりと進行できる大吉日です。さらに、二十八宿の「奎」の影響により、「移動」に多くの支援が集まる日です。旅行や出張などはもちろん、この夏から秋にかけての、「計画」と「手配」にも多くの恩恵が集まります。

タイミングが合わなくても笑顔で許す

日干支の「戊申」の影響により、コミュニケーションが難しい時間が発生します。お互いのタイミングや気分が合わず、停滞してしまう傾向が強まります。「天赦日」ですので、「笑顔」が解消しますが、相手のタイミングが合わなくても、笑って許してあげてください。

［人］
友達

家族

交流
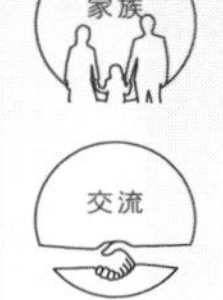

［行動］
計画
準備
遊び

［健康］
運動
ビタミン

ミネラル

［お金］
払う（無形）
投資
寄付

8月

8月8日（金）

「当たり前」のありがたさに気づく

［六曜］友引（ともびき）
［日干支］己酉（つちのととり）
［月干支］乙酉（きのととり）
［年干支］乙巳（きのとみ）
［二十八宿］婁（ろう）
［十二直］除（のぞく）
［暦注下段］神吉日（かみよしにち）、大明日（だいみょうにち）、天恩日（てんおんにち）

［陰陽］陰

陽
中庸
陰

［二十四節気］立秋（りっしゅう）
［七十二候］涼風至（すずかぜいたる）
［旧暦］２０２５年閏6月15日

日常に潜む価値に意識を向ける

日干支の「己酉」と複数の善日が重複することにより、「本当の価値が理解できる」傾向が強まる大吉日です。今日は「当たり前」と思っていたことにも、その「素晴らしさ」や「ありがたさ」に気がつくタイミングとなります。平穏な日常に潜む、「価値」に意識を向けてください。今日の気づきは「道標」として、今後も役に立ちます。

すぐに決めつけない

二十八宿の「婁」と十二直の「除」が重複することにより、「はやとちり」の傾向が強くなります。最初の印象や思いつきだけで「決めつけてしまうこと」を意識的に回避してください。落ち着いて情報や状況を把握し、しっかり検討する感覚をもっておくだけで、解消されます。

［人］
同僚
家族
子ども

［行動］
検討
屋内
研究

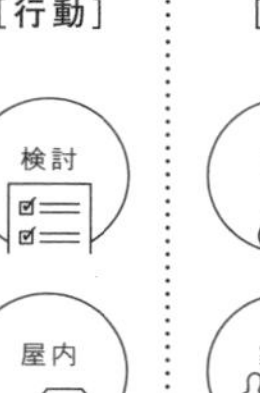

［健康］
休息
炭水化物
脂質

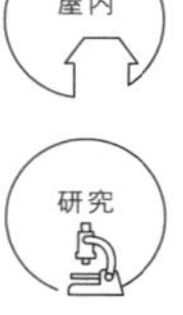
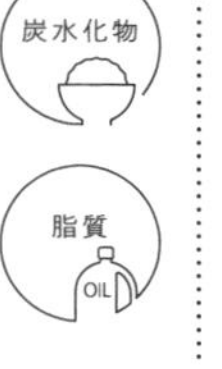

［お金］
買う（有形）
投資
ポイント関連

8月11日（月）

段取りという過程に意識を向ける

［六曜］大安（たいあん）
［日干支］壬子（みずのえね）
［月干支］乙酉（きのととり）
［年干支］乙巳（きのとみ）
［二十八宿］畢（ひつ）
［十二直］定（さだん）
［暦注下段］一粒万倍日（いちりゅうまんばいび）、神吉日（かみよしにち）、天恩日（てんおんにち）、月徳日（つきとくにち）

［陰陽］陽

陰　中庸　陽

［二十四節気］立秋（りっしゅう）
［七十二候］涼風至（すずかぜいたる）
［旧暦］2025年閏6月18日

ステップを明確にすると、良いタネが生まれる

全体が良くなる「大安」と、多くの善日が重複する大吉日です。二十八宿の「畢」の影響で、「段階を踏む」という感覚をもつと、「一粒万倍日」に増殖する「良いタネ」となります。今日のキーワードは「段取り」です。いきなり結論や結果を求めるのではなく、そこに至るまでの「ステップ」を明確にしてみてください。

まずは楽しいことから着手する

日干支が「壬子」となるため、色々なことに意識が拡散して、集中するまでに時間がかかる傾向が強まります。そんなときは、「楽しいこと」から着手してみてください。この先の「楽しみ」となることを、段階を踏んで検討することにより、いつの間にか集中力が戻ってくるのです。

［人］
同僚
友達
交流

［行動］
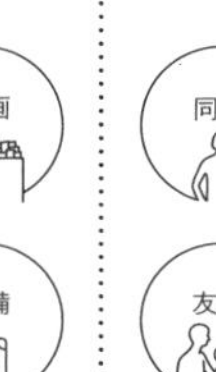

準備

［健康］
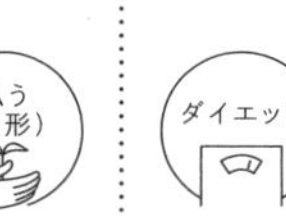

たんぱく質

［お金］

8月14日（木）

お墓参りは生きる喜びのために

［六曜］友引（ともびき）
［日干支］乙卯（きのとう）
［月干支］乙酉（きのととり）
［年干支］乙巳（きのとみ）
［二十八宿］井（せい）
［十二直］危（あやぶ）
［暦注下段］神吉日（かみよしにち）

［陰陽］陰

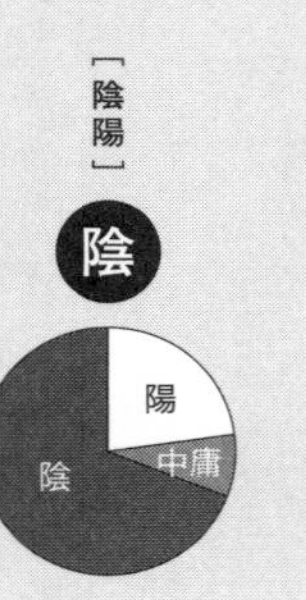

［二十四節気］立秋（りっしゅう）
［七十二候］寒蟬鳴（ひぐらしなく）
［旧暦］2025年閏6月21日

2025年

お参りは直接行けなくても大丈夫

関係性が良くなる「友引」と、日干支の「乙卯」の重複により、「お参り」に多くの支援が集まる大吉日です。お盆の期間ともなりますので、今年の「お墓参り」は、この日に合わせてみてください。お参りに行けない方は、自宅や出先からの「遥拝（ようはい）」を実践してみましょう。実家やご先祖さまのお墓がある方向に向かって「合掌」するだけでオッケーです。

せっかくの大吉日を外出で楽しむ

十二直の「危」の影響により、「外出したくない」傾向が強くなります。夏の盛りで、暑さを避けるのは得策ですが、今日は大吉日ですので行動しないのはもったいないのです。気分良く過ごせる工夫をして、お盆の日本を楽しんでみてください。

［人］

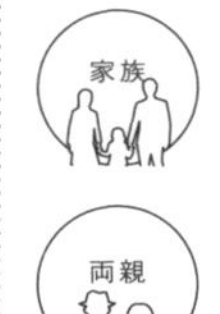
家族

両親

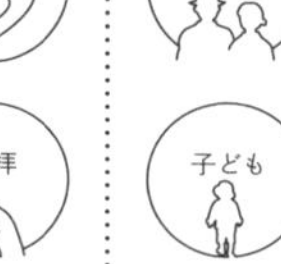
子ども

［行動］

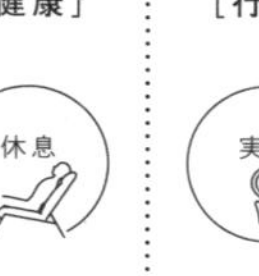
実行
連絡
参拝

［健康］

休息

水分補給

ミネラル

［お金］

払う（無形）
寄付

他人へのプレゼント

8月17日（日）

忙しいときこそ、笑顔をつくる

［六曜］大安
［日干支］戊午
［月干支］乙酉
［年干支］乙巳
［二十八宿］星
［十二直］開
［暦注下段］神吉日、大明日

［陰陽］陽

陽
中庸
陰

［二十四節気］立秋
［七十二候］寒蟬鳴
［旧暦］2025年閏6月24日

身近な人と笑顔で過ごす

全体の機運が良くなる「大安」と、目に見える領域での善日が重複する大吉日です。今日は「笑顔」を意識して、1日を過ごしてみてください。お盆が終わって、暑さも週明けからの忙しさも極まるタイミングです。そんな時期だからこそ、「表情」から良い機運へ寄せることを意識してみてください。

心配も笑顔で解消する

日干支の「戊午」の影響により、「先回りして心配したくなる」傾向が強まります。仕事でもプライベートでも、ちょっとしたきっかけで「心配」が芽生えてしまうので、注意してください。この傾向も「笑顔」を意識することで、自動的に解消されていきます。

［人］
恋人
家族
交流

［行動］
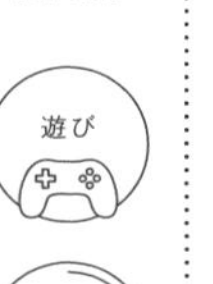

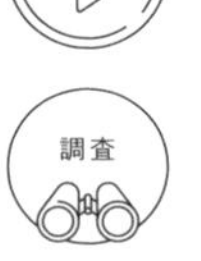

［健康］
運動
水分補給
ビタミン

［お金］
買う（有形）

8月

8月18日（月）

今日の備えが明日の安心を増幅させる

［六　曜］赤口（しゃっこう）
［日干支］己未（つちのとひつじ）
［月干支］乙酉（きのととり）
［年干支］乙巳（きのとみ）
［二十八宿］張（ちょう）
［十二直］閉（とづ）
［暦注下段］一粒万倍日（いちりゅうまんばいび）、神吉日（かみよしにち）、大明日（だいみょうにち）、母倉日（ぼそうにち）

［陰陽］陰

陽
中庸
陰

［二十四節気］立秋（りっしゅう）
［七十二候］蒙霧升降（ふかききりまとう）
［旧暦］2025年閏6月25日

未来に備え、今日を過ごす

日干支の「己未」と多くの善日が重複するため、「備えを整える」ことに、多くの支援と恩恵が集まる大吉日です。今日は「未来に備える」という意識で、色々なことを選択してみてください。防災はもちろんのこと、自分の健康や、仕事に関する備えなども有効です。今日の「備え」は「安心」の増加に直結します。

あえて大ピンチまで想像してみる

二十八宿の「張」と十二直の「閉」が重複することにより、「楽観的」な傾向が強まります。「この程度で大丈夫だろう」という感覚に惑わされると、適正な備えができないのです。「大ピンチ」を想定することで、その影響を最小限にして、良い発想を得られます。

［人］

［行動］

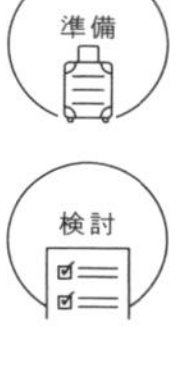

［健康］

［お金］

買う（有形）
払う（無形）

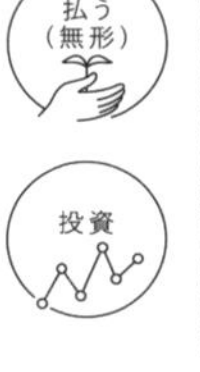

8月23日（土）

新しい試みには支援が集まる

［六　曜］先勝（せんしょう）
［日干支］甲子（きのえね）
［月干支］乙酉（きのととり）
［年干支］乙巳（きのとみ）
［二十八宿］氐（てい）
［十二直］定（さだん）
［暦注下段］甲子（きのえね）、一粒万倍日（いちりゅうまんばいび）、天恩日（てんおんにち）

［陰陽］陰

陽　中庸　陰

［二十四節気］処暑（しょしょ）
［七十二候］綿柎開（わたのはなしべひらく）
［旧暦］2025年7月1日

「とりあえず試す」感覚で始めてみる

日干支の「甲子」と二十八宿の「氐」が重複することにより、「新しいことを試してみる」ことに多くの支援と恩恵が集まる大吉日です。今日は「一粒万倍日」の増殖力も活かしたいので、「色々と試す」という感覚が、より良い側面の活用へとつながります。あれこれと予測せず、とりあえず試してみて、自分との「相性」を検証してみてください。

変化を恐れず楽しくなるまで試してみる

十二直の「定」の影響で、「変化を怖がる」傾向が強くなります。そのため「現状維持」の感覚が強くなり、新しいことに踏み出す抵抗感が増すのです。気軽に「試す」という感覚で対処しましょう。合わなければ、別のことを試せばよいのです。

［人］
同僚
友達
子ども

［行動］

［健康］
ダイエット
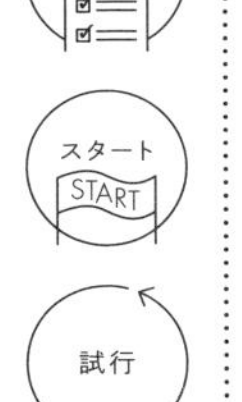

［お金］
買う（有形）
払う（無形）

8月

8月30日（土）

まずは、近くにいる人の良いところを認める

【六　曜】友引
【日干支】辛未
【月干支】乙酉
【年干支】乙巳
【二十八宿】女
【十二直】閉
【暦注下段】一粒万倍日、大明日、母倉日

【陰陽】陽

陰　中庸　陽

【二十四節気】処暑
【七十二候】天地始粛
【旧暦】２０２５年７月８日

自分より若い人を認めて良い機運を呼び込む

「友引」と日干支の「辛未」が重複することにより、「認める」という感覚が、より良い機運へと押し上げてくれる大吉日となります。今日は周囲の人の「良い側面」に焦点をあてて、その素晴らしさを「認めて」ください。「自分よりも若い人」を認める感覚を強めると、「一粒万倍日」の増殖力が発揮され、大きな恩恵が発生する大吉祥日へと昇華します。

今日は一切批判しない

二十八宿の「女」と十二直の「閉」が重複することにより、「批判したくなる」衝動が強まるので、注意が必要な日です。しっかりと「良い側面を評価する」という感覚を維持して、他人を攻撃しないように気をつけましょう。

［人］
同僚
友達
家族

［行動］
準備

検討
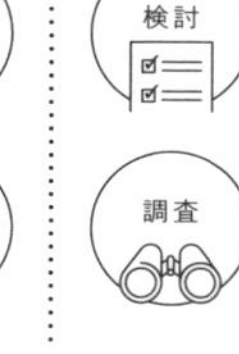
調査

［健康］
運動
炭水化物

脂質

［お金］
買う（有形）
貯金

寄付

2025年

9月

【月干支】

丙戌（ひのえいぬ）

陽の月干支となり、目に見える領域で「生産される」傾向が強い期間となります。

2025年9月の「大吉日」ベスト3

第❶位 9月12日（金）

［注目の古暦］

鬼宿日（きしゅくび）、一粒万倍日（いちりゅうまんばいび）、神吉日（かみよしにち）、大明日（だいみょうにち）

「直感」がキーワードとなる大吉日です。自分のなかにも、「自分以外の力」が宿っていることを認識してみてください。

第❷位 9月8日（月）

［注目の古暦］

大安（たいあん）、母倉日（ぼそうにち）、天恩日（てんおんにち）、月徳日（つきとくにち）

「前向きな言葉」を使用するタイミングです。ゲームとして楽しんで取り組むことで抵抗も薄れ、全体が良くなっていく起点となる大吉日です。

第❸位 9月5日（金）

［注目の古暦］

友引（ともびき）、神吉日（かみよしにち）、大明日（だいみょうにち）、母倉日（ぼそうにち）

「連絡」を意識すると、良い支援が集まり、より良い状態へと移行する大吉日です。特に「忘れている連絡」がないか、チェックしてください。

9月2日（火）

具体的な計画の検討で強い推進力が得られる

【六曜】大安（たいあん）
【日干支】甲戌（きのえいぬ）
【月干支】丙戌（ひのえいぬ）
【年干支】乙巳（きのとみ）
【二十八宿】室（しつ）
【十二直】満（みつ）
【暦注下段】母倉日（ぼそうにち）

【陰陽】陰

陽
中庸
陰

【二十四節気】処暑（しょしょ）
【七十二候】禾乃登（こくものすなわちみのる）
【旧暦】2025年7月11日

区切りの力を利用して成功率を高める

全体が良くなる「大安」と二十八宿の「室」が重複することにより、「進行する」という意識に、良い支援が集まります。9月最初の大吉日となるので、年内の計画や予定を確認して、「いつまでに」「どのくらい」進めたいのか、それによる「成果」はどのような内容となるのかを検討してください。全体の機運を利用して、良い計画を進行しましょう。

雑用を気持ちよく片づける

日干支が「甲戌」となるため、「雑用」が多くなる傾向が強まります。しっかりと優先度を見極めて、順番に片づけましょう。また、他の人に「手伝い」をお願いするのも有効な手段となります。

［人］
同僚
子ども
交流

［行動］
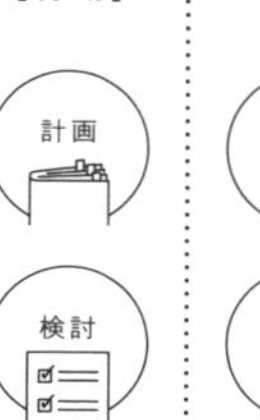
計画

検討

準備

［健康］
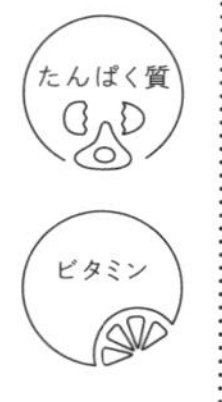
ダイエット

たんぱく質
ビタミン

［お金］
払う（無形）
投資
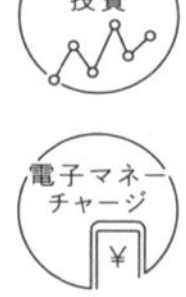
電子マネーチャージ

9月5日（金）

細やかな確認と気配りが嬉しい結果を連れてくる

［六　曜］友引（ともびき）
［日干支］丁丑（ひのとうし）
［月干支］丙戌（ひのえいぬ）
［年干支］乙巳（きのとみ）
［二十八宿］婁（ろう）
［十二直］執（とる）
［暦注下段］神吉日（かみよしにち）、大明日（だいみょうにち）、母倉日（ぼそうにち）

［陰陽］陰

陽
陰
中庸

［二十四節気］処暑（しょしょ）
［七十二候］禾乃登（こくものすなわちみのる）
［旧暦］2025年7月14日

忘れている連絡がないか確認する

関係性が良くなる「友引」と日干支の「丁丑」が重複することにより、「連絡する」という行為に多くの支援が集まる大吉日となります。まずは「忘れている連絡」がないか確認してください。すでに完了した連絡についても、情報の不足や変更がないかチェックしてみてください。ご無沙汰している人にも連絡すると、嬉しい反応が返ってくる大吉祥日へと昇華します。

正否よりも良好な関係を優先する

十二直の「執」の影響により、「独善的」な傾向が強まる日となります。「自分は正しい」という思い込みが強くなるので、注意してください。いつもより少しだけ「謙虚」な気持ちを意識すると自然にバランスがとれ、良い連鎖が発生します。

［人］同僚　友達　交流

［行動］検討　屋内　連絡

［健康］休息　水分補給　ミネラル

［お金］もらう　貯金　投資

9月8日（月）

言葉を変えると世界が変わる

【六曜】大安
【日干支】庚辰
【月干支】丙戌
【年干支】乙巳
【二十八宿】畢
【十二直】危
【暦注下段】母倉日、天恩日、月徳日

【陰陽】陽

陰
中庸
陽

【二十四節気】白露
【七十二候】草露白
【旧暦】2025年7月17日

ゲーム感覚で前向きな言葉を徹底してみる

全体の機運が上がる「大安」と日干支の「庚辰」が重複することにより、「前向きな言葉」に強い支援がつく日となります。今日は使う言葉を徹底的に「ポジティブ」にしてみてください。これもゲームだと思って続けていくうちにだんだんと楽しくなって、より強い恩恵が実感できるようになります。周囲の人も巻き込んで実践すると、大吉祥日へと昇華します。

本当に必要な買い物か、自問する

二十八宿の「畢」の影響により、「お金を使いたくなる」衝動が強まるので注意が必要です。「見栄を張る」目的での高額な買い物は、一時的な「良い気分」しか得ることができません。実用性や持続性も考慮して慎重に選びましょう。

［人］

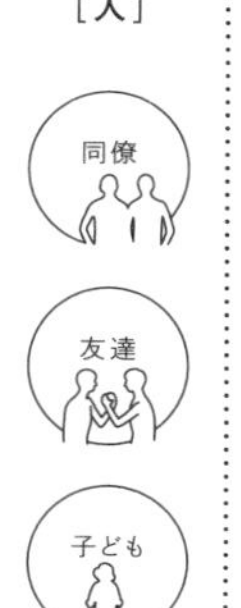

［行動］

［健康］

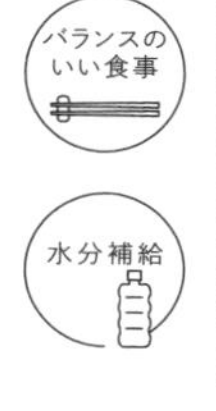

［お金］

9月11日（木）

親切は最強のコミュニケーション術

［六曜］友引（ともびき）
［日干支］癸未（みずのとひつじ）
［月干支］丙戌（ひのえいぬ）
［年干支］乙巳（きのとみ）
［二十八宿］井（せい）
［十二直］開（ひらく）
［暦注下段］母倉日（ぼそうにち）、天恩日（てんおんにち）

［陰陽］陰

陽　中庸　陰

［二十四節気］白露（はくろ）
［七十二候］草露白（くさのつゆしろし）
［旧暦］2025年7月20日

3割増しの親切を心がける

コミュニケーションがうまくとれる「友引」と二十八宿の「井」、十二直の「開」が重複することにより、「親切」がキーワードとなる大吉日となります。今日はいつもよりも3割増しを目指して「親切」を実践してください。知らない人に対しても有効ですが、家族や身近な人にこそ「親切」を実践するチャンスです。

理由に執着しない

日干支が「癸未」となるため、「理由を突き止めたい」という感覚が強まる日です。それほどの理由や根拠がなくても、その原因となることに執着してしまう傾向が強くなります。今日は「まぁ、それでもいい」という意識をもってみてください。

［人］

友達

恋人

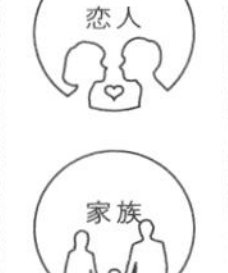
家族

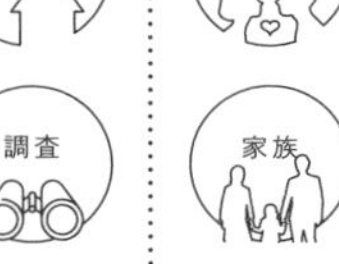

［行動］

相談

屋内

調査

［健康］

休息

炭水化物

ミネラル

［お金］

払う（無形）

寄付

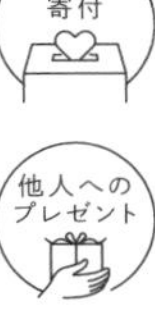
他人へのプレゼント

9月

9月12日（金）

直感を優先する

［六曜］先負（せんぷ）
［日干支］甲申（きのえさる）
［月干支］丙戌（ひのえいぬ）
［年干支］乙巳（きのとみ）
［二十八宿］鬼（き）
［十二直］閉（とづ）
［暦注下段］鬼宿日（きしゅくび）、一粒万倍日（いちりゅうまんばいび）、神吉日（かみよしにち）、大明日（だいみょうにち）

［陰陽］陽

陰　中庸　陽

［二十四節気］白露（はくろ）
［七十二候］鶺鴒鳴（せきれいなく）
［旧暦］２０２５年7月21日

まっすぐな感覚を信じる

宿最強の「鬼宿日」と多くの善日が重複し、「良い側面」が増殖する「一粒万倍日」が重なる大吉日です。今日の合言葉は「直感」です。「直感」とは、自分のなかで発生する「まっすぐな感覚」のこと。最初にやってきた「感情」、注目した「場所」、浮かんだ「印象」などを大切にすると、自然と良い方向へ導かれていきます。

数字だけに頼らない

十二直が「閉」となるため、「数字」や「データ」にこだわりすぎる傾向が強まります。数字での確認は有効な場合が多いのですが、それだけでは「現状の把握」とはなりません。他の要素もバランス良く検討する感覚をもつことで、その偏りは解消されます。

［人］
女性
子ども
交流

［行動］
検討
実行
屋外

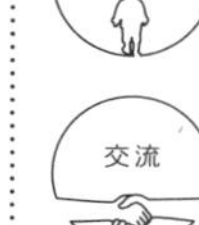

［健康］
運動
ビタミン
ミネラル

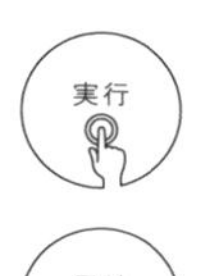

［お金］
買う（有形）
払う（無形）
投資

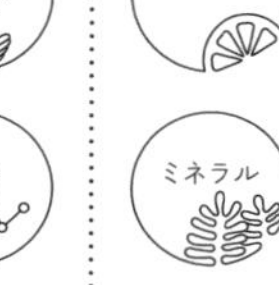

9月14日（日）

新しい創造を楽しむ

［六曜］大安
［日干支］丙戌
［月干支］丙戌
［年干支］乙巳
［二十八宿］星
［十二直］除
［暦注下段］母倉日

［陰陽］陽

陰　中庸　陽

［二十四節気］白露
［七十二候］鶺鴒鳴
［旧暦］2025年7月23日

自分なりの新しいものを生み出す

全体が良くなる「大安」と日干支の「丙戌」が重複することにより、「生み出す」という感覚に多くの支援が集まる大吉日です。今日は「今までなかったものを生む」ことに挑戦してみてください。他に同じ種類が存在しても、「自分として、初めて生み出す」という対象であればオッケーです。既存のものを組み合わせることで「新しい存在」を創造することもできます。

変化への恐れを乗り越える

二十八宿の「星」と十二直の「除」が重複することにより、「元に戻したい」衝動が強まります。変化に対して慣れるまでは、「恐れ」や「抵抗感」が強まるものです。それを乗り越えてこそ、成長や発展というご褒美が受け取れるのです。

［人］
同僚
女性
子ども

［行動］
挑戦
仕事
試行

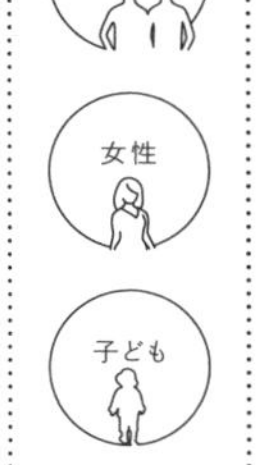

［健康］
運動
たんぱく質
炭水化物

［お金］
貯金
投資
自分へのご褒美

9月17日（水）

学びが最高の支援となる

［六曜］友引（ともびき）
［日干支］己丑（つちのとうし）
［月干支］丙戌（ひのえいぬ）
［年干支］乙巳（きのとみ）
［二十八宿］軫（しん）
［十二直］定（さだん）
［暦注下段］母倉日（ぼそうにち）

［陰陽］陽

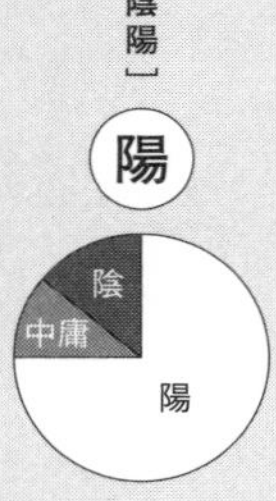

［二十四節気］白露（はくろ）
［七十二候］鶺鴒鳴（せきれいなく）
［旧暦］２０２５年７月26日

習い事を始めるにも調べるにも最適

関係性が良くなる「友引」と二十八宿の「軫」と十二直の「定」が重複することにより、「習い事を始める」のに最適な大吉日となります。語学やフィットネスはもちろん、楽器などの「修練」が必要となる選択をすれば、強い支援がついてきます。情報を収集するだけでも恩恵を得られます。文化や伝統など「受け継がれてきたこと」を調べると、大吉祥日へと昇華します。

ゆっくりと、落ち着いて対応する

日干支の「己丑」の影響により、「過剰な反応」をしてしまう傾向が強まります。予測していなかった情報や、相手からの反応に対して「過敏」になっているので、あらかじめ「ゆっくりと、落ち着いて対応する」という意識を維持してください。

［人］
友達
女性
交流

［行動］
検討
開始
学習

［健康］
ダイエット
ビタミン
ミネラル

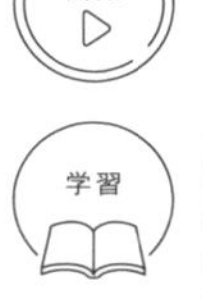
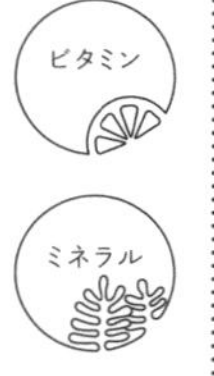

［お金］
払う（無形）
もらう
自分へのご褒美

9月20日(土)

今日の予測が良い流れを生み出す

［六曜］大安（たいあん）
［日干支］壬辰（みずのえたつ）
［月干支］丙戌（ひのえいぬ）
［年干支］乙巳（きのとみ）
［二十八宿］氐（てい）
［十二直］危（あやぶ）
［暦注下段］大明日（だいみょうにち）、母倉日（ぼそうにち）

［陰陽］陽

陽 中庸 陰

［二十四節気］白露（はくろ）
［七十二候］玄鳥去（つばめさる）
［旧暦］2025年7月29日

予感や印象も重視して予測する

全体の機運が良くなる「大安」と複数の善日との重複により、「良い予測ができる」大吉日です。今日は月内から年内まで、自分に起こる変化を中心に身の回りの変化、社会全体の変化へと意識を拡大して、「予測」に取り組んでみてください。情報やデータ以外に「予感」や「印象」も大切な要素です。「予測に沿って流れが生まれる」感覚をもって取り組みましょう。

守りばかりに意識を向けない

十二直の「危」の影響により、「防御」したい気持ちが高まります。もちろん必要な防御もありますが、守りに意識が偏ると、変化に対応するのが遅れる弊害が発生します。「守る気持ち」が強すぎたら、違う選択を試してみてください。

［人］
同僚
大人
単独

［行動］
検討
調査
予測

［健康］
ダイエット
水分補給
ミネラル

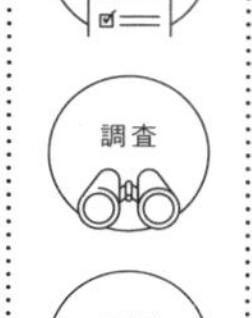
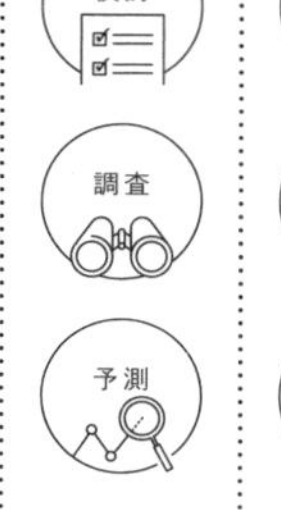
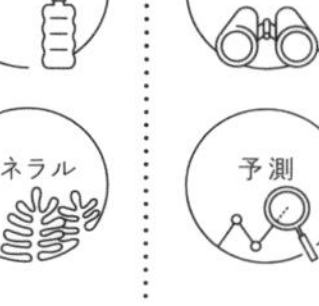

［お金］
買う（有形）
払う（無形）
投資

9月

9月25日(木)

「新しさ」を楽しむとより良い結果がついてくる

[六曜]大安
[日干支]丁酉
[月干支]丙戌
[年干支]乙巳
[二十八宿]斗
[十二直]建
[暦注下段]神吉日

[陰陽]陽

陽 陰 中庸

[二十四節気]秋分
[七十二候]雷乃収声
[旧暦]2025年8月4日

身の回りのものを新しくする

全体が良くなる「大安」と二十八宿の「斗」、十二直の「建」が重複することにより、「新調する」という行為に良い支援が集まる大吉日です。今日は「衣服」や「道具」など、自分が身に着けるもの、普段から使用するものを「新しくする」タイミングとなります。色やデザインなど、今までの自分の選択にはないタイプを選ぶと、大吉祥日へと昇華します。

買い物も投資と考える

日干支が「丁酉」となることで、「ケチケチしたくなる」傾向が強まります。節約や倹約は計画的に取り組めば有効ですが、「衣服」や「道具」は投資なのです。金額ではなく内容で選ぶことができれば、長期的には「その方がお得」です。

[人]
恋人
家族
女性

[行動]
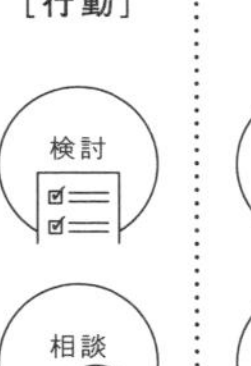
検討
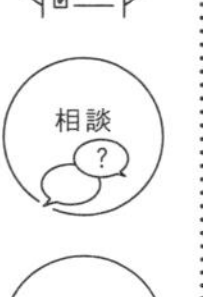
相談
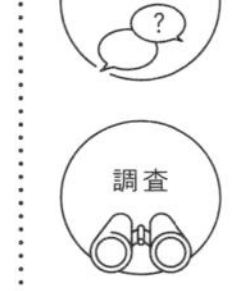
調査

[健康]
運動
炭水化物
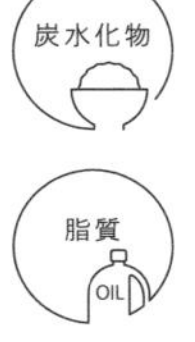
脂質

[お金]
買う(有形)
投資

自分へのご褒美

9月28日（日）

秋の景色にいつもと違う自分を見つける

［六　曜］友引（ともびき）
［日干支］庚子（かのえね）
［月干支］丙戌（ひのえいぬ）
［年干支］乙巳（きのとみ）
［二十八宿］虚（きょ）
［十二直］平（たいら）
［暦注下段］神吉日（かみよしにち）、月徳日（つきとくにち）

［陰陽］陽

陰
中庸
陽

［二十四節気］秋分（しゅうぶん）
［七十二候］蟄虫坏戸（むしかくれてとをふさぐ）
［旧暦］2025年8月7日

あらゆる選択に「おしゃれ」を意識する

関係性が良くなる「友引」と日干支の「庚子」が重複することで、「おしゃれを楽しむ」という行為に、良い支援と恩恵が集まる大吉日です。今日は「おしゃれな秋」を楽しんでください。服装だけでなく、散策するエリアやランチの場所なども「おしゃれ」を意識してください。いつもと違う自分を発見できれば、大吉祥日へと昇華します。

「いつもと違う」を優先する

二十八宿の「虚」と十二直の「平」が重複するため、「いつもと同じ状態」を選んでしまう傾向が強まります。自分の定番や好みは優先しつつ、いつもとは違う服装、違う環境を選んでみてください。最初は気が乗らなくても、楽しい時間へと変化していきます。

［人］
友達
恋人
女性

［行動］
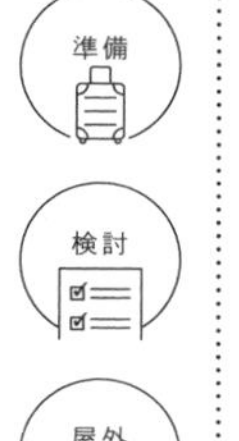

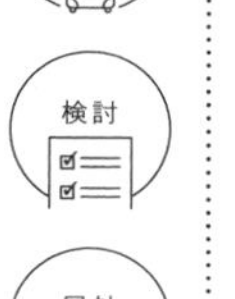

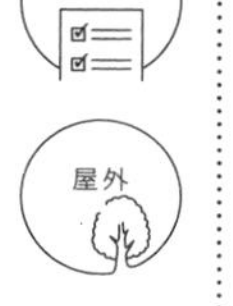

［健康］
運動
炭水化物

［お金］
買う（有形）
払う（無形）

9月

2025年

10月

【月干支】

丁亥

陰の月干支となり、目に見えない領域で「上昇する」傾向が強い期間となります。

2025年10月の「大吉日」ベスト3

第❶位 10月6日(月)

［注目の古暦］
天赦日、一粒万倍日、神吉日

全体が向上する機運となりますが、特に「組み立てる」「構築する」という感覚に、強い支援が発生する大吉日です。楽しむことで、その楽しみが万倍化へとつながります。

第❷位 10月16日(木)

［注目の古暦］
友引、一粒万倍日、神吉日、大明日、母倉日

「協力」を意識すると、「強力な支援」がやってくる大吉日です。一人の力ではできないことも、誰かと力を合わせることで、万倍化の結果を得られるのです。

第❸位 10月10日(金)

［注目の古暦］
友引、鬼宿日、神吉日、天恩日

「情報収集」が良い成果へと直結する大吉日です。自分が興味のなかったジャンルの情報にも、積極的にアクセスしてみてください。

10月1日（水）

前に出ることで、より良い成果が生まれる

【六曜】大安（たいあん）
【日干支】癸卯（みずのとう）
【月干支】丁亥（ひのとい）
【年干支】乙巳（きのとみ）
【二十八宿】壁（へき）
【十二直】破（やぶる）
【暦注下段】一粒万倍日（いちりゅうまんばいび）、神吉日（かみよしにち）

【陰陽】陽

陰
中庸
陽

【二十四節気】秋分（しゅうぶん）
【七十二候】蟄虫坏戸（むしかくれてとをふさぐ）
【旧暦】2025年8月10日

立候補にも最適な大吉日

全体が良くなる「大安」と日干支の「癸卯」が重複することにより、「前に出る」という選択が良い結果と良い成果へとつながる大吉日となります。今日は仕事でも学校でもプライベートでも、「前方にいること」を意識してみてください。特に「立候補」という行為を選択すると、大吉祥日へと昇華します。

考えるよりも先に前に出る

二十八宿の「壁」の影響により、「手間をかけたくない」という欲求が強まります。意識的に「丁寧さ」を心がけることで回避できます。立候補も「面倒くさい」という感覚から躊躇（ちゅうちょ）してしまいますが、その先にある「ご褒美」をイメージできれば、前に出ることができます。まずは手を挙げてみてください。

［人］
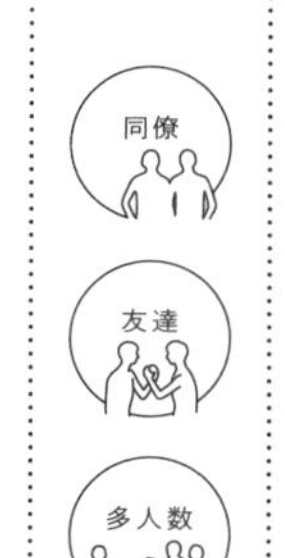

［行動］
仕事
開始
実行

［健康］
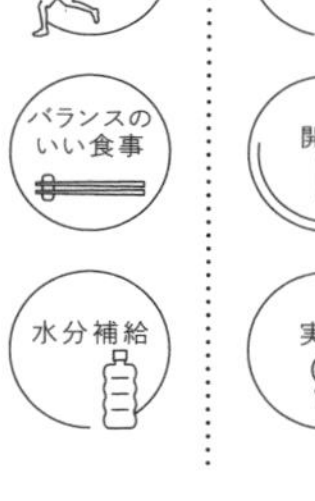

［お金］
買う（有形）
払う（無形）
投資

10月4日（土）

見直すことで、より正しい選択へと導かれる

［六曜］友引（ともびき）
［日干支］丙午（ひのえうま）
［月干支］丁亥（ひのとい）
［年干支］乙巳（きのとみ）
［二十八宿］胃（い）
［十二直］納（おさん）
［暦注下段］神吉日（かみよしにち）、大明日（だいみょうにち）

［陰陽］陰

陽
陰
中庸

［二十四節気］秋分（しゅうぶん）
［七十二候］水始涸（みずはじめてかるる）
［旧暦］２０２５年８月13日

一度判断したことも見直してみる

関係性が良くなる「友引」と日干支の「丙午」が重複することにより、「見直す」という行為が災いを回避し、より良い状態へと移行する鍵となる大吉日です。今日は一度確認したことでも、再度確認してみてください。「最初の判断が正しいとは限らない」という意識で点検すると、重要な点が見つけやすくなります。

思い込みを疑う

二十八宿の「胃」の影響で、「自分が正しい」という思い込みが強まる傾向となります。正解だと信じていることも、違う観点から確認すると「正しくない」ということも、たくさんあるのです。今日は自分の「思い込み」を疑ってみると、より良い発展につながります。

［人］
友達
家族
子ども

［行動］
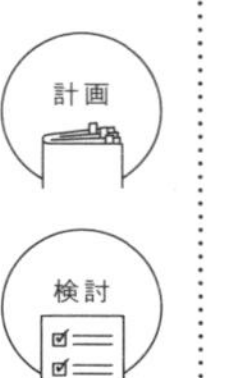

［健康］
休息
たんぱく質

［お金］
買う（有形）
投資

10月6日（月）

組み立てる喜びを知る

【六　曜】仏滅（ぶつめつ）
【日干支】戊申（つちのえさる）
【月干支】丁亥（ひのとい）
【年干支】乙巳（きのとみ）
【二十八宿】畢（ひつ）
【十二直】閉（とづ）
【暦注下段】天赦日（てんしゃにち）、一粒万倍日（いちりゅうまんばいび）、神吉日（かみよしにち）

【陰陽】陰

陽　中庸　陰

【二十四節気】秋分（しゅうぶん）
【七十二候】水始涸（みずはじめてかるる）
【旧暦】2025年8月15日

直感を優先して組み立てる

「天赦日」に「一粒万倍日」の増殖力が加わる大吉日です。今日は「直感」や「感覚」を優先して、「組み立てる」「構築する」という感覚で行動を選択してください。バラバラだった多くの「部品」に手を加えることで「別の存在として確立させる」という行為が「組み立てる」ということ。その楽しさや喜びを確認できれば、大吉祥日へと昇華します。

無理せず淡々と取り組む

現代の六曜では注意日となる「仏滅」が重複することにより、「意欲が湧かない」という感覚が強まります。「大吉日に淡々と取り組む」という姿勢が有効です。無理をするのではなく、「良い1日だった」と思えれば、古暦活用法として成功です。

［人］
同僚
大人
単独

［行動］
準備
仕事
屋内

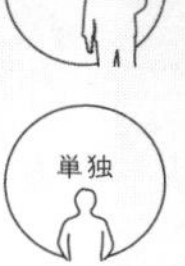

［健康］
休息
炭水化物
脂質

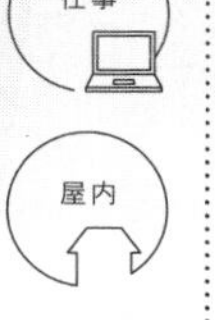

［お金］
もらう
貯金
寄付

10月7日（火）

自分の選択の価値に気がつく

【六曜】大安
【日干支】己酉
【月干支】丁亥
【年干支】乙巳
【二十八宿】觜
【十二直】建
【暦注下段】神吉日、大明日、天恩日

【陰陽】陽

陽　中庸　陰

【二十四節気】秋分
【七十二候】水始涸
【旧暦】2025年8月16日

ものを愛する人はものから愛される人

全体が良くなる「大安」と日干支の「己酉」が重複することにより、「本当の価値に気がつく」ことができる大吉日となります。自分の身の回りにあるもの、「道具」や「インテリア」の魅力や機能を再確認してみてください。「良い点」を具体化することは「愛着」につながります。ものを愛する人はものから愛される人です。そこからの「支援」を実感しましょう。

見えている側面だけで全体を決めつけない

二十八宿の「觜」と十二直の「建」が重複することにより、「偏見」が強まってしまう傾向が現れます。どんな人でも「万物の側面」しか確認できないのです。今日は「中立」という感覚で、自分の意見や認識が偏らないように注意してください。

［人］
同僚
友達
両親

［行動］

検討
調査
評価

［健康］
運動
たんぱく質
炭水化物

［お金］
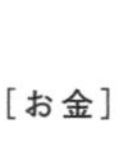
買う（有形）

寄付

自分へのご褒美

10月10日（金）

知らない領域を覗くと世界が拡がる

【六曜】友引
【日干支】壬子
【月干支】丁亥
【年干支】乙巳
【二十八宿】鬼
【十二直】満
【暦注下段】鬼宿日、神吉日、天恩日

【陰陽】陰

【二十四節気】寒露
【七十二候】鴻雁来
【旧暦】2025年8月19日

情報が気づきと発想を導く

関係性が良くなる「友引」と宿最上の「鬼宿日」が重複する大吉日です。日干支の「壬子」の影響から、「情報を収集する」という行為が、良い気づきと発想へと導かれる選択となります。検索だけでなく、自分が知らなかった領域に気づくことで、世界が拡がります。書店で多くの本のタイトルを楽しめれば、大吉祥日へと昇華します。

答えを急がない

十二直の「満」の影響により、「結論を出したい」という欲求が強まる日です。答えを出すのは大切なことですが、慌てると「見落とし」や「勘違い」が生じやすいのも事実です。今日は「情報収集」を軸に据えて、そこから得られた認識も活用して答えを選んでみてください。

【人】
同僚
友達
交流

【行動】
準備
連絡
調査

【健康】
ダイエット
ビタミン
ミネラル

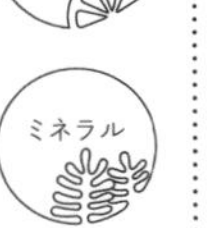

【お金】
買う（有形）
払う（無形）
投資

10月13日（月）

教えることで自分が成長する

【六曜】大安（たいあん）
【日干支】乙卯（きのとう）
【月干支】丁亥（ひのとい）
【年干支】乙巳（きのとみ）
【二十八宿】張（ちょう）
【十二直】執（とる）
【暦注下段】神吉日（かみよしにち）

【陰陽】陽

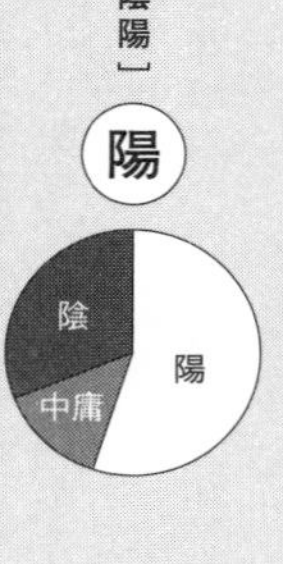

【二十四節気】寒露（かんろ）
【七十二候】菊花開（きくのはなひらく）
【旧暦】2025年8月22日

知識・経験・気づきというお宝をシェアする

全体の機運が良くなる「大安」と二十八宿の「張」、十二直の「執」が重複することにより、「教える」という行為に良い支援と良い成果が生まれる大吉日です。あなたの「知識・経験・気づき」は、かけがえのない「お宝」です。それを分け与えることが「教える」ことであり、それによってあなたも教えられた相手も「成長」というご褒美を得ることができます。

熱中しすぎそうになったら休憩を入れる

日干支が「乙卯」となることで、「いきすぎ」「やりすぎ」の傾向が強くなるので要注意です。今日の「教える」という行為も相手と自分、双方のバランスが釣り合わないと、「良い時間」とはなりません。疲れを感じる前に小休止を入れましょう。

［人］
同僚
大人
交流

［行動］

［健康］
ダイエット
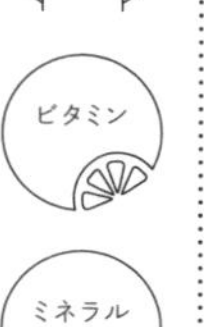

［お金］
払う（無形）
もらう

10月16日（木）

「協力」の真価を知る

【六曜】友引（ともびき）
【日干支】戊午（つちのえうま）
【月干支】丁亥（ひのとい）
【年干支】乙巳（きのとみ）
【二十八宿】角（かく）
【十二直】成（なる）
【暦注下段】一粒万倍日（いちりゅうまんばいび）、神吉日（かみよしにち）、大明日（だいみょうにち）、母倉日（ぼそうにち）

【陰陽】陽

陰
中庸
陽

【二十四節気】寒露（かんろ）
【七十二候】菊花開（きくのはなひらく）
【旧暦】2025年8月25日

協力で成果に近づく

関係性が良くなる「友引」と複数の善日が重複し、「協力」を意識することで色々なことが整い、良い方向へと進んでいく大吉日となります。一つの「目的」や得たい「成果」を明確に共有して、それを一緒に達成しましょう。家族や身近にいる人とできれば、「一粒万倍日」の支援も受け、大吉祥日へと昇華します。

やるべきことを明確にして取り組む

二十八宿の「角」と十二直の「成」が重複することにより、「先送りしたくなる」気持ちが強く表れる日となります。「やるべきこと」に優先順位をつけて取り組んでください。後から「余裕」を得るためにも、今日はやる気を奮い立たせて行動することを選択してください。

［人］
同僚
家族
多人数

［行動］
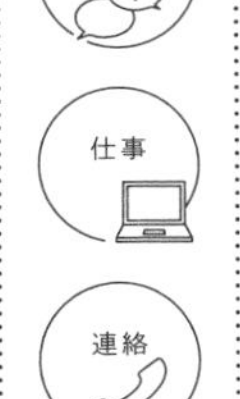
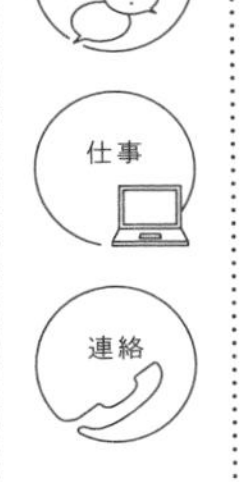
相談
仕事
連絡

［健康］
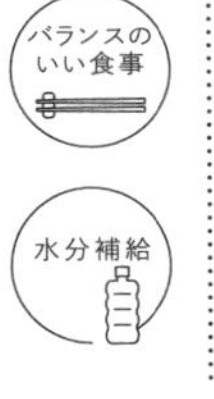
運動
バランスのいい食事
水分補給

［お金］
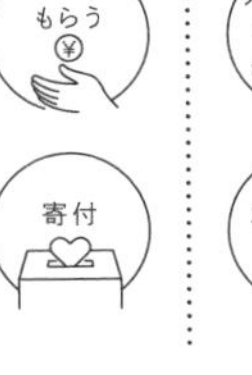
払う（無形）
もらう
寄付

10月19日(日)

今年残りの74日の未来をより良くする

【六曜】大安(たいあん)
【日干支】辛酉(かのととり)
【月干支】丁亥(ひのとい)
【年干支】乙巳(きのとみ)
【二十八宿】房(ぼう)
【十二直】閉(とづ)
【暦注下段】一粒万倍日(いちりゅうまんばいび)、神吉日(かみよしにち)、大明日(だいみょうにち)

【陰陽】陰

陽 中庸 陰

【二十四節気】寒露(かんろ)
【七十二候】蟋蟀在戸(きりぎりすとにあり)
【旧暦】2025年8月28日

年末までのスケジュールを明確にする

全体の機運が良くなる「大安」と日干支の「辛酉」が重複することにより、これから年末までの「スケジュールを明確にすること」に多くの支援と恩恵が集まります。それが「一粒万倍日」の「良いタネ」となる大吉日です。これから来る年末に向けて色々な用事が発生する前に、仕事でもプライベートでもしっかりとした「計画」を検討してください。

他人の無作法も自分の教訓とする

二十八宿の「房」と十二直の「閉」が重複する影響で、「マナー」を忘れてしまう傾向が強くなる日です。他人のマナーが気になったら、それは「教訓」です。そこから、「自分のマナー」を整えましょう。

［人］

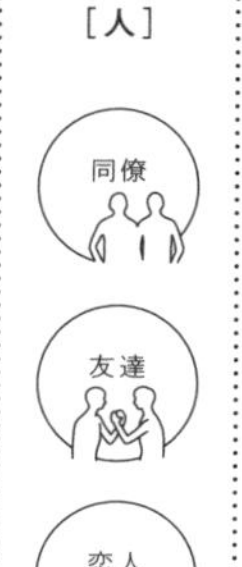

恋人

［行動］

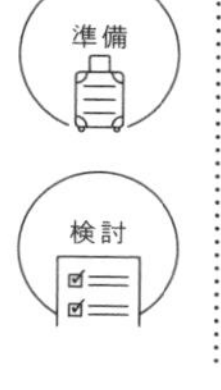

［健康］

休息
炭水化物

［お金］

払う(無形)
貯金

10月23日（木）

［六　曜］大安（たいあん）
［日干支］乙丑（きのとうし）
［月干支］丁亥（ひのとい）
［年干支］乙巳（きのとみ）
［二十八宿］斗（と）
［十二直］平（たいら）
［暦注下段］神吉日（かみよしにち）、天恩日（てんおんにち）

「今までのやり方」はもっと良くできる

［陰陽］陽

［二十四節気］霜降（そうこう）
［七十二候］霜始降（しもはじめてふる）
［旧暦］2025年9月3日

改善のチャンスが巡ってくる

全体の機運が良くなる「大安」と二十八宿の「斗」、十二直の「平」が重複することにより、「新しい方法、手段」を検討すると良い支援が集中し、嬉しい結果へと導かれる大吉日です。「今までのやり方・手順」を「もっと良くすること」を意識してください。受け継がれてきた方法が非効率となっていることも珍しくありません。改善のチャンスを活用しましょう。

意見が合わなくても尊重する

日干支が「乙丑」となるため、「意見が合わない」という感覚が強まる日となります。気持ちにゆとりがないと言い争いになりかねません。相手の意見は尊重する姿勢で、自分の意見を選択して行動していけば、その感覚は自動的に解消されます。

［人］ 同僚　家族　大人

［行動］ 準備　検討　研究

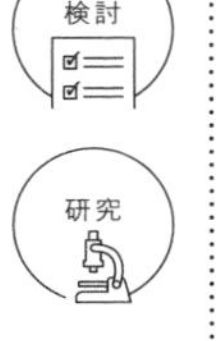

［健康］ ダイエット　ビタミン　ミネラル

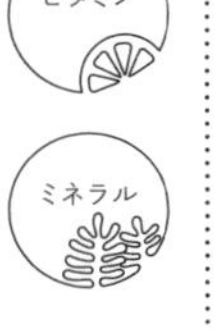

［お金］ 買う（有形）　投資　寄付

10月

10月31日（金）

自分を幸せにすることを意識すると、良い発想が育つ

【六　曜】先勝
【日干支】癸酉
【月干支】丁亥
【年干支】乙巳
【二十八宿】婁
【十二直】閉
【暦注下段】一粒万倍日、神吉日、大明日

【陰陽】陰
陽　中庸　陰

【二十四節気】霜降
【七十二候】霎時施
【旧暦】2025年9月11日

内面を整えて幸せのタネをまく

日干支の「癸酉」と内面系の善日が重複し、「良い発想」と「良い感情」が育ちやすい大吉日となります。さらに「一粒万倍日」の増殖力が加わるので、自分の「内面を整える」という感覚をもてば大吉祥日へと昇華します。今日は徹底して、「自分を幸せにする心」を検討してみてください。

寝る前の1時間を確保する

二十八宿の「婁」と十二直の「閉」が重複することにより、「急ぎたい」衝動が強くなる日です。月末の多忙さが加わると「内面」を意識することを忘れてしまいます。あらかじめ「寝る前の1時間」を確保しましょう。もちろん日中に時間がとれれば、そこで内面の整理に取りかかることが有効です。

［人］
恋人
家族
子ども

［行動］

準備
検討
屋内

［健康］

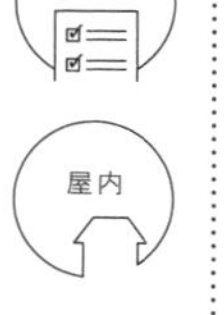
休息
ビタミン
ミネラル

［お金］
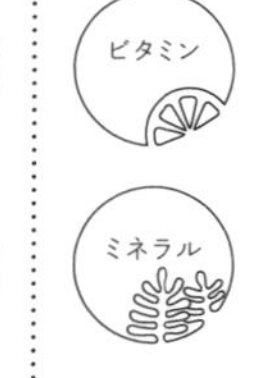

払う（無形）
貯金
寄付

2025年

11月

【月干支】

戊子（つちのえね）

陽の月干支となり、目に見える領域で「吸収される」傾向が強い期間となります。

2025年11月の「大吉日」ベスト3

第❶位 11月24日(月)

[注目の古暦]
友引（ともびき）、一粒万倍日（いちりゅうまんばいび）、神吉日（かみよしにち）、母倉日（ぼそうにち）

「落ち着くこと」の恩恵を再確認でき、その良い要素が万倍化する大吉日です。これから本格化する冬に向けて、静かなときを意図的につくり出すことで、この後の展開にも支援がつきます。

第❷位 11月12日(水)

[注目の古暦]
一粒万倍日（いちりゅうまんばいび）、神吉日（かみよしにち）、母倉日（ぼそうにち）

「新しい学び」や「技能の習得」に強い支援が集まり、それが年末に向けての良い波をつくり出します。この大吉日を起点として、見えない領域での成長が始まります。

第❸位 11月7日(金)

[注目の古暦]
友引（ともびき）、鬼宿日（きしゅくび）、天恩日（てんおんにち）

「自己紹介」を検討するタイミングです。自分で自分を把握し、的確に伝えることに意識を向けてみてください。それにより、今後の良いご縁が生まれる「タネ」が発生する大吉日になるのです。

11月4日（火）

今年のやり残しを防ぐ

［六曜］大安（たいあん）
［日干支］丁丑（ひのとうし）
［月干支］戊子（つちのえね）
［年干支］乙巳（きのとみ）
［二十八宿］觜（し）
［十二直］平（たいら）
［暦注下段］神吉日（かみよしにち）、大明日（だいみょうにち）

［陰陽］陰

陽
中庸
陰

［二十四節気］霜降（そうこう）
［七十二候］楓蔦黄（もみじつたきばむ）
［旧暦］2025年9月15日

元日から今日までを振り返る

全体が良くなる「大安」と日干支の「丁丑」の重複により、「振り返り」に強い支援と恩恵が集まる大吉日です。まだ2025年は2か月ほど残っていますが、元日から今日までを振り返ってみましょう。どんな日々を過ごしてきて、何が起きたのかを「追想」してください。「やり残し」や「忘れていたこと」も確認でき、年内に間に合います。

今日の振り返りでは反省しない

二十八宿の「觜」の影響により、「後悔したくなる」傾向が強まるので、注意が必要です。今日の「振り返り」には、「反省」や「修正」は一切不要です。これからのために、今までの確認を忘れずに、取り組んでみてください。

［人］
同僚
大人
単独

［行動］
計画
検討
確認

［健康］
休息
たんぱく質
炭水化物

［お金］
払う（無形）
もらう
貯金

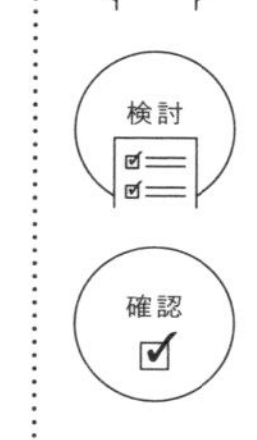
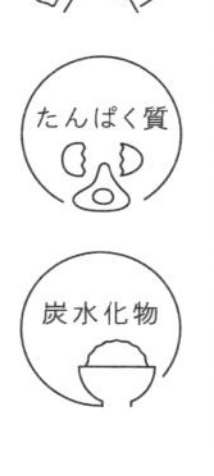

11月7日（金）

自分という「情報」と向き合う

【六曜】友引（ともびき）
【日干支】庚辰（かのえたつ）
【月干支】戊子（つちのえね）
【年干支】乙巳（きのとみ）
【二十八宿】鬼（き）
【十二直】執（とる）
【暦注下段】鬼宿日（きしゅくび）、天恩日（てんおんにち）

【陰陽】陽

陽
陰
中庸

【二十四節気】立冬（りっとう）
【七十二候】山茶始開（つばきはじめてひらく）
【旧暦】2025年9月18日

自分という存在を具体化する

「友引」と宿最高の「鬼宿日」、日干支の「庚辰」が重複することにより、「自己紹介」に良い支援が集まる大吉日です。「自分を知らない人に自分を伝える内容」を、具体的に検討してください。職業やキャリアの年数など、伝わりやすい情報から始めて、初めて会う相手が自分のことを覚えてくれる内容となるまで、具体化しましょう。

抵抗感を乗り越えて自分と向き合う

十二直の「執」の影響により、「検討すること」への抵抗感が強まる傾向となります。特に「自己紹介」は難しいテーマでもあるので、「やりたくない」という想いも強まることがあります。その負荷を乗り越えると大吉日の恩恵が大きく増えていきます。

［人］
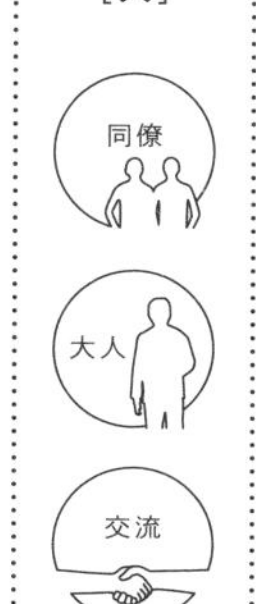

［行動］
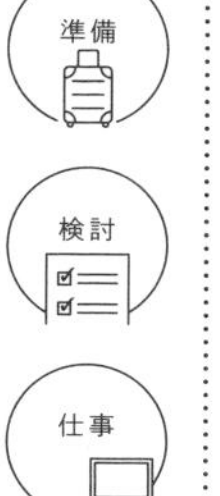

［健康］

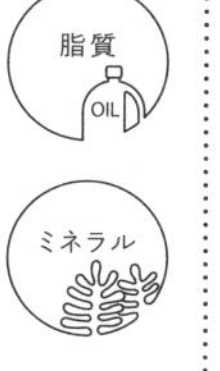

［お金］
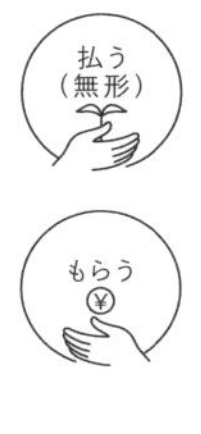

11月10日（月）

心配を手放すと良い機運に乗る

【六曜】大安（たいあん）
【日干支】癸未（みずのとひつじ）
【月干支】戊子（つちのえね）
【年干支】乙巳（きのとみ）
【二十八宿】張（ちょう）
【十二直】成（なる）
【暦注下段】天恩日（てんおんにち）

【陰陽】陽

陽 中庸 陰

【二十四節気】立冬（りっとう）
【七十二候】山茶始開（つばきはじめてひらく）
【旧暦】2025年9月21日

肩の力を抜いて微笑みを浮かべる

全体の機運が良くなる「大安」と二十八宿の「張」が重複することにより、「楽観的」が鍵となる大吉日となります。今日は「心配しない」という意識をもってみてください。肩の力を抜いて微笑みを浮かべるだけでも、自然と良い方向へと導かれ、良い機運へと同調できるので、試してみてください。

不安が芽生えても今日は楽観的でいる

日干支が「癸未」となるため、今まで「目に見えていたこと」「確認できていたこと」が、不明瞭となる傾向が強まります。実際には「変わっていない」ことでも、確認できないと「不安」という気持ちが芽生えてしまうものです。「まあ、大丈夫でしょう」という感覚を維持してみてください。

［人］
友達
恋人
家族

［行動］
計画
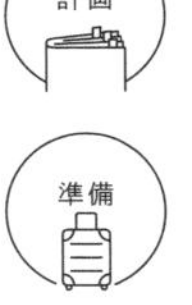

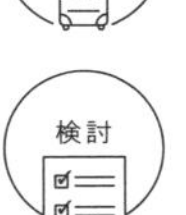

［健康］
運動
たんぱく質
炭水化物

［お金］

11月12日（水）

「学びにいく」という姿勢が良い導きを生む

【六曜】先勝（せんしょう）
【日干支】乙酉（きのととり）
【月干支】戊子（つちのえね）
【年干支】乙巳（きのとみ）
【二十八宿】軫（しん）
【十二直】開（ひらく）
【暦注下段】一粒万倍日（いちりゅうまんばいび）、神吉日（かみよしにち）、母倉日（ぼそうにち）

【陰陽】陽

【二十四節気】立冬（りっとう）
【七十二候】地始凍（ちはじめてこおる）
【旧暦】２０２５年９月23日

能動的に学ぶ

二十八宿の「軫」、十二直の「開」と善日の重複により、「学ぶこと」「新しい技能を得ること」に多くの支援と恩恵が集まり、「一粒万倍日」の影響で増幅していく大吉日です。今日は、社会人も「勉強」を意識してください。それも「受動的」ではなく「能動的」な選択が、さまざまな良い影響となって自分に戻ってきます。

集団からの卒業は決断しない

日干支が「乙酉」となる影響で「離脱したくなる」衝動が強まるので、注意が必要です。所属している組織やグループなどを「卒業」するのは、少しだけ待ってみてください。「ご縁」があって集まったことの意味と意義を検討してみましょう。

［人］
友達
交流
多人数

［行動］
検討
研究
学習

［健康］
運動
バランスのいい食事
水分補給

［お金］
払う（無形）
投資
ポイント関連

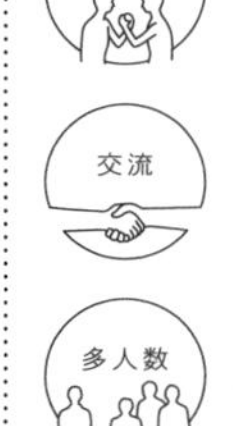

11月19日（水）

まずは、身近な人を喜ばせる

［六曜］友引（ともびき）
［日干支］壬辰（みずのえたつ）
［月干支］戊子（つちのえね）
［年干支］乙巳（きのとみ）
［二十八宿］箕（き）
［十二直］執（とる）
［暦注下段］大明日（だいみょうにち）

［陰陽］陰

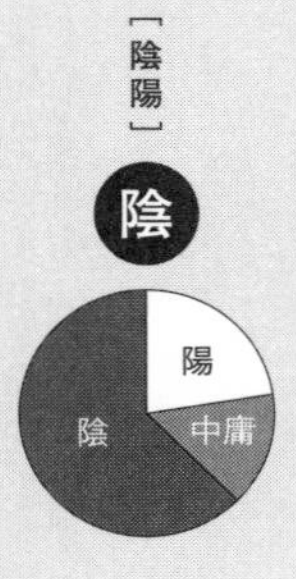

［二十四節気］立冬（りっとう）
［七十二候］金盞香（きんせんかさく）
［旧暦］2025年9月30日

笑顔を見られればそれだけで成功

コミュニケーションに恩恵がある「友引」と二十八宿の「箕」が重複することにより、身近な人を「喜ばせる」という行為に多くの支援が集まる大吉日です。会話でも態度でも、仕事や勉強の手伝いでも、手段を限定する必要はありません。「相手の笑顔を見たい」と思えて、実行できれば、ほとんど成功です。

反応がなくても徹底して喜ばせる

日干支が「壬辰」となるため、相手の反応が鈍くなる傾向が強まります。「喜んでくれる」と思った選択でも、最初は想定通りの反応が返ってこないかもしれません。そこでへこたれずに、「喜ばす」という選択をすると、多くの恩恵が得られます。

［人］

［行動］

相談

屋内

［健康］

休息

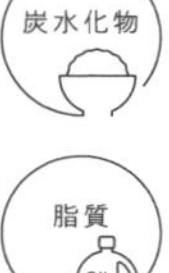

［お金］

買う（有形）

寄付

11月21日（金）

嬉しいこと、楽しいことはもっと高まる

［六　曜］大安（たいあん）
［日干支］甲午（きのえうま）
［月干支］戊子（つちのえね）
［年干支］乙巳（きのとみ）
［二十八宿］牛（ぎゅう）
［十二直］危（あやぶ）
［暦注下段］神吉日（かみよしにち）、月徳日（つきとくにち）

［陰陽］
陰

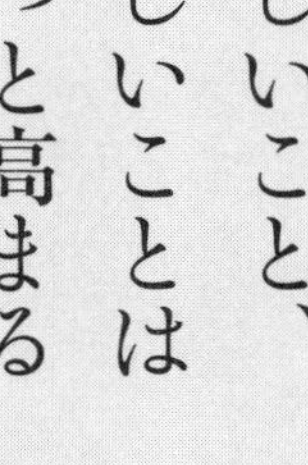

［二十四節気］立冬（りっとう）
［七十二候］金盞香（きんせんかさく）
［旧暦］2025年10月2日

良い感情を追い求める

全体が良い方へ向かう「大安」と日干支の「甲午」の重複により、「盛り上げる」という感覚が、さまざまな恩恵となる日です。「喜び」や「楽しさ」という感情を「もっと高める」選択をしてみてください。良い感情を「第一段階」で止めずに、もっと高めるための「プラスアルファ」を検討すると、良い導きを得て、「高まる」という結果へとつながります。

開き直って良い感情に徹する

十二直が「危」となるため、「臆病」になる傾向が強くなるので注意が必要です。せっかくの「盛り上げ」も慎重になりすぎると、好機を逸してしまいます。良いことは嬉しい、嬉しいことは楽しいと、シンプルな感覚で取り組んでみてください。

［人］

［行動］

［健康］
ダイエット
ビタミン
ミネラル

［お金］
買う（有形）
自分へのご褒美
他人へのプレゼント

11月24日（月）

心の静寂が良いタネを生む

［六　曜］友引（ともびき）
［日干支］丁酉（ひのととり）
［月干支］戊子（つちのえね）
［年干支］乙巳（きのとみ）
［二十八宿］危（き）
［十二直］開（ひらく）
［暦注下段］一粒万倍日（いちりゅうまんばいび）、神吉日（かみよしにち）、母倉日（ぼそうにち）

［陰陽］陰

陽
中庸
陰

［二十四節気］小雪（しょうせつ）
［七十二候］虹蔵不見（にじかくれてみえず）
［旧暦］2025年10月5日

忙しくても意図的に落ち着く

関係性が良くなる「友引」と日干支の「丁酉」が重複することにより、「落ち着くこと」に多くの恩恵が集まる大吉日です。月末の期間で、タスクや締め切りが重複する頃となりますが、だからこそ意図的に「落ち着く」という感覚をもつことで、良い対応と判断ができるようになります。「一粒万倍日」ですので、心の静寂による「良いタネ」が万倍化します。

緊迫感に巻き込まれない

二十八宿の「危」と十二直の「開」が重複することにより、「緊迫感」が強まる傾向となります。いたずらに緊張や焦りをあおる行為に巻き込まれそうになったら、その場から離れて「深呼吸」してください。落ち着きを取り戻せます。

11月27日（木）

鏡と真剣に向き合って見た目を整える

【六曜】大安（たいあん）
【日干支】庚子（かのえね）
【月干支】戊子（つちのえね）
【年干支】乙巳（きのとみ）
【二十八宿】奎（けい）
【十二直】除（のぞく）
【暦注下段】神吉日（かみよしにち）

【陰陽】陽

陰
中庸
陽

【二十四節気】小雪（しょうせつ）
【七十二候】朔風払葉（きたかぜこのはをはらう）
【旧暦】2025年10月8日

整えた見た目が幸運を招く

全体が良くなる「大安」と日干支の「庚子」の重複で、「見た目を整える」ことに多くの支援と恩恵が集まる大吉日です。「普段から見た目を意識している人」は、いつもは確認しない箇所を整えましょう。久しぶりに「鏡と真剣に向き合う人」は、全体の機運に同調するつもりで取り組んでください。イメージチェンジに取り組めれば、大吉祥日へと昇華します。

気持ちが逃げないように注意する

二十八宿の「奎」と十二直の「除」が重複することにより、「注意散漫」となる傾向が強まるので注意が必要です。特に普段よりも「自分に注目」しようとすると、他の対象に気持ちが逃げようとするので、気をつけてください。

［人］
恋人
女性
単独

［行動］
検討
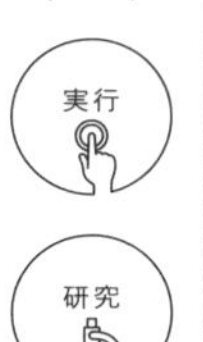
実行
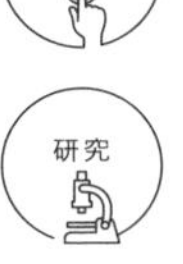
研究

［健康］
ダイエット
ビタミン

ミネラル

［お金］
投資
寄付
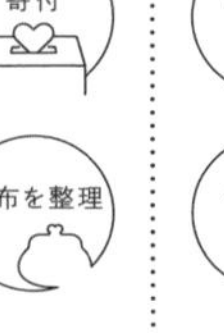
財布を整理

11月30日（日）

[六　曜] 友引(ともびき)
[日干支] 癸卯(みずのとう)
[月干支] 戊子(つちのえね)
[年干支] 乙巳(きのとみ)
[二十八宿] 昴(ぼう)
[十二直] 定(さだん)
[暦注下段] 神吉日(かみよしにち)

楽しいこと限定で、年末に想いを馳せる

[陰陽] 陽

陽　中庸　陰

[二十四節気] 小雪(しょうせつ)
[七十二候] 朔風払葉(きたかぜこのはをはらう)
[旧暦] 2025年10月11日

身近な人と楽しい予定を考える

関係性が良くなる「友引」と日干支の「癸卯」が重複することで、「12月の楽しい予定を相談する」と良い導きを得て、良い現実が引き寄せられる大吉日となります。身近な人と「楽しいこと限定」で、年末のイベントや予定について話し合ってみてください。具体的な日付や予算などの「数字」も検討すると、その成功率が高まります。

今日考えたことは決めきる

十二直の「定」の影響により、普段よりも「迷う」傾向が強くなります。楽しいことの検討でも、しっかりと結論を出すことで、次のステップへと進めるのです。「決めきる」という感覚をもってみてください。しっかりと決めて、今年の年末を楽しい期間へと昇華させましょう。

[人]
友達
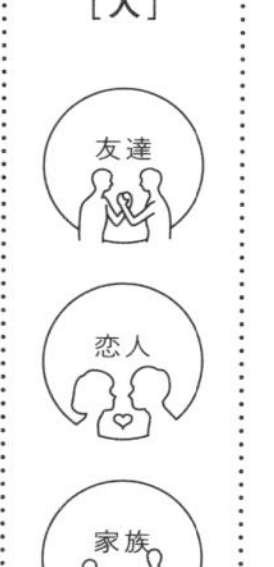
恋人
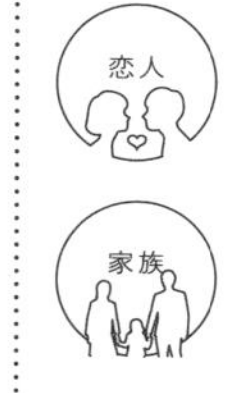
家族

[行動]
計画
準備
検討

[健康]
運動
炭水化物
脂質

[お金]
払う（無形）
投資
自分へのご褒美

2025年

12月

【月干支】己丑

陰の月干支となり、目に見えない領域で「あふれ出す」傾向が強い期間となります。

2025年12月の「大吉日」ベスト3

第❶位 12月21日(日)

［注目の古暦］
甲子、天赦日、一粒万倍日、天恩日

全体が向上する大吉日ですが、「来年の挑戦」について検討してください。それが来年に花を咲かせ、収穫が万倍となる「良いタネ」となります。

第❷位 12月6日(土)

［注目の古暦］
友引、一粒万倍日、神吉日、大明日、母倉日、天恩日

「自分の味方」を意識することで、強力な支援が集まり、今後の展開が自分にとって嬉しいものとなっていく、起点の大吉日です。

第❸位 12月29日(月)

［注目の古暦］
友引、神吉日、大明日、母倉日、月徳日

「新しい年の準備」は、この大吉日にまとめて取り組んでください。大掃除や買い物も大晦日を待つことなく、この日に済ませておきましょう。この「ゲン担ぎ」は来年全般に作用します。

12月3日（水）

工夫の恩恵を確認する

［六曜］大安（たいあん）
［日干支］丙午（ひのえうま）
［月干支］己丑（つちのとうし）
［年干支］乙巳（きのとみ）
［二十八宿］参（しん）
［十二直］危（あやぶ）
［暦注下段］神吉日（かみよしにち）、大明日（だいみょうにち）

［陰陽］陽

陰 中庸 陽

［二十四節気］小雪（しょうせつ）
［七十二候］橘始黄（たちばなはじめてきばむ）
［旧暦］２０２５年10月14日

より良い状態に向けて工夫する

全体の機運が良くなる「大安」と日干支の「丙午」が重複することにより、「工夫する」という感覚を意識すると、色々なことがより良い状態へと向上する大吉日となります。「工夫」とは、「問題ない」状態から「とても良い」状態へ格上げすることです。少しの検討や思いつきにより、効率が飛躍的に向上し、より良い成果となることは想像以上に多いのです。

不要な節約はもったいない

二十八宿の「参」と十二直の「危」が重複することにより、「必要のない節約」をしてしまう傾向が強まります。必要で有効な「節約」は大切なのですが、その範囲や内容が「効果に見合わない」と無駄となるばかりか「弊害」が発生します。

［人］
同僚
大人
多人数

［行動］

検討
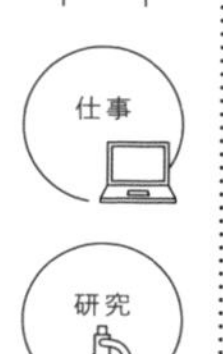
仕事
研究

［健康］

運動
たんぱく質
炭水化物

［お金］

買う（有形）
払う（無形）
投資

12月5日（金）

分類することで目に見えない課題が解消へ向かう

【六曜】先勝（せんしょう）
【日干支】戊申（つちのえさる）
【月干支】己丑（つちのとうし）
【年干支】乙巳（きのとみ）
【二十八宿】鬼（き）
【十二直】納（おさん）
【暦注下段】鬼宿日（きしゅくび）、神吉日（かみよしにち）、母倉日（ぼそうにち）

【陰陽】陰

陽
中庸
陰

【二十四節気】小雪（しょうせつ）
【七十二候】橘始黄（たちばなはじめてきばむ）
【旧暦】2025年10月16日

分類をして、結びつきに気づく

鬼宿最高の吉日である「鬼宿日」と十二直の「納」が重複することにより、「分類をする」という行為に多くの支援と成果が発生する大吉日です。といっても、目に見える「もの」でなく、目に見えない「課題」や「悩み」を内容によって分類して、整理してみてください。さまざまな「結びつき」に気づき、解決、解消へと向かい始めます。

用事は順番をハッキリさせて挑む

日干支が「戊申」となるため、色々な用事や連絡が「一度に重なる」傾向が強くなります。慌てる前に優先順位をつけて、一つひとつ対応していくという方針を決めておいてください。同時に進行させると、さらに追加の連絡が来た際に混乱を招く結果となります。

［人］
同僚
家族
単独

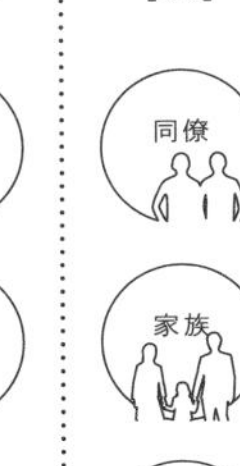

［行動］
計画
準備
検討

［健康］
休息
炭水化物
ミネラル

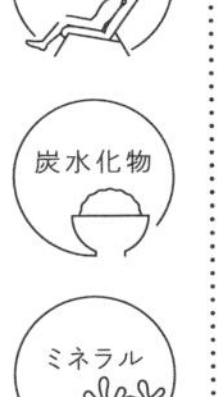
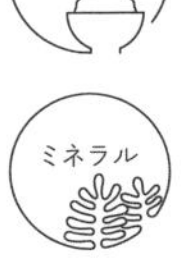

［お金］
貯金
投資
財布を整理

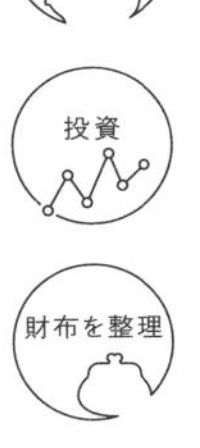

12月6日（土）

助けることで味方が増える

［六曜］友引
［日干支］己酉
［月干支］己丑
［年干支］乙巳
［二十八宿］柳
［十二直］開
［暦注下段］一粒万倍日、神吉日、大明日、母倉日、天恩日

［陰陽］陽

陽
中庸
陰

［二十四節気］小雪
［七十二候］橘始黄
［旧暦］2025年10月17日

友好的な関係を増やす

関係性が良くなる「友引」に、内面での良い変化を示す善日が多く重複し、それが「一粒万倍日」の影響で増強される大吉日です。今日は「自分の味方を増やす」という感覚で、「友好的に接する」姿勢が有効となります。自分から「相手を助ける」という姿勢でいると友好的な関係となります。「敵」を「味方」に変えられれば、大吉祥日へと昇華します。

集中力が鈍りやすい

二十八宿の「柳」の影響で、「集中力が鈍る」傾向が強まります。「色々とやってみる」という感覚が集中力を取り戻してくれます。また、「期限」や「締め切り」を確認することにより、集中力を取り戻すことも有効です。

［人］
同僚
男性
交流

［行動］
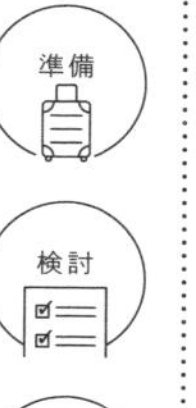
準備

検討

連絡

［健康］
運動
ビタミン
ミネラル

［お金］

買う（有形）
寄付
他人へのプレゼント

12月9日（火）

確認で信用というタネが生まれる

【六　曜】大安
【日干支】壬子
【月干支】己丑
【年干支】乙巳
【二十八宿】翼
【十二直】建
【暦注下段】一粒万倍日、神吉日、天恩日、月徳日

【陰陽】陽

陰
中庸
陽

【二十四節気】大雪
【七十二候】閉塞成冬
【旧暦】2025年10月20日

確認と連絡が良いタネになる

二十八宿の「翼」、十二直の「建」と多くの善日が重複し、「確認する」という行為に多くの支援と成果がつく、大吉日です。すでに理解していることでも、再度確認することにより、認識と信用を高めることができます。確認のための連絡をすることで、「一粒万倍日」に増殖させたい「良いタネ」が見つかる恩恵も発生します。

手順を忘れやすくなる

日干支が「壬子」となるため、「手順を忘れる」という危険性が高まります。それを予防するためにも、「確認」という意識を強くしてください。慣れていることでも、手順を間違うことは珍しいことではありません。少しだけ慎重に、確認を省略しないようにしてください。

［人］
同僚
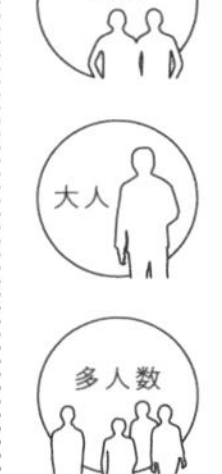
大人
多人数

［行動］
準備
連絡
確認

［健康］
運動
たんぱく質
炭水化物

［お金］
貯金
投資
財布を整理

12月12日(金)

集まって「これからの話」をしよう

［六曜］友引
［日干支］乙卯
［月干支］己丑
［年干支］乙巳
［二十八宿］亢
［十二直］平
［暦注下段］神吉日

［陰陽］陽

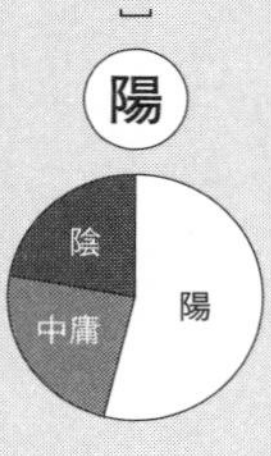

［二十四節気］大雪
［七十二候］熊蟄穴
［旧暦］2025年10月23日

同じ場所に集まって話す

人間関係が良くなる「友引」と日干支の「乙卯」が重複することにより、「集まる」行動に多くの支援と恩恵が得られる日です。今日は仕事でもプライベートでも、オンラインではなく、同じ場所に集合するという時間をつくってください。会議やミーティングでは、「過去のこと」よりも「これからのこと」を協議すると、より強い支援を受け、大吉祥日へと昇華します。

集まる手間を惜しまない

二十八宿の「亢」と十二直の「平」の影響により、「手間を惜しむ」という感覚が強くなる日です。昨今、打ち合わせは「オンライン」の方が楽な場合も多いですが、今日は「集まる手間」をあえて選択してください。

［人］
同僚
交流
多人数

［行動］
検討
相談
仕事

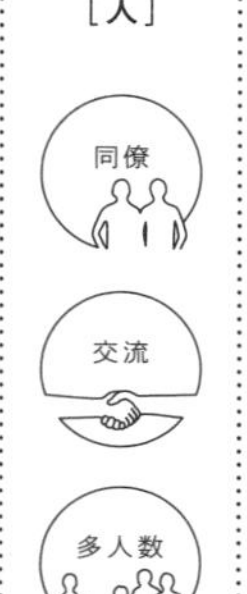

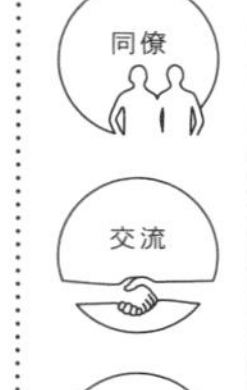

［健康］
運動
たんぱく質
脂質

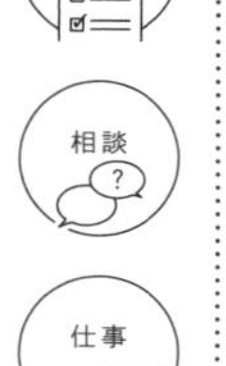

［お金］
もらう
ポイント関連
電子マネーチャージ

12月15日（月）

【六曜】大安
【日干支】戊午
【月干支】己丑
【年干支】乙巳
【二十八宿】心
【十二直】破
【暦注下段】神吉日、大明日

明るく振る舞うことから嬉しい変化が始まる

【陰陽】陽

陰
中庸
陽

【二十四節気】大雪
【七十二候】熊蟄穴
【旧暦】2025年10月26日

態度や言葉、表情から良くしていく

全体の機運が良くなる「大安」と二十八宿の「心」が重複することにより、「明るい気持ち」が周囲に伝わりやすくなる大吉日です。今日は自分の気分が「良い」という状態を態度や言葉、表情などで表現することを意識してください。実際に気分が「それほどでもない」という場合でも、外側を演じるうちに、内側がそれに同調していきます。

緊張や不安が伝わりやすい

日干支の「戊午」と十二直の「破」が重複する影響で、「緊張」や「不安」などの内面も、周囲に伝わりやすくなります。今日は意識しないと、勝手にそれらが強まってしまいます。「明るい側面」を意識することで、回避できるのです。

［人］
友達
恋人
家族

［行動］
相談
仕事
屋外

［健康］
運動
炭水化物
ビタミン

［お金］
買う（有形）
自分へのご褒美
他人へのプレゼント

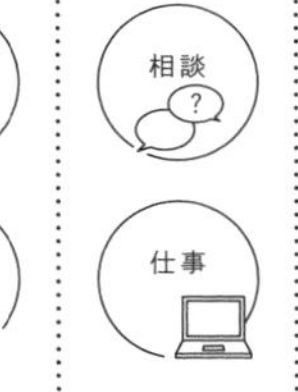

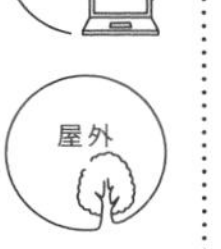

12月18日(木)

仲良くしたい人とだけご縁を強める

［六曜］友引
［日干支］辛酉
［月干支］己丑
［年干支］乙巳
［二十八宿］斗
［十二直］納
［暦注下段］神吉日、大明日、母倉日

［陰陽］陰

陽
中庸
陰

［二十四節気］大雪
［七十二候］鱖魚群
［旧暦］2025年10月29日

この先も一緒にいたい人を喜ばせる

人間関係が良くなる「友引」と日干支の「辛酉」に、内面系の善日が重複する大吉日です。「ご縁を強める」行為が多くの支援を集め、良い結果へとつながります。この先も「仲良くしたい人」限定で、プレゼントや喜ばせるメッセージを検討してみてください。クリスマスも近く、「不思議な支援」がつきますので、この好機を逃さないように活用しましょう。

新しいものに惑わされない

二十八宿の「斗」と十二直の「納」が重複することにより、「新しいこと」「新しい人」に惑わされる傾向が強くなります。「新しい」から「良い」とは限らないことを思い出しましょう。

［人］

［行動］

［健康］

休息
ビタミン

［お金］

買う（有形）
払う（無形）

12月20日（土）

自然の色彩が冬の楽しさを連れてくる

【六曜】大安（たいあん）
【日干支】癸亥（みずのとい）
【月干支】己丑（つちのとうし）
【年干支】乙巳（きのとみ）
【二十八宿】女（じょ）
【十二直】閉（とづ）
【暦注下段】一粒万倍日（いちりゅうまんばいび）、神吉日（かみよしにち）

【陰陽】陽

陰　中庸　陽

【二十四節気】大雪（たいせつ）
【七十二候】鱖魚群（さけのうおむらがる）
【旧暦】2025年11月1日

公園や神社などの景色を楽しむ

全体が良くなる「大安」と二十八宿の「女」が重複することにより、「景色を楽しむ」行為に多くの支援と恩恵が集まる大吉日です。2025年も残りわずかとなりました。公園や神社など、自然を感じる場所を散策してみてください。そこにある「色彩」を楽しむだけでも、良い休息となり、「一粒万倍日」の影響で楽しさや嬉しさが倍増していきます。

寒さを楽しむ外出を

日干支の「癸亥」と十二直の「閉」の影響により、「家にいたくなる」欲求が強くなります。今日は「ご褒美を得る」という感覚で、防寒対策はしっかりとして、外に出てみてください。「寒さを楽しむ」くらいの感覚で、散策してみましょう。

［人］

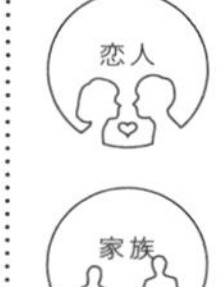

［行動］
検討
遊び
屋外

［健康］
休息
炭水化物
脂質

［お金］
払う（無形）
もらう
自分へのご褒美

12月21日（日）

今年最後の天赦日は来年のことを考える

［六曜］赤口（しゃっこう）
［日干支］甲子（きのえね）
［月干支］己丑（つちのとうし）
［年干支］乙巳（きのとみ）
［二十八宿］虚（きょ）
［十二直］建（たつ）
［暦注下段］甲子（きのえね）、天赦日（てんしゃにち）、一粒万倍日（いちりゅうまんばいび）、天恩日（てんおんにち）

［陰陽］陰
陽／中庸／陰

［二十四節気］大雪（たいせつ）
［七十二候］乃東生（なつかれくさしょうず）
［旧暦］2025年11月2日

来年の挑戦を記録する

2025年最後の「天赦日」は、日干支の「甲子」と色々なことが増殖する「一粒万倍日」が重複する大吉日となりました。この「良い側面」を活かすために、「来年挑戦すること」を時間をとって検討し、文字で記録するというワークを実践してみてください。今日の発想は、来年の「良いタネ」となります。

目の前にある現実ばかりに気をとられない

二十八宿の「虚」と十二直の「建」が重複することにより、「目先のこと」に意識が向いてしまうので、注意が必要です。もちろん、「今のこと」への対処は必要ですが、そればかりでは今日の大吉日が「もったいない」です。今日は全体の機運を活用するつもりで、来年の検討を楽しんでみてください。

［人］

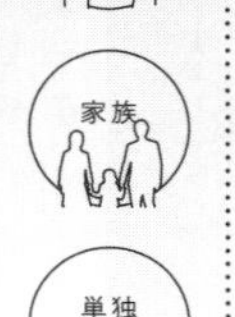

［行動］
計画
検討
調査

［健康］
休息
ビタミン
ミネラル

［お金］
貯金
投資
寄付

12月26日（金）

今から来年のお金と向き合う

［六　曜］大安（たいあん）
［日干支］己巳（つちのとみ）
［月干支］己丑（つちのとうし）
［年干支］乙巳（きのとみ）
［二十八宿］婁（ろう）
［十二直］執（とる）
［暦注下段］己巳（つちのとみ）、神吉日（かみよしにち）、大明日（だいみょうにち）

［陰陽］陰

陽　中庸　陰

［二十四節気］冬至（とうじ）
［七十二候］麋角解（さわしかのつのおつる）
［旧暦］2025年11月7日

理想的な予算を考える

全体が良くなる「大安」と、弁財天さまのご縁日*「己巳」が重複することにより、2026年の「予算」について検討すると、支援と恩恵が得られる大吉日です。来年全体に対しての恩恵を受けましょう。ここで検討する「予算」は、「理想的な内容」としてください。「こうだったら嬉しい」と意識すると、現実化へと動き出します。

年末だからといって慌てない

二十八宿の「婁」と十二直の「執」が重複する影響により、「焦り」の気持ちが強くなる傾向が現れます。年末の雰囲気とともに、「急がなきゃ」という想いが発生しますので、冷静に「期日」や「期限」を確認して、対処しましょう。

［人］
同僚
家族
男性

［行動］
計画
準備
相談

［健康］
休息
炭水化物
ミネラル

［お金］
貯金
寄付
財布を整理

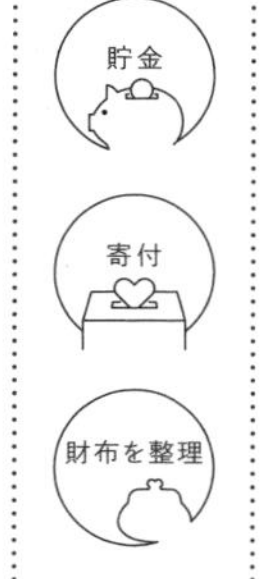

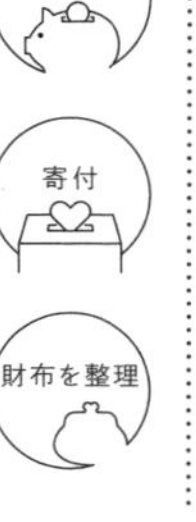

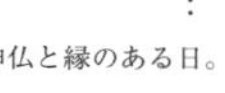

＊神仏と縁のある日。

12月29日（月）

新しい年をより良くするための準備

【六曜】友引
【日干支】壬申
【月干支】己丑
【年干支】乙巳
【二十八宿】畢
【十二直】成
【暦注下段】神吉日、大明日、母倉日、月徳日

【陰陽】陽

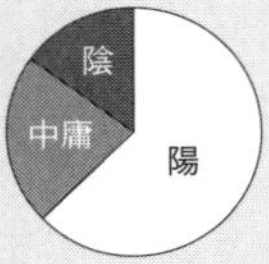

陰
中庸
陽

【二十四節気】冬至
【七十二候】麋角解
【旧暦】2025年11月10日

2025年

今年のお札も忘れずに

関係性が良くなる「友引」と日干支の「壬申」が重複し、多くの善日も発生する大吉日です。「新しい年を迎える準備をする」ことで、より良い支援と導きが得られる日です。大掃除はもちろんのこと、お正月飾りやおせちの買い物など、目に見える準備はこの大吉日に完了させましょう。「今年のお札」を仕事仲間や周囲の人に伝えることにより、大吉祥日へと昇華します。

節約よりも投資

二十八宿の「畢」の影響により、「細かい出費」が気になる傾向が強まります。お正月は年に一度の「ゲン担ぎ」となる貴重な機会です。気分を良くすることを考えると、「節約」よりも「投資」が有効です。年末だけできる買い物を楽しみましょう。

［人］

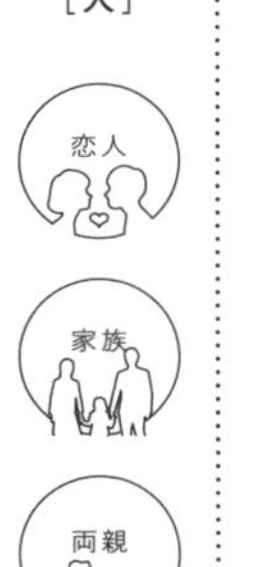

［行動］

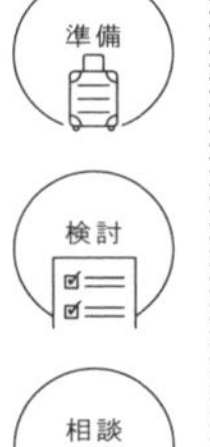

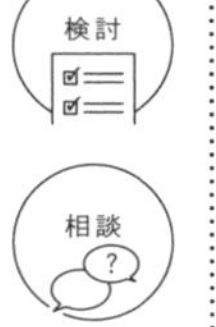

［健康］

［お金］

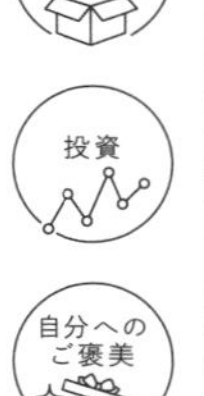

大吉日大全
2026年

2026年【年干支】

丙午

ひのえ うま

陽の年干支となり、目に見える領域で「想定を超える」傾向が強い年となります。

2026年の「機運が良い月」ベスト3

第❶位 12月

変化の激しい1年に相応しい年の瀬となります。強力な「天赦日」を筆頭に、良い側面で展開する大吉日が多く出現します。「年末にしかできないこと」を存分に楽しんでください。

第❷位 7月

最上位の「天赦日」が発生し、その良い影響が月全体の機運を押し上げます。この夏を楽しむことは、この後の半年間が「より良くなる」ために必要な要素となります。

第❸位 10月

「天赦日」からスタートし、「秋の収穫」が楽しみとなる強力な大吉日がたくさん発生します。この年の収穫を祝い、喜ぶことで、来年以降にも良い変化が続き、翌年以降の収穫も期待できます。

2026年

1月

【月干支】

庚寅（かのえとら）

陽の月干支となり、目に見える領域で「切り離す」傾向が強い期間となります。

2026年1月の「大吉日」ベスト3

第❶位　1月5日(月)

［注目の古暦］

一粒万倍日（いちりゅうまんばいび）、神吉日（かみよしにち）、大明日（だいみょうにち）、天恩日（てんおんにち）

お正月休み明けの方も多いですが、「気分良く過ごす」という意識をもってみてください。良い側面での万倍化が発生します。

第❷位　1月2日(金)

［注目の古暦］

鬼宿日（きしゅくび）、一粒万倍日（いちりゅうまんばいび）

2026年最初の大吉日です。お正月休みでも「行動を開始する」という選択をしてください。「挑戦」を選べば、さらに強力な支援が集まります。

第❸位　1月30日(金)

［注目の古暦］

大安（たいあん）、鬼宿日（きしゅくび）、大明日（だいみょうにち）

「区切る」という意識をもつと、良い支援を受け、良い結果へと結びつきます。全体が良い方向へと変化していくタイミングです。

1月2日（金）

「スタート」を選択する

［六　曜］赤口（しゃっこう）
［日干支］丙子（ひのえね）
［月干支］庚寅（かのえとら）
［年干支］丙午（ひのえうま）
［二十八宿］鬼（き）
［十二直］建（たつ）
［暦注下段］鬼宿日（きしゅくび）、一粒万倍日（いちりゅうまんばいび）

［陰陽］陽

陰 中庸 陽

［二十四節気］冬至（とうじ）
［七十二候］雪下出麦（ゆきわたりてむぎのびる）
［旧暦］２０２５年11月14日

今年の挑戦を決意する

２０２６年最初の大吉日は、最強の宿である「鬼宿日」と日干支の「丙子」の重複により、「行動を開始する」という選択に大きな支援と勢いがつく大吉日です。初めてのことや、新しい取り組みなどは「良いタネ」として「一粒万倍日」の増殖力も得ることができます。「今年は挑戦する」と決意できれば、大吉祥日へと昇華します。

休みたくなったら明日休む

十二直の「建」の影響により、「のんびり休みたい」という欲求が強くなりますが大丈夫です。明日も三箇日ですので、明日存分に休みましょう。全体の良い波、良い傾向に同調するタイミングが大吉日ですので、「ゲン担ぎ」のために今日は行動を意識してみてください。

［人］
家族
男性
単独

［行動］
検討
スタート
仕事

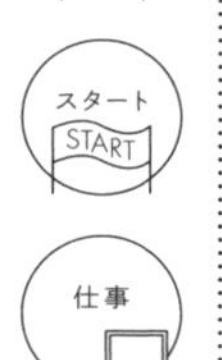

［健康］
運動
たんぱく質
炭水化物

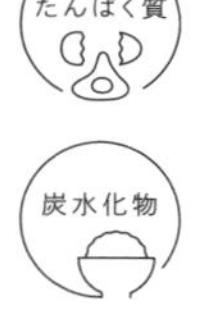

［お金］
払う（無形）
もらう
寄付

1月5日(月)

気分を優先すると全体が良くなる

【六曜】先負(せんぶ)
【日干支】己卯(つちのとう)
【月干支】庚寅(かのえとら)
【年干支】丙午(ひのえうま)
【二十八宿】張(ちょう)
【十二直】満(みつ)
【暦注下段】一粒万倍日(いちりゅうまんばいび)、神吉日(かみよしにち)、大明日(だいみょうにち)、天恩日(てんおんにち)

【陰陽】陽

陰
中庸
陽

【二十四節気】小寒(しょうかん)
【七十二候】芹乃栄(せりすなわちさかう)
【旧暦】2025年11月17日

気分が良くなる選択を重ねる

多くの善日と二十八宿の「張」と十二直の「満」の重複により、「気分を優先する」ことで色々な恩恵がやってくる日です。仕事や学校始めの方も多いと思いますが、休み明けを「いかに気分良く過ごすか」に焦点を合わせてみてください。笑顔で過ごせれば、「一粒万倍日」の増殖力も発揮されて、大吉祥日へと昇華します。

わからないことは、そのままでもいい

日干支が「己卯」となるため、色々なことが「隠れる」という傾向が強まります。そのため表面だけを確認しても、そこにある「本質」や「本音」を理解するのが難しくなりがちです。「わからないことは、そのままでもいい」という感覚で、過ごしてみてください。

［人］

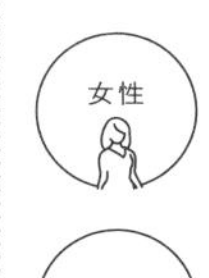

［行動］

準備
検討

［健康］

［お金］

寄付

1月7日（水）

目指すところが見つかる

［六　曜］大安（たいあん）
［日干支］辛巳（かのとみ）
［月干支］庚寅（かのえとら）
［年干支］丙午（ひのえうま）
［二十八宿］軫（しん）
［十二直］定（さだん）
［暦注下段］母倉日（ぼそうにち）、天恩日（てんおんにち）

［陰陽］陽

陽
中庸
陰

［二十四節気］小寒（しょうかん）
［七十二候］芹乃栄（せりすなわちさかう）
［旧暦］２０２５年11月19日

目標を設定する

全体の機運が良くなる「大安」と二十八宿の「軫」と十二直の「定」が重複することにより、「目標の設定」に、強い支援と恩恵が集まる大吉日です。すでに色々な「目標」を決めている方も多いと思いますが、「新しい目標」の検討と「すでにある目標」の再検討に取り組んでみてください。「数値化」できれば、「巳の日*」の支援も得て、大吉祥日へと昇華します。

考えすぎないように気をつける

日干支が「辛巳」となるため、物事が「複雑化」しやすい傾向が強まるので、注意が必要です。「考えすぎかも」と感じたら、すぐに休憩をとって、「深呼吸」してください。リフレッシュして大吉日を楽しみましょう。

［人］
同僚
男性
多人数

［行動］
計画
検討
仕事

［健康］
ダイエット
ビタミン
ミネラル

［お金］
貯金
投資
ポイント関連
Point

＊弁財天さまのご縁日（神仏と縁のある日）。

1月10日（土）

冬だけの楽しみを味わう

［六曜］友引（ともびき）
［日干支］甲申（きのえさる）
［月干支］庚寅（かのえとら）
［年干支］丙午（ひのえうま）
［二十八宿］氐（てい）
［十二直］危（あやぶ）
［暦注下段］神吉日（かみよしにち）、大明日（だいみょうにち）

［陰陽］陽

［二十四節気］小寒（しょうかん）
［七十二候］水泉動（しみずあたたかをふくむ）
［旧暦］2025年11月22日

「寒いからこそ、楽しい」を選ぶ

関係性が良くなる「友引」と二十八宿の「氐」が重複することにより、「冬を楽しむ」という感覚が良い展開、良い方向への導きとなる大吉日です。あなたなりの「冬の楽しみ」を選択してみてください。スポーツでも散歩でも温泉でも、「寒いからこそ、楽しい」という選択が有効です。仲良くなりたい人と一緒に楽しむことができれば、大吉祥日へと昇華します。

自宅でのケガに注意

日干支の「甲申」と十二直の「危」の影響により、「ケガ」に注意が必要な日です。特に「自宅のなか」での発生率が高まるので、外から戻ってきてもしっかり気をつけましょう。楽しい冬の1日に「痛み」は不要なのです。

［人］
友達
恋人
子ども

［行動］
遊び
屋外
連絡

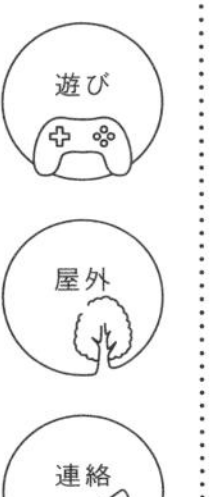

［健康］
運動
たんぱく質
炭水化物

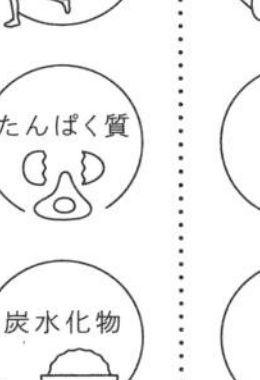

［お金］
買う（有形）
払う（無形）
自分へのご褒美

1月13日（火）

高い場所に昇る

［六　曜］大安（たいあん）
［日干支］丁亥（ひのとい）
［月干支］庚寅（かのえとら）
［年干支］丙午（ひのえうま）
［二十八宿］尾（び）
［十二直］開（ひらく）
［暦注下段］大明日（だいみょうにち）

［陰陽］陽

陰
中庸
陽

［二十四節気］小寒（しょうかん）
［七十二候］水泉動（しみずあたたかをふくむ）
［旧暦］２０２５年11月25日

重力に逆らい、高いところへと身を運ぶ

全体の機運が良くなる「大安」と日干支の「丁亥」が重複することにより、「上昇する」行動が支援を集め、全体を良い側面へと寄せる行動となります。エレベーターやエスカレーターを使っていいので、今日は「ゲン担ぎの検証」として、「上に昇って」ください。展望台などで景色まで楽しめれば、大吉祥日へと昇華します。

迷わないための準備を欠かさずに

二十八宿の「尾」の影響により「迷う」という現象が多くなる傾向となります。「選択」だけでなく、道や人にも迷う傾向が強まるので注意が必要です。あらかじめ、「情報」を確認して、準備さえしておけば、全く問題ありません。地図やアプリも忘れずに活用しましょう。

［人］

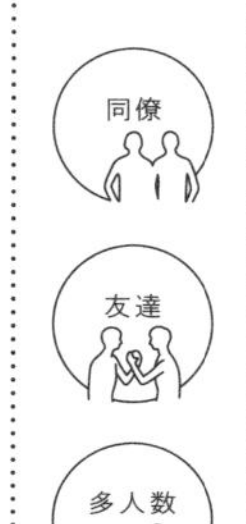

［行動］
検討
相談
連絡

［健康］
ダイエット
水分補給
ミネラル

［お金］
貯金
投資
寄付

1月16日（金）

他人も自分も許すことの恩恵を知る

［六曜］友引（ともびき）
［日干支］庚寅（かのえとら）
［月干支］庚寅（かのえとら）
［年干支］丙午（ひのえうま）
［二十八宿］牛（ぎゅう）
［十二直］除（のぞく）
［暦注下段］月徳日（つきとくにち）

［陰陽］陰

陽
中庸
陰

［二十四節気］小寒（しょうかん）
［七十二候］雉始雊（きじはじめてなく）
［旧暦］2025年11月28日

許せないという「念」を手放す

人間関係に支援がつく「友引」と二十八宿の「牛」と十二直の「除」が重複することにより、「許す」という選択が大きな成果へと変化する大吉日です。普段、意識していなくても自分にも他人にも、「許せない」という「念」は積もっていきます。それを手放しましょう。気持ちは許していなくても、「許します」と呟くだけでも有効です。

期限を確認する

日干支は「庚寅」ですが、強めの「相剋*」のため「金運が良好」とは判定できず、「断絶」が発生しやすい傾向となります。「続けたいこと」は、継続を意識的に選択し、免許やライセンスの「期限切れ」に注意してください。更新が必要なものは、一通り点検すると安心です。

［人］
同僚
女性
両親

［行動］
準備
検討
屋内

［健康］
休息
炭水化物
脂質

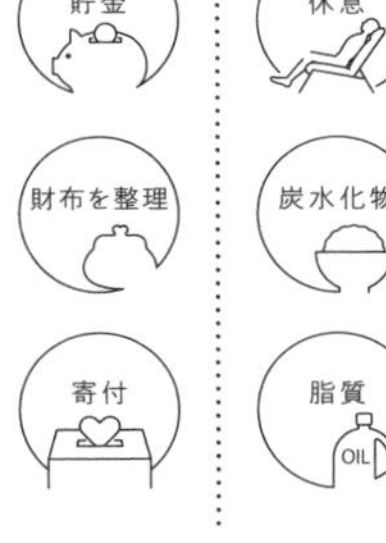

［お金］
貯金
財布を整理
寄付

＊陰陽五行での負荷がかかる変化を意味する用語。

1月21日（水）

守りたいものを先回りして守る

［六　曜］友引（ともびき）
［日干支］乙未（きのとひつじ）
［月干支］庚寅（かのえとら）
［年干支］丙午（ひのえうま）
［二十八宿］壁（へき）
［十二直］破（やぶる）
［暦注下段］大明日（だいみょうにち）

［陰陽］陰

陽　中庸　陰

［二十四節気］大寒（だいかん）
［七十二候］款冬華（ふきのはなさく）
［旧暦］2025年12月3日

守りにつながることを見直す

関係性が良くなる「友引」と二十八宿の「壁」が重複することにより、「防衛すること」に強い支援と導きが集まる大吉日です。家の「防犯」はもちろんのこと、自分が大切にしたいもの、守りたいものを「先回りして保護」することで、「防御力」が高まっていきます。また、安全を確保する意味でも通勤・通学ルートを見直すことも有効です。

不穏な空気を感じたら沈黙する

日干支の「乙未」と十二直の「破」が重複することにより、全体の「攻撃性」が高まる傾向となります。危険を察知したら「沈黙」することも有効です。静かに周囲の言葉に耳を傾けることにより、冷静さと穏やかさが戻ります。

［人］

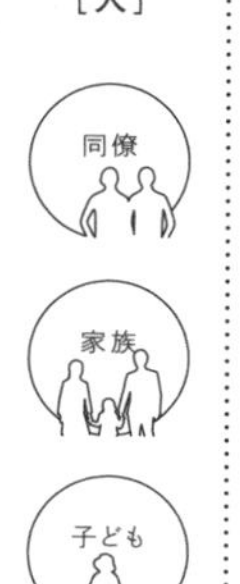

［行動］

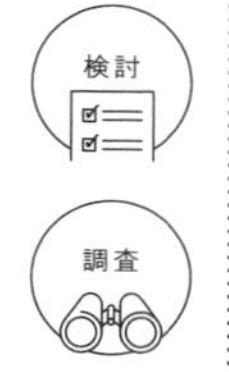

［健康］

［お金］

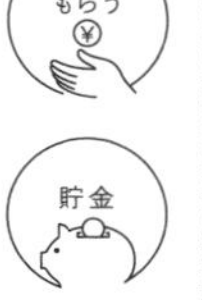

1月26日（月）

「投資」を万倍化する

［六曜］先勝
［日干支］庚子
［月干支］庚寅
［年干支］丙午
［二十八宿］畢
［十二直］閉
［暦注下段］一粒万倍日、神吉日、月徳日

［陰陽］陽

［二十四節気］大寒
［七十二候］水沢腹堅
［旧暦］2025年12月8日

宝くじまで含めた「投資」を考える

日干支の「庚子」と二十八宿の「畢」が重複することにより、「お金の投資」がキーワードとなる大吉日です。資本主義経済では、資産を増やし、守ることにおいて「投資」が確立しています。全体の状況からみて「許される金額内」であれば「ギャンブル」や「宝くじ」も有効です。「一粒万倍日」の増殖力も意識して活用しましょう。

世界の変化に直感でついていく

十二直が「閉」となることにより、「投資」に対する「直感」を疑いたくなるので、データの分析や過去の実績を確認することが必須となります。常に正解となる「投資」はありません。世界が常に変化しているので、それに対応する感覚が必須なのです。

［人］
同僚
大人
交流

［行動］

［健康］

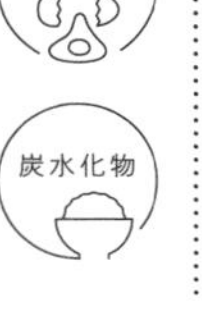

［お金］

1月27日（火）

必要な情報と出会う

［六曜］友引（ともびき）
［日干支］辛丑（かのとうし）
［月干支］庚寅（かのえとら）
［年干支］丙午（ひのえうま）
［二十八宿］觜（し）
［十二直］建（たつ）
［暦注下段］神吉日（かみよしにち）

［陰陽］陽

陽　中庸　陰

［二十四節気］大寒（だいかん）
［七十二候］水沢腹堅（さわみずこおりつめる）
［旧暦］2025年12月9日

自分の意図が入らない情報も重視する

関係性が良くなる「友引」と日干支の「辛丑」の重複で、「情報」に良い支援と恩恵が集まる大吉日となります。今日はいつもよりも3割増しで、情報収集をしてください。ネットだけでなく、新聞や雑誌も有効です。

マスメディアからは、自分の知らないジャンルの有益な情報も得られるのでオススメです。さらに図書館に行くと、大吉祥日へと昇華します。

わかりやすい良い情報に目を向ける

二十八宿の「觜」の影響により、「事件」や「事故」といった情報へも意識が向いてしまうので、注意してください。「わかりやすい良い情報」の方がオススメです。「興味本位」と「情報収集」を混同しないように意識してください。

［人］

同僚

友達

交流

［行動］

検討

調査

研究

［健康］

ダイエット

ビタミン

ミネラル

［お金］

買う（有形）

払う（無形）

ポイント関連

1月30日（金）

支援を得て区切りをつける

［六曜］大安
［日干支］甲辰
［月干支］庚寅
［年干支］丙午
［二十八宿］鬼
［十二直］平
［暦注下段］鬼宿日、大明日

［陰陽］陽

陰
中庸
陽

［二十四節気］大寒
［七十二候］鶏始乳
［旧暦］2025年12月12日

今月内の区切りを考える

全体の機運が良くなる「大安」に、宿最強の「鬼宿日」が重複する大吉日です。「区切りをつける」という意識が、成果へと導きます。今月内に「完了させること」「途中結果を出すこと」を明確にしてください。「集中力」と「正確さの向上」という支援を得られます。「締め切り前」に「完了」、または「結果を出す」という意識で取り組むと、大吉祥日へと昇華します。

朝から取りかかる

十二直の「平」の影響で、取りかかる前の抵抗感が増幅する傾向となります。「良い波に乗る」まで時間がかかるので注意してください。一旦集中できれば、「自動的」に進んでいくので、午前中の早い段階から取り組むことを選択してください。

［人］
同僚
大人
単独

［行動］
仕事
開始
実行

［健康］
運動
たんぱく質
炭水化物

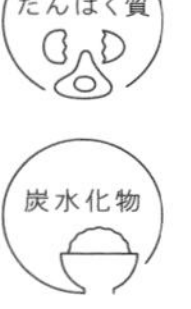

［お金］
買う（有形）
投資
自分へのご褒美

2026年 2月

【月干支】辛卯

陰の月干支となり、目に見えない領域で「記録される」傾向が強い期間となります。

2026年2月の「大吉日」ベスト3

第❶位 2月27日(金)

［注目の古暦］
大安、鬼宿日、神吉日、大明日

仕事でもプライベートでも、「新しい領域」を意識してください。この後の「新しい体験」が、より楽しく、より効果的な内容へと進化します。

第❷位 2月7日(土)

［注目の古暦］
神吉日、母倉日、天恩日

「専門知識」を意識しましょう。仕事でも趣味でも、その領域に特化した知識は、すぐれた「武器」ともなるのです。

第❸位 2月14日(土)

［注目の古暦］
バレンタインデー、友引、神吉日、大明日

「文字」の力が強まる大吉日です。バレンタインデーのチョコレートにもメッセージを添えると、より良い効果が生まれます。メールやメッセージアプリも文字なので、有効です。

2月2日(月)

[六曜] 友引
[日干支] 丁未
[月干支] 辛卯
[年干支] 丙午
[二十八宿] 張
[十二直] 破
[暦注下段] 神吉日、大明日

今いる場所を変える

[陰陽] 陽

[二十四節気] 大寒
[七十二候] 鶏始乳
[旧暦] 2025年12月15日

居場所を考える、変える

人間関係に支援がつく「友引」と日干支の「丁未」が重複することにより、「居場所を変える」という選択に色々な導きが集まる大吉日です。普段、自分が一番長くいる場所が「居場所」です。それについての「検討」と「変更」を実行してみてください。転職や移動以外に、今いる場所は変えずに、その「場」の雰囲気やレイアウトを変更することも有効です。

緊張感は呼吸で和らげる

二十八宿の「張」と十二直の「破」が重複する影響で、「緊張」が強まる傾向となるので、注意が必要です。落ち着くためには「呼吸」を意識すること。息を吸うこと、吐くことに意識を向けるのが有効です。

[人]
同僚
交流
多人数

[行動]
検討
スタート
実行

[健康]
運動
バランスのいい食事
水分補給

[お金]
貯金
投資

寄付

2月5日（木）

流れに任せると好転する

【六曜】大安（たいあん）
【日干支】庚戌（かのえいぬ）
【月干支】辛卯（かのとう）
【年干支】丙午（ひのえうま）
【二十八宿】角（かく）
【十二直】成（なる）
【暦注下段】大明日（だいみょうにち）、天恩日（てんおんにち）

【陰陽】陽

陰
中庸
陽

【二十四節気】立春（りっしゅん）
【七十二候】東風解凍（はるかぜこおりをとく）
【旧暦】2025年12月18日

自然体で過ごす

全体の機運が良くなる「大安」と日干支の「庚戌」が重複する大吉日です。色々なことが自然と「好転」していく傾向が強まります。キーワードは「自然体」です。静かで落ち着いた心を維持できれば、自動的に良い選択ができます。特に「心配事」や「懸念」などが解消に向かう流れが現れますので、ヒントを見逃さないようにしましょう。

自虐的な反省に注意

二十八宿の「角」の影響により、「反省したくなる」傾向が強まります。適切な反省は有効ですが、自虐的になりがちなので注意してください。過去の出来事に「責任」を感じても、それをやり直すことはできません。これからの「未来」で取り戻すしかないと思い出してください。

［人］

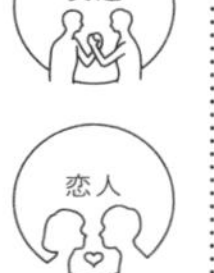

恋人

［行動］

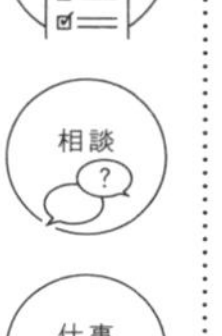

相談

仕事

［健康］

ダイエット

ミネラル

［お金］

買う（有形）

自分へのご褒美

2月7日（土）

専門用語がより良い成果をもたらす

［六　曜］先勝（せんしょう）
［日干支］壬子（みずのえね）
［月干支］辛卯（かのとう）
［年干支］丙午（ひのえうま）
［二十八宿］氐（てい）
［十二直］開（ひらく）
［暦注下段］神吉日（かみよしにち）、母倉日（ぼそうにち）、天恩日（てんおんにち）

［陰陽］陰

［二十四節気］立春（りっしゅん）
［七十二候］東風解凍（はるかぜこおりをとく）
［旧暦］2025年12月20日

言葉がもつ不思議な力を実感する

二十八宿の「氐」、十二直の「開」と複数の善日が重複する大吉日です。「専門知識を得る」ことで、良い成果へとつながりまでき、色々な支援が実感す。自分の仕事や興味のあるジャンルで、専門的な知識とノウハウを吸収しましょう。さらに、「専門用語」の意味を知り、使いこなせるようになると「言葉がもつ不思議な力」も得ることができるのです。

環境を整えて集中を保つ

日干支が「壬子」となるため、「あれこれと気が散る」傾向が強くなります。集中するためには「環境を整えること」が重要です。集中できる場所と時間を確保する、スマホの電源を切るなどを試してみてください。

［人］
同僚
男性
大人

［行動］
仕事
調査
研究

［健康］
休息
たんぱく質
炭水化物

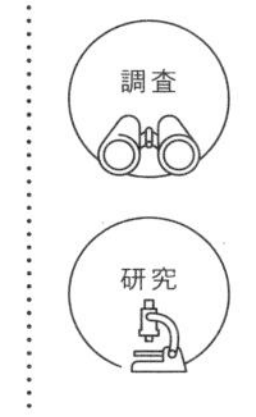

［お金］
払う（無形）
もらう
ポイント関連

2月8日（日）

冬の未体験を楽しむ

【六曜】友引

【日干支】癸丑

【月干支】辛卯

【年干支】丙午

【二十八宿】房

【十二直】閉

【暦注下段】一粒万倍日、天恩日

【陰陽】陽

陰 / 中庸 / 陽

【二十四節気】立春

【七十二候】東風解凍

【旧暦】2025年12月21日

散策が嬉しい偶然を連れてくる

関係性が良くなる「友引」と、二十八宿の「房」と善日が重複することにより、「散策を楽しむ」ことに多くの支援と嬉しい偶然が集まる大吉日です。寒い日が続きますが、今日は外に出て散策を楽しんでください。「行ったことがない場所」もオススメです。「雪景色」や「冬だけの景色」を楽しめれば、大吉祥日へと昇華します。

楽しいことを心待ちに外に出る

日干支が「癸丑」となるため、「外に出るのを面倒に感じる」傾向が強まります。特に朝は、布団の温もりから逃れるのが難しくなります。楽しいこと、嬉しいことが待っているので、まずは起きて、天気予報を確認することから1日をスタートさせましょう。

［人］
友達
恋人
家族

［行動］
準備
遊び
屋外

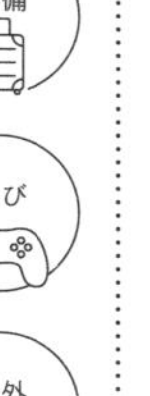

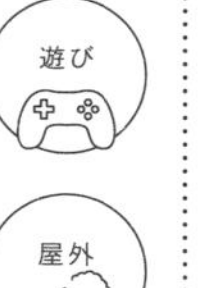

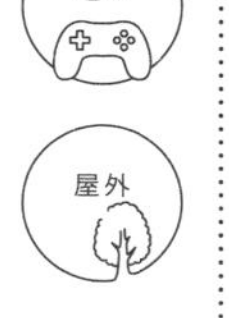

［健康］
運動
炭水化物
脂質

［お金］
払う（無形）
投資
自分へのご褒美

2月11日（水）

休息で全体を回復させる

［六　曜］大安（たいあん）
［日干支］丙辰（ひのえたつ）
［月干支］辛卯（かのとう）
［年干支］丙午（ひのえうま）
［二十八宿］箕（き）
［十二直］満（みつ）
［暦注下段］大明日（だいみょうにち）、月徳日（つきとくにち）

［陰陽］陰

陽
中庸
陰

［二十四節気］立春（りっしゅん）
［七十二候］黄鶯睍睆（うぐいすなく）
［旧暦］２０２５年12月24日

信用、信頼の回復も望める

全体が良くなる「大安」と日干支の「丙辰」が重複することにより、「回復」がキーワードとなる大吉日です。今年に入ってからの「疲労」や「負担」が溜まってきていますので、「休息」も選択してみてください。また「信用」や「信頼」も回復する好機です。いつもよりも少しだけ「責任感」を感じさせる言葉を選んで使うと、大吉祥日へと昇華します。

自慢よりも謙遜

二十八宿の「箕」の影響により、「傲慢な態度」が出てしまいがちな日となります。「自慢」よりも「謙遜」を選択するよう、意識してください。意図せず「傲慢」な印象を与えてしまう傾向が強まりますので、注意しましょう。

［人］
恋人
家族
両親

［行動］
計画
準備
屋内

［健康］

［お金］
もらう
貯金
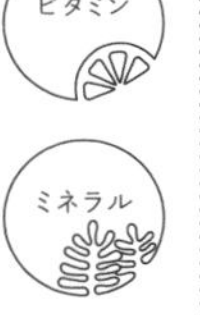

2月13日（金）

先回りの協力が良いご縁を拡げる

【六曜】先勝（せんしょう）
【日干支】戊午（つちのえうま）
【月干支】辛卯（かのとう）
【年干支】丙午（ひのえうま）
【二十八宿】牛（ぎゅう）
【十二直】定（さだん）
【暦注下段】一粒万倍日（いちりゅうまんばいび）、神吉日（かみよしにち）、大明日（だいみょうにち）

【陰陽】陽

陰
中庸
陽

【二十四節気】立春（りっしゅん）
【七十二候】黄鶯睍睆（うぐいすなく）
【旧暦】2025年12月26日

自分ができること、助けられることを考える

二十八宿の「牛」と複数の善日が重複し、「協力」がキーワードとなる大吉日です。仕事でもプライベートでも「協力する」という姿勢を維持してみてください。周囲の人が困っていることへの「協力」はもちろん、自分が助けになれることがないか先回りして検討し、自ら協力を申し出てみましょう。実際に貢献できなかったとしても、良いご縁が拡がっていきます。

行動の前に相手の声に耳を傾ける

十二直の「定」の影響で、「思い込み」が強くなるので、注意してください。自分の視野が狭まり、独善的な判断をしてしまう傾向が強まります。「協力」を申し出るときも、相手の声をしっかり聴いてから、アクションを起こしましょう。

［人］
同僚
交流
多人数

［行動］
相談
補助
連絡

［健康］
運動
バランスのいい食事
水分補給

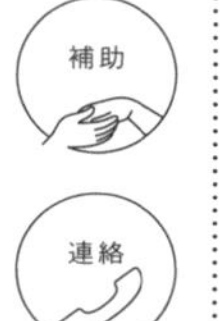

［お金］
払う（無形）
投資
寄付

2月14日（土）

想いが文字でうまく伝わる

［六曜］友引（ともびき）
［日干支］己未（つちのとひつじ）
［月干支］辛卯（かのとう）
［年干支］丙午（ひのえうま）
［二十八宿］女（じょ）
［十二直］執（とる）
［暦注下段］神吉日（かみよしにち）、大明日（だいみょうにち）

［陰陽］陰

陽
中庸
陰

［二十四節気］立春（りっしゅん）
［七十二候］魚上氷（うおこおりをいずる）
［旧暦］2025年12月27日

文字に力が集まる

人間関係が良くなる「友引」と二十八宿の「女」と十二直の「執」が重複することにより、「手紙」や「メール」などの「文章による連絡」に、強い支援と良い影響が集まる大吉日です。今年のバレンタインデーは、「会話」よりも「文字」に想いを込めて、伝えてみてください。「義理チョコ」にも、日頃の感謝の言葉を書いて一緒に贈ると効果倍増です。

やる前からあきらめない

日干支の「己未」の影響により、「やる前からあきらめる」という傾向が強まります。手紙を書こうと思っても、「字が下手だから」という理由でやらないという選択をしてしまいそうです。丁寧に書かれていれば、どんな字でも想いが入るのです。

［人］
友達
恋人
子ども

［行動］
連絡
実行
屋内

［健康］
休息
炭水化物
脂質

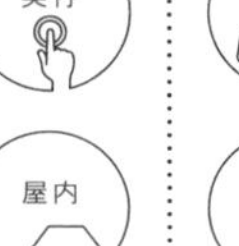

［お金］
買う（有形）
もらう
他人へのプレゼント

2月18日（水）

「嬉しい」のヒントがやってくる

【六曜】友引（ともびき）
【日干支】癸亥（みずのとい）
【月干支】辛卯（かのとう）
【年干支】丙午（ひのえうま）
【二十八宿】壁（へき）
【十二直】納（おさん）
【暦注下段】神吉日（かみよしにち）、母倉日（ぼそうにち）

【陰陽】陽

陰
中庸
陽

【二十四節気】立春（りっしゅん）
【七十二候】魚上氷（うおこおりをいずる）
【旧暦】2026年1月2日

嬉しさの条件を確認する

関係性が良くなる「友引」と善日が重複することにより、「嬉しい」という感情を意識すると、良いヒントが得られる大吉日となります。どういう「条件」が揃うと自分が「嬉しい」と感じるのか、認識するのです。具体的に検討することで、「イメージ」も鮮明になります。適正なタイミングで検討すれば、現実化へと向かう道筋となります。

決めたことをやりきる

二十八宿の「壁」と十二直の「納」が重複する影響で、「タイミングを見失う」という傾向が強まります。今日は「初志貫徹（しょしかんてつ）」で、最初に自分が決めた「タイミング」を優先しましょう。それが良い結果へと直結します。

［人］
友達
恋人
家族

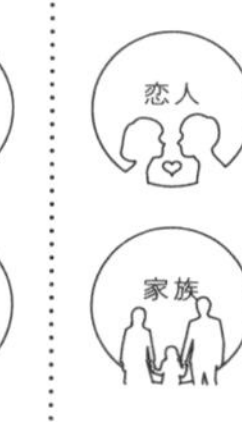

［行動］
検討
実行
連絡

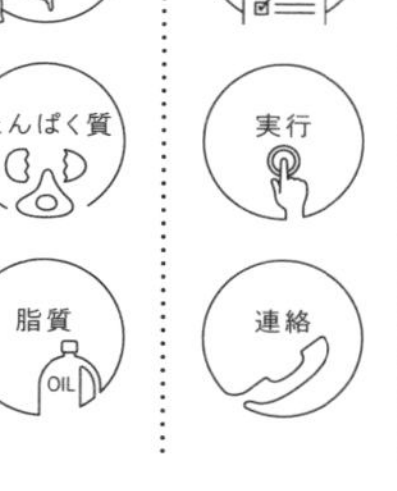

［健康］
運動
たんぱく質
脂質

［お金］
買う（有形）
もらう
自分へのご褒美

2月21日（土）

楽しい買い物で、良い波と同調する

［六曜］大安（たいあん）
［日干支］丙寅（ひのえとら）
［月干支］辛卯（かのとう）
［年干支］丙午（ひのえうま）
［二十八宿］胃（い）
［十二直］建（たつ）
［暦注下段］天恩日（てんおんにち）、月徳日（つきとくにち）

［陰陽］陽

陰／中庸／陽

［二十四節気］雨水（うすい）
［七十二候］土脉潤起（つちのしょううるおいおこる）
［旧暦］2026年1月5日

2月

大きな買い物は今日に

全体が良い機運となる「大安」と、お金関連に支援が集まる日干支「丙寅」が重複する大吉日です。今日は「買い物」で、嬉しい結果へと導かれる日です。二十八宿の「胃」の作用もあるので、2026年の「大きな買い物」は、この日がオススメ。動くことで力を増す「寅の日*」ですので、「家電」や「車」などの「動くもの」を選択すると大吉祥日へと昇華します。

迷ったら楽しくなる方を選ぶ

十二直の「建」の影響により、「比較に迷う」傾向が強まるので、買い物するときは注意してください。価格や機能など、比べ始めると決められなくなります。どんな製品にも「一長一短」があると理解して、「楽しくなる方」を選びましょう。

［人］

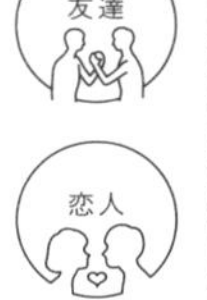

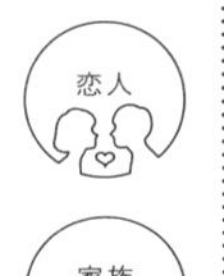

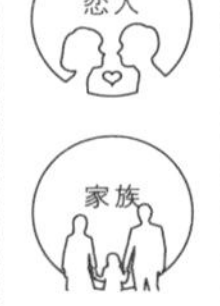

［行動］

検討
調査

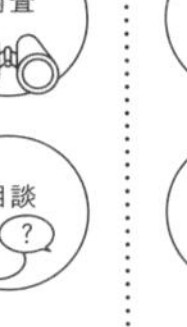

［健康］

運動
たんぱく質
炭水化物

［お金］

買う（有形）
投資
財布を新調

*「千里を駆け、千里を戻る」という虎の故事からお金や投資に良い日とされる。

2月24日（火）

「お金」を検討すると成果が変わる

［六曜］友引（ともびき）
［日干支］己巳（つちのとみ）
［月干支］辛卯（かのとう）
［年干支］丙午（ひのえうま）
［二十八宿］觜（し）
［十二直］平（たいら）
［暦注下段］神吉日（かみよしにち）、大明日（だいみょうにち）

［陰陽］陰

陽
中庸
陰

［二十四節気］雨水（うすい）
［七十二候］霞始靆（かすみはじめてたなびく）
［旧暦］2026年1月8日

陰の金運に恵まれる

関係性が良くなる「友引」と、弁財天さまのご縁日*である「己巳」が重複する「お金関連」の大吉日です。21日の「寅の日」が「陽の金運」でしたが、こちらは「陰の金運」です。「投資」など「財テク」の準備に、強い支援と恩恵がつきます。「欲しいもの」について、予算や計画を練ることで大吉祥日へと昇華します。

将来まで見据えてお金の出発日にする

二十八宿の「觜」と十二直の「平」が重複することにより、「視野が狭まる」傾向が強くなります。「投資」など「財テク」も、「私とは関係ない」と決めつけてしまうと、可能性が瞬時に消えてしまいます。将来関係することになるので、今日を「出発日」としましょう。

［人］
男性
大人
交流

［行動］
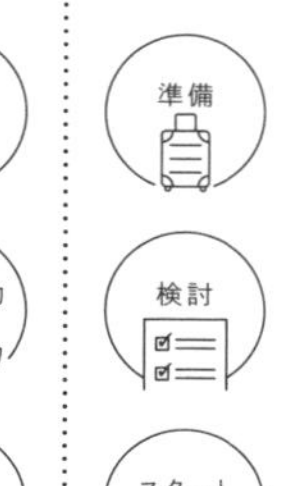

検討
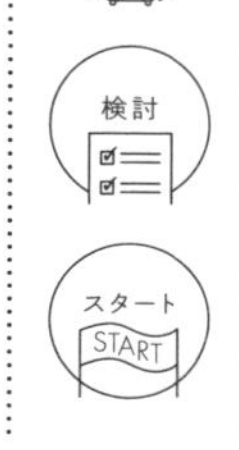
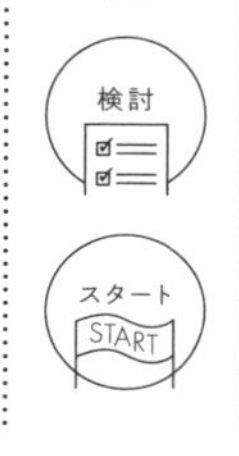

スタート

［健康］
休息
炭水化物
脂質

［お金］
もらう
投資

財布を整理

＊神仏と縁のある日。

2月27日（金）

「初めて」を選択すると、どんどん良くなる

［六　曜］大安
［日干支］壬申
［月干支］辛卯
［年干支］丙午
［二十八宿］鬼
［十二直］破
［暦注下段］鬼宿日、神吉日、大明日

［陰陽］陽
陰　中庸　陽

［二十四節気］雨水
［七十二候］霞始靆
［旧暦］2026年1月11日

体験しなければ現実にならない

全体が良くなる「大安」と宿最強の「鬼宿日」が重複する大吉日です。全般に色々なことがうまくいく大吉日ですが、日干支の「壬申」の影響により「新しい領域を知る」という感覚で過ごすと、大吉祥日へと昇華します。仕事でもプライベートでも「自分にとって、初めて挑戦すること」という条件で、行動を選択してみてください。

恐れを乗り越えて初めてに挑む

十二直の「破」の影響により、「臆病な気持ち」も強くなるので要注意です。どんな人でも「初めて」には、「不安」も「恐れ」もつきまとうのです。最初の一歩を踏み出した人だけが知る「喜び」は、確実に存在します。それは誰にでも起きる「奇跡」のようなものです。

［人］
男性
大人
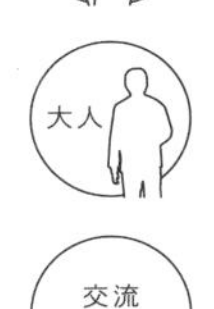
交流

［行動］
検討
スタート
START
挑戦

［健康］
運動
バランスのいい食事
水分補給

［お金］
払う（無形）
投資
寄付

2026年 3月

【月干支】

壬辰（みずのえ たつ）

陽の月干支となり、目に見える領域で「浸透する」傾向が強い期間となります。

2026年3月の「大吉日」ベスト3

第❶位 3月5日（木）

［注目の古暦］
大安（たいあん）、啓蟄（けいちつ）、天赦日（てんしゃにち）、一粒万倍日（いちりゅうまんばいび）

全般に良い傾向が強まる大吉日ですが、特に「計画」を検討することによって、善日の恩恵がその計画の実行にまで作用する日です。

第❷位 3月11日（水）

［注目の古暦］
大安（たいあん）、神吉日（かみよしにち）、大明日（だいみょうにち）、月徳日（つきとくにち）

「さっぱりする」がキーワードとなる大吉日です。色々なところで発生する「汚れ」を落として、スッキリ、さっぱりしましょう。

第❸位 3月24日（火）

［注目の古暦］
一粒万倍日（いちりゅうまんばいび）、神吉日（かみよしにち）

今ある「ルール」を見直してください。昔必要だったルールが今も必要かどうか、時々確認する必要があるのです。

3月5日(木)

未来を書き換える

【六曜】大安(たいあん)
【日干支】戊寅(つちのえとら)
【月干支】壬辰(みずのえたつ)
【年干支】丙午(ひのえうま)
【二十八宿】角(かく)
【十二直】閉(とづ)
【暦注下段】天赦日(てんしゃにち)、一粒万倍日(いちりゅうまんばいび)

【陰陽】陰

陽
中庸
陰

【二十四節気】啓蟄(けいちつ)
【七十二候】蟄虫啓戸(すごもりのむしとをひらく)
【旧暦】2026年1月17日

来月からの計画を練る

全体がうまくいく「天赦日」と二十八宿の「角」が重複する大吉日です。4月からの「計画」を検討すると、「一粒万倍日」の増殖力を得ることになります。この日は新年度に備えて、意識を未来に向けてください。年度という大きな区切りを活用するための準備を意識しましょう。計画は具体的であればあるほど、その「効力」が増幅します。

お金の「いきすぎ」に注意

日干支が「戊寅」となるため、「お金関連」も意識したくなるのですが、注意が必要です。「天赦日」と「一粒万倍日」が「寅の日*」と重複すると、勢いやスピードが増しすぎて、「いきすぎ」の傾向が強まるためです。特に「ギャンブル」は他の日にしましょう。

[人]
同僚
大人
交流

[行動]
計画
準備
検討

[健康]
ダイエット
ビタミン
ミネラル

[お金]
貯金
投資
財布を整理

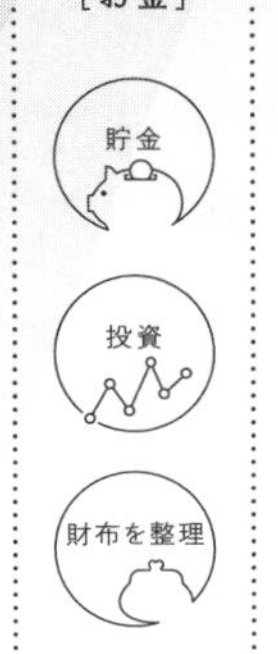
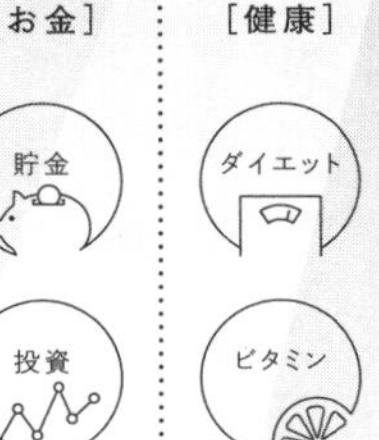

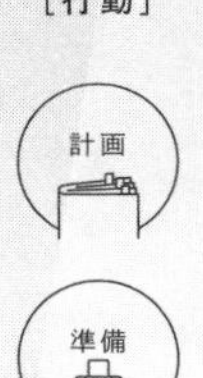

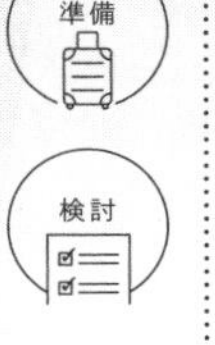
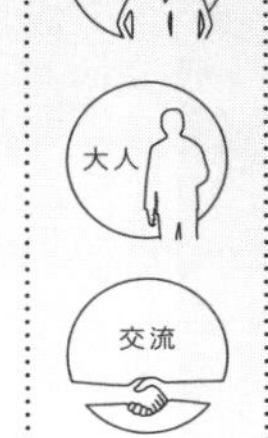

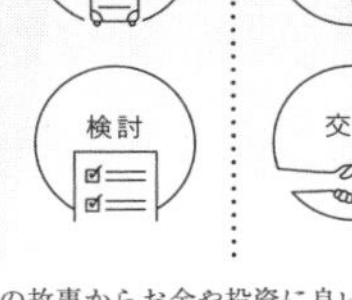

*「千里を駆け、千里を戻る」という虎の故事からお金や投資に良い日とされる。

3月6日（金）

【六曜】赤口（しゃっこう）
【日干支】己卯（つちのとう）
【月干支】壬辰（みずのえたつ）
【年干支】丙午（ひのえうま）
【二十八宿】亢（こう）
【十二直】建（たつ）
【暦注下段】神吉日（かみよしにち）、大明日（だいみょうにち）、天恩日（てんおんにち）

配置を変えると全体が良くなる

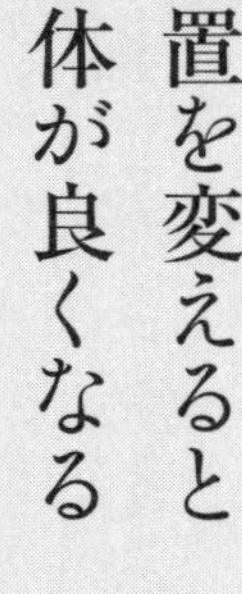

【陰陽】陽

【二十四節気】啓蟄（けいちつ）
【七十二候】蟄虫啓戸（すごもりのむしとをひらく）
【旧暦】2026年1月18日

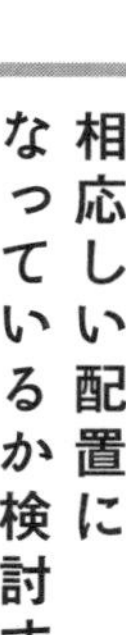

相応しい配置になっているか検討する

二十八宿の「亢」、十二直の「建」と多くの善日が重複する大吉日です。「配置の見直し」がキーワードとなります。部屋のなかの「家具の配置」、組織での「人材の配置」、机のなかの「道具の配置」などどれも有効です。玄関に置かれている「靴」や「置物」の配置も検討すると、大吉祥日へと昇華します。

表面だけでなく、意味まで考える

日干支が「己卯」となるため、「表面だけでは、ちゃんと理解できない」という傾向が強まります。「意味」や「意義」まで、しっかり確認してください。「配置」に取り組むときも、「見た目」だけでなく、機能性や効率向上性までしっかり意識しましょう。

［人］
同僚
家族
交流

［行動］

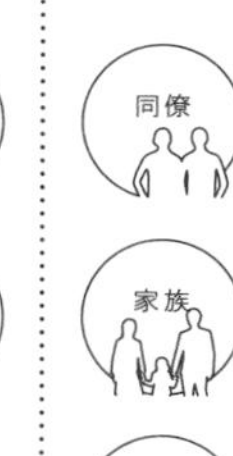

［健康］

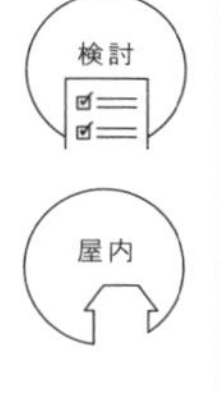

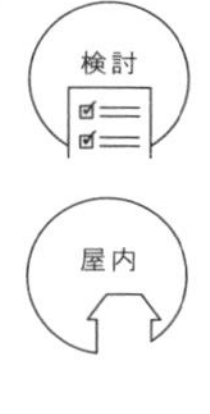

［お金］

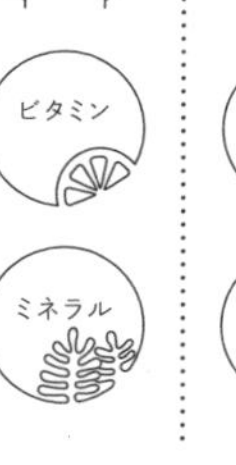

3月8日（日）

お祝いの効果を知る

［六曜］友引（ともびき）
［日干支］辛巳（かのとみ）
［月干支］壬辰（みずのえたつ）
［年干支］丙午（ひのえうま）
［二十八宿］房（ぼう）
［十二直］満（みつ）
［暦注下段］天恩日（てんおんにち）

［陰陽］陽

陽　中庸　陰

［二十四節気］啓蟄（けいちつ）
［七十二候］蟄虫啓戸（すごもりのむしとをひらく）
［旧暦］2026年1月20日

3月のお祝いをする

関係性が良くなる「友引」と二十八宿の「房」、十二直の「満」が重複することにより、「お祝いをする」という行為に、多くの支援と恩恵が集まる大吉日です。3月に誕生日や結婚記念日などの「祝うべきこと」がある人がいれば、当日でなくてもお祝いをしましょう。春の旬を楽しむ食事会も開催できれば、大吉祥日へと昇華します。

心配も不安も認めて祝う

日干支の「辛巳」の影響により、「悲観的」になりがちな日となるので、注意が必要です。気温や湿度の変化も、「心配」や「不安」を引き起こす要因です。でもそれは、生存に必要なことでもあるので、それを認めつつ「お祝い」で、楽しい気分を維持してください。

［人］

友達

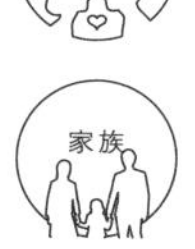

恋人

［行動］

遊び

開始

［健康］

運動

炭水化物

［お金］

買う（有形）

払う（無形）

3月11日（水）

いらないものを手放して「さっぱり」を実感する

【六曜】大安（たいあん）
【日干支】甲申（きのえさる）
【月干支】壬辰（みずのえたつ）
【年干支】丙午（ひのえうま）
【二十八宿】箕（き）
【十二直】執（とる）
【暦注下段】神吉日（かみよしにち）、大明日（だいみょうにち）、月徳日（つきとくにち）

【陰陽】陰

陽 / 中庸 / 陰

【二十四節気】啓蟄（けいちつ）
【七十二候】桃始笑（ももはじめてさく）
【旧暦】2026年1月23日

「さっぱり」が恩恵を引き寄せる

全体の機運が良くなる「大安」と、複数の善日が重複する大吉日です。今日は「さっぱりする」という感覚を意識すると、さまざまな恩恵を引き寄せられます。汚れているものを洗ったり、不要なものを片づけたり、汗をかいた後に体をきれいに洗うと、「さっぱり」という実感を得られます。不要なものの整理もできると、大吉祥日へと昇華します。

無駄な比較から離れる

日干支の「甲申」の影響により、「孤独を感じる」傾向が強くなるので、注意しましょう。一人でいる時間も、他人といる時間も、変わらず「貴重」なのです。また、他人の意見に無理に同調することも、避けましょう。「自分は自分の意思で生きる」ことを優先してください。

［人］

［行動］

［健康］

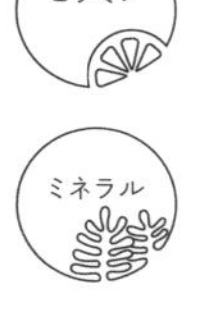

［お金］

3月14日（土）

楽しい時間と芸術をプレゼントする

【六曜】友引（ともびき）
【日干支】丁亥（ひのとい）
【月干支】壬辰（みずのえたつ）
【年干支】丙午（ひのえうま）
【二十八宿】女（じょ）
【十二直】成（なる）
【暦注下段】大明日（だいみょうにち）、母倉日（ぼそうにち）

【陰陽】陰

陽
陰
中庸

【二十四節気】啓蟄（けいちつ）
【七十二候】桃始笑（ももはじめてさく）
【旧暦】2026年1月26日

上質な時間で感謝を伝える

人間関係が良くなる「友引」と二十八宿の「女」が重複し、「楽しい時間をプレゼントする」と、良い結果へと導かれる大吉日です。今日は「ホワイトデー」ですが、それと関係なくても日頃のお礼として、「上質な時間」を贈ることを検討してみてください。美術館などで「芸術」に触れると、大吉祥日へと昇華します。

欲張るよりも適度に

日干支が「丁亥」となるため、「欲張り」な傾向が強まります。「もっともっと」という欲求が生まれてきますので、あらかじめ「適度な状態」を意識しておいてください。どんなに「楽しい時間」も、「いい加減」が必要です。バランスを意識することで、簡単に回避できます。

［人］
友達
恋人
家族

［行動］
検討
遊び
屋内
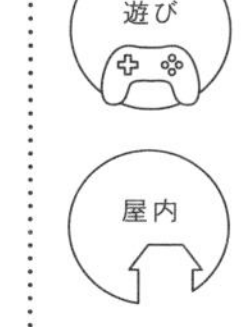

［健康］
休息

炭水化物

脂質
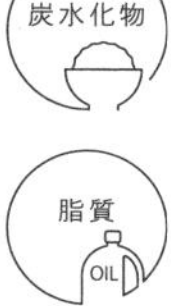

［お金］
買う（有形）
払う（無形）
他人へのプレゼント

3月17日（火）

思いついたアイデアは育てる

【六曜】大安
【日干支】庚寅
【月干支】壬辰
【年干支】丙午
【二十八宿】室
【十二直】閉
【暦注下段】一粒万倍日

【陰陽】陰

陽
中庸
陰

【二十四節気】啓蟄
【七十二候】菜虫化蝶
【旧暦】2026年1月29日

試行で無駄な負荷を防ぐ

全体が良くなる「大安」と「室」が重複し、「試行」することに、大きな意義と成果が集まる大吉日です。良い発想やアイデアがやってくると「即実行」したくなるのですが、「全体の機運」が同調しないと、思わぬ「負荷」や「障害」が発生してしまうものです。それを未然に防ぐのが「試行」です。今日の気づきや確認が、「一粒万倍日」に増殖する「良いタネ」となります。

邪魔が入らないようにイメージしておく

十二直の「閉」の影響により、色々な「邪魔」が入りやすくなります。「試行」の最中でも、中断させようとする出来事が発生しやすいので、注意してください。邪魔する要素をあらかじめ想定して、それが起きない「状況」を準備しましょう。

［人］
同僚
大人
多人数

［行動］
計画
準備
試行

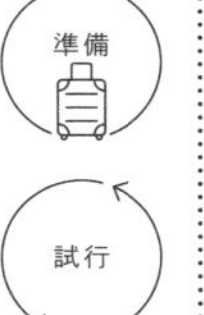
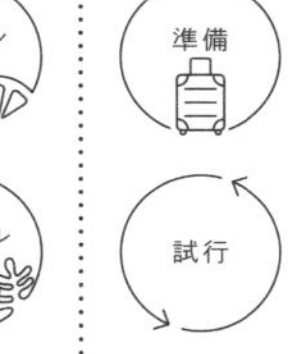

［健康］
ダイエット
ビタミン
ミネラル

［お金］

払う（無形）

貯金

投資

3月22日（日）

大勢の人と楽しみ、同調する

［六　曜］大安（たいあん）
［日干支］乙未（きのとひつじ）
［月干支］壬辰（みずのえたつ）
［年干支］丙午（ひのえうま）
［二十八宿］昴（ぼう）
［十二直］定（さだん）
［暦注下段］大明日（だいみょうにち）

［陰陽］陽

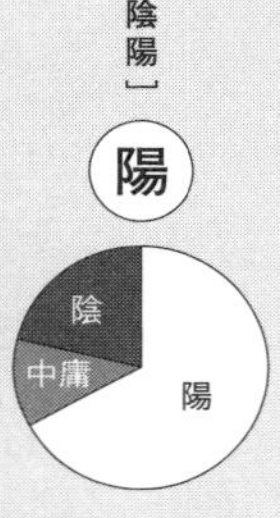

［二十四節気］春分（しゅんぶん）
［七十二候］雀始巣（すずめはじめてすくう）
［旧暦］2026年2月4日

スポーツ観戦やお祭りを楽しむ

全体の機運が良くなる「大安」と、二十八宿の「昴」と十二直の「定」が重複することにより、多人数で楽しむ体験が、良い波に同調する行動となります。できるだけ「大勢の人」と一緒に楽しむという状況を選択してみてください。例えば「スポーツ観戦」や「お祭り」などが、それに該当します。「食事」もグループで楽しむことができれば、大吉祥日へと昇華します。

いつもより遅刻に注意

日干支が「乙未」となるため、「慣れない場所に行きたくない」という気持ちが強くなります。楽しい時間が待っていることを、しっかり認識して回避しましょう。遅刻にも注意が必要ですので、いつもよりも1時間以上余裕をもって出発しましょう。

［人］

［行動］

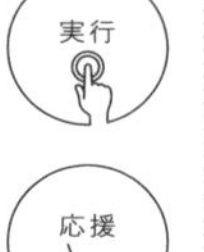

［健康］

［お金］

3月24日（火）

不要なルールを手放す

［六　曜］先勝（せんしょう）
［日干支］丁酉（ひのととり）
［月干支］壬辰（みずのえたつ）
［年干支］丙午（ひのえうま）
［二十八宿］觜（し）
［十二直］破（やぶる）
［暦注下段］一粒万倍日（いちりゅうまんばいび）、神吉日（かみよしにち）

［陰陽］陰

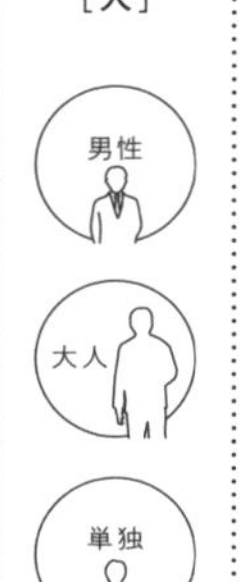

［二十四節気］春分（しゅんぶん）
［七十二候］雀始巣（すずめはじめてすくう）
［旧暦］２０２６年２月６日

世界は、刻々と変わり続ける

二十八宿の「觜」と善日が重複することにより、「規定」や「ルール」を見直すことに、強い支援と恩恵が集まる大吉日です。世界は「刻々と変わり続ける」のが摂理です。それに適応させなければ、「ルール」は「妨害」となってしまいます。自分独自の「マイ・ルール」も見直すことができれば、「一粒万倍日」の増殖力で、大吉祥日へと昇華します。

自信を取り戻して行動する

日干支の「丁酉」と十二直の「破」が重複することにより、「消極的な選択」をしたくなります。自分を「卑下（ひげ）」したくなるので、先回りして「自信」を取り戻しましょう。謙遜しすぎると、周囲も「自信がないのかな」と思ってしまいます。

［人］

［行動］

［健康］

［お金］

3月28日（土）

体のモードを冬から春へ切り替える

【六曜】大安（たいあん）
【日干支】辛丑（かのとうし）
【月干支】壬辰（みずのえたつ）
【年干支】丙午（ひのえうま）
【二十八宿】柳（りゅう）
【十二直】開（ひらく）
【暦注下段】神吉日（かみよしにち）

【陰陽】陽

陰　中庸　陽

【二十四節気】春分（しゅんぶん）
【七十二候】桜始開（さくらはじめてひらく）
【旧暦】2026年2月10日

体力と柔軟性を回復する

全体が良くなる「大安」と日干支の「辛丑」が重複することで、「体を動かす」という選択が、良い結果へと導かれる日です。冬から春の「陰」の領域での変化が、これから加速度的に「陽」の領域、つまり、目に見える領域に現れ始めます。その変化に対応できるよう、「体力」と「柔軟性」を回復しておきましょう。誰かと一緒に楽しむと、大吉祥日へと昇華します。

ご褒美をイメージして、体を動かす

二十八宿の「柳」と十二直の「開」の影響で、運動する前の「精神的負荷」が高まります。気温や天候を言い訳に「体を動かさない」と選択したくなるので注意しましょう。運動後の「ご褒美」を決めておくと、最初から負荷が軽くなります。

【人】
友達
家族
多人数

【行動】
スタート
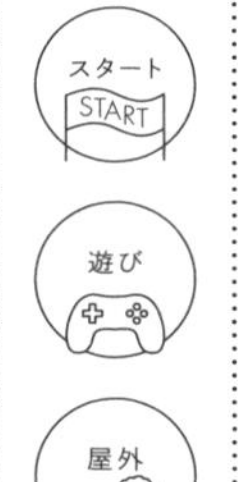

遊び
屋外

【健康】
運動
バランスのいい食事
水分補給
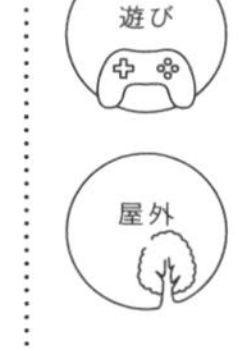

【お金】
払う（無形）
投資
自分へのご褒美
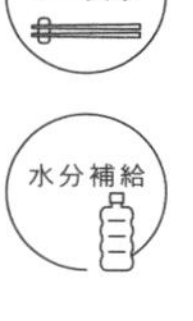

3月

3月31日（火）

自分だけの気分転換をつくり出す

【六曜】友引
【日干支】甲辰
【月干支】壬辰
【年干支】丙午
【二十八宿】翼
【十二直】除
【暦注下段】大明日、月徳日

【陰陽】陰

陽
中庸
陰

【二十四節気】春分
【七十二候】雷乃発声
【旧暦】2026年2月13日

気分転換は条件の組み合わせにする

関係性が良くなる「友引」と二十八宿の「翼」と十二直の「除」の重複により、「気分転換の方法を決める」という行為に、多くの恩恵が集まる大吉日です。この好機に、一つの「型」をつくってみてください。「外に出て深呼吸する」とか「立ったままコーヒーを飲む」という感じで、複数の「条件」が組み合わさるように工夫してみてください。

適量より少量を意識する

日干支が「甲辰」となるため、「多すぎる」という問題が発生しやすい傾向となります。わかりやすいのは「食べすぎ」と「飲みすぎ」です。最初から「適量」より「少量」を意識してみてください。結果、「適量」となります。

［人］
女性
子ども
交流

［行動］
検討
屋内
調査

［健康］
ダイエット
ビタミン
ミネラル

［お金］
買う（有形）
払う（無形）
投資

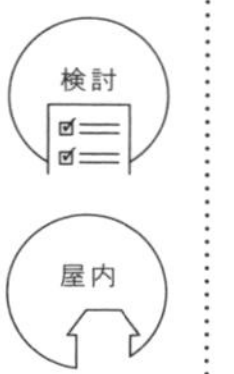

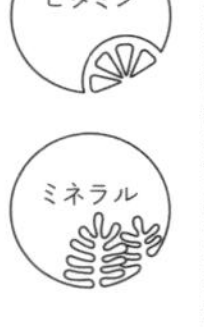

2026年

4月

【月干支】

癸巳（みずのと み）

陰の月干支となり、目に見えない領域で「拡散する」傾向が強い期間となります。

2026年4月の「大吉日」ベスト3

第❶位 4月5日（日）

［注目の古暦］

清明（せいめい）、神吉日（かみよしにち）、大明日（だいみょうにち）、天恩日（てんおんにち）

外出して、「春の風情」を楽しみましょう。人も自然の一部です。大季節の変化を確認することは、大きな流れに同調することにつながります。

第❷位 4月25日（土）

［注目の古暦］

大安（たいあん）、己巳（つちのとみ）、神吉日（かみよしにち）、大明日（だいみょうにち）、母倉日（ぼそうにち）

「お金」の大吉日ですが、仕事や収入といった面でも支援が集まる日です。自分の仕事や収入が「適正」であるか検討してみてください。

第❸位 4月28日（火）

［注目の古暦］

友引（ともびき）、神吉日（かみよしにち）、大明日（だいみょうにち）、月徳日（つきとくにち）

これからやってくる「楽しいこと」に意識を向けてください。ゴールデンウィーク前ですので、その期間の「お楽しみ」を確認しましょう。

4月3日（金）

自分の変化を知る

［六曜］大安（たいあん）
［日干支］丁未（ひのとひつじ）
［月干支］癸巳（みずのとみ）
［年干支］丙午（ひのえうま）
［二十八宿］亢（こう）
［十二直］定（さだん）
［暦注下段］神吉日（かみよしにち）、大明日（だいみょうにち）

［陰陽］陽

陰　中庸　陽

［二十四節気］春分（しゅんぶん）
［七十二候］雷乃発声（かみなりすなわちこえをはっす）
［旧暦］2026年2月16日

起きてから寝るまで、どう変わるか考えてみる

全体が良くなる「大安」と日干支の「丁未」が重複することにより、「昨年との違いを確認する」という行為が支援と恩恵を集める選択となる大吉日です。新年度が始まり、環境が変わった人も変わらなかった人も、「1日の過ごし方」が昨年とどのように変わるのか確認しましょう。起床時間から就寝時間まで、時間ごとに区切ると、簡単に確認できます。

好奇心をもって変化に対応する

二十八宿の「亢」の影響により、「前の方が、良かったかも」という想いが強まる傾向となります。世界の変化に対応するには、自分が変化していくのが、一番簡単です。これから始まる新年度への「好奇心」を優先させて楽しみましょう。

［人］
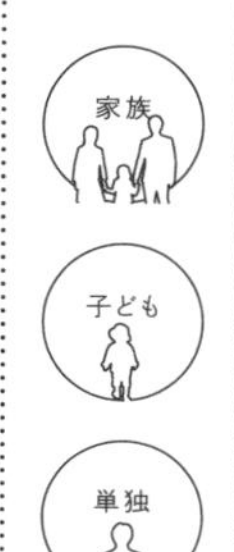

［行動］

［健康］

［お金］
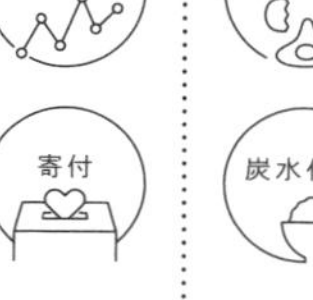

4月5日（日）

今年の春を楽しむ

［六曜］先勝
［日干支］己酉
［月干支］癸巳
［年干支］丙午
［二十八宿］房
［十二直］執
［暦注下段］神吉日、大明日、天恩日

［陰陽］陽

陰 中庸 陽

［二十四節気］清明
［七十二候］玄鳥至
［旧暦］2026年2月18日

4月

今年の春は一度きり

日干支の「己酉」と複数の善日が重複する大吉日です。2026年の「清明」とも重複しているので、「春の風情を楽しむ」行動が、より良い時間とより良い恩恵を得る選択となります。地域により、春の到来には時差がありますが、今日は外出して「自然界の変化」を五感で確認してください。家族と楽しめれば、大吉祥日へと昇華します。

「対抗」は「対立」を生む

十二直の「執」からの影響により、「対抗心」が強まる傾向となるので、注意が必要です。適切な「対抗」は、成長のために有効なのですが、度が過ぎると「対立」へと発展してしまいます。人それぞれに「価値観」も「幸せの形」も異なることを思い出しましょう。

［人］

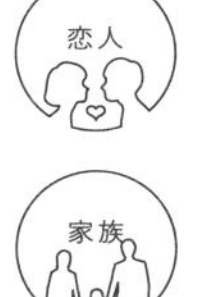

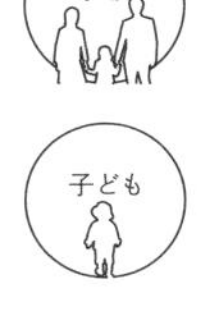

［行動］

検討

遊び

屋外

［健康］

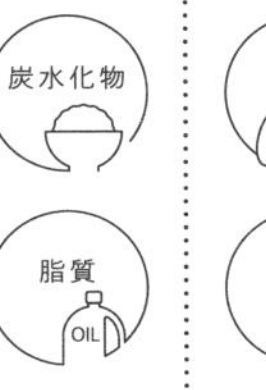

運動

炭水化物

脂質

［お金］

払う（無形）

4月6日（月）

自分と他人の無意識の評価を見直す

［六　曜］友引（ともびき）
［日干支］庚戌（かのえいぬ）
［月干支］癸巳（みずのとみ）
［年干支］丙午（ひのえうま）
［二十八宿］心（しん）
［十二直］破（やぶる）
［暦注下段］大明日（だいみょうにち）、天恩日（てんおんにち）

［陰陽］陰

［二十四節気］清明（せいめい）
［七十二候］玄鳥至（つばめきたる）
［旧暦］2026年2月19日

負の思い込みがないか点検する

関係性が良くなる「友引」と日干支の「庚戌」の重複により、「再評価」することで、良い気づきと変化がやってくる大吉日です。特に「人間関係」での「評価の見直し」が有効です。無意識のうちに人は人を評価しています。それらを点検し、自分にとっての「負の思い込み」がないか確認してください。仲直りの選択ができれば、大吉祥日へと昇華します。

最初の印象に支配されない

二十八宿の「心」と十二直の「破」が重複することにより、「第一印象」にとらわれてしまう傾向が強まります。特に、4月から新しい環境となった方は、気をつけてください。自分の思い込みに振り回されないようにしましょう。

［人］

［行動］

［健康］

［お金］

4月9日(木)

選んで買う楽しさを味わう

【六曜】大安（たいあん）
【日干支】癸丑（みずのとうし）
【月干支】癸巳（みずのとみ）
【年干支】丙午（ひのえうま）
【二十八宿】斗（と）
【十二直】納（おさん）
【暦注下段】天恩日（てんおんにち）

【陰陽】陽

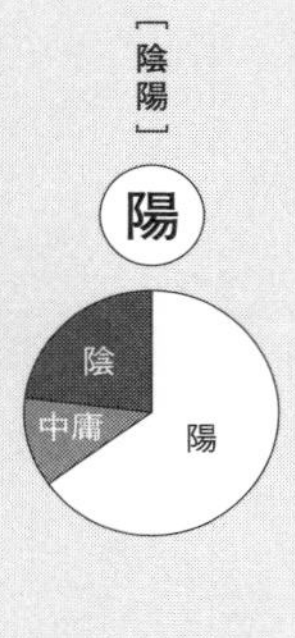

【二十四節気】清明（せいめい）
【七十二候】玄鳥至（つばめきたる）
【旧暦】2026年2月22日

自分の楽しさは自分の選択で掴む

全体が良くなる「大安」と二十八宿の「斗」、十二直の「納」の重複により、「新しいものを追加する」という行為に、多くの支援と恩恵が集まる日です。

仕事で使う「道具」はもちろん、趣味やコレクションなどでも道具を選び、買うことを楽しむと、良い展開へと移行していきます。自分の楽しさは、自分の選択により決定するのです。

不安を解消する不思議な呪文

日干支が「癸丑」となるため、「漠然とした不安感」が芽生えやすい傾向となります。ちょっとした「不都合」を大げさに捉えてしまいやすいのです。不安を感じたら、「ケセラセラ、なるようになる」という呪文を唱えてみましょう。不思議と不安が消えていきます。

［人］
友達
大人
単独

［行動］
検討
調査
研究

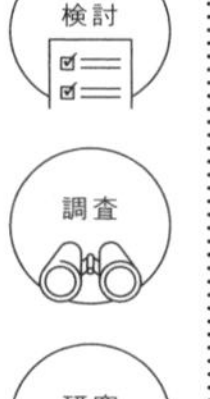
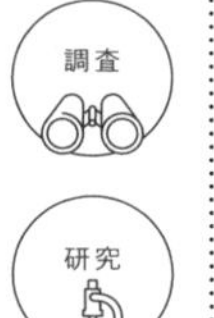

［健康］
運動
たんぱく質
炭水化物

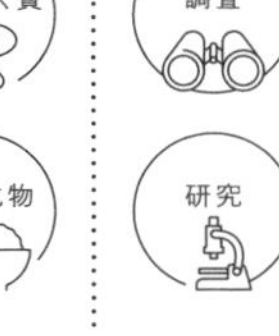

［お金］
買う（有形）
もらう
自分へのご褒美

4月11日（土）

趣味の将来を想像する

［六曜］先勝
［日干支］乙卯
［月干支］癸巳
［年干支］丙午
［二十八宿］女
［十二直］閉
［暦注下段］一粒万倍日、神吉日

［陰陽］陰

陽
中庸
陰

［二十四節気］清明
［七十二候］鴻雁北
［旧暦］２０２６年２月24日

このまま趣味を続けていたら、どうなるか？

日干支の「乙卯」と二十八宿の「女」が重複することにより、「趣味」を検討するという行為に、多くの支援と良い導きが集まる大吉日です。「趣味」がある人は、その趣味の「5年後」を検討し、趣味がない人は「新しい趣味を始める」ことを検討してみてください。家族とできれば、「一粒万倍日」の増殖力で大吉祥日へと昇華します。

お金ばかり気にしない

十二直の「閉」が重複することにより、「お金が気になる」傾向が強まります。趣味に対する「投資」にも影響があるので要注意です。効率や効果だけが、趣味の「価値」を決めるわけではありません。生活を優先しつつ、金額以外の要素での検討も心がけてみてください。

［人］
友達
家族
交流

［行動］
計画
検討
遊び

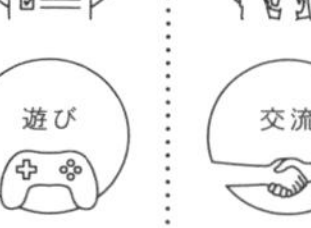

［健康］
休息
ビタミン
ミネラル

［お金］
買う（有形）
払う（無形）
自分へのご褒美

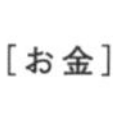

4月15日（水）

バランスを点検して取り戻す

［六　曜］大安（たいあん）
［日干支］己未（つちのとひつじ）
［月干支］癸巳（みずのとみ）
［年干支］丙午（ひのえうま）
［二十八宿］壁（へき）
［十二直］平（たいら）
［暦注下段］神吉日（かみよしにち）、大明日（だいみょうにち）

［陰陽］陰

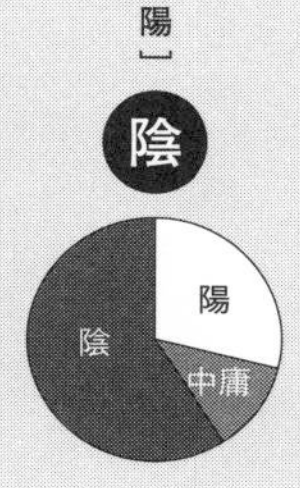

［二十四節気］清明（せいめい）
［七十二候］虹始見（にじはじめてあらわる）
［旧暦］2026年2月28日

バランスは対比で考える

全体の機運が良くなる「大安」と十二直の「平」が重複することにより、「バランス感覚」がキーワードとなる大吉日です。「仕事とプライベート」「収入と支出」「活動と休息」など、「対比」でバランスを確認してみてください。季節が変わる「激しい波」に巻き込まれないために、「適正なバランス」を検討してみましょう。

「多ければいい」は誤りの始まり

日干支の「己未」と二十八宿の「壁」が重複することにより、「多ければいい」という偏見が強まる傾向となります。それにより、バランスを欠いた「行動」や「発言」をしてしまいがちなので、注意してください。落ち着いて「客観的」になることにより、それを回避できます。

［人］
同僚
恋人
大人

［行動］
計画
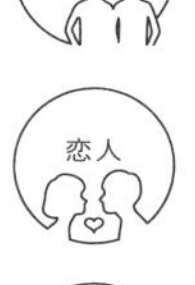
検討
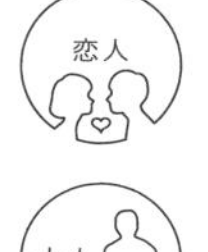
研究
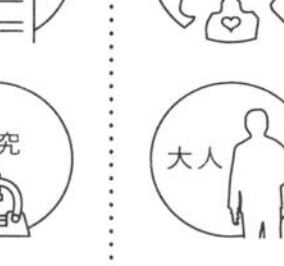

［健康］
ダイエット
ビタミン
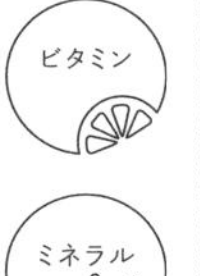
ミネラル

［お金］
買う（有形）
貯金
投資

4月22日（水）

買う、売る、投資で、お金を活用する

［六　曜］友引（ともびき）
［日干支］丙寅（ひのえとら）
［月干支］癸巳（みずのとみ）
［年干支］丙午（ひのえうま）
［二十八宿］参（しん）
［十二直］開（ひらく）
［暦注下段］天恩日（てんおんにち）

［陰陽］陽

陰 中庸 陽

［二十四節気］穀雨（こくう）
［七十二候］葭始生（あしはじめてしょうず）
［旧暦］2026年3月6日

お金についてなら今日がベスト

関係性が良くなる「友引」と日干支の「丙寅」、二十八宿の「参」が重複する「お金関連特化」の大吉日です。「買う」「売る」「投資」に、強い支援と恩恵がつきます。仕事関連だけでなく、趣味や生活関連でも、「お金」について向き合い、行動しましょう。特に「長期的な視点」での「増収・増益」を検討することで、大吉祥日へと昇華します。

負荷を選んだ自分を誇る

十二直の「開」の影響により、「あきらめたい」という衝動が強まりますので、注意してください。「負荷」を選択し、向き合うことには、大きな意味と意義があります。どんな状況からでも、回復させた「先輩」がいることを思い出しましょう。

［人］
男性
大人
単独

［行動］
計画
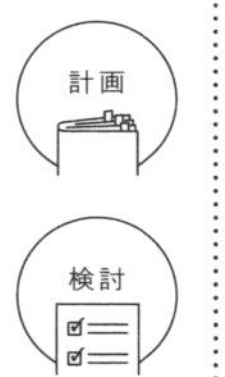
検討

調査
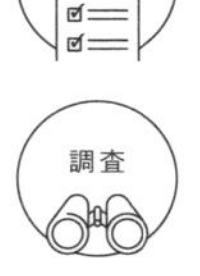

［健康］
運動
炭水化物
脂質

［お金］
買う（有形）
払う（無形）
投資

4月25日（土）

仕事と収入の点検で新しい導きを得る

【六曜】大安
【日干支】己巳
【月干支】癸巳
【年干支】丙午
【二十八宿】柳
【十二直】除
【暦注下段】己巳、神吉日、大明日、母倉日

【陰陽】陰

陽　中庸　陰

【二十四節気】穀雨
【七十二候】霜止出苗
【旧暦】2026年3月9日

4月

能力、特技、個性、好み……具体的に見る

全体の機運が良くなる「大安」と弁財天さまのご縁日＊となる「己巳」が重複する大吉日です。「お金関連」も良いのですが、「仕事」や「収入」関連がより良い日です。自分の「能力」や「特技」、さらに「個性」や「好み」を具体的に検討したうえで、現在の仕事や収入源について、それが「適正」であるかを考えましょう。

逃げる前に変える

二十八宿の「柳」と十二直の「除」の重複により、「現状から逃げたい」という衝動が強まるので、注意が必要です。「逃げる」前に「変える」可能性を検討しましょう。逃げ続けると、だんだん弱くなってしまうのです。自分への「負荷」を認めてあげてください。

【人】
同僚
大人
単独

【行動】
検討
仕事
屋内

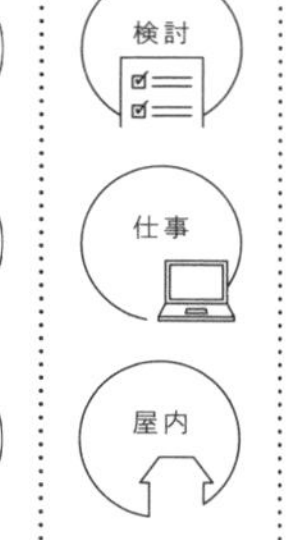

【健康】
休息
水分補給
たんぱく質

【お金】
投資
寄付
財布を新調

＊神仏と縁のある日。

4月26日（日）

大切なのは、助けようとした事実

［六　　曜］赤口
［日 干 支］庚午
［月 干 支］癸巳
［年 干 支］丙午
［二十八宿］星
［十 二 直］満
［暦注下段］神吉日、大明日、母倉日

［陰陽］陰

陽　中庸　陰

［二十四節気］穀雨
［七十二候］霜止出苗
［旧暦］2026年3月10日

誰かを助けよう

二十八宿の「星」と十二直の「満」、多くの善日が重複する大吉日です。今日は「助ける」という意識が、良い支援、良い結果へとつながります。周囲の人が困っていなくても、その人にとって「助け」となることを申し出てください。実際に「助かった」という返事が来ることも大切ですが、「助けようとした」という履歴が、この後の「良い展開」を引き寄せるのです。

肉体の衰えに意識を向けない

日干支が「庚午」となるため、「衰退」という現象に、意識が向いてしまう日です。人間は他の生物と違って、「肉体の衰退」と「精神の衰退」は並列で進行しません。「肉体の衰退」ばかりを注視しないよう、気をつけましょう。

［人］
同僚
友達
交流

［行動］
相談
仕事
補助

［健康］
休息
バランスのいい食事
水分補給

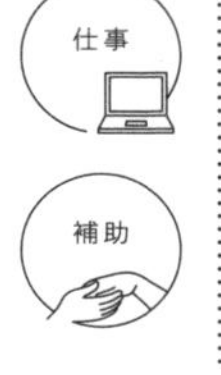

［お金］
払う（無形）
貯金
寄付

2026年

4月28日（火）

楽しい予定に意識を向けるとより楽しくなる

【六　曜】友引
【日干支】壬申
【月干支】癸巳
【年干支】丙午
【二十八宿】翼
【十二直】定
【暦注下段】神吉日、大明日、月徳日

【陰陽】陽

陰
中庸
陽

【二十四節気】穀雨
【七十二候】霜止出苗
【旧暦】2026年3月12日

楽しさの理由まで考える

関係性が良くなる「友引」と日干支の「壬申」が重複することにより、これからやってくる「楽しいこと」に意識を向けると、全体に支援が届く大吉日となります。近く訪れる大型連休でも、それ以外の予定でも構いません。その際には、具体的に「なぜ、楽しいのか」も確認してみてください。その理由を把握しておけば、確実に「楽しい時間」はやってきます。

締め切りを確認する

二十八宿の「翼」と十二直の「定」が重複することにより、色々な「用事」が発生してしまう傾向となります。特に連休前なので、「締め切り」や「期限」は把握しておきましょう。この「心構え」があれば、長期休暇も「心から楽しめる」のです。

［人］

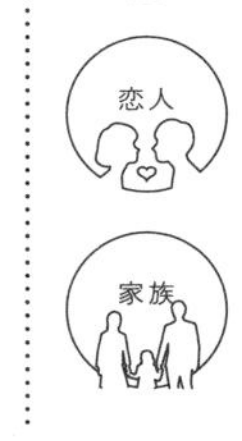

［行動］

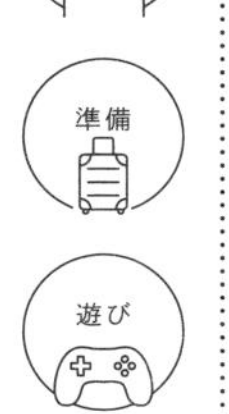

［健康］

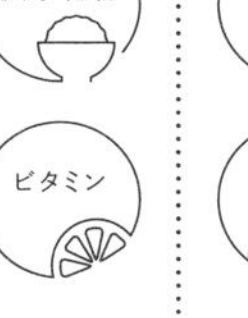

［お金］

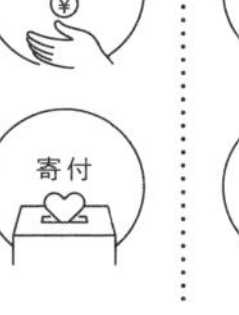

2026年 5月

【月干支】甲午

陽の月干支となり、目に見える領域で「勢いが増す」傾向が強い期間となります。

2026年5月の「大吉日」ベスト3

第❶位 5月20日(水)

【注目の古暦】
天赦日、神吉日

色々なことが「盛り上がる」大吉日です。特に「仲間」と過ごす時間が充実したものとなります。楽しい時間を過ごすことを選択していくと、強い導きを実感できます。

第❷位 5月4日(月)

【注目の古暦】
友引、天赦日

全体が良くなる「天赦日」ですが「初めて」を意識すると、さらに強力な大吉日となります。連休中の方は、「初体験」となるような行動を選択してみてください。

第❸位 5月5日(火)

【注目の古暦】
一粒万倍日、神吉日、大明日、母倉日、天恩日

前日の「天赦日」からの良い影響が続くなか、「一粒万倍日」の効果も発生する大吉日です。「知らないこと」へ挑戦しましょう。

5月4日（月）

【六曜】友引（ともびき）
【日干支】戊寅（つちのえとら）
【月干支】甲午（きのえうま）
【年干支】丙午（ひのえうま）
【二十八宿】心（しん）
【十二直】開（ひらく）
【暦注下段】天赦日（てんしゃにち）

「初めて」を選んで良い波を掴む

【陰陽】陽

陰
中庸
陽

【二十四節気】穀雨（こくう）
【七十二候】牡丹華（ぼたんはなさく）
【旧暦】２０２６年３月18日

初めての体験を選択する

全体が良くなる「天赦日」です。二十八宿の「心」が重複することにより、「初めて」が全体の波の良い側面へと同調するためのキーワードとなります。ゴールデンウィーク中でもありますので、お休みの方はできるだけ「初体験」となることを選択してください。初めての「場所」「運動」「遊び」など、目に見える領域での意識が必要です。

お金関連はオススメできない

日干支の「戊寅」と「開」が重複するため、「せっかち」になりがちなので、注意が必要です。待つことを避けたい衝動が強まります。そのため、「お金の吉日」としては、あまりオススメできません。ただし「初めて」に投資することは有効ですので、意識してみてください。

［人］

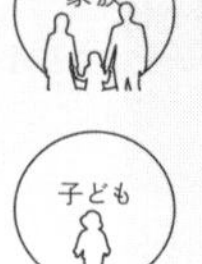

子ども

［行動］

挑戦

遊び

実行

［健康］

運動

炭水化物

脂質

［お金］

5月5日（火）

知らないことが自分の現実を変える

［六曜］先負（せんぶ）
［日干支］己卯（つちのとう）
［月干支］甲午（きのえうま）
［年干支］丙午（ひのえうま）
［二十八宿］尾（び）
［十二直］開（ひらく）
［暦注下段］一粒万倍日（いちりゅうまんばいび）、神吉日（かみよしにち）、大明日（だいみょうにち）、母倉日（ぼそうにち）、天恩日（てんおんにち）

［陰陽］陰

陽　中庸　陰

［二十四節気］立夏（りっか）
［七十二候］蛙始鳴（かわずはじめてなく）
［旧暦］2026年3月19日

好奇心をもって知らないことに挑む

十二直の「開」と多くの善日が重複し、「知ることを楽しむ」と、良い機運に同調する大吉日となります。「好奇心」を強めにして、「知らないこと」に挑戦してみましょう。知らない領域の情報を得ることは、自分の「世界が拡がる」ことと同じなのです。さらに、書店に行くと「一粒万倍日」の「良いタネ」を発見できて、大吉祥日へと昇華します。

一時的な「飽き」に惑わされない

日干支の「己卯」と二十八宿の「尾」が重複することにより、「飽きる」という感覚が強くなります。今まで楽しかったことに「魅力」を感じなくなってしまいます。一時的な感覚なので、「知らないことを知る」という行動を選択してください。

［人］
友達
家族
子ども

［行動］
挑戦
調査
研究

［健康］
休息
ビタミン
ミネラル

［お金］
買う（有形）
払う（無形）
電子マネーチャージ

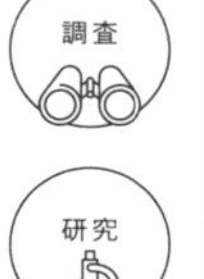
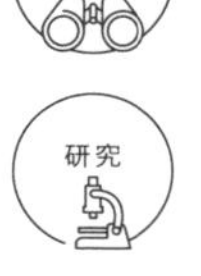

5月7日（木）

新しい服で気持ちも新たにする

【六曜】大安
【日干支】辛巳
【月干支】甲午
【年干支】丙午
【二十八宿】斗
【十二直】建
【暦注下段】天恩日

【陰陽】陽

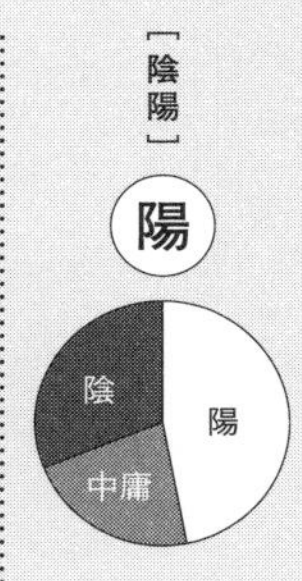

【二十四節気】立夏
【七十二候】蛙始鳴
【旧暦】2026年3月21日

服をおろすなら今日

全体が良くなる「大安」と二十八宿の「斗」、十二直の「建」が重複することにより、「新しい服を着る」という行動に、良い支援と嬉しい恩恵が集まる大吉日です。「衣・食・住」といわれますが、この順番は「優先順位」も表しています。古代の神官も現代の神職も、「服装」は極めて重要です。購入しても良いですし、買った服を初めて外で着るのでもオッケーです。

迷ったら直感を頼りに

日干支の「辛巳」の影響により、「複雑にしたくなる」感覚が強まるので、注意してください。服を選ぶときも、いつもよりも悩んでしまう傾向が強まりますので、迷ったときは「直感」を最優先に、決断してください。

［人］
友達
恋人
交流

［行動］
準備
相談
連絡

［健康］
ダイエット
ビタミン
ミネラル

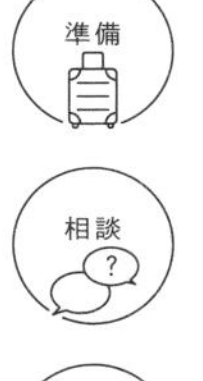

［お金］
買う（有形）
投資
自分へのご褒美

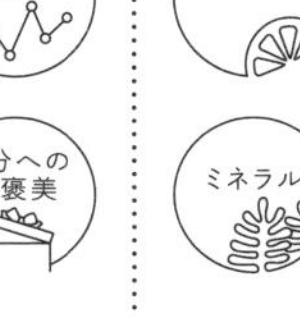

5月10日（日）

友好的な姿勢がすべてを好転させる

［六　曜］友引（ともびき）
［日干支］甲申（きのえさる）
［月干支］甲午（きのえうま）
［年干支］丙午（ひのえうま）
［二十八宿］虚（きよ）
［十二直］平（たいら）
［暦注下段］神吉日（かみよしにち）、大明日（だいみょうにち）

［陰陽］陽

陰
中庸
陽

［二十四節気］立夏（りっか）
［七十二候］蛙始鳴（かわずはじめてなく）
［旧暦］２０２６年３月24日

おおらかな心で微笑みを忘れない

人間関係に良い支援がつく「友引」と十二直の「平」に、善日が重複する大吉日です。キーワードは「友好的」。演技でもいいので、「友好的な姿勢」を貫いてみてください。「おおらかな心」と「丁寧な言葉遣い」を意識するだけで達成できます。「静かに微笑む」だけでも効果的です。苦手だった人と会話を楽しむことができれば、大吉祥日へと昇華します。

断絶よりも公平さ

日干支の「甲申」と二十八宿の「虚」が重複することにより、「断絶」したくなる傾向が強まるので、注意してください。人を「評価」するときも、つい「思い込み」や「先入観」が強くなってしまうので、「公平性」を意識しましょう。

［人］
同僚
友達
交流

［行動］
準備
相談
連絡

［健康］
運動
水分補給
炭水化物

［お金］

2026年

5月13日（水）

放置している問題に取り組むと解決に向かう

［六　曜］大安（たいあん）
［日干支］丁亥（ひのとい）
［月干支］甲午（きのえうま）
［年干支］丙午（ひのえうま）
［二十八宿］壁（へき）
［十二直］破（やぶる）
［暦注下段］大明日（だいみょうにち）

［陰陽］陽

陽　陰　中庸

［二十四節気］立夏（りっか）
［七十二候］蚯蚓出（みみずいずる）
［旧暦］2026年3月27日

5月

正面から解消してみる

全体の機運が良くなる「大安」と二十八宿の「壁」、十二直の「破」が重複し、「問題に取り組む」行動に、強い支援と協力が得られる日です。仕事でもプライベートでも、「放置している問題」がないか、点検してみてください。正面から向き合って「解消」すると再発の防止もでき、効果的なのです。仲間と一緒に取り組むことができれば、大吉祥日へと昇華します。

威張ってもいいことはない

日干支が「丁亥」となるため、「威張りたい」という欲求が強くなります。些細なことにも「自分の優秀さ」を求める言動が多くなりますので、注意してください。素敵な人は、「威張る」ことのデメリットを理解しているのです。

［人］

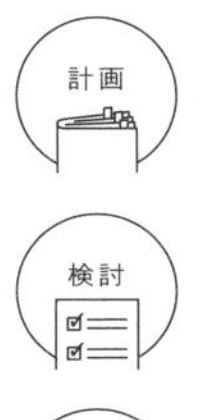

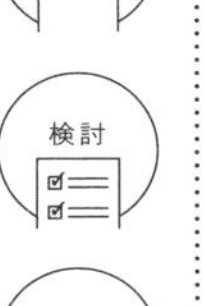

［行動］

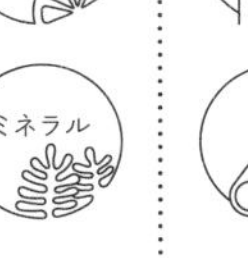

［健康］

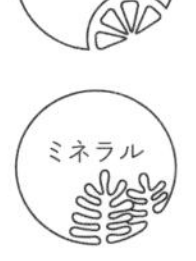

［お金］

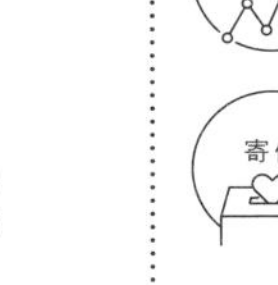

5月18日（月）

話せば話すだけ チャンスが集まる

［六曜］大安（たいあん）
［日干支］壬辰（みずのえたつ）
［月干支］甲午（きのえうま）
［年干支］丙午（ひのえうま）
［二十八宿］畢（ひつ）
［十二直］閉（とづ）
［暦注下段］一粒万倍日（いちりゅうまんばいび）、大明日（だいみょうにち）

［陰陽］陽

陰　中庸　陽

［二十四節気］立夏（りっか）
［七十二候］竹笋生（たけのこしょうず）
［旧暦］2026年4月2日

目標は30人との会話

全体が良くなる「大安」と二十八宿の「畢」が重複することにより、「多くの人と会話」することに、強い支援と好機が集まる大吉日です。「できるだけ多くの人と話す」というゲームに挑戦してください。挨拶は除いて、朝から「何人と会話したか」をカウントしてみましょう。楽しみながら、30人を超えることができれば、大吉祥日へと昇華します。

大切なのは会話をすることとそのもの

日干支が「壬辰」となるため、「本質」が認識しづらい傾向となります。そのため「会話」を楽しもうとしても、「意味」や「意図」が理解できないこともありますが、気にしないでください。今日はこの「会話の大切さ」を確認しましょう。

［人］

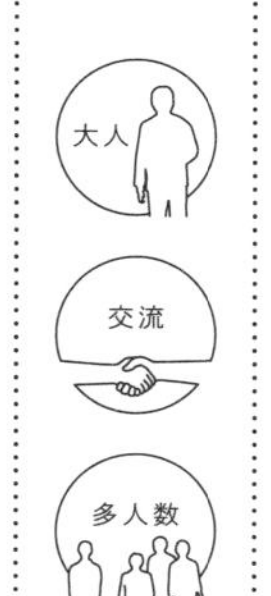

［行動］

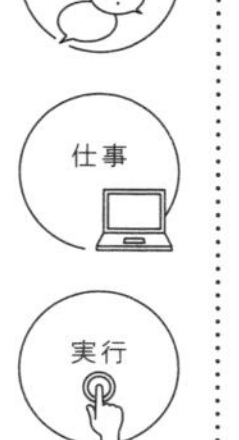

［健康］

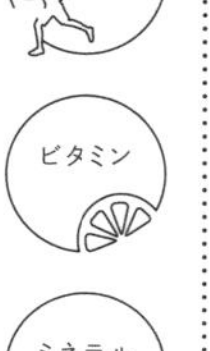

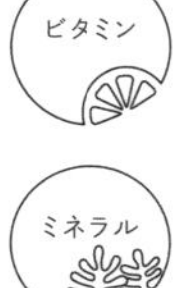

［お金］

買う（有形）

払う（無形）

5月20日（水）

仲間と一緒に良い機運を引き寄せる

【六　曜】先勝
【日干支】甲午
【月干支】甲午
【年干支】丙午
【二十八宿】参
【十二直】除
【暦注下段】天赦日、神吉日

【陰陽】陽

陰
中庸
陽

【二十四節気】立夏
【七十二候】竹笋生
【旧暦】2026年4月4日

5月

趣味や好みが同じ「仲間」と過ごす

5月2回目の「天赦日」は、月干支と日干支が「甲午」となり、色々なことが「盛り上がる」ことに強い支援が集まる大吉日となります。特に、趣味や好みが同じ「仲間」と過ごす時間が、より良い状態へと導かれる鍵です。価値観が近い人とのご縁をつないでみてください。

孤独を乗り越えて良縁を拡げる

十二直の「除」からの影響で、一時的に「孤独」を選択したくなる衝動が強まります。これを乗り越えることで、良縁がつながっていきますので、「最初の印象」や「先入観」に惑わされることなく、仲間との交流や、良縁の拡がりを意識して選択しましょう。

【人】
友達
交流
多人数

【行動】
検討
遊び
実行

【健康】
運動
炭水化物
脂質

【お金】
買う（有形）
払う（無形）
自分へのご褒美

5月21日（木）

誰かを助けると自分も助かる

【六曜】友引（ともびき）
【日干支】乙未（きのとひつじ）
【月干支】甲午（きのえうま）
【年干支】丙午（ひのえうま）
【二十八宿】井（せい）
【十二直】満（みつ）
【暦注下段】大明日（だいみょうにち）

【陰陽】陽

陰　中庸　陽

【二十四節気】小満（しょうまん）
【七十二候】蚕起食桑（かいこおきてくわをはむ）
【旧暦】2026年4月5日

自分の行動よりも誰かを助ける意識をもつ

関係性が良くなる「友引」に、二十八宿の「井」と十二直の「満」が重複することにより、「手伝う」という意識をもつと、自然と良い方向へと導かれる大吉日です。誰かを「助ける」こと、「支援する」ことで、全体の波の良い側面へと導かれる日なのです。「小満」という区切りとも重複し、「成長を手伝う」という選択ができれば、大吉祥日へと昇華します。

負の記憶に惑わされない

日干支の「乙未」の影響で、「記憶に惑わされる」傾向が強まります。「苦い経験」が自分の「足かせ」となることも珍しくないのです。「過去の負の感情」の記憶を感じたら、「あれはあれで良かった」と呟いて防御してください。

［人］
同僚
友達
家族

［行動］
補助
仕事
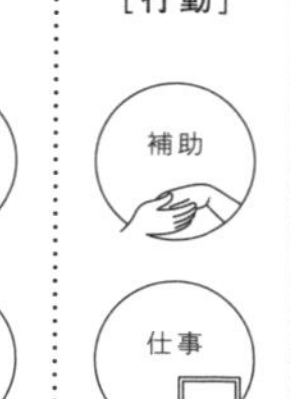
連絡

［健康］
運動
炭水化物

脂質
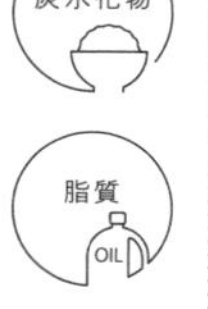

［お金］
払う（無形）
投資
寄付
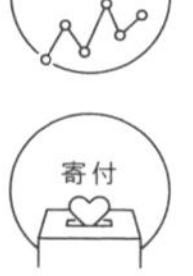

5月27日（水）

理由を考えると、自然と喜びが増えていく

【六　曜】友引
【日干支】辛丑
【月干支】甲午
【年干支】丙午
【二十八宿】軫
【十二直】成
【暦注下段】神吉日

【陰陽】陽

陰　中庸　陽

【二十四節気】小満
【七十二候】紅花栄
【旧暦】2026年4月11日

手段よりも理由を考える

関係性が良くなる「友引」と日干支の「辛丑」が重複することにより、「増やしたいこと」を具体的に検討すると、良い支援と導きが集まる大吉日です。「増やす手段」ではなく、「なぜ、増やしたいのか？」という観点で、検討してください。例えば、「お金」であれば「増やしたいこと」ではなく、「増やすとどうなるのか？」に集中するのです。

手段だけで考えない

二十八宿の「軫」と十二直の「成」の影響によって、「どうやって」という手段ばかりが気になります。手段の前に「その結果」を検討しておかないと、負荷をかけて「手段」を実践したとしても、「嬉しい結果」になるとは限らないのです。

［人］　［行動］　［健康］　［お金］

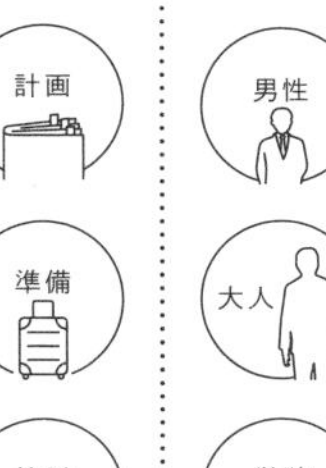

5月30日（土）

世界の変化に対応するための工夫

【六曜】大安
【日干支】甲辰
【月干支】甲午
【年干支】丙午
【二十八宿】氐
【十二直】閉
【暦注下段】一粒万倍日、大明日

【陰陽】陽

【二十四節気】小満
【七十二候】紅花栄
【旧暦】2026年4月14日

「当たり前」にも工夫の余地はある

全体の機運が良くなる「大安」と二十八宿の「氐」が重複することにより、「工夫する」という意識が、良い成果へと結びつく大吉日です。今「当たり前のこと」や、「普通の手段」でも、「工夫」を検討することによって、より効率的・効果的な内容へと変化するのです。「ずっとその方法だった」からといって、「それが最善」ではないのです。

疲れは工夫で乗り越える

日干支の「甲辰」の影響で、「疲れ」を感じる傾向が強まります。先回りして「無理しない」ことを意識してください。自宅で「工夫できること」を検討するのも有効ですし、「疲れをとる」ための「工夫」を検討するのも、とても有効な日です。

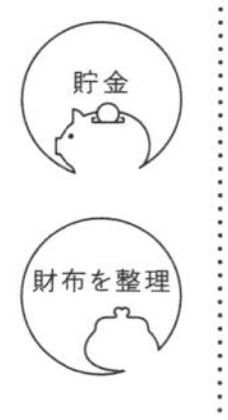

2026年
6月

【月干支】
乙未

陰の月干支となり、目に見えない領域で「修復される」傾向が強い期間となります。

2026年6月の「大吉日」ベスト3

第❶位 6月24日(水)

［注目の古暦］
友引、己巳、一粒万倍日、神吉日、大明日

「お金を増やすこと」を意識して、その行動を選択しましょう。弁財天さまの支援だけでなく、色々な方面からの支援が得られる大吉日です。

第❷位 6月19日(金)

［注目の古暦］
甲子、鬼宿日、天恩日

「始めること」「試してみること」に、強力な支援がつく大吉日です。この日に迷ったら、「試しに実行する」を選択してみてください。

第❸位 6月21日(日)

［注目の古暦］
大安、夏至、母倉日、天恩日、月徳日

「移動する」ことに、支援が集まる大吉日です。「夏至」ですので、1年で一番「昼が長い日」です。その時間を有効に活用すると、「収穫の秋」の楽しみが増えます。

6月1日(月)

気分を優先する価値を知る

【六曜】先勝（せんしょう）
【日干支】丙午（ひのえうま）
【月干支】乙未（きのとひつじ）
【年干支】丙午（ひのえうま）
【二十八宿】心（しん）
【十二直】除（のぞく）
【暦注下段】神吉日（かみよしにち）、大明日（だいみょうにち）

【陰陽】陽

【二十四節気】小満（しょうまん）
【七十二候】麦秋至（むぎのときいたる）
【旧暦】2026年4月16日

気分を優先することに挑んでみる

二十八宿の「心」、十二直の「除」と、複数の善日が重複する大吉日です。「自分の気分」を優先することで、全体が良い側面へと移行します。仕事などでは、「気分」を優先するのは難しいのですが、今日は挑む価値があるのです。神社かお寺にお参りもできれば、大吉祥日へと昇華します。

不必要な我慢は、もうしない

日干支が「丙午」となるため、「我慢」してしまう傾向が強まります。「いつものことだから」とあきらめの気持ちが湧きやすいので、注意が必要です。少しの勇気と言葉で、簡単に改善できることを確認してみてください。「不必要な我慢は、もうしない」と宣言していると、段々その世界を確認できます。

［人］
女性
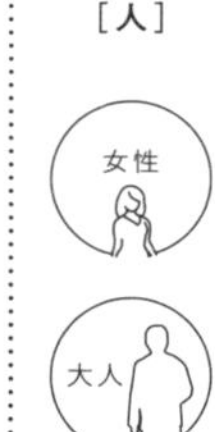
大人
交流

［行動］
参拝
検討
屋外
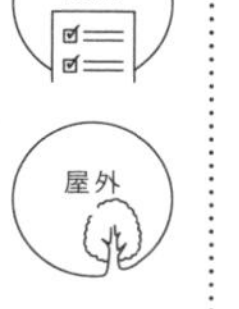

［健康］
運動
炭水化物
脂質

［お金］
買う（有形）
もらう

自分へのご褒美

6月2日（火）

言葉で雰囲気を変える

【六曜】友引（ともびき）
【日干支】丁未（ひのとひつじ）
【月干支】乙未（きのとひつじ）
【年干支】丙午（ひのえうま）
【二十八宿】尾（び）
【十二直】満（みつ）
【暦注下段】神吉日（かみよしにち）、大明日（だいみょうにち）

【陰陽】陰

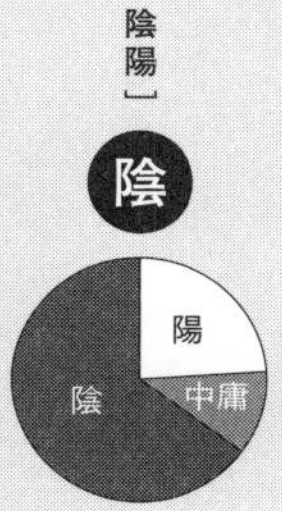

【二十四節気】小満（しょうまん）
【七十二候】麦秋至（むぎのときいたる）
【旧暦】2026年4月17日

鏡の前で考えると、良縁が拡がる

人間関係が良くなる「友引」と日干支の「丁未」が重複することにより、「自分の雰囲気」を意識すると良縁が拡がり、関係性が良い方向へと導かれる日です。全身が映る鏡の前で、「自分の雰囲気」について確認しましょう。「優しい」「楽しい」「明るい」「軽やか」など、良い言葉で、自分の「雰囲気」を表現してみてください。

休憩をとりつつ、根気を維持する

十二直の「満」からの影響により、「根気」が弱くなる傾向が強まります。常に必要なわけではないのですが、自分に適切な負荷をかけ、より良い結果を目指すときには「根気」は必要となる能力です。適度な休憩を取り入れて、上手にコントロールしてみてください。

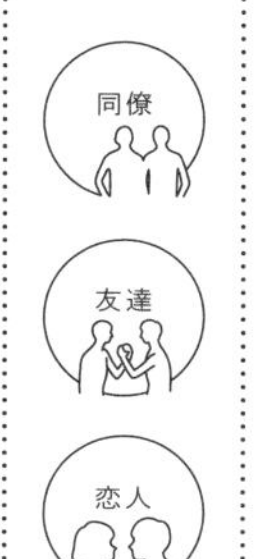

6月5日（金）

自分を世界の中心に置く

【六曜】大安（たいあん）
【日干支】庚戌（かのえいぬ）
【月干支】乙未（きのとひつじ）
【年干支】丙午（ひのえうま）
【二十八宿】牛（ぎゅう）
【十二直】執（とる）
【暦注下段】大明日（だいみょうにち）、天恩日（てんおんにち）、月徳日（つきとくにち）

【陰陽】陽

陰
中庸
陽

【二十四節気】小満（しょうまん）
【七十二候】麦秋至（むぎのときいたる）
【旧暦】2026年4月20日

主導権を握りつつ、互いに助け合う

日干支の「庚戌」と二十八宿の「牛」に、複数の善日が重複する大吉日です。良い側面を活かすためのキーワードは「主導権」。仕事や勉強において、最初に「自分が主体」となり、周囲の人を巻き込んでいく感覚でいると、そこにさまざまな恩恵が発生します。「互いに助け合う」状況を目指して、色々な「調整」と「心配り」をすると、大吉祥日へと昇華します。

協力を常に意識する

十二直の「執」の影響により、「協力」の大切さを忘れてしまいやすいので、注意してください。「自分一人でやった方が楽なこと」はありますが、それだけでは「成長」や「成果」という結果が弱くなってしまうのです。

【人】
同僚
交流
多人数

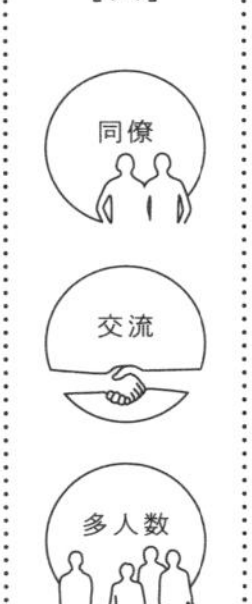
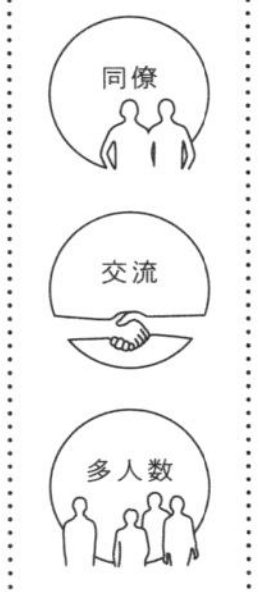

【行動】
検討
仕事
連絡

【健康】
運動
たんぱく質
炭水化物

【お金】
買う（有形）
払う（無形）
投資

6月11日（木）

外の世界を楽しむという選択

【六曜】大安
【日干支】丙辰
【月干支】乙未
【年干支】丙午
【二十八宿】奎
【十二直】開
【暦注下段】大明日、月徳日

【陰陽】陽

陰
中庸
陽

【二十四節気】芒種
【七十二候】腐草為螢
【旧暦】2026年4月26日

雨でも外に出てみよう

全体が良くなる「大安」と日干支の「丙辰」、二十八宿の「奎」が重複することにより、「外出」することで、多くの支援と導きがやってくる大吉日です。「外に出る」選択をしてみてください。普段オフィスなど屋内から出ないことが多い人も、意識して「外出時間」を増やしてみましょう。2万歩以上歩ければ、大吉祥日へと昇華します。

同じ場所に留まらない

十二直が「開」となるため、「いつもと同じ」ことを選択したくなる傾向が強まります。そのため、普段外出が少ない方は、要注意です。確かに「同じ場所」に居続けることは楽なのですが、その状態が続くと、いつの間にか「弱くなってしまう」ことを思い出してください。

［人］
同僚
男性
交流

［行動］
検討
仕事
屋外

［健康］
運動
たんぱく質
炭水化物

［お金］
買う（有形）
ポイント関連
電子マネーチャージ

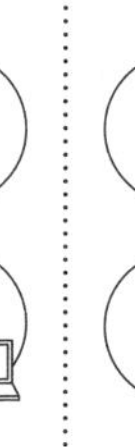
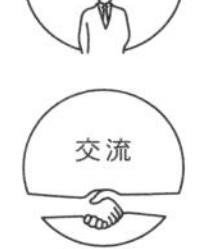
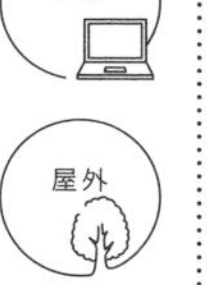
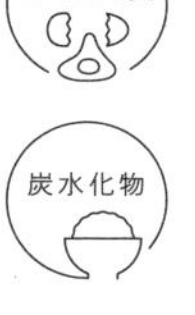

6月13日（土）

意識して固める

［六　曜］先勝（せんしょう）
［日干支］戊午（つちのえうま）
［月干支］乙未（きのとひつじ）
［年干支］丙午（ひのえうま）
［二十八宿］胃（い）
［十二直］建（たつ）
［暦注下段］一粒万倍日（いちりゅうまんばいび）、神吉日（かみよしにち）、大明日（だいみょうにち）

［陰陽］陰

陽　中庸　陰

［二十四節気］芒種（ぼうしゅ）
［七十二候］腐草為螢（くされたるくさほたるとなる）
［旧暦］2026年4月28日

固めたものは長く維持する

日干支の「戊午」と複数の善日の重複により、「固める」という意識をもつと、嬉しい結果へと導かれる大吉日となります。「足元を固める」「守りを固める」「意見を固める」など、「しっかりと固くする」という意識をもってみてください。この日「固めた」ことは、長くその状態を維持できるという恩恵がつきます。

幸せに暮らすために傲慢さは不要

二十八宿の「胃」と十二直の「建」の重複が、好ましくない側面で展開する日です。「傲慢」や「慢心」といった、幸せに暮らすためには「不要」な態度や状態に陥りやすいので、注意してください。「謙虚」や「遠慮」を選択していくと、すぐにその状態は解消されます。

［人］

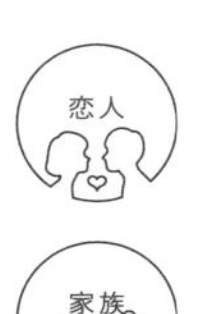

［行動］

計画

準備

［健康］

休息

たんぱく質

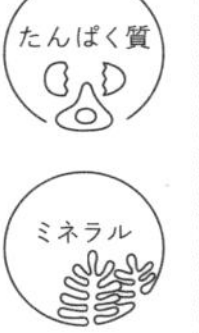

［お金］

買う（有形）

貯金

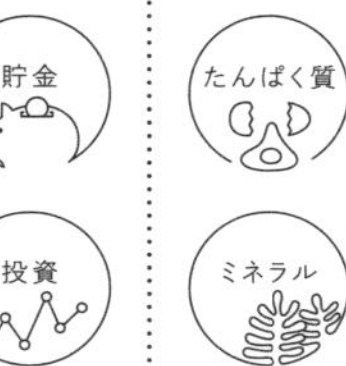

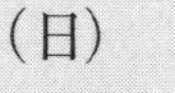

6月14日（日）

祝うことを先回りする

【六　曜】友引（ともびき）
【日干支】己未（つちのとひつじ）
【月干支】乙未（きのとひつじ）
【年干支】丙午（ひのえうま）
【二十八宿】昴（ぼう）
【十二直】除（のぞく）
【暦注下段】神吉日（かみよしにち）、大明日（だいみょうにち）

【陰陽】陽

陰　中庸　陽

【二十四節気】芒種（ぼうしゅ）
【七十二候】腐草為螢（くされたるくさほたるとなる）
【旧暦】2026年4月29日

ゲームのつもりでお祝いを楽しむ

人間関係に支援がある「友引」と二十八宿の「昴」、複数の善日が重複する大吉日です。「予祝」という「おまじない」が、強力な効果を発揮します。「欲しい結果」を達成したことにして、先にお祝いをしてしまいましょう。これは「ゲーム」として楽しめるほど、効果が高まります。お祝いには「言葉」と「ご馳走」と「乾杯」が必要ですのでお忘れなく。

忘れないための工夫をする

十二直が「除」となるため、「忘れること」が多めに発生する傾向となります。「手配」を忘れると影響が大きいので、「予約」と「確認」をしておきましょう。スマホのメモ機能に「忘れてはならないこと」を入力しておくと安心です。

［人］

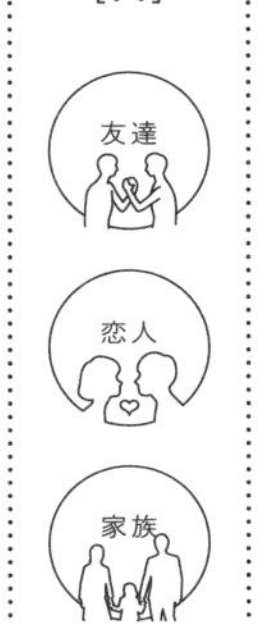

［行動］

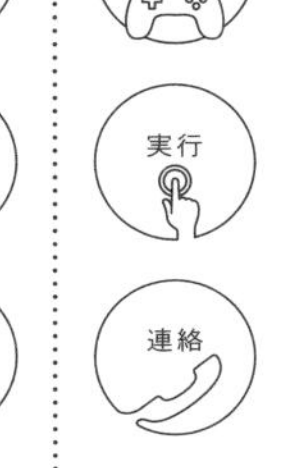

［健康］

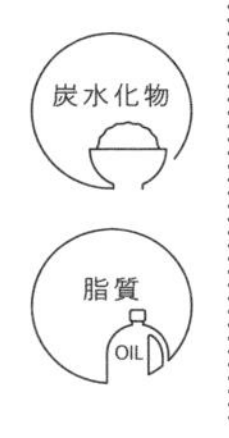

［お金］

6月

6月15日（月）

お金を幸せに使う

［六　曜］大安（たいあん）
［日干支］庚申（かのえさる）
［月干支］乙未（きのとひつじ）
［年干支］丙午（ひのえうま）
［二十八宿］畢（ひつ）
［十二直］満（みつ）
［暦注下段］神吉日（かみよしにち）、大明日（だいみょうにち）

［陰陽］

陰

［二十四節気］芒種（ぼうしゅ）
［七十二候］腐草為螢（くされたるくさほたるとなる）
［旧暦］2026年5月1日

お金の使い方と幸せのつながりを考える

全体の機運が良くなる「大安」と日干支の「庚申」、複数の善日が重複することで、「支出を見直す」行為に、多くの支援と恩恵が集まる日です。時間をとって、現在の「お金の使い方」を総点検してみてください。そのうえで、「自分の幸せに貢献していないもの」がないか、確認しましょう。今日の気づきは「実益」につながります。

「油断は禁物」を忘れない

二十八宿の「畢」と十二直の「満」が重複することにより、「お金」に対しての「油断」が生じやすい日となります。つい「楽観的」になりがちなのが「お金」に対する検討ですが、今日は、そこから逃げずに向き合うことで「効果」と「報酬」が大きくなるのです。

［人］
男性
大人
単独

［行動］
計画
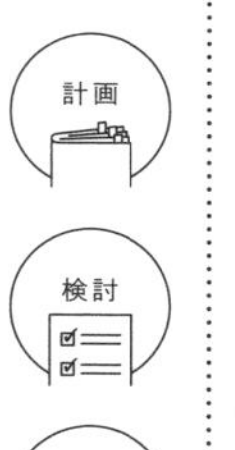
検討
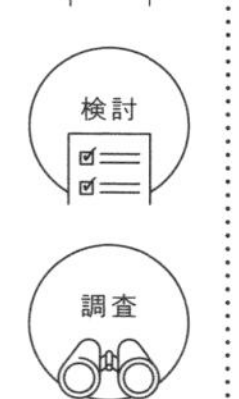
調査

［健康］
ダイエット
ビタミン
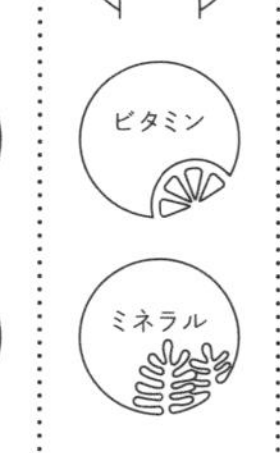
ミネラル

［お金］
貯金
投資
寄付

6月19日（金）

すべては試行の繰り返し

【六曜】先負（せんぶ）
【日干支】甲子（きのえね）
【月干支】乙未（きのとひつじ）
【年干支】丙午（ひのえうま）
【二十八宿】鬼（き）
【十二直】破（やぶる）
【暦注下段】甲子（きのえね）、鬼宿日（きしゅくび）、天恩日（てんおんにち）

【陰陽】陽

陰
中庸
陽

【二十四節気】芒種（ぼうしゅ）
【七十二候】梅子黄（うめのみきばむ）
【旧暦】2026年5月5日

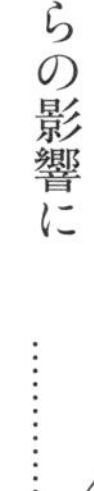

新しい試みを始める

宿最強の「鬼宿日」と、60日に一度の「スタートアップ」に支援がつく「甲子」が重複する大吉日です。「始めること」「試してみること」に大きな支援がつきます。仕事でもプライベートでも「すべては試行の繰り返し」だと認識して、チャレンジする選択を続けてみてください。特に「お金関連」での「新しい取り組み」ができれば、大吉祥日へと昇華します。

新しいことに批判や抵抗はつきもの

十二直の「破」からの影響により、ちょっとした「批判」や「抵抗」に、過剰に反応してしまう傾向が強まります。「新しいこと」には、それらの「負の力」が必ず発生するのです。より良い結果へと導かれることを確認しましょう。

［人］
同僚
家族
交流

［行動］

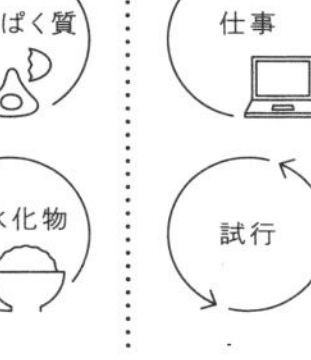

［健康］
運動
たんぱく質
炭水化物

［お金］
買う（有形）
投資
寄付

6月21日（日）

移動中も楽しむ

【六曜】大安（たいあん）
【日干支】丙寅（ひのえとら）
【月干支】乙未（きのとひつじ）
【年干支】丙午（ひのえうま）
【二十八宿】星（せい）
【十二直】成（なる）
【暦注下段】母倉日（ぼそうにち）、天恩日（てんおんにち）、月徳日（つきとくにち）

【陰陽】陽

陰 中庸 陽

【二十四節気】夏至（げし）
【七十二候】乃東枯（なつかれくさかるる）
【旧暦】2026年5月7日

帰ってきてからもご褒美が期待できる

今年の「夏至」は、全体の機運が良くなる「大安」と日干支の「丙寅」、複数の善日が重複する大吉日となりました。「移動する」という行為に、支援と導きが発生する日です。旅行でも出張でも、中・長距離の移動は、今日実現するよう調整しましょう。「移動中」も恩恵がありますが、帰ってきてからの「変化」にさまざまな「ご褒美」が続々とやってきます。

移動という行動そのものが縁起が良い

二十八宿の「星」と十二直の「成」の影響により、予定が崩れやすくなります。悪天候や電車の遅延、渋滞などの「問題」が発生しても、「良い気分を維持する」という実験をしてみてください。移動自体が「縁起の良い行動」なのです。

［人］

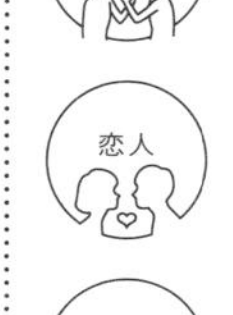
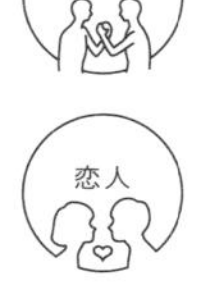

［行動］

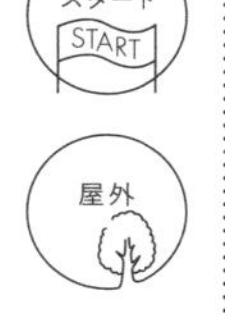

［健康］

［お金］

6月24日（水）

お金を増やすことを選択する

［六曜］友引（ともびき）
［日干支］己巳（つちのとみ）
［月干支］乙未（きのとひつじ）
［年干支］丙午（ひのえうま）
［二十八宿］軫（しん）
［十二直］閉（とづ）
［暦注下段］己巳（つちのとみ）、一粒万倍日（いちりゅうまんばいび）、神吉日（かみよしにち）、大明日（だいみょうにち）

［陰陽］陽

陰
中庸
陽

［二十四節気］夏至（げし）
［七十二候］乃東枯（なつかれくさかるる）
［旧暦］2026年5月10日

貴重なお金の暦が重複する日

「友引」と60日に一度の弁財天さまのご縁日*「己巳」、複数の善日が重複し、その良い傾向が「一粒万倍日」により増幅する大吉日です。2026年中で最高の「お金を増やすこと」へ導かれる日です。この古暦の重複は、とても貴重です。ぜひ「行動」を選択してみてください。特に「長期間で結果が出ること」に限定すると、大吉祥日へと昇華します。

貴重な大吉日を逃さない

二十八宿が「軫」となる影響で、「特別な大吉日」であることを「忘れる」傾向が強まります。スケジュールに早めに記載しておいて、6月のスケジュールを確認するたびに思い出しましょう。お金と向き合う時間も決めておけば、準備万端です。

［お金］
払う（無形）
投資
財布を新調

［健康］
運動
炭水化物
脂質

［行動］
計画
準備
検討

［人］
女性
大人
単独

＊神仏と縁のある日。

6月27日(土)

「唯一無二」をつくり出す

【六曜】大安(たいあん)
【日干支】壬申(みずのえさる)
【月干支】乙未(きのとひつじ)
【年干支】丙午(ひのえうま)
【二十八宿】氐(てい)
【十二直】満(みつ)
【暦注下段】神吉日(かみよしにち)、大明日(だいみょうにち)

【陰陽】陽

陰
中庸
陽

【二十四節気】夏至(げし)
【七十二候】菖蒲華(あやめはなさく)
【旧暦】2026年5月13日

2026年

「自分オリジナル」をこの世に生み出す

「大安」と日干支の「壬申」、二十八宿の「氐」が重複することにより、「つくり出す」「生み出す」という意識によって良い結果へと導かれる大吉日です。今日は「自分オリジナル」と思えるものをつくって、この世に誕生させてみてください。絵や音楽といった「芸術」や「オリジナル料理」なら、さらに支援がつき大吉祥日へと昇華します。

妥協せずこだわり抜く

十二直の「満」の影響で、「妥協したくなる」傾向が強まるので、注意してください。新しいものを生み出すには、「負荷」が発生するのです。「このくらいでいいや」と判断してしまうと、大吉日の活用とはなりません。「こだわる」という意識を維持してください。

[人]

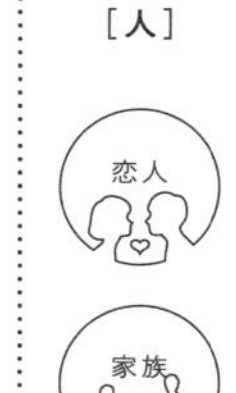

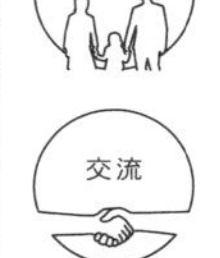

[行動]

相談

開始

研究

[健康]

運動

たんぱく質

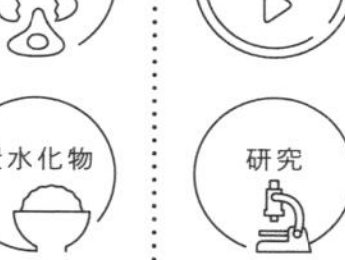

炭水化物

[お金]

2026年 7月

【月干支】丙申

陽の月干支となり、目に見える領域で「過熱する」傾向が強い期間となります。

2026年7月の「大吉日」ベスト3

第❶位 7月19日(日)

［注目の古暦］
大安、天赦日、一粒万倍日、神吉日、母倉日、月徳日

2026年最上位の大吉日です。全体が良くなる傾向が万倍化の影響を受けるので、この日を大切にすることで、この先の支援も引き出すことができます。「人を喜ばせる」という行動を実践してみてください。

第❷位 7月31日(金)

［注目の古暦］
大安、一粒万倍日、神吉日、大明日、母倉日

「応援する言葉」を使うことで、より強力な支援がやってくる大吉日です。特に「家族」に対しての応援を言葉として伝えることで、すぐに状況が好転する成果が現れます。

第❸位 7月7日(火)

［注目の古暦］
七夕、一粒万倍日、神吉日、大明日、母倉日、天恩日

「好きな人と一緒に楽しむ」ことで、ご縁が深まる大吉日です。恋人に限定せず、家族、友達、仕事仲間でも、気の合う人との時間を大切にすることで、強力な恩恵を得ることになります。

7月3日（金）

この夏だけの楽しみを選び取る

【六曜】大安（たいあん）
【日干支】戊寅（つちのえとら）
【月干支】丙申（ひのえさる）
【年干支】丙午（ひのえうま）
【二十八宿】牛（ぎゅう）
【十二直】成（なる）
【暦注下段】母倉日（ぼそうにち）

【陰陽】陽

陰
中庸
陽

【二十四節気】夏至（げし）
【七十二候】半夏生（はんげしょうず）
【旧暦】2026年5月19日

2026年

抽象的な楽しみを想像する

全体の機運が良くなる「大安」と二十八宿の「牛」、十二直の「成」が重複することで、「夏の楽しみを検討する」ことに、良い支援が集まる大吉日です。「スケジュール」として具体化させずに、自分が好きな「夏限定のこと」を検討してみてください。すでに決まっている予定があれば、その「楽しみ」を想像することで、大吉祥日へと昇華します。

合意できるところを探る

日干支の「戊寅」からの影響で、「自分の意見を通したい」衝動が強くなるため、周囲の人とのコミュニケーションに注意が必要です。相手の表情や態度を確認して、相手も自分も「合意できる」ことを意識して、調整しましょう。

［人］

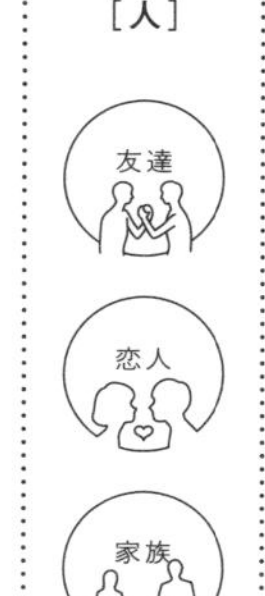

［行動］

［健康］

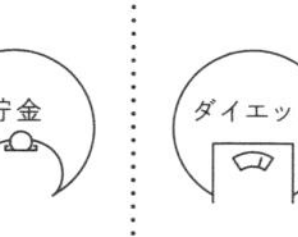

［お金］

7月4日（土）

今しか味わえない楽しみに従う

【六　曜】赤口
【日干支】己卯
【月干支】丙申
【年干支】丙午
【二十八宿】女
【十二直】納
【暦注下段】神吉日、大明日、母倉日、天恩日

【陰陽】陽

陰　中庸　陽

【二十四節気】夏至
【七十二候】半夏生
【旧暦】2026年5月20日

思いつくままに体験する

二十八宿の「女」と十二直の「納」が重複し、多くの善日が良い傾向を増強する大吉日です。この日は「初夏を楽しむ」という行動が、良い機運へと同調し、楽しい時間を実現します。「この時期だけ」の楽しみを見つけて選択しましょう。思いつくままに行き先や体験を選択していくと嬉しい偶然が連発します。さらに旬の食べ物を楽しむと、大吉祥日へと昇華します。

深呼吸で気分を取り戻す

日干支が「己卯」となるため、行動の開始に「気分が乗らない」傾向が強くなります。憂鬱を感じたら、深呼吸して空を見上げましょう。マイナスの感覚を消去できます。周囲の人にも伝えて、一緒に「二度とはない、この夏」を楽しんでください。

【人】
友達

恋人

家族
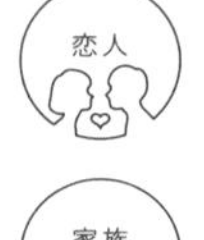

【行動】
スタート
遊び
屋外

【健康】
運動
水分補給
炭水化物
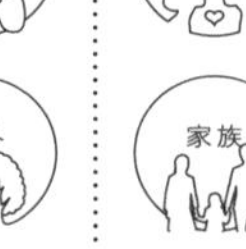

【お金】
払う（無形）
もらう

自分へのご褒美

7月6日（月）

許すことで許される

【六曜】友引
【日干支】辛巳
【月干支】丙申
【年干支】丙午
【二十八宿】危
【十二直】閉
【暦注下段】一粒万倍日、天恩日

【陰陽】陰

陽
中庸
陰

【二十四節気】夏至
【七十二候】半夏生
【旧暦】2026年5月22日

心とは関係なく、許しを宣言する

人間関係に支援がつく「友引」と日干支の「辛巳」が重複することにより、「許す」という言葉が、不要なご縁を手放し、嬉しいご縁を結ぶ大吉日です。
「許せない」という感情が生まれることは生き物として「自然」なことです。でも、そこに執着してエネルギーを注ぎ続けるのは「不自然」です。「自分の心」とは関係なく「〇〇さんを許す」と呟いてみてください。

自分のミスも他人のミスも許す

二十八宿の「危」と十二直の「閉」が重複することにより、「うっかりミス」が多くなる傾向が強まります。これは全体の傾向ですので、他の人がミスしても「許す」という感覚を大切にしてください。それにより、ミスが問題となりません。

［人］
同僚
友達
恋人

［行動］
計画
相談
仕事

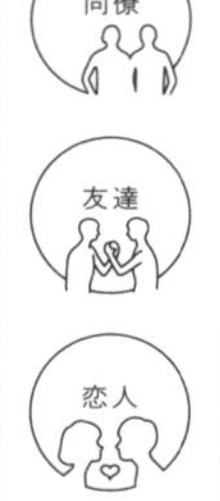

［健康］
休息
水分補給
ミネラル

［お金］
もらう
貯金
寄付

7月7日（火）

特別な七夕を誰と楽しむか？

［六曜］先負
［日干支］壬午
［月干支］丙申
［年干支］丙午
［二十八宿］室
［十二直］閉
［暦注下段］一粒万倍日、神吉日、大明日、母倉日、天恩日

［陰陽］陽

陰
中庸
陽

［二十四節気］小暑
［七十二候］温風至
［旧暦］2026年5月23日

七夕神話も意識した過ごし方

今年の七夕は、二十八宿の「室」が多くの善日と重複する大吉日となりました。仕事や学校が終わってからでも、「好きな人と一緒に楽しむ」という選択をしてみてください。これは「七夕の神話」も意識した行動ですが、暦の配列とも合致します。「気が合う人」ならオッケーです。さらに一緒に歌えれば、「一粒万倍日」の「良いタネ」となり、大吉祥日へと昇華します。

根拠のない節約はしない

十二直が「閉」となるため、「節約」傾向が強まります。「とにかくお金を使いたくない」と根拠なく思い込んでしまいます。必ずしも贅沢する必要はありませんが、せっかくの貴重な機会に、お金にとらわれすぎないように気をつけましょう。

［人］
友達
恋人
家族

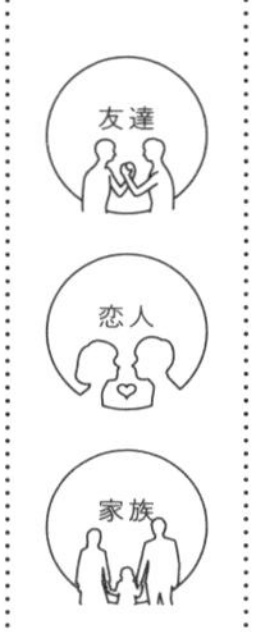

7月9日（木）

自分の内面と静かに対話をする

［六　　曜］大安
［日 干 支］甲申
［月 干 支］丙申
［年 干 支］丙午
［二十八宿］奎
［十 二 直］除
［暦注下段］神吉日、大明日、月徳日

［陰陽］

陰

陽
中庸
陰

［二十四節気］小暑
［七十二候］温風至
［旧暦］２０２６年５月25日

内面を整える時間を確保する

全体が良くなる善日が重複する「大安」に、多くの善日が重複する大吉日です。今日は「内面を整える」時間をつくると、多くの良い効果と導きが得られる日です。夜になってからで良いので、静かな空間で、何もしない時間を20分ほど確保してください。楽な姿勢で、呼吸なども意識しなくて大丈夫です。寝てしまわないように注意しながら、自分の内面との対話を楽しみましょう。

集中力が低いことを自覚する

二十八宿の「奎」と十二直の「除」が重複する影響で、「集中力」が低くなる傾向が強まります。仕事や勉強もいつもよりも時間がかかる想定で、取り組んでください。「内面を整えるワーク」では、「集中力は不要」です。

［人］
女性
大人
単独

［行動］
開始
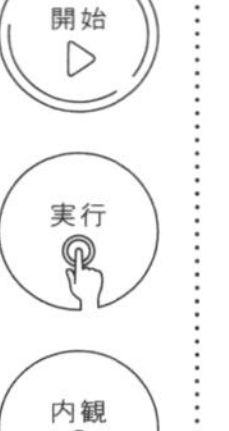

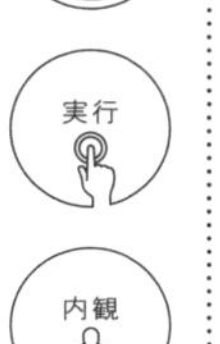

［健康］
休息
水分補給
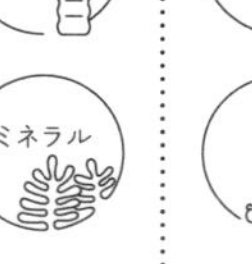

［お金］
貯金
ポイント関連

7月17日(金)

外から見えない領域を徹底して片づける

【六曜】先負
【日干支】壬辰
【月干支】丙申
【年干支】丙午
【二十八宿】鬼
【十二直】納
【暦注下段】鬼宿日、大明日

【陰陽】陰

陽
中庸
陰

【二十四節気】小暑
【七十二候】鷹乃学習
【旧暦】2026年6月4日

中身の整理に徹する

二十八宿のなかで最上となる「鬼宿日」と十二直の「納」が重複することにより、「収納の中身を整理する」という行動に、良い支援と報酬がつく日です。引き出し、棚、押し入れのなかなど、外からは確認できない箇所を徹底的に片づけてください。目に見えない領域を整えていないと、見える領域だけ整えても、すぐに元の状態へと戻ってしまいます。

ないときはあきらめる

日干支が「壬辰」となるため、「探し物が見つからない」という傾向が強まります。あるはずのものが、あるべき場所にない。これは「理屈では説明できない理由」でも発生します。ないときは代用品を探すか、時間をおいてから再探索しましょう。

[人]
家族
子ども
単独

[行動]
整理
相談
屋内

[健康]
休息
ビタミン
ミネラル

[お金]
買う(有形)
もらう
財布を整理

7月

7月19日（日）

他人を喜ばせるという喜びを得る

【六　曜】大安（たいあん）
【日干支】甲午（きのえうま）
【月干支】丙申（ひのえさる）
【年干支】丙午（ひのえうま）
【二十八宿】星（せい）
【十二直】閉（とづ）
【暦注下段】天赦日（てんしゃにち）、一粒万倍日（いちりゅうまんばいび）、神吉日（かみよしにち）、母倉日（ぼそうにち）、月徳日（つきとくにち）

【陰陽】陽

【二十四節気】小暑（しょうしょ）
【七十二候】鷹乃学習（たかすなわちわざをならう）
【旧暦】2026年6月6日

喜ばせるのは自分ではなく、他人

最上の「天赦日」を筆頭に、「大安」と多くの善日が重複し、それが「一粒万倍日」の増殖力の影響を受ける、2026年でも最上位となる大吉日です。

「人を喜ばせる」という意識をもつことがポイントです。これだけの「良い暦」が重複する貴重なタイミングで、「自分ではなく、他人」を喜ばせようとすると、強力な支援を受けることになります。

過去を赦して今を楽しむ

二十八宿の「星」と十二直の「閉」の影響で、「過去にこだわる」傾向が強まるので注意してください。「天赦」とは「天がすべてを赦す」という意味です。過去を赦して、「今」と「これから」を楽しんでください。

［人］
友達
恋人
家族
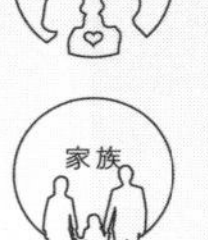

［行動］
相談
遊び
連絡

［健康］
運動
炭水化物
脂質
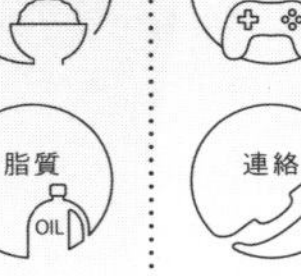

［お金］
買う（有形）

払う（無形）

他人へのプレゼント

7月22日（水）

感謝は言葉と行動で伝える

【六曜】友引（ともびき）
【日干支】丁酉（ひのととり）
【月干支】丙申（ひのえさる）
【年干支】丙午（ひのえうま）
【二十八宿】軫（しん）
【十二直】満（みつ）
【暦注下段】一粒万倍日（いちりゅうまんばいび）、神吉日（かみよしにち）

【陰陽】陰

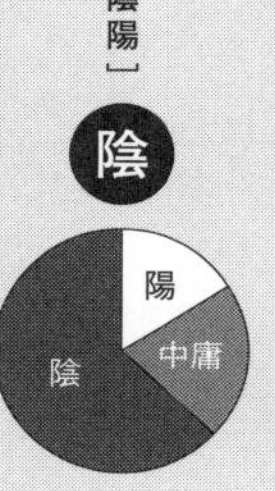

【二十四節気】小暑（しょうしょ）
【七十二候】鷹乃学習（たかすなわちわざをならう）
【旧暦】2026年6月9日

今年の感謝を今日伝える

人間関係が良くなる「友引」と二十八宿の「軫」、十二直の「満」が重複することにより、「お礼をする」ことに、強い支援と導きが集まる大吉日です。「お礼」を忘れている人はいませんか？　1月から振り返り、感謝を伝えることを忘れている人がいないか、チェックしてみてください。すでにお礼をした人にも、再度感謝を伝えると、大吉祥日へと昇華します。

休憩は短めに

日干支の「丁酉」からの影響により、「体を動かす」ことに抵抗感が増加する傾向となります。ただの怠惰となってしまわないよう、今日は「短めの休憩を多めに入れる」ことを意識してみてください。

［人］
同僚
大人
交流

［行動］
検討
実行
連絡

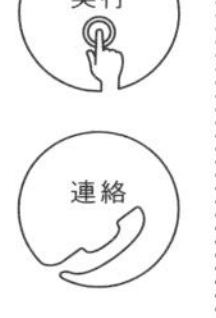

［健康］
休息
炭水化物
ビタミン

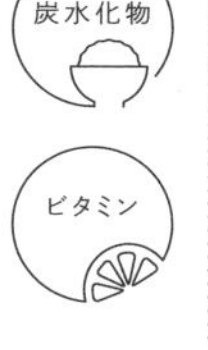

［お金］
買う（有形）
寄付
他人へのプレゼント

7月25日（土）

暑い夏を受け入れる

［六曜］大安（たいあん）
［日干支］庚子（かのえね）
［月干支］丙申（ひのえさる）
［年干支］丙午（ひのえうま）
［二十八宿］氐（てい）
［十二直］執（とる）
［暦注下段］神吉日（かみよしにち）

［陰陽］陽

陰
中庸
陽

［二十四節気］大暑（たいしょ）
［七十二候］桐始結花（きりはじめてはなをむすぶ）
［旧暦］2026年6月12日

夏だからこそその楽しみを大切に

全体が良くなる「大安」と日干支の「庚子」が重複することにより、「夏の風情」を楽しむことで、全体が良い方向へと移行する大吉日となります。夏だけの「美しい情景」や「楽しくなる環境」を五感で確認してみてください。「暑いのは夏だから当然！」と宣言することで、抵抗感を緩和できます。花火や夏祭りなどを楽しめれば大吉祥日へと昇華します。

体調管理には万全を期す

二十八宿の「氐」の影響により体調を崩しやすいので、「体調管理」には、特に気をつけてください。「中伏」という夏至の後の「庚」ともなるため、いつもよりも「熱中症」などにも注意して、「水分補給」を忘れずに行ってください。

［人］
友達
恋人
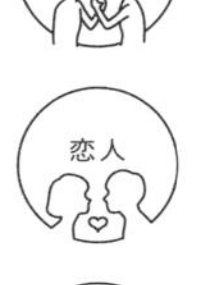
家族

［行動］
検討
遊び
屋外
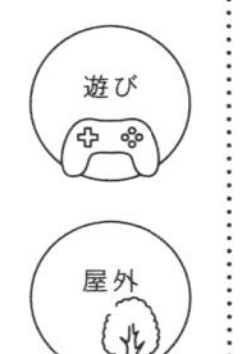

［健康］
休息
水分補給
ミネラル
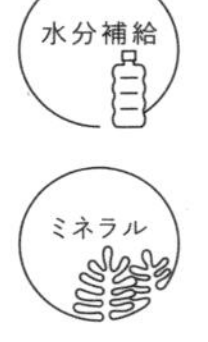

［お金］
払う（無形）
電子マネーチャージ
自分へのご褒美

7月31日(金)

応援を言葉に乗せる

【六曜】大安（たいあん）
【日干支】丙午（ひのえうま）
【月干支】丙申（ひのえさる）
【年干支】丙午（ひのえうま）
【二十八宿】牛（ぎゅう）
【十二直】閉（とづ）
【暦注下段】一粒万倍日（いちりゅうまんばいび）、神吉日（かみよしにち）、大明日（だいみょうにち）、母倉日（ぼそうにち）

【陰陽】陰

陽 / 中庸 / 陰

【二十四節気】大暑（たいしょ）
【七十二候】土潤溽暑（つちうるおうてむしあつし）
【旧暦】2026年6月18日

しっかりと言葉にして伝える

全体が良くなる「大安」、二十八宿の「牛」と、多くの善日が重複する大吉日です。自然と良い流れに合流していく日ですが、「応援する言葉」を多く使うことを意識すると、良い結果へと導かれます。周囲の人、特に家族に対して、「応援」を言葉にして伝えてください。普段は照れくさくて言えない言葉も、暦の支援があれば、うまく伝えることができます。

「がんばれ」以外の言葉で応援を伝える

日干支が「丙午」となるため、応援する際には「がんばれ」という言葉は、使わないようにしましょう。すでに「がんばっている」状態だと「比和*」の状態を増進させてしまい、逆効果となるからです。応援する言葉は、他にもたくさんあるのです。

［人］
同僚
友達
家族

［行動］
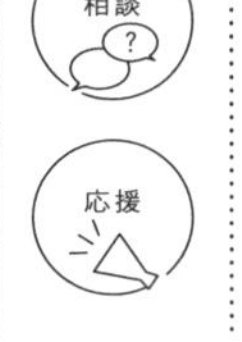

［健康］
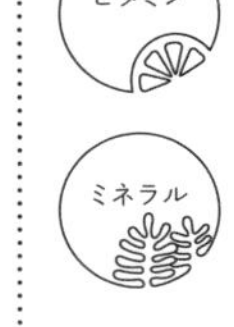

［お金］

*陰陽五行での大きな変化を意味する用語。

2026年

8月

【月干支】丁酉

陰の月干支となり、目に見えない領域で「落ち着く」傾向が強い期間となります。

2026年8月の「大吉日」ベスト3

第❶位 8月3日(月)

［注目の古暦］
友引、一粒万倍日、神吉日、大明日、天恩日

「価値観を確認する」ことで、強力な支援と嬉しい結果がやってくる大吉日です。人それぞれに「大切なこと」は異なるのです。それが確認できれば、さらに良い結果へ導かれます。

第❷位 8月26日(水)

［注目の古暦］
友引、神吉日、大明日、月徳日

「計画」と「手配」に、支援と恩恵がつく大吉日です。9月以降の「楽しい予定」を検討してください。予約などは「他人よりも先に行う」ことで優位となるのが現実なのです。

第❸位 8月14日(金)

［注目の古暦］
友引、鬼宿日、神吉日、大明日

お盆の最中ですが、「友達」がキーワードとなる大吉日です。実際に会わなくても、「自分の友達」について確認するだけで、良い変化が発生します。

8月3日（月）

価値観を認め合う

［六曜］友引
［日干支］己酉
［月干支］丁酉
［年干支］丙午
［二十八宿］危
［十二直］満
［暦注下段］一粒万倍日、神吉日、大明日、天恩日

［陰陽］陽

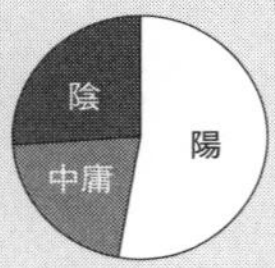

陽
中庸
陰

［二十四節気］大暑
［七十二候］大雨時行
［旧暦］2026年6月21日

価値観は人それぞれ

人間関係が良くなる「友引」と日干支の「己酉」の重複により、「価値観を確認する」ことに多くの支援と恩恵が集まります。人それぞれに「大切なこと」は異なります。その根拠となるのが「価値観」です。今日は会話を通じて、周囲の人の「価値観」を推測してみてください。ストレートに「大切にしていることは、なんですか？」と尋ねてみるのも有効です。

積極性を大切にする

二十八宿の「危」と十二直の「満」の影響で、「消極的になる」傾向が強まります。せっかくの「良縁」に支援がつく大吉日ですので、いつもよりも少し「積極性」を意識して、自分から声をかけてみてください。

［人］
同僚
友達
恋人

［行動］
計画
準備
検討

［健康］
運動
水分補給
たんぱく質

［お金］

8月

8月6日（木）

植物の変化は目に見える世界の変化そのもの

［六曜］大安（たいあん）
［日干支］壬子（みずのえね）
［月干支］丁酉（ひのととり）
［年干支］丙午（ひのえうま）
［二十八宿］奎（けい）
［十二直］執（とる）
［暦注下段］神吉日（かみよしにち）、天恩日（てんおんにち）

［陰陽］陽

陰　中庸　陽

［二十四節気］大暑（たいしょ）
［七十二候］大雨時行（たいうときどきふる）
［旧暦］2026年6月24日

変化を観察してみよう

全体の機運が良くなる「大安」と十二直の「執」、複数の善日が重複する大吉日です。今日は「植物の成長」へ意識を向けると、良い展開に恵まれ、嬉しい偶然が連鎖する日です。自分で育てている方は、じっくりと「変化」を観察してみてください。育てていない方は、街路樹などの変化を観察するのも楽しいです。写真を撮っておくと、今後の観察に役立ちます。

気が変わらないようにコントロールする

日干支の「壬子」の影響で、「気が変わりやすい」という傾向が強まるので、注意してください。一度決めたことでも直前になって迷ったり、変えたくなったりします。自分も周囲も振り回さないように、しっかりコントロールしましょう。

［人］
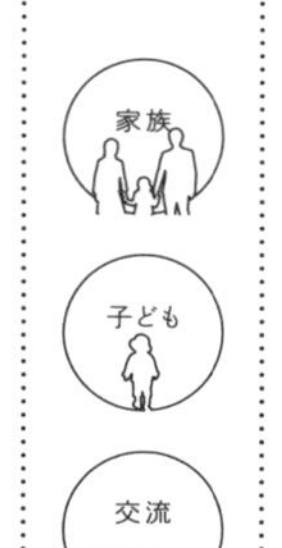

［行動］

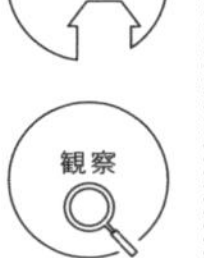

［健康］

［お金］

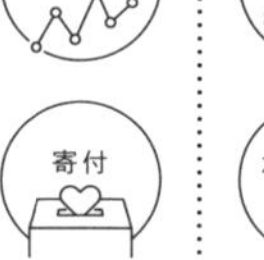
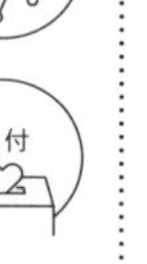

8月12日（水）

適切な取引を選ぶ

【六曜】大安（たいあん）
【日干支】戊午（つちのえうま）
【月干支】丁酉（ひのととり）
【年干支】丙午（ひのえうま）
【二十八宿】参（しん）
【十二直】開（ひらく）
【暦注下段】神吉日（かみよしにち）、大明日（だいみょうにち）

【陰陽】陽

陰
中庸
陽

【二十四節気】立秋（りっしゅう）
【七十二候】涼風至（すずかぜいたる）
【旧暦】2026年6月30日

どんな価値と交換されているのか見直す

全体が良くなる「大安」に、二十八宿の「参」と十二直の「開」が重複するため、「取引」に支援と恩恵が集まる大吉日です。「為替」や「株式」なども良いのですが、仕事の内容や報酬などの「価値」についての交渉や見直しも有効な日です。自分の時間は、どんな価値と交換されているのか、それが適正かどうかも検討してみてください。

違いを認めて意見を聴く

日干支の「戊午」の影響で「意固地」となってしまう傾向が強まります。「意固地」とは、他人の意見を聴こうともせず、自分の意見だけを正しいと主張すること。一人ひとり、「事実」だと思っていることも異なるのです。しっかり意見や発言を聴く意識を維持してください。

【人】
同僚
大人
交流

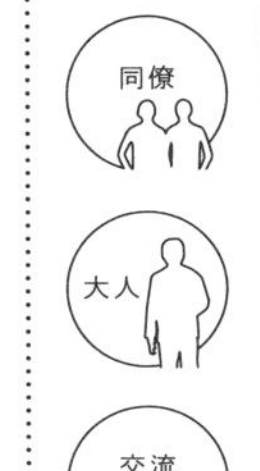

【行動】
検討
相談
仕事

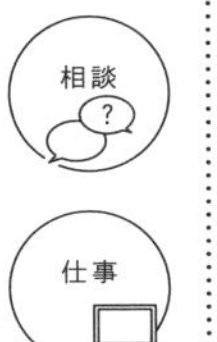

【健康】
運動
バランスのいい食事
水分補給

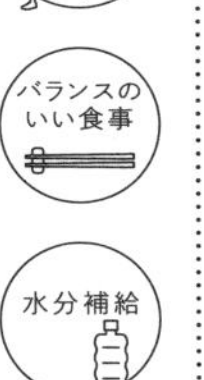

【お金】
買う（有形）
払う（無形）
投資

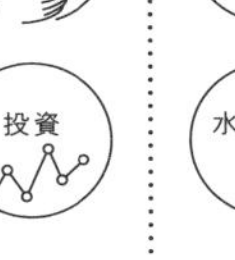

8月14日（金）

［六曜］友引
［日干支］庚申
［月干支］丁酉
［年干支］丙午
［二十八宿］鬼
［十二直］建
［暦注下段］鬼宿日、神吉日、大明日

「楽しさ」が関係性を良いものにする

［陰陽］陰

陽　中庸　陰

［二十四節気］立秋
［七十二候］寒蟬鳴
［旧暦］2026年7月2日

なぜその人といると楽しいのか？を考える

関係性が良くなる「友引」と宿において最強の吉日となる「鬼宿日」が重複する大吉日です。今の自分にとっての「友達」と呼べる人を確認してみてください。いつ、どこで知り合って、どうして一緒にいると楽しいのか？　具体的に思い出すことで、関係性が良くなります。最近できた友達がいれば、一緒に「何を楽しみたいか」を検討すると、大吉祥日へと昇華します。

増やす前に落ち着いて考える

日干支が「庚申」となるため、「多ければ多いほど良い」という錯覚が強まる日です。「ご縁」もそうですが、「量よりも質」が大切なことは意外とたくさんあります。この日は、量を増やす前に、落ち着いて検討しましょう。

［人］
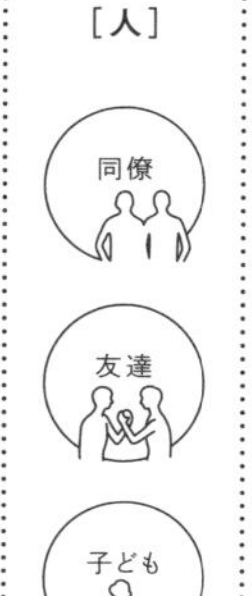

［行動］
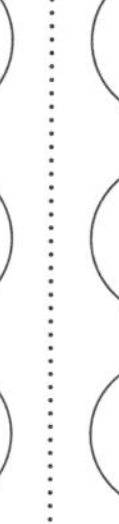

［健康］

［お金］
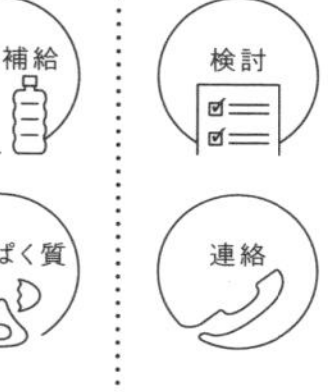

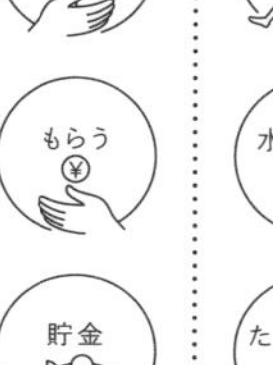

8月17日（月）

意見を尊重することは存在を認め合うこと

【六曜】大安（たいあん）
【日干支】癸亥（みずのとい）
【月干支】丁酉（ひのととり）
【年干支】丙午（ひのえうま）
【二十八宿】張（ちょう）
【十二直】平（たいら）
【暦注下段】神吉日（かみよしにち）

【陰陽】陽

陰
中庸
陽

【二十四節気】立秋（りっしゅう）
【七十二候】寒蟬鳴（ひぐらしなく）
【旧暦】2026年7月5日

相手の意見を大切にする

全体が良くなる「大安」と二十八宿の「張」、十二直の「平」が重複することにより、「相手を尊重する」という選択に多くの支援と導きが集まる日です。

「あなたの意思や意見を大切にしたい」という態度をとってみてください。まず、しっかりと話を聴き、頷き（うなず）で肯定してあげるのです。そのうえで、自分の意見や認識を伝えていくと、大吉祥日へと昇華します。

相手の話は最後まで聴く

日干支が「癸亥」となり、「話を遮ってしまう」傾向が強くなりますので、注意してください。特に、「会話」で相手を尊重していても、相手が話し終わらないうちに、自分の意見を伝えたり、会話を終了したりしないでください。

【人】
同僚
友達
恋人

【行動】
準備
検討
相談

【健康】
運動
水分補給
ビタミン

【お金】
払う（無形）
寄付
貯金

8月20日(木)

「おめでとう」を忘れない

［六　曜］友引(ともびき)
［日干支］丙寅(ひのえとら)
［月干支］丁酉(ひのととり)
［年干支］丙午(ひのえうま)
［二十八宿］角(かく)
［十二直］破(やぶる)
［暦注下段］天恩日(てんおんにち)

［陰陽］陽

陽
中庸
陰

［二十四節気］立秋(りっしゅう)
［七十二候］蒙霧升降(ふかききりまとう)
［旧暦］2026年7月8日

今年のおめでたい日を確認する

人間関係が良くなる「友引」と日干支の「丙寅」、二十八宿の「角」が重複することにより、「お祝い」を検討し、計画することに良い支援と、嬉しい偶然が重なる大吉日となります。30分ほど時間をとって、誕生日や記念日、お祭りなど、2026年内の「お祝いする日」を確認してみてください。手帳やスケジュールにも記載すると、大吉祥日へと昇華します。

時間管理で停滞の対策をする

十二直の「破」の影響で、「やる気になるまで時間がかかる」傾向が強まります。それを防止するために、今日は「タイマー」などを活用して、「時間管理」を徹底してみてください。休憩の時間も測定するとバッチリです。

［人］
友達
恋人
家族

［行動］
計画
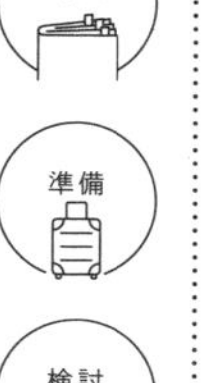
準備
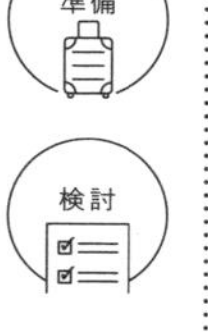
検討

［健康］
運動
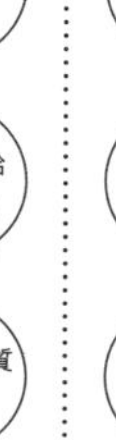
水分補給

たんぱく質

［お金］
払う（無形）
貯金

他人へのプレゼント

8月23日（日）

［六　曜］大安
［日 干 支］己巳
［月 干 支］丁酉
［年 干 支］丙午
［二十八宿］房
［十 二 直］納
［暦注下段］己巳、神吉日、大明日

増えることを優先すると減ることがなくなる

［陰陽］陰

陽
中庸
陰

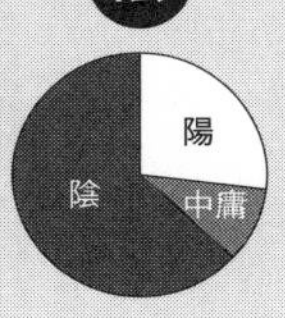

［二十四節気］処暑
［七十二候］綿柎開
［旧暦］2026年7月11日

使うよりも増やす日

全体が良い機運となる「大安」と、弁財天さまのご縁日「己巳」が重複する大吉日です。「お金関連」に支援がつくのですが、他の暦との関連から、使うことよりも「増やすこと」を意識すると、大きな波へと同調していきます。これからの「増収」の検討をすると、良い情報やアイデアが集まってきます。さらに、近くの神社にお参りできれば、大吉祥日へと昇華します。

お金は使えばいいわけではない

二十八宿の「房」と十二直の「納」からの影響で、「無闇にお金を使いたくなる」衝動が強まります。「巳の日＊」ですので、お金を使うことは良い行動なのですが、「良い使い道」なのかを常に考えるようにしましょう。

［人］
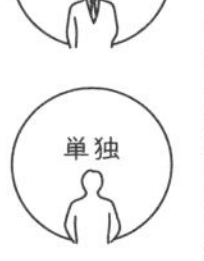

［行動］
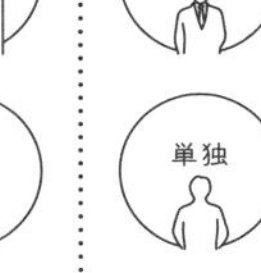

［健康］
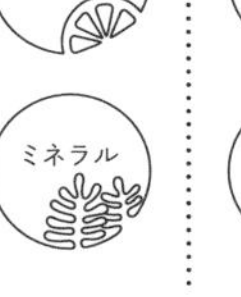

［お金］
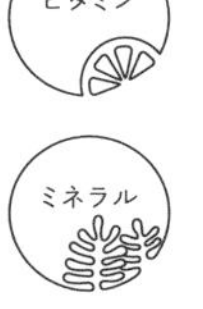

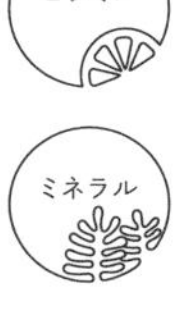
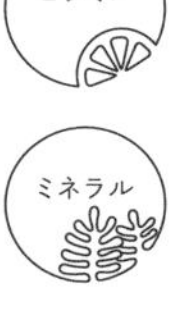
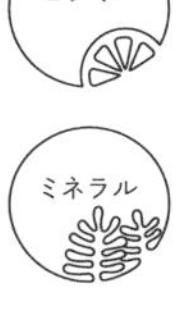
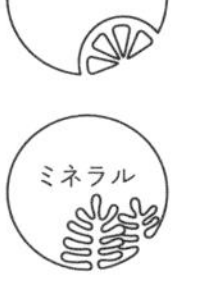
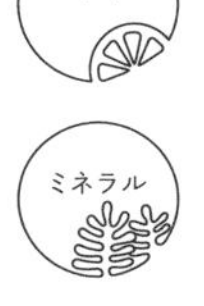
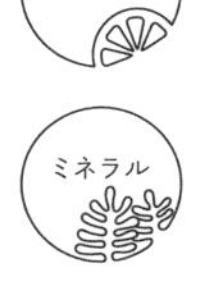

＊弁財天さまのご縁日（神仏と縁のある日）。

8月25日（火）

自分の「大切」と向き合う

［六　曜］先勝
［日干支］辛未
［月干支］丁酉
［年干支］丙午
［二十八宿］尾
［十二直］閉
［暦注下段］一粒万倍日、大明日、母倉日

［陰陽］陽

陰
中庸
陽

［二十四節気］処暑
［七十二候］綿柎開
［旧暦］2026年7月13日

状態まで想像する

日干支の「辛未」、二十八宿の「尾」と複数の善日が重複する今日は、「大切なもの」を検討することで、良い気づきと良い導きに恵まれます。寝る前に30分ほど時間をとって、自分にとって「何が大切なのか？」を自問してください。「家族」や「仕事」という回答は「曖昧」です。「どういう状態」であることが大切なのかを自問して具体化しましょう。

短めの休憩を増やす

十二直が「閉」となるため、いつもよりも「疲労」を感じやすい傾向が強まります。普段よりも少しだけ多めに「短い休憩」を入れてみてください。この日は、「長めの休憩」は逆効果ですので注意しましょう。

［人］
恋人
家族
単独

［行動］
検討
調査
研究

［健康］
運動
炭水化物
脂質

［お金］
貯金
投資
寄付

8月26日（水）

おおまかな計画から変化が始まる

［六　曜］友引
［日干支］壬申
［月干支］丁酉
［年干支］丙午
［二十八宿］箕
［十二直］建
［暦注下段］神吉日、大明日、月徳日

［陰陽］陰

陽
中庸
陰

［二十四節気］処暑
［七十二候］綿柎開
［旧暦］2026年7月14日

今日の計画が実りの秋を充実させる

関係性が良くなる「友引」と日干支の「壬申」に多くの善日が重複する大吉日です。「計画」と「手配」に、さまざまな恩恵がつきます。年内の具体的なスケジューリングや計画はもちろん、来年の「おおまかな日程」も検討しておくと、さらに良い支援が集まります。この日の準備が、「実りの秋」を楽しくしてくれます。

未来への備えにこだわりすぎない

二十八宿の「箕」と十二直の「建」の重複により、「こだわり」が強くなる傾向となります。特に、スケジュールや計画は「未来」のことなので、無駄となることが多いのです。リスクや危険性の検討は別の日にして、今日は「日程」や「タイミング」の検討を優先してください。

［人］

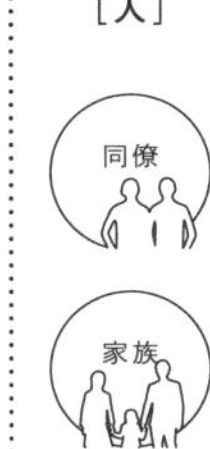

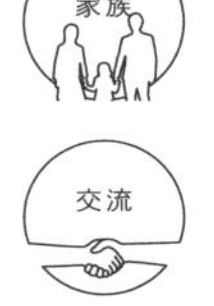

［行動］

計画
検討

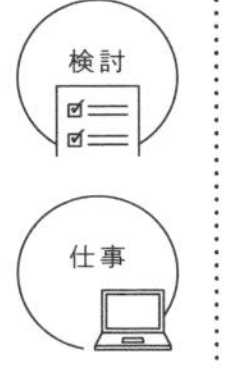

［健康］

休息
水分補給
炭水化物

［お金］

払う（無形）
貯金

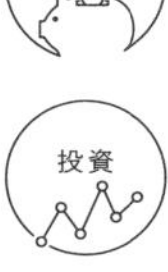

8月31日（月）

信用を失わないために

［六曜］先勝
［日干支］丁丑
［月干支］丁酉
［年干支］丙午
［二十八宿］危
［十二直］執
［暦注下段］神吉日、大明日、母倉日

［陰陽］陰

陽
中庸
陰

［二十四節気］処暑
［七十二候］天地始粛
［旧暦］2026年7月19日

貸し借りは信用にもつながる

日干支の「丁丑」と多くの善日が重複する大吉日です。この日は「返すこと」「戻すこと」などで、忘れていることがないか、点検してください。「借りている」ことだけでなく、「貸している」こともチェックして、思い当たることがあれば、すぐに行動しましょう。「信用」は大切な「資産」ですので、取り組んでみてください。

不要な遠慮を手放す

二十八宿の「危」と十二直の「執」が重複するため、「遠慮したくなる」傾向が強まります。勝手な思い込みや恐れなどから発生する「遠慮」にメリットはありません。「貸し借り」においては、遠慮してしまうと、お互いに良い結果とはならないことが多いのです。

［人］

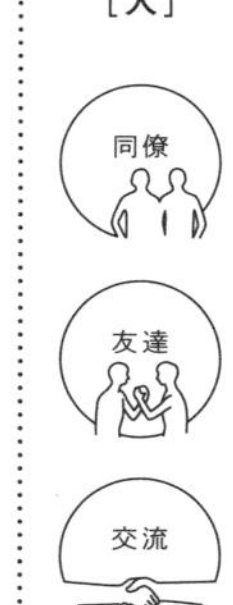

［行動］
［健康］
［お金］

2026年

9月

【月干支】

戊戌

陽の月干支となり、目に見える領域で「積み重なる」傾向が強い期間となります。

2026年9月の「大吉日」ベスト3

第❶位 9月7日(月)

［注目の古暦］
友引、一粒万倍日、神吉日、大明日

「周囲の人を助ける」その行動に、いつもよりも強い支援が集まる大吉日です。「助ける人が助けられる人」なのです。お互いさまの精神で、この日を活用しましょう。

第❷位 9月23日(水)

［注目の古暦］
友引、秋分、神吉日、月徳日

「誰かと食事を楽しむ」ことで、より豊かな収穫を招く大吉日です。ランチでもディナーでも「一人の食事」を避けてみてください。

第❸位 9月11日(金)

［注目の古暦］
友引、鬼宿日、神吉日

「打ち合わせ」や「話し合い」に多くの支援と恩恵が集まる大吉日です。大切なことを決めたいときは、意図的にこの日に機会を設定しましょう。

9月2日（水）

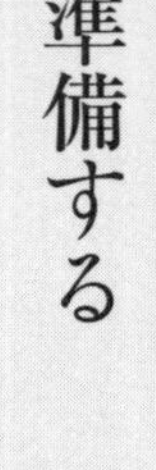

想定できないから準備する

［六曜］先負
［日干支］己卯
［月干支］戊戌
［年干支］丙午
［二十八宿］壁
［十二直］危
［暦注下段］神吉日、大明日、天恩日

［陰陽］

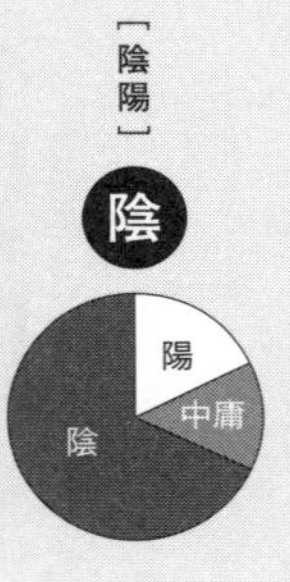

［二十四節気］処暑
［七十二候］禾乃登
［旧暦］2026年7月21日

備えに支援が集まる

二十八宿の「壁」と多くの善日が重複し、「備える」という意識に支援と恩恵が集まる大吉日です。「自然災害」だけでなく、色々な状況に対応できるよう、「備える」ための行動を選択しましょう。「準備」は「想定できること」だけですが、「想定できないこと」も含めて、「困らないための準備」だと認識すると、具体化しやすいです。

優先度を明確にして選択する

日干支の「己卯」と十二直の「危」が重複することにより、「急がされる」という傾向が強まります。月初の忙しさも重なるので、「時間の使い方」に配慮してください。自分にとっての「優先度」を明確にして、「他人の都合」に振り回されないように注意しましょう。

［人］
同僚
家族
多人数

［行動］
計画
準備
検討

［健康］
休息
水分補給
炭水化物

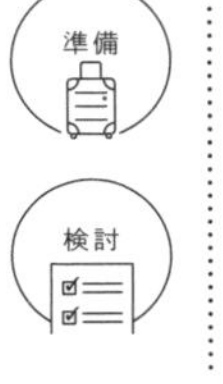

［お金］
買う（有形）
貯金
投資

9月4日（金）

収納を楽しむ

［六　曜］大安（たいあん）
［日干支］辛巳（かのとみ）
［月干支］戊戌（つちのえいぬ）
［年干支］丙午（ひのえうま）
［二十八宿］婁（ろう）
［十二直］納（おさん）
［暦注下段］天恩日（てんおんにち）

［陰陽］陰

［二十四節気］処暑（しょしょ）
［七十二候］禾乃登（こくものすなわちみのる）
［旧暦］2026年7月23日

収納に適した大吉日の実験

「大安」と二十八宿の「婁」、十二直の「納」の重複により、「収納」について検討し、道具やものを「しまう」ことに、さまざまな恩恵が発生する大吉日です。多くの「開運指南」でも、散らかっているよりも片づいている状態の方が良いとされます。「ものが出ていない状態」を「気分が良い」と感じるか、検証してみてください。

なくしたものを見つける方法

日干支の「辛巳」により、「ものが見つからない」という現象が発生します。探すためにも片づけを開始しましょう。必要なものをすぐに見つける必要があるときは、深呼吸してから「オンシュダシュダ」と3回唱えてみてください。意外な場所から出てくることもあります。

［人］同僚　家族　子ども

［行動］掃除　検討　屋内

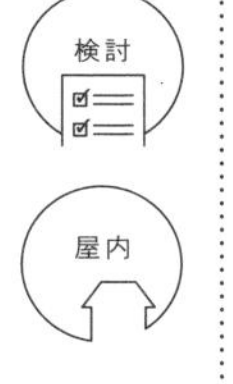

［健康］休息　ビタミン　ミネラル

［お金］買う（有形）　もらう　財布を整理

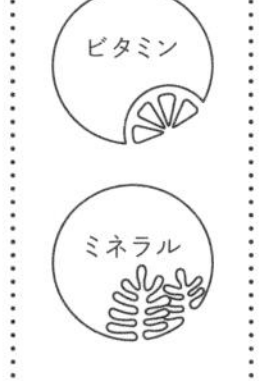

9月6日（日）

遊びを取り戻す

［六曜］先勝（せんしょう）
［日干支］癸未（みずのとひつじ）
［月干支］戊戌（つちのえいぬ）
［年干支］丙午（ひのえうま）
［二十八宿］昴（ぼう）
［十二直］閉（とづ）
［暦注下段］一粒万倍日（いちりゅうまんばいび）、母倉日（ぼそうにち）、天恩日（てんおんにち）

［陰陽］陽

陽
陰
中庸

［二十四節気］処暑（しょしょ）
［七十二候］禾乃登（こくものすなわちみのる）
［旧暦］2026年7月25日

誰かと一緒に外で遊ぶ

二十八宿の「昴」と多くの善日が重複する大吉日です。「外での遊び」を楽しむことに、良い支援と嬉しい結果が集まります。季節は確実に「秋」へと移行していきます。そんな「変化の兆し」を探しながら、仕事や趣味とは関係ない「遊び」を楽しみましょう。友達や家族も巻き込んで、誰かと一緒に今まで体験したことのない「遊び」に挑戦すると大吉祥日へと昇華します。

足元に注意を払う

日干支の「癸未」と十二直の「閉」が重複することにより、「足元」に注意が必要な日となります。普段慣れていない地面などを歩くときは、あらかじめ靴を確認して、転ばないこと、ケガをしないことを意識してください。

［人］
友達
家族
多人数

［行動］
遊び
開始
屋外

［健康］
運動
バランスのいい食事
水分補給

［お金］
払う（無形）
もらう
投資

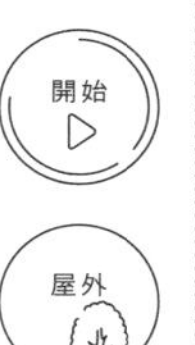
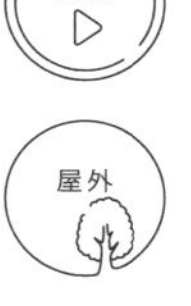
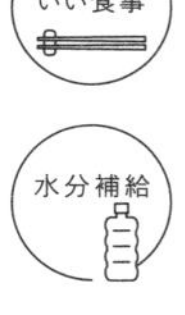

9月7日（月）

助けることで助けられる

［六曜］友引
［日干支］甲申
［月干支］戊戌
［年干支］丙午
［二十八宿］畢
［十二直］閉
［暦注下段］一粒万倍日、神吉日、大明日

［陰陽］陰

陽
陰
中庸

［二十四節気］白露
［七十二候］草露白
［旧暦］2026年7月26日

手助けを申し出る

関係性が良くなる「友引」、二十八宿の「畢」と多数の善日が重複する大吉日です。「周囲の人を助ける」という意識を強くすると、良いご縁が拡がるだけでなく、嬉しい偶然が連続して発生します。さらに「一緒に喜ぶ」という状態が生まれれば、それが「良いタネ」となり、「一粒万倍日」の増殖力を受けて、より嬉しい結果へと膨らんでいきます。

分断の危険を回避する

日干支の「甲申」と十二直の「閉」が重複するため、「断絶」や「分断」が起こる危険性に注意してください。「人間関係」だけでなく、「継続してきたこと」も含まれます。誰かに貢献することで、この傾向は消し去ることができます。

［人］
同僚
友達
交流

［行動］
相談

仕事

連絡

［健康］
ダイエット
ビタミン
ミネラル

［お金］
払う（無形）
寄付
他人へのプレゼント

9月

9月10日（木）

親切の価値を知る

【六　曜】大安（たいあん）
【日干支】丁亥（ひのとい）
【月干支】戊戌（つちのえいぬ）
【年干支】丙午（ひのえうま）
【二十八宿】井（せい）
【十二直】満（みつ）
【暦注下段】大明日（だいみょうにち）

【陰陽】陽

陰
中庸
陽

【二十四節気】白露（はくろ）
【七十二候】草露白（くさのつゆしろし）
【旧暦】2026年7月29日

親切は大きな資産になる

全体の機運が良くなる「大安」と二十八宿の「井」、十二直の「満」が重複することにより、「親切」を意識することに良い支援が集まります。「手伝い」は「相手の望む結果」に対して協力することですが、「親切」は「相手が気づかない喜び」に貢献することです。親切から得られた「気づき」は、大きな「資産」へと発展します。

大きな貢献より小さな親切

日干支の「丁亥」からの影響により、「大げさ」となってしまう傾向が強くなるため、注意が必要です。「親切」についても今日必要なのは「大きな貢献」ではなく、「小さな親切」です。そこに注意するだけで、自然と「上手な親切」ができる導きを得られます。

［人］
同僚
友達
家族

［行動］
検討
相談
連絡

［健康］
運動
バランスのいい食事
水分補給

［お金］
買う（有形）
寄付
ポイント関連

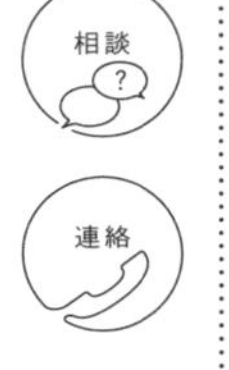

9月11日（金）

話し合うことの重要性

［六曜］友引（ともびき）
［日干支］戊子（つちのえね）
［月干支］戊戌（つちのえいぬ）
［年干支］丙午（ひのえうま）
［二十八宿］鬼（き）
［十二直］平（たいら）
［暦注下段］鬼宿日（きしゅくび）、神吉日（かみよしにち）

［陰陽］ 陰

陽 中庸 陰

［二十四節気］白露（はくろ）
［七十二候］草露白（くさのつゆしろし）
［旧暦］2026年8月1日

意見を交換する時間をつくる

関係性が良くなる「友引」、宿最上の「鬼宿日」と十二直の「平」が重複する大吉日です。「話し合い」に支援と恩恵が集まります。仕事でも家族でも「お互いの意見を交換する時間」をつくってください。いつもよりも「難しい課題」でも、すんなりと進行し、良い結果へと導かれていきます。終了後にみんなで食事を楽しむ時間ももてれば、大吉祥日へと昇華します。

過去を参考にしすぎない

日干支の「戊子」の影響で、「過去のこと」にとらわれすぎる傾向が強まります。「過去の事例」や「過去のデータ」の解析に注力しすぎないよう、意識してください。「過去」は参考にはなるのですが、世界は常に変化しているのです。

［人］ 同僚 家族 交流

［行動］ 計画 相談 仕事

［健康］ ダイエット ビタミン ミネラル

［お金］ 払う（無形） もらう 貯金

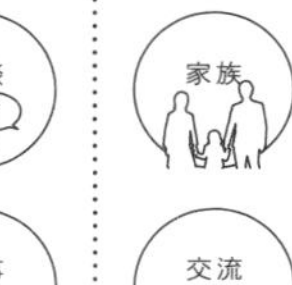

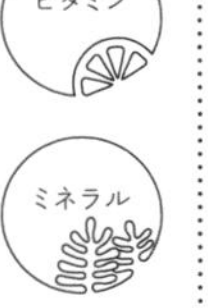

9月14日（月）

笑顔を増やすだけで福がやってくる

［六曜］大安（たいあん）
［日干支］辛卯（かのとう）
［月干支］戊戌（つちのえいぬ）
［年干支］丙午（ひのえうま）
［二十八宿］張（ちょう）
［十二直］破（やぶる）
［暦注下段］一粒万倍日（いちりゅうまんばいび）、神吉日（かみよしにち）

［陰陽］陽

陰　中庸　陽

［二十四節気］白露（はくろ）
［七十二候］鶺鴒鳴（せきれいなく）
［旧暦］2026年8月4日

憂鬱な気分には、笑顔で対応する

全体の機運が良くなる「大安」と二十八宿の「張」が重複するため、「笑顔」を普段よりも3割ほど増量すると、強力な支援がやってきます。週の始まりと気候の変化により、放っておくと、「憂鬱」な気分に支配されてしまいます。朝は「つくり笑顔」で良いので、鏡の前で「口角を上げる」練習からスタートしましょう。昼頃には、自然と笑顔になれます。

不平不満より笑顔を意識

日干支の「辛卯」と十二直の「破」の影響により、「愚痴（ぐち）」が出てしまう傾向が強まります。「不平」や「不満」を口にすることには、「気分を良くする効果」もありますが、それは一瞬だけです。「笑顔」を維持するゲームを楽しんでください。

［人］
友達
恋人
子ども

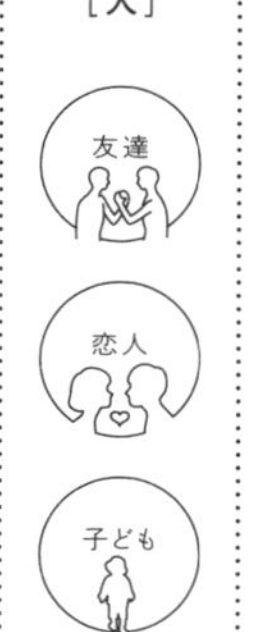

［行動］
計画
屋外
連絡

［健康］
運動
水分補給
たんぱく質

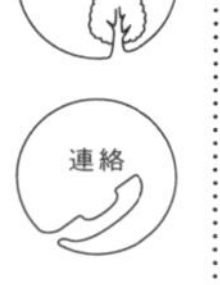

［お金］
買う（有形）
もらう
自分へのご褒美

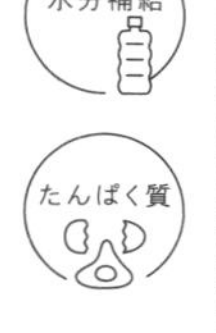

9月20日（日）

「音楽」は人類の叡智

［六曜］大安（たいあん）
［日干支］丁酉（ひのととり）
［月干支］戊戌（つちのえいぬ）
［年干支］丙午（ひのえうま）
［二十八宿］房（ぼう）
［十二直］建（たつ）
［暦注下段］神吉日（かみよしにち）

［陰陽］陰

陽　中庸　陰

［二十四節気］白露（はくろ）
［七十二候］玄鳥去（つばめさる）
［旧暦］2026年8月10日

音楽で良い機運に同調する

全体が良くなる「大安」と二十八宿の「房」が重複することにより、「音楽を楽しむ」ことで、より良い機運へと同調していく大吉日となります。「音楽」という人類が太古から受け継いできた芸術を楽しんでください。「演奏」しても「聴く」だけでも、オッケーです。「未体験のジャンル」の音楽に挑戦できれば、大吉祥日へと昇華します。

音楽を楽しむ計画を決めておく

日干支が「丁酉」となるため、音楽を楽しむためには、それなりの準備が必要となる日です。「用事」や「干渉」が発生しやすいので注意してください。あらかじめ「計画」として、音楽を楽しむ時間を確保しておけば、なんの問題もありません。

［人］
友達
恋人
両親

［行動］
準備
遊び
研究

［健康］
休息
炭水化物
脂質

［お金］
買う（有形）
払う（無形）
自分へのご褒美

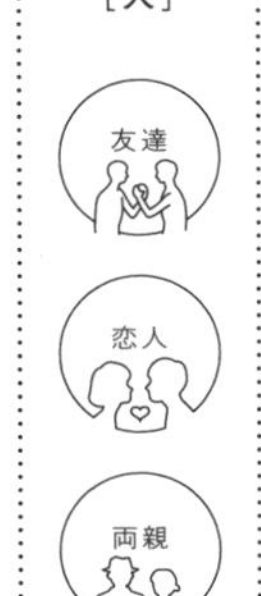

9月

食事をもっと楽しく

【六曜】友引（ともびき）
【日干支】庚子（かのえね）
【月干支】戊戌（つちのえいぬ）
【年干支】丙午（ひのえうま）
【二十八宿】箕（き）
【十二直】平（たいら）
【暦注下段】神吉日（かみよしにち）、月徳日（つきとくにち）

【陰陽】陽

陰　中庸　陽

【二十四節気】秋分（しゅうぶん）
【七十二候】雷乃収声（かみなりすなわちこえをおさむ）
【旧暦】2026年8月13日

予祝も兼ねた食事を楽しむ

今年の秋分は、人間関係に支援がつく「友引」、日干支の「庚子」と複数の善日が重複する大吉日となりました。「誰かと食事を楽しむ」ことで、秋に向けての強力な支援を得られます。うまくアレンジすれば、今年の「収穫を祝う」という「予祝」ともなります。メニューのなかで「今年の初物」を楽しむことができれば、大吉祥日へと昇華します。

寛容を心がける

二十八宿の「箕」と十二直の「平」が重複することにより、ちょっとしたことでも「機嫌が悪くなる」傾向が強まります。それを回避するためにも、「寛容」であることを心がけてください。朝から意識すれば、昼までには解消していきます。

［人］

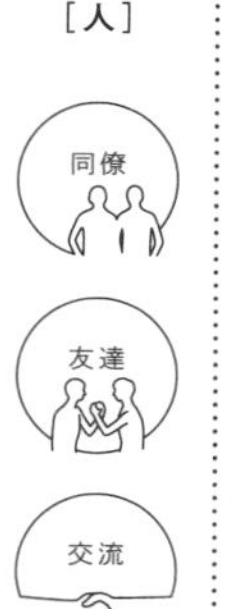

［行動］

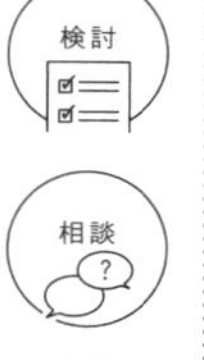

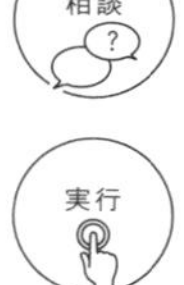

［健康］

運動

炭水化物

［お金］

買う（有形）

9月26日（土）

体を整えると心が整う

【六曜】大安（たいあん）
【日干支】癸卯（みずのとう）
【月干支】戊戌（つちのえいぬ）
【年干支】丙午（ひのえうま）
【二十八宿】女（じょ）
【十二直】破（やぶる）
【暦注下段】一粒万倍日（いちりゅうまんばいび）、神吉日（かみよしにち）

【陰陽】陰

【二十四節気】秋分（しゅうぶん）
【七十二候】雷乃収声（かみなりすなわちこえをおさむ）
【旧暦】2026年8月16日

生活習慣の改善にも支援がある大吉日

全体の機運が良くなる「大安」と日干支の「癸卯」が重複することにより、「体の調子を整える」ことを実践すると、良い方向へ導かれる大吉日となります。残暑も弱まる頃となりました。少しだけ先取りして「スポーツの秋」「健康の秋」を開始しましょう。「生活習慣」や「睡眠」などの改善にも支援がつきます。本気で「自分を良くする」選択をしてみてください。

「健康」を正しく捉える

十二直の「破」の影響で、「健康」に対して前向きになれない傾向が強まります。「健康」とは「病気でない状態」のことではなく、「元気」や「勇気」が湧いてくる「心身の状態」のことなのです。認識を改めて、逃げずに取り組みましょう。

［人］

［行動］

［健康］

［お金］

払う（無形）

ポイント関連 Point

電子マネーチャージ ¥

2026年 10月

【月干支】己亥（つちのとい）

陰の月干支となり、目に見えない領域で「深く潜る」傾向が強い期間となります。

2026年10月の「大吉日」ベスト3

第❶位　10月1日（木）

［注目の古暦］
天赦日（てんしゃにち）、一粒万倍日（いちりゅうまんばいび）、神吉日（かみよしにち）

いきなり最上の大吉日からスタートです。「変化する」のではなく、「変化させる」という意識をもって、過ごしてみてください。「移動」や「外出」にも、強い支援が発生します。

第❷位　10月23日（金）

［注目の古暦］
一粒万倍日（いちりゅうまんばいび）、神吉日（かみよしにち）、大明日（だいみようにち）、母倉日（ぼそうにち）

「冬の準備」に取り組むと、より良い成果へと導かれる大吉日です。「衣・食・住」を冬モードに切り替えることで、より楽しい期間がやってきます。

第❸位　10月22日（木）

［注目の古暦］
友引（ともびき）、己巳（つちのとみ）、神吉日（かみよしにち）、大明日（だいみようにち）、母倉日（ぼそうにち）

「芸事」や「技術」などの向上に強い支援と恩恵がやってくる日です。「上達すること」を意識してみてください。「うまくなる」というのは、「楽しいこと」なのです。

10月1日（木）

「変化」に意志をもつ

［六曜］仏滅（ぶつめつ）
［日干支］戊申（つちのえさる）
［月干支］己亥（つちのとい）
［年干支］丙午（ひのえうま）
［二十八宿］奎（けい）
［十二直］閉（とづ）
［暦注下段］天赦日（てんしゃにち）、一粒万倍日（いちりゅうまんばいび）、神吉日（かみよしにち）

［陰陽］陽

［七十二候］秋分（しゅうぶん）
［二十四節気］蟄虫坏戸（むしかくれてとをふさぐ）
［旧暦］2026年8月21日

変化は「させる」もの

10月は最上の「天赦日」からスタートです。二十八宿の「奎」からの影響で、「変化させる」という意識をもつと、より強い支援が集まります。変化「する」ではなく、「させる」という選択が重要です。より良い成長を見込みたいなら、「変える」という選択肢に取り組んでみてください。「移動」や「外出」で「一粒万倍日」の増殖力を得られます。

自分の気分を自分で台なしにしない

六曜の「仏滅」と十二直の「閉」の影響で、「消極的」になりがちです。自分の気分を自分で壊すような意識は、なんの役にも立ちません。ネガティブな情報に依存することなく、先人たちの智慧である「レアな大吉日」を活用し、検証しましょう。

［人］
同僚
家族
大人

［行動］
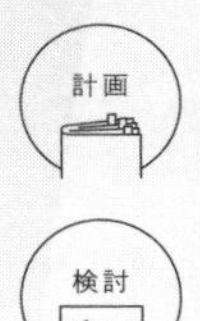

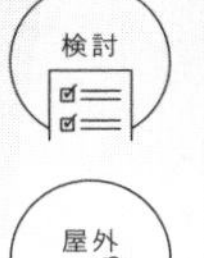

［健康］

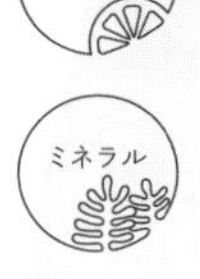

［お金］

投資
寄付

10月2日（金）

欲しかったものを買う

［六　曜］大安（たいあん）
［日干支］己酉（つちのととり）
［月干支］己亥（つちのとい）
［年干支］丙午（ひのえうま）
［二十八宿］婁（ろう）
［十二直］建（たつ）
［暦注下段］神吉日（かみよしにち）、大明日（だいみょうにち）、天恩日（てんおんにち）

［陰陽］陽

陰　中庸　陽

［二十四節気］秋分（しゅうぶん）
［七十二候］蟄虫坏戸（むしかくれてとをふさぐ）
［旧暦］2026年8月22日

買いたかったものは今日買う

全体の機運が良くなる「大安」、日干支の「己酉」と多くの善日が重複することで、「買い物」に強い支援と恩恵が発生する日です。欲しかったものの購入を検討してみてください。実店舗でもネットでもオッケーです。特に「家電」などの「性能」の比較が必要な「家電」などの検討に適しています。購入して「良い買い物ができた」と満足できると、大吉祥日へと昇華します。

優柔不断には感覚で対抗する

二十八宿の「婁」と十二直の「建」が重複することにより、「優柔不断」となる傾向が強まります。「買い物」にも影響がありますので、注意してください。最後は、自分の「感覚」を信じて、最初に良いと感じた方を選びましょう。

［人］
女性
大人
単独

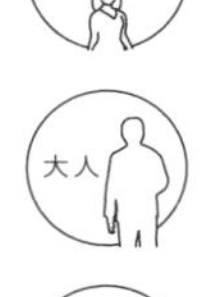
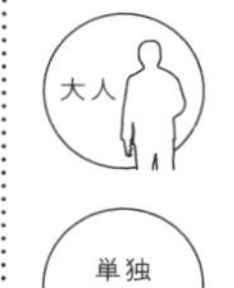

［行動］
検討
調査
実行

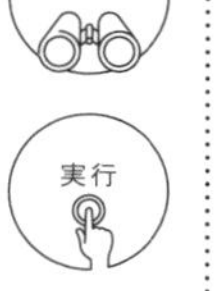

［健康］
運動
水分補給
炭水化物

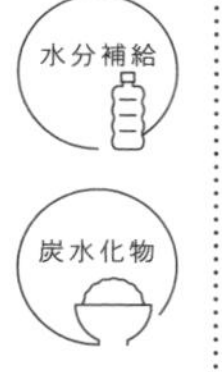

［お金］
買う（有形）
電子マネーチャージ
自分へのご褒美

10月3日（土）

変えたいことから選ぶと好転が始まる

【六曜】赤口（しゃっこう）
【日干支】庚戌（かのえいぬ）
【月干支】己亥（つちのとい）
【年干支】丙午（ひのえうま）
【二十八宿】胃（い）
【十二直】除（のぞく）
【暦注下段】大明日（だいみょうにち）、母倉日（ぼそうにち）、天恩日（てんおんにち）、月徳日（つきとくにち）

【陰陽】陰

陽 / 中庸 / 陰

【二十四節気】秋分（しゅうぶん）
【七十二候】水始涸（みずはじめてかるる）
【旧暦】2026年8月23日

心のなかで変化への意識を育てる

2026年10月は1日の「天赦日」から3日連続で大吉日となる特異なスタートです。「変えたいこと」について検討することで、良い気づきや導きが得られ、自動的に好転していく「始まり」となります。今日は直接的な「行動」ではなく、「検討」と「確認」だけでオッケーです。心のなかで芽生えた「意識」が育てば、無理なく良い結果となります。

体と心を過信しない

二十八宿の「胃」と十二直の「除」からの影響により「過信」する傾向が強まります。特に「体」と「心」の領域で、「自分は大丈夫」という思い込みが強くなり、予兆や変化を見逃してしまいそうです。早めのメンテナンスを心がけてください。

［人］
男性
大人
単独

［行動］
検討
確認
調査

［健康］

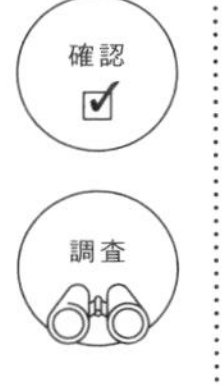
休息
炭水化物
ミネラル

［お金］

貯金
投資
寄付

10月

10月8日（木）

色々な交流を楽しむ

【六　曜】大安（たいあん）
【日干支】乙卯（きのとう）
【月干支】己亥（つちのとい）
【年干支】丙午（ひのえうま）
【二十八宿】井（せい）
【十二直】執（とる）
【暦注下段】神吉日（かみよしにち）

【陰陽】陽

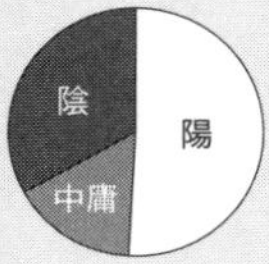

陰　陽　中庸

【二十四節気】寒露（かんろ）
【七十二候】鴻雁来（こうがんきたる）
【旧暦】2026年8月28日

人以外とも たくさんの交流を築く

全体が良くなる「大安」、二十八宿の「井」と十二直の「執」が重複し、「交流」という意識が、多くの支援と嬉しい結果へとつながる日です。「人と人」だけでなく「人と動物」や「異文化同士」なども交流の範囲です。ペットがいる方は、日頃の感謝を伝えるつもりで「甘やかして」あげてください。歴史上の「偉人たちの交流」を調べてみるのも有効です。

余裕をもって 密集を避ける

日干支「乙卯」の影響により、「密集する」傾向が強まります。狭い空間に多くの人が集まる他、スケジュールが埋まったりして、休憩や自由な時間がない状態も「密集」となります。いつもよりも「余裕」をもつことを意識しておいてください。

【人】

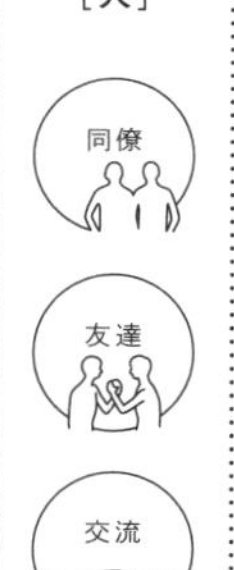

【行動】

【健康】

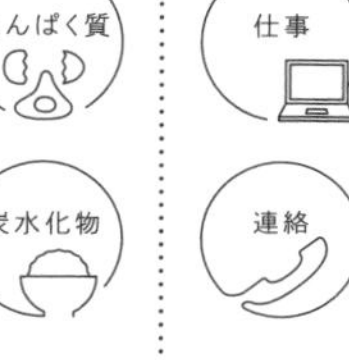

【お金】

10月11日（日）

予測が良い現実へと育つ

［六　曜］先負
［日干支］戊午
［月干支］己亥
［年干支］丙午
［二十八宿］星
［十二直］成
［暦注下段］一粒万倍日、神吉日、大明日、母倉日

［陰陽］陰

［二十四節気］寒露
［七十二候］鴻雁来
［旧暦］２０２６年9月1日

今日の予測がタネになる

二十八宿の「星」と十二直の「成」に、多くの善日が重複する大吉日です。「予測を立てる」という行為に多くの支援と恩恵が集まる日です。２０２６年も「終盤」を迎えます。この後の状況や成果、報酬などの「予測」に取り組んでみてください。今日の気づきは「タネ」となり、「一粒万倍日」の増殖力により、大きく成長していきます。

休息には適度な負荷も必要

日干支が「戊午」となるため、「楽をしたい」という衝動が強まります。お休みの人は、丸1日「休息」にしてしまうことも珍しくありません。疲労を癒やすには「休む」ことも重要ですが、適度な「負荷」も必要です。「予測」で脳みそを使って、良い負荷をかけてみてください。

［人］
男性
大人
単独

［行動］
計画
予測
調査

［健康］
ダイエット
ビタミン
ミネラル

［お金］
投資
ポイント関連
電子マネーチャージ

10月13日（火）

良い成長のための練習

【六曜】大安（たいあん）
【日干支】庚申（かのえさる）
【月干支】己亥（つちのとい）
【年干支】丙午（ひのえうま）
【二十八宿】翼（よく）
【十二直】開（ひらく）
【暦注下段】神吉日（かみよしにち）、大明日（だいみょうにち）

【陰陽】陽

陰
中庸
陽

【二十四節気】寒露（かんろ）
【七十二候】菊花開（きくのはなひらく）
【旧暦】2026年9月3日

経験を練習で補う

全体が良くなる「大安」に、二十八宿の「翼」と十二直の「開」、複数の善日が重複することにより、「練習」に強い支援と良い成果が集まる大吉日です。最初は誰でも「初心者」で、試行錯誤を重ねるうちに成長していくのが「摂理」です。「初心」を思い出して、「経験」では補えないことを「練習」により補完してください。

一部分だけを見て決めつけない

日干支が「庚申」となるため、「偏見」が強くなってしまうので、注意が必要です。ある一部分だけで決めつけてしまうことが「偏見」です。意見や主張なども、「その人の一部分」にすぎないことを思い出してください。人や物事には「色々な側面」があると認めましょう。

［人］

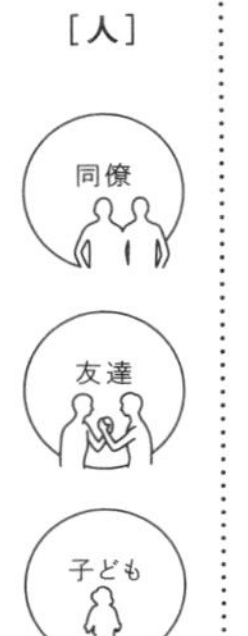

［行動］

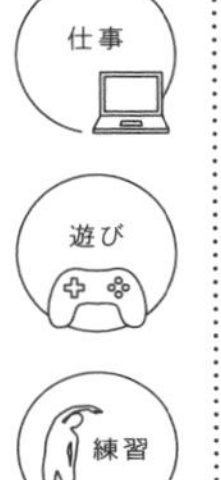

［健康］

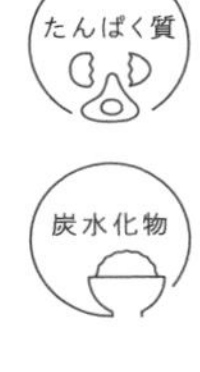

［お金］

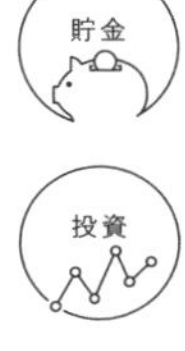

10月14日（水）

「習慣」へ出発する

【六曜】赤口（しゃっこう）
【日干支】辛酉（かのととり）
【月干支】己亥（つちのとい）
【年干支】丙午（ひのえうま）
【二十八宿】軫（しん）
【十二直】閉（とづ）
【暦注下段】一粒万倍日（いちりゅうまんばいび）、神吉日（かみよしにち）、大明日（だいみょうにち）

【陰陽】陰

陽
中庸
陰

【二十四節気】寒露（かんろ）
【七十二候】菊花開（きくのはなひらく）
【旧暦】2026年9月4日

開始に強い支援が得られる

二十八宿の「軫」と複数の善日が重複する大吉日です。今日のキーワードは「出発」です。旅行や出張の「開始日」としても恩恵がありますが、「習慣」を始めるにも多くの恩恵が集中します。「習慣」とは「毎日の行為を意識しなくてもできるようになる状態」です。「生活に組み込まれている状態」を目指して、始めましょう。

習慣化は自信にもつながる

日干支の「辛酉」と十二直の「閉」が重複する影響で、「自信がない」という状態に陥りやすいので、注意してください。誰でも慣れないうちは「自信」なんて、あるわけがないのです。自信をつけるためにも「習慣化」が必要なことを思い出しましょう。

［人］
男性
大人
単独

［行動］
検討
開始
実行

［健康］
休息
ビタミン
ミネラル

［お金］

10月19日（月）

投資で自分を育てる

［六　曜］大安（たいあん）
［日干支］丙寅（ひのえとら）
［月干支］己亥（つちのとい）
［年干支］丙午（ひのえうま）
［二十八宿］心（しん）
［十二直］定（さだん）
［暦注下段］天恩日（てんおんにち）、月徳日（つきとくにち）

［陰陽］陽

陰　中庸　陽

［二十四節気］寒露（かんろ）
［七十二候］蟋蟀在戸（きりぎりすとにあり）
［旧暦］2026年9月9日

2026年

成長のための投資

全体の機運が良くなる「大安」と日干支の「丙寅」が重複し、「自己投資」に多くの恩恵が集まる大吉日です。現代では「寅の日」*は、「お金の吉日」と決めつけられていますが、貨幣経済の社会となる前までは、自然の理力（りりょく）によって、良い方向へと「成長」するという解釈でした。そのため、「自分を育てる」という行為を選ぶと、その成果に支援がつくのです。

迷いがよぎったときには

十二直の「定」の影響により、「迷う」場面が多くなります。外出の際は、道順と地図を確認してください。「判断」や「選択」に迷うときは、「最高」と「最悪」の想定を両方とも具体化することにより、より正しい判断へと導かれます。

［人］
男性
大人
単独

［行動］
計画
検討

研究

［健康］
運動
たんぱく質

炭水化物

［お金］
買う（有形）
払う（無形）
投資

*「千里を駆け、千里を戻る」という虎の故事からお金や投資に良い日とされる。

10月22日（木）

上達がやってくる

［六　曜］友引（ともびき）
［日干支］己巳（つちのとみ）
［月干支］己亥（つちのとい）
［年干支］丙午（ひのえうま）
［二十八宿］斗（と）
［十二直］危（あやぶ）
［暦注下段］己巳（つちのとみ）、神吉日（かみよしにち）、大明日（だいみょうにち）、母倉日（ぼそうにち）

［陰陽］陽

陰 / 中庸 / 陽

［二十四節気］寒露（かんろ）
［七十二候］蟋蟀在戸（きりぎりすとにあり）
［旧暦］2026年9月12日

弁財天さま本来のご神徳にご縁がある1日

「友引」と弁財天さまの60日に一度のご縁日「己巳」が重複する大吉日です。「巳の日」*も、現代では「お金の吉日」として の認知度が高いのですが、「芸事」や「技術」など、本来の弁財天さまの「ご神徳」に関連した大吉日なのです。今日は「上達」がキーワードです。仕事でも趣味でも、「上達したい」と思うジャンルと、必要な選択を検討してみてください。

上達のご褒美をイメージして臆病さに打ち勝つ

二十八宿の「斗」と十二直の「危」からの影響により、「臆病」となってしまう傾向が強まります。「自分にはまだ早い」という想いが強くなり、好機を逃しかねません。「上達」による「ご褒美」を想像して、負の感情に打ち勝ちましょう。

［人］同僚 / 友達 / 交流
［行動］計画 / 検討 / 調査
［健康］運動 / ビタミン / ミネラル
［お金］払う（無形） / 貯金 / 投資

＊弁財天さまのご縁日（神仏と縁のある日）。

10月23日（金）

冬の備えを楽しむ

［六曜］先負（せんぶ）
［日干支］庚午（かのえうま）
［月干支］己亥（つちのとい）
［年干支］丙午（ひのえうま）
［二十八宿］牛（ぎゅう）
［十二直］成（なる）
［暦注下段］一粒万倍日（いちりゅうまんばいび）、神吉日（かみよしにち）、大明日（だいみょうにち）、母倉日（ぼそうにち）

［陰陽］陰

陽 / 中庸 / 陰

［二十四節気］霜降（そうこう）
［七十二候］霜始降（しもはじめてふる）
［旧暦］2026年9月13日

2026年

冬への備えを確認する

二十八宿の「牛」、十二直の「成」と多くの善日が重複する大吉日です。「冬の準備」をすることに、多くの支援が集まり、嬉しい結果へとつながります。寒さも本格化してきます。「衣・食・住」を冬モードに切り替えるための検討を始めましょう。暖房器具や氷雪対策、冬に旬がくる食材も確認してみてください。実際の購入や修理、手配は別の日でもオッケーです。

怒りを抱いたら言葉をコントロールする

日干支の「庚午」の影響により、「イライラ感」が強まる傾向となります。「怒りを感じた後」の言葉はコントロールできるのです。直後の発言に注意するだけで、不要な「イライラ」は消えていきます。

［人］

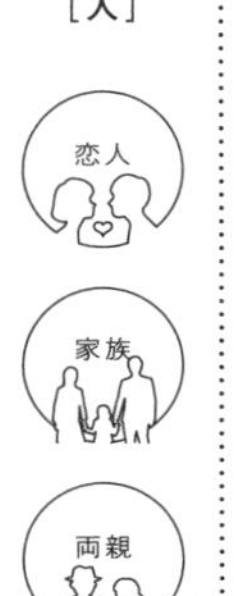

［行動］

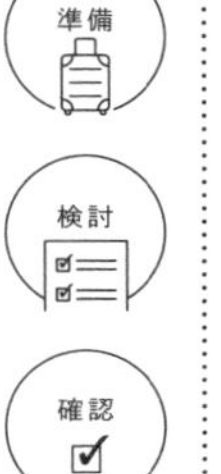

［健康］

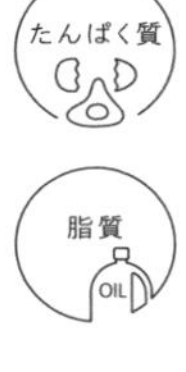

［お金］

10月25日（日）

自分だけのオリジナル

【六曜】大安（たいあん）
【日干支】壬申（みずのえさる）
【月干支】己亥（つちのとい）
【年干支】丙午（ひのえうま）
【二十八宿】虚（きょ）
【十二直】開（ひらく）
【暦注下段】神吉日（かみよしにち）、大明日（だいみょうにち）

【陰陽】陽

陰
中庸
陽

【二十四節気】霜降（そうこう）
【七十二候】霜始降（しもはじめてふる）
【旧暦】2026年9月15日

工夫次第でオリジナルはつくり出せる

全体が良くなる「大安」と日干支の「壬申」が重複することにより、「つくり出す」という意識が良い結果へと導かれる日です。完全なる「新しいこと」「新しいもの」を生み出すだけでなく、既存のものを組み合わせたり、加工したりすることで「世界で唯一」は生み出せます。「自分による、自分のための、自分だけのオリジナル」を生み出してください。

やがて感じる喜びがやる気になる

二十八宿の「虚」の影響により、「やる気」が減少する傾向となるので、注意しましょう。葛藤や困難を乗り越えた後の「喜び」や「報酬」をあらかじめ想像しましょう。それが思い描ければ、自動的にスイッチが入ります。

［人］

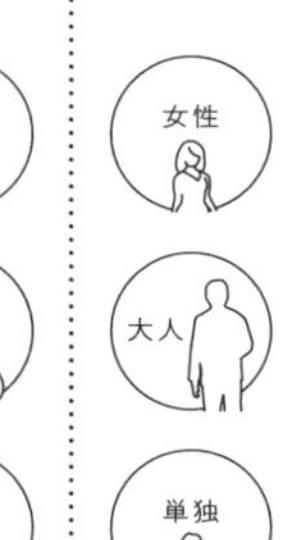

［行動］

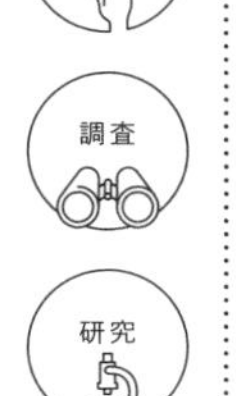

［健康］

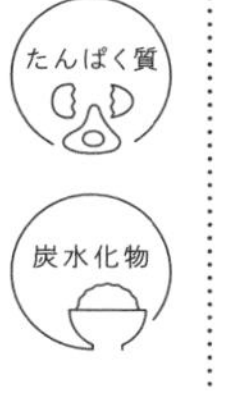

［お金］

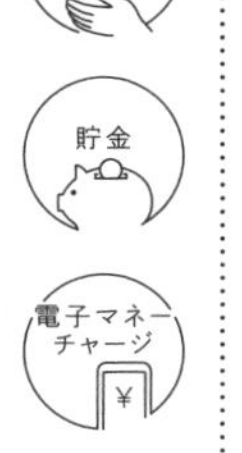

2026年

11月

【月干支】

庚子（かのえね）

陽の月干支となり、目に見える領域で「浮かび上がる」傾向が強い期間となります。

2026年11月の「大吉日」ベスト3

第❶位　11月4日(水)

［注目の古暦］
一粒万倍日、神吉日、大明日、母倉日、天恩日

「投資」が有効となる大吉日です。「気軽な遊び」としての「宝くじ」なども嬉しい結果へとつながる傾向が強まります。「売買」という行為を通じて、良い傾向を活用しましょう。

第❷位　11月6日(金)

［注目の古暦］
大安、鬼宿日、神吉日、大明日

「仕事」に関連することに、強い支援が集まる大吉日です。交流も促進されますので、打ち合わせや会議なども、良い結果へと導かれます。勉強が仕事の方は、「試験に向けた準備」が有効です。

第❸位　11月19日(木)

［注目の古暦］
友引、一粒万倍日、神吉日、母倉日

「新しい学び」を検討することで、嬉しい現実が招かれる大吉日です。新しい「道具」として、「新しい知識と経験」を取り込みましょう。

11月1日(日)

嬉しいことを選ぶと成長が始まる

【六曜】赤口（しゃっこう）
【日干支】己卯（つちのとう）
【月干支】庚子（かのえね）
【年干支】丙午（ひのえうま）
【二十八宿】昴（ぼう）
【十二直】執（とる）
【暦注下段】神吉日（かみよしにち）、大明日（だいみょうにち）、天恩日（てんおんにち）

【陰陽】陽

陰　中庸　陽

【二十四節気】霜降（そうこう）
【七十二候】霎時施（こさめときどきふる）
【旧暦】2026年9月22日

今年の嬉しいことを確認する

二十八宿の「昴」、十二直の「執」が多くの善日と重複し、「嬉しいことを育てる」感覚が、良い支援と結果へとつながる日です。嬉しいこと、そうでないことは波のように交互にやってきては、去っていきます。今日は「2026年内の嬉しいこと」を確認してください。その「芽生え」が、より大きな「嬉しい」へと成長し始めるのです。

想像力はビジョンから

日干支が「己卯」となるため「想像力」を発揮するまでに、いつもよりも時間がかかります。そのため、嬉しいこともなかなか想像できないかもしれません。

そんなときは「ビジョン」から開始しましょう。「年末の楽しい画像」から「嬉しい」を連想するのです。

【人】
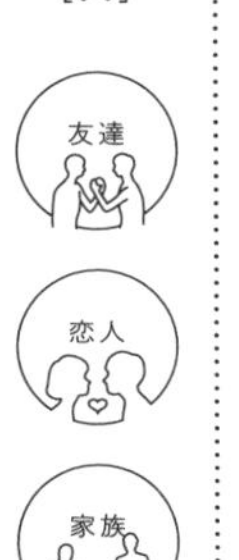

【行動】
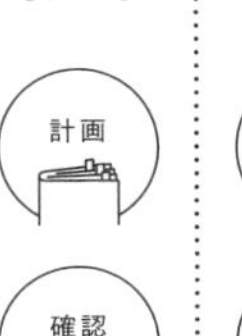

【健康】
ダイエット
ビタミン
ミネラル

【お金】
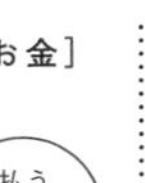

11月4日（水）

投資と遊びの偶然を楽しむ

【六曜】先負（せんぶ）
【日干支】壬午（みずのえうま）
【月干支】庚子（かのえね）
【年干支】丙午（ひのえうま）
【二十八宿】参（しん）
【十二直】成（なる）
【暦注下段】一粒万倍日（いちりゅうまんばいび）、神吉日（かみよしにち）、大明日（だいみょうにち）、母倉日（ぼそうにち）、天恩日（てんおんにち）

【陰陽】陽

陰
中庸
陽

【二十四節気】霜降（そうこう）
【七十二候】楓蔦黄（もみじつたきばむ）
【旧暦】２０２６年9月25日

偶然が力になる

二十八宿の「参」、十二直の「成」が多くの善日と重複する大吉日です。「投資」に支援と導きがあります。「売買」が良い結果へとつながるため、「株式」や「為替」なども有効です。周囲の変化や目の前にやってきた「数字」なども、検討材料としましょう。「気軽な遊び」としての「宝くじ」や「ギャンブル」に挑むと、「一粒万倍日」の増殖力も実感できます。

変化への恐れを自覚する

日干支が「壬午」となるため、「変化に対しての恐れ」が強まります。短時間での変化に対して、「見送りたい衝動」が強まりますので、意識してコントロールしましょう。「直感」も参考にしながら、「嬉しい投資」を楽しんでください。

［人］
男性
大人
単独

［行動］
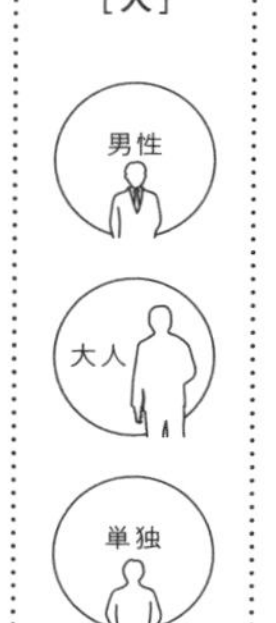

［健康］［お金］

11月6日（金）

交流を喜ぶ

【六曜】大安
【日干支】甲申
【月干支】庚子
【年干支】丙午
【二十八宿】鬼
【十二直】開
【暦注下段】鬼宿日、神吉日、大明日

【陰陽】陽

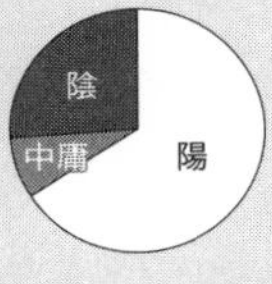

陰
中庸
陽

【二十四節気】霜降
【七十二候】楓蔦黄
【旧暦】2026年9月27日

打ち合わせ、会議にも適した大吉日

全体が良くなる「大安」と宿最強の「鬼宿日」が重複する大吉日です。「仕事」に関連する行為と選択に、良い支援と結果への導きが集まります。交流を促進する善日も重複しているため、「打ち合わせ」や「会議」にも適した日です。「結果」がわかりやすいことにも、多くの支援が集まります。「結果」を家族やパートナーと喜び合うと、大吉祥日へと昇華します。

表層の行き違いに惑わされない

日干支が「甲申」となるため、「意見が合わない」場面も発生します。それは「表層」だけのことなので、互いに理解を深めることで解消されていきます。気がつくと「うまくいっている」日ですので、「良い結果」へと活用しましょう。

［人］
同僚
交流
多人数

［行動］
計画
相談
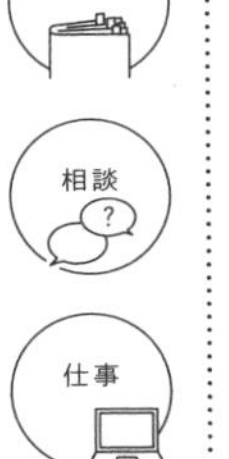
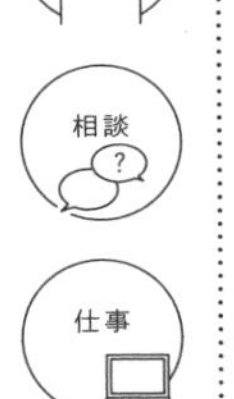
仕事
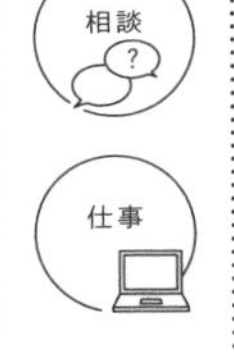

［健康］
運動
水分補給
炭水化物

［お金］
貯金
投資
寄付

11月

11月10日(火)

「紙」に力が宿る

［六　曜］大安
［日干支］戊子
［月干支］庚子
［年干支］丙午
［二十八宿］翼
［十二直］除
［暦注下段］神吉日

［陰陽］陰

［二十四節気］立冬
［七十二候］山茶始開
［旧暦］2026年10月2日

デスクワークに向く大吉日

全体の機運が良くなる「大安」と二十八宿の「翼」が重複することにより、「デスクワーク」にさまざまな支援と恩恵が集まる大吉日です。特に「紙」を使うことに良い機運が寄せられますので、「書類」や「手続き」などにも、最適な日です。「おやつ」を周囲の人と一緒に机で楽しむことができれば、大吉祥日へと昇華します。

没頭しすぎに注意する

日干支の「戊子」からの影響により、「集中しすぎる」傾向が強まるので注意してください。「良い傾向」にも思えますが、バランスを崩すほど「没頭すること」は弊害もあります。「座りっぱなし」も体に影響しますので、「立ち上がって休憩」することを意識してください。

［人］
同僚
大人
単独

［行動］
手続き
仕事
屋内

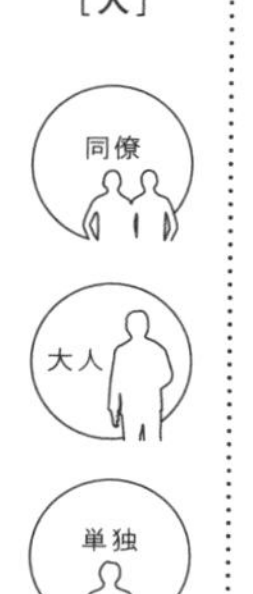
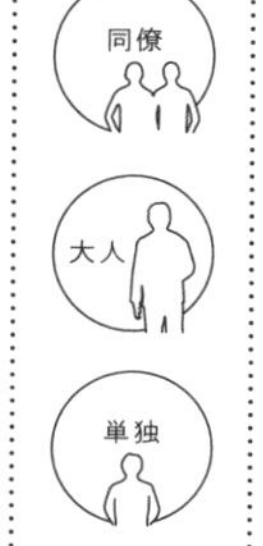
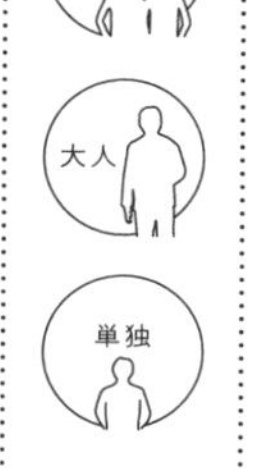

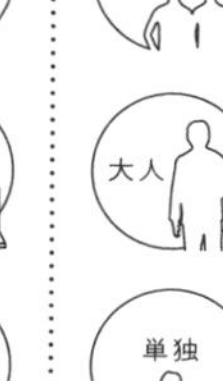

［健康］
休息
水分補給
炭水化物

［お金］
買う（有形）
もらう
他人へのプレゼント

11月16日（月）

優しい言葉が嬉しい現実を引き寄せる

【六　曜】大安（たいあん）
【日干支】甲午（きのえうま）
【月干支】庚子（かのえね）
【年干支】丙午（ひのえうま）
【二十八宿】心（しん）
【十二直】危（あやぶ）
【暦注下段】神吉日（かみよしにち）、月徳日（つきとくにち）

【陰陽】陰

陽　中庸　陰

【二十四節気】立冬（りっとう）
【七十二候】地始凍（ちはじめてこおる）
【旧暦】2026年10月8日

優しい言葉を心に届ける

全体の機運が良くなる「大安」、日干支の「甲午」が複数の善日と重複することにより、「優しい言葉を増やす」ことで、嬉しい現実へと導かれる大吉日です。自分なりに「優しい」と思える表現を増やしてください。思いやりや相手の幸せを祈る内容であれば、すべて「優しい言葉」となります。心の奥深くに伝わりやすい日ですので、その作用を活用しましょう。

優しさで争いを回避する

二十八宿の「心」と十二直の「危」が重複することにより、「争い」が起こりやすい傾向が強まります。多くの場合「争い」は「言葉」から始まります。それを回避するためにも「優しさ」を「言葉に変換する訓練」に取り組んでみてください。

［人］

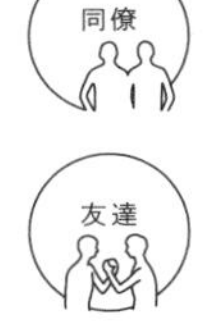

［行動］

［健康］

休息
ビタミン

［お金］

貯金
寄付

11月

11月19日(木)

【六曜】友引（ともびき）
【日干支】丁酉（ひのととり）
【月干支】庚子（かのえね）
【年干支】丙午（ひのえうま）
【二十八宿】斗（と）
【十二直】開（ひらく）
【暦注下段】一粒万倍日（いちりゅうまんばいび）、神吉日（かみよしにち）、母倉日（ぼそうにち）

新しい学びが新しい人生を切り開く

【陰陽】陰

陽
中庸
陰

【二十四節気】立冬（りっとう）
【七十二候】金盞香（きんせんかさく）
【旧暦】2026年10月11日

学びが嬉しい現実へと導く

関係性が良くなる「友引」、二十八宿の「斗」と十二直の「開」に、多くの善日が重複する大吉日です。「新しい学び」を検討することで、嬉しい現実へと導かれます。学びは、「自分で考え、自分で選択する人生」をより楽しく、気分良く過ごすための「道具」です。「新しい領域」を知れば、「一粒万倍日」の「良いタネ」となり、大吉祥日へと昇華します。

現状維持と学び

日干支の「丁酉」からの影響により、「現状維持でいい」という気持ちが強まります。世界は変わり続けています。あなたが「そのままの状態」では、現状を維持することすらできません。今日は現状維持とは逆の学びへと踏み出しましょう。

［人］
友達
子ども
交流

［行動］
検討
スタート
学習

［健康］
ダイエット
ビタミン
ミネラル

［お金］
払う（無形）
寄付
ポイント関連

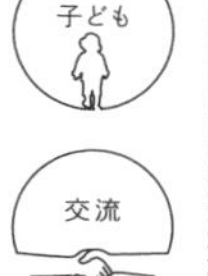

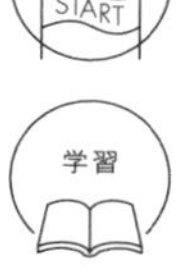

11月22日（日）

冬のリズムを整える

［六曜］大安（たいあん）
［日干支］庚子（かのえね）
［月干支］庚子（かのえね）
［年干支］丙午（ひのえうま）
［二十八宿］虚（きょ）
［十二直］除（のぞく）
［暦注下段］神吉日（かみよしにち）

［陰陽］陽

陰　中庸　陽

［二十四節気］小雪（しょうせつ）
［七十二候］虹蔵不見（にじかくれてみえず）
［旧暦］2026年10月14日

五感すべてで冬を楽しむ

全体がうまくいく「大安」と大日干支の「庚子」が重複する大吉日です。「冬の情緒」を楽しむことで、全体のリズムが整い、楽しいときを過ごすことができます。「この時期しか楽しめないこと」を実践してください。公園の散策、観光、イベントへの参加など、五感すべてで冬を楽しみましょう。「冬が旬の味覚」を誰かと一緒に楽しめたら、大吉祥日へと昇華します。

予定は緩く決める

二十八宿の「虚」と十二直の「除」が重複することで「予定の変更」が発生しやすくなります。「詳細を計画しないこと」でバッチリ対策できます。「冬を楽しむために、○時に集合」とだけ調整して、後は集まってから決めましょう。

［人］

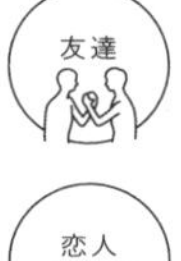

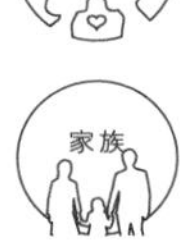

［行動］

スタート START

遊び

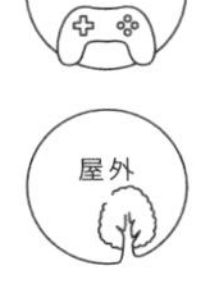

［健康］

運動

炭水化物

［お金］

払う（無形）

自分へのご褒美

11月25日（水）

体を伸ばして心も伸ばす

［六曜］友引（ともびき）
［日干支］癸卯（みずのとう）
［月干支］庚子（かのえね）
［年干支］丙午（ひのえうま）
［二十八宿］壁（へき）
［十二直］定（さだん）
［暦注下段］神吉日（かみよしにち）

［陰陽］陽

［二十四節気］小雪（しょうせつ）
［七十二候］虹蔵不見（にじかくれてみえず）
［旧暦］２０２６年10月17日

「伸ばす」を柔軟に考える

関係性が良くなる「友引」と日干支の「癸卯」が重複することで、「伸ばす」という意識に多くの支援と恩恵が集まる大吉日です。まずは「ストレッチ」で、体の筋肉を伸ばすことから始めましょう。寒くなると筋肉は、硬く縮まります。30分ほど取り組んでみてください。「技能」や「成績」など、自分が「伸ばしたいこと」に取り組むと大吉祥日へと昇華します。

柔らかいイメージを欠かさないようにする

二十八宿の「壁」と十二直の「定」が重複する影響で、「硬くなる」傾向が強まります。「筋肉」だけでなく、「心」も「硬い状態」へと移行していきます。「柔らかいイメージ」を描いてから、「柔軟性」の利点を確認しましょう。

［人］
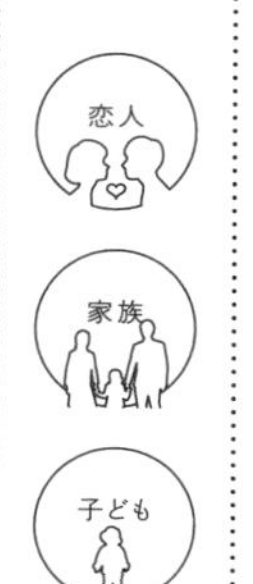

［行動］

［健康］
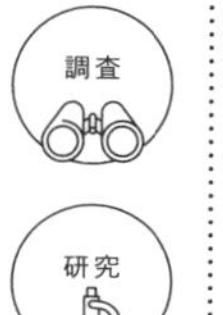
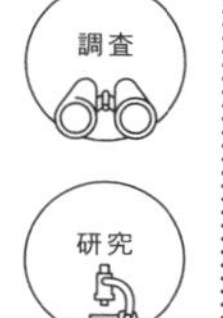

［お金］

11月28日（土）

優先度を変える

［六曜］大安（たいあん）
［日干支］丙午（ひのえうま）
［月干支］庚子（かのえね）
［年干支］丙午（ひのえうま）
［二十八宿］胃（い）
［十二直］危（あやぶ）
［暦注下段］神吉日（かみよしにち）、大明日（だいみょうにち）

［陰陽］陰

陽 / 中庸 / 陰

［二十四節気］小雪（しょうせつ）
［七十二候］朔風払葉（きたかぜこのはをはらう）
［旧暦］2026年10月20日

我慢は手放す

全体が良くなる「大安」、二十八宿の「胃」と複数の善日が重複することで、「自分を優先する」意識に、多くの支援と導きが集まる大吉日です。「協調性」は現代社会を生きるうえで重要ですが、今日は「自分の意思」を尊重してください。仕事もプライベートも、「自分が幸せ」になるための手段なのです。幸せにならない「我慢」は、この日に手放してください。

客観性を忘れない

日干支の「丙午」と十二直の「危」が重複するため、「被害者意識」が強まってしまいます。「自分は悪くない」という思い込みが強すぎると、「調整」や「交渉」が難しくなります。「客観的なバランス」を意識すれば、すぐに解消されます。

［人］
女性
大人
単独

［行動］
準備

検討
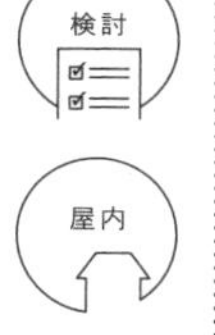
屋内

［健康］
休息
炭水化物
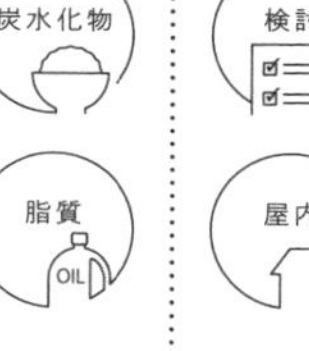
脂質

［お金］
買う（有形）
もらう

自分へのご褒美

11月30日（月）

締めくくりをスケジュールする

［六　　曜］先勝（せんしょう）
［日 干 支］戊申（つちのえさる）
［月 干 支］庚子（かのえね）
［年 干 支］丙午（ひのえうま）
［二十八宿］畢（ひつ）
［十 二 直］納（おさん）
［暦注下段］神吉日（かみよしにち）、母倉日（ぼそうにち）

［陰陽］
陰

陽
中庸
陰

［二十四節気］小雪（しょうせつ）
［七十二候］朔風払葉（きたかぜこのはをはらう）
［旧暦］2026年10月22日

年末の基礎を築く

二十八宿の「畢」、十二直の「納」に複数の善日が重複する大吉日です。「12月の用事」を整理しておくと、年末に向けての「良い波」と同調できます。しっかりとスケジュールの「具体的な日程と内容」を検討し、共有しておいてください。それでも、「想定外の出来事」は起こりますが、「基礎」となるスケジュールがあれば、より良い対応が可能となるのです。

具体化で誤解を防ぐ

日干支の「戊申」からの影響で、「誤解」が発生しやすくなります。防止策として「具体化」が有効です。「いつ、どこで、誰が、何を、どうやって、いくらで」という情報を明確に伝えてあげてください。

［お金］
貯金
寄付
財布を整理

［健康］
休息
ビタミン
ミネラル

［行動］
計画
準備
連絡

［人］
同僚

友達

家族

2026年

2026年

12月

【月干支】辛丑（かのとうし）

陰の月干支となり、目に見えない領域で「増えていく」傾向が強い期間となります。

2026年12月の「大吉日」ベスト3

第❶位 12月16日（水）

［注目の古暦］

甲子（きのえね）、天赦日（てんしゃにち）、一粒万倍日（いちりゅうまんばいび）、天恩日（てんおんにち）

「期限がないことを始める」ために発生した大吉日です。できるだけ続けたいことを見つけたら、この日から開始してください。強力な「起点」となる日なのです。

第❷位 12月24日（木）

［注目の古暦］

クリスマスイブ、友引（ともびき）、神吉日（かみよしにち）、大明日（だいみょうにち）、母倉日（ぼそうにち）、月徳日（つきとくにち）

「暖かい場所」に良い機運が集まる大吉日です。外出も楽しみつつ、暖かい屋内での時間を楽しんでください。「蠟燭（ろうそく）」もラッキーアイテムとなりますので、イブの祝福に使ってみてください。

第❸位 12月21日（月）

［注目の古暦］

大安（たいあん）、己巳（つちのとみ）、神吉日（かみよしにち）、大明日（だいみょうにち）

「お金関連」の大吉日ですが、「予算」という単語がキーワードとなります。仕事でもプライベートでも、予算を意識してください。もちろん「来年の予算」を検討するにも適したタイミングです。

12月1日（火）

喜びを伝えるコミュニケーション

［六曜］友引
［日干支］己酉
［月干支］辛丑
［年干支］丙午
［二十八宿］觜
［十二直］開
［暦注下段］一粒万倍日、神吉日、大明日、母倉日、天恩日

［陰陽］陽

陰
中庸
陽

［二十四節気］小雪
［七十二候］朔風払葉
［旧暦］2026年10月23日

出会いがすべて良いタネになる

関係性が良くなる「友引」、日干支の「己酉」と、多くの善日が重複する大吉日から、12月もスタートです。「喜ぶ」という態度に多くの支援が集まります。すべてのコミュニケーションで、「自分は喜んでいる」と伝わるよう意識しましょう。この日の「出会い」は、「一粒万倍日」の「良いタネ」となるため、発生するだけで、大吉祥日へと昇華します。

過去の後悔より今の喜びを選ぶ

二十八宿の「觜」の影響により、「過去の想い」に引きずられる傾向が強まります。「過去」は「記憶のなか」にしか存在しません。その記憶は自分でいくらでも変更できるのです。「今の喜び」に意識を向けて解消しましょう。

［人］
同僚
友達
交流

［行動］
相談
屋外
連絡

［健康］
運動
炭水化物
脂質

［お金］
買う（有形）
払う（無形）
もらう

12月4日（金）

脱力という行動を選択する

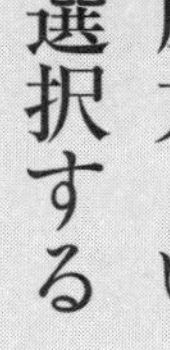

［六　曜］大安（たいあん）
［日干支］壬子（みずのえね）
［月干支］辛丑（かのとうし）
［年干支］丙午（ひのえうま）
［二十八宿］鬼（き）
［十二直］除（のぞく）
［暦注下段］鬼宿日（きしゅくび）、神吉日（かみよしにち）、天恩日（てんおんにち）

［陰陽］陰

［二十四節気］小雪（しょうせつ）
［七十二候］橘始黄（たちばなはじめてきばむ）
［旧暦］2026年10月26日

意識して肩の力を抜く

全体が良くなる「大安」に最強の宿である「鬼宿日」が重複し、複数の善日も影響する大吉日です。「肩の力を抜く」ことを意識すると、良い影響が連鎖的に続く日となります。年末となり、さまざまな「緊張」が発生しています。このタイミングで、深呼吸して、「脱力」してください。「強い鬼」が守ってくれますので、緊張を解いても大丈夫です。

判断は反応の後で

日干支の「壬子」と十二直の「除」からの影響で、「油断しないように」と言われることが多くなります。親切心から言ってくれているので、とりあえずは「ありがとう」と伝えて、自分なりの「判断」をしましょう。

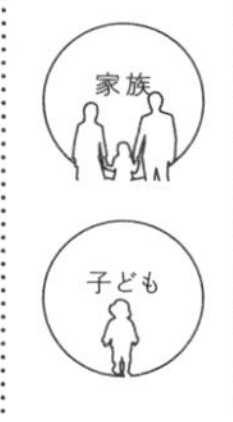

12月7日（月）

穏やかな冬の美しさ

［六曜］友引（ともびき）
［日干支］乙卯（きのとう）
［月干支］辛丑（かのとうし）
［年干支］丙午（ひのえうま）
［二十八宿］張（ちょう）
［十二直］平（たいら）
［暦注下段］神吉日（かみよしにち）

［陰陽］陰

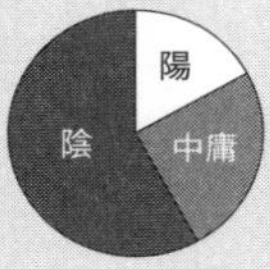

陽　中庸　陰

［二十四節気］大雪（たいせつ）
［七十二候］閉塞成冬（そらさむくふゆとなる）
［旧暦］2026年10月29日

自分は穏やかな状態を望んでいる

関係性が良くなる「友引」と十二直の「平」が重複することにより、「穏やか」がキーワードとなる大吉日です。「自分は穏やかな状態を望んでいる」と思い続けてみてください。最初は落ち着かないかもしれませんが、昼過ぎから「穏やかな選択肢」が現れ始めます。さらに冬の美しさを感じることができれば、大吉祥日へと昇華します。

混雑も穏やかな心で乗り越えられる

日干支の「乙卯」と二十八宿の「張」からの影響により、「混雑」が発生します。車での移動では、普段よりも「渋滞」に巻き込まれやすいので、時間の余裕をもちましょう。混雑しても「穏やかさ」を発揮すれば、問題とはなりません。

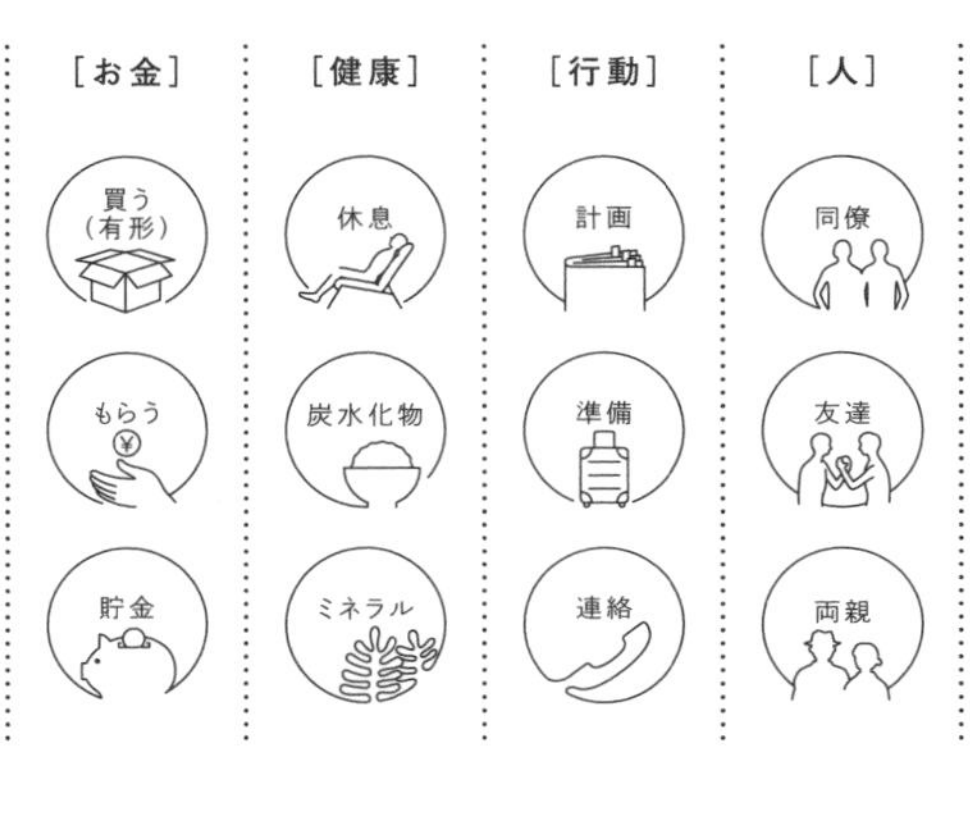

［人］
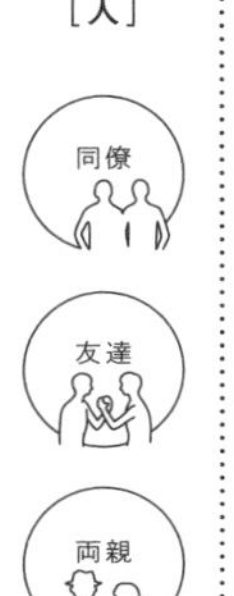

［行動］

［健康］
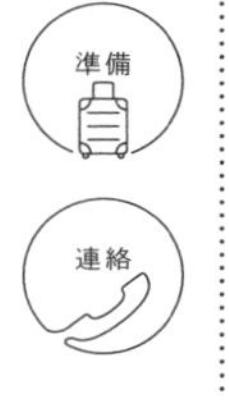

［お金］

12月12日（土）

新しい趣味が人生を深める

【六曜】友引
【日干支】庚申
【月干支】辛丑
【年干支】丙午
【二十八宿】氐
【十二直】成
【暦注下段】神吉日、大明日、母倉日

【陰陽】陽

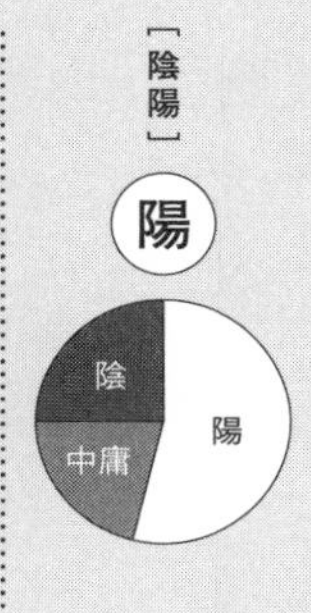

【二十四節気】大雪
【七十二候】熊蟄穴
【旧暦】2026年11月4日

初めての趣味も検討する

関係性が良くなる「友引」、二十八宿の「氐」と十二直の「成」に、多くの善日が重複する大吉日です。「新しい趣味」を検討することで、多くの支援と良い導きが得られる日となります。現在の趣味を深めるのも良いのですが、他の「可能性」も検討してみましょう。多人数で楽しむ内容を選択できれば、大吉祥日へと昇華します。

謙虚さで見栄を抑える

日干支が「庚申」となるため、「見栄を張りたくなる」傾向が強まるので、注意してください。適度な「見栄」なら、向上や成長につながるのですが、「他人からの評価」に執着しすぎると、色々と「不都合」も発生します。いつもよりも少しだけ「謙虚」を意識しましょう。

［人］
［行動］
［健康］
［お金］

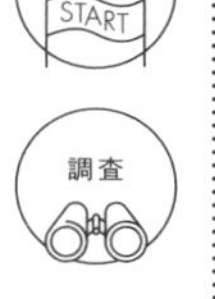
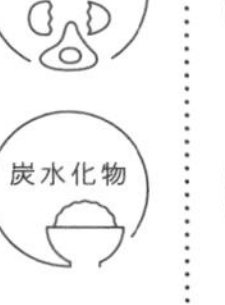

12月15日（火）

道具を整えることの恩恵

［六曜］大安
［日干支］癸亥
［月干支］辛丑
［年干支］丙午
［二十八宿］尾
［十二直］閉
［暦注下段］一粒万倍日、神吉日

［陰陽］陰

［二十四節気］大雪
［七十二候］熊蟄穴
［旧暦］2026年11月7日

道具のメンテナンスに取りかかる

全体の機運が良くなる「大安」と二十八宿の「尾」が重複して、「道具を整える」ことに良い支援が集まる大吉日となります。仕事でも趣味でも「道具」によって、その「快適さ」や「効率」が飛躍的に変わります。「道具」のメンテナンスもしましょう。「上手な人」に相談すると「良いタネ」となり、「一粒万倍日」の恩恵も活用できます。

道具は時間も生み出す

日干支の「癸亥」と十二直の「閉」が重複することにより、「ケチ」になる傾向が強まります。「価格の適正さ」は重要ですが、こだわっていると好機を逃してしまいます。「道具」は、「時間」というお金よりも大切な要素を生み出してくれる効果もあると思い出してください。

［人］

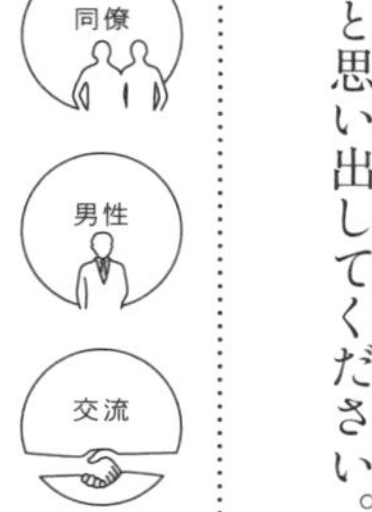

［行動］

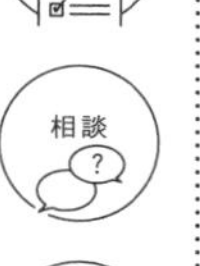

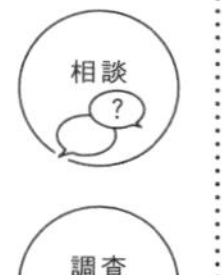

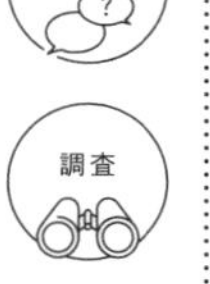

［健康］
休息
ビタミン
ミネラル

［お金］
買う（有形）
払う（無形）
投資

12月16日（水）

期限がないことを始める

［六曜］赤口（しゃっこう）
［日干支］甲子（きのえね）
［月干支］辛丑（かのとうし）
［年干支］丙午（ひのえうま）
［二十八宿］箕（き）
［十二直］建（たつ）
［暦注下段］甲子（きのえね）、天赦日（てんしゃにち）、一粒万倍日（いちりゅうまんばいび）、天恩日（てんおんにち）

［陰陽］陽

陰 中庸 陽

［七十二候］大雪（たいせつ）
［二十四節気］熊蟄穴（くまあなにこもる）
［旧暦］2026年11月8日

続けたいことを始める

最強の「天赦日」に干支の始まりである「甲子」と善日が重複する、「始めること」に多大なる支援と恩恵が集中する大吉日です。「期限がないこと」を始めるなら、今日です。「できるだけ続けたいこと」の出発日としましょう。さらに、「新しい人とのご縁」を結ぶことができれば、「良いタネ」となり、「一粒万倍日」の増殖力を受けて、支援がつきます。

始めることを恐れない

二十八宿の「箕」と十二直の「建」が重複することで、「臆病」な傾向が強くなります。「開始」しなければ、いつまでたっても「準備」は終わりません。「始めることの意義」を理解していれば、見切り発車と言われても大丈夫です。

［人］
同僚

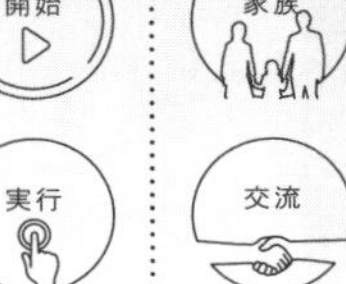

［行動］
相談
開始
実行

［健康］
運動
バランスのいい食事
水分補給

［お金］
貯金

寄付

12月18日（金）

相談を楽しむ

【六　曜】友引（ともびき）
【日干支】丙寅（ひのえとら）
【月干支】辛丑（かのとうし）
【年干支】丙午（ひのえうま）
【二十八宿】牛（ぎゅう）
【十二直】満（みつ）
【暦注下段】天恩日（てんおんにち）

【陰陽】陽

陰　中庸　陽

【二十四節気】大雪（たいせつ）
【七十二候】鱖魚群（さけのうおむらがる）
【旧暦】2026年11月10日

お金にまつわる相談もこの日に

関係性が良くなる「友引」、日干支の「丙寅」と二十八宿の「牛」が重複することにより、「相談」に大きな支援と恩恵が受けられる日です。相談は自分からでも、他人からでもオッケーです。普段は思いつかない「表現」や「伝え方」も自然とやってきます。「寅の日」*ですので、「お金を増やすこと」についての相談も有効です。

相談に曖昧さは禁物

十二直の「満」からの影響で、「曖昧さ」に注意が必要となります。相談をする際も受ける際も、できるだけ「具体的」に伝えることを心がけてください。特に「お金」に関しては、専門知識や最新情報が必要ですので「プロ」と認める人に相談し、判断は自分で行いましょう。

［人］

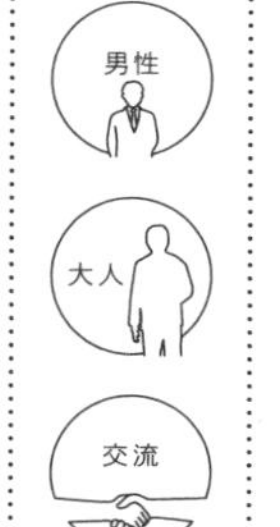

［行動］

相談
連絡
調査

［健康］

ダイエット
水分補給
ミネラル

［お金］

貯金
投資
寄付

*「千里を駆け、千里を戻る」という虎の故事からお金や投資に良い日とされる。

12月21日（月）

予算という手段

［六　曜］大安
［日干支］己巳
［月干支］辛丑
［年干支］丙午
［二十八宿］危
［十二直］執
［暦注下段］己巳、神吉日、大明日

［陰陽］陰

陽
中庸
陰

［二十四節気］大雪
［七十二候］鱖魚群
［旧暦］2026年11月13日

プライベートでも予算を考える

全体が良くなる「大安」、弁財天さまのご縁日*「己巳」と複数の善日が重複する大吉日です。「予算」という概念に、強い支援が集まります。プライベートでも使ってみましょう。お金を「どこに」「どれくらい使って」「その結果」何を望むのか。その質問により、「予算を組む」ことの「効力」はどんどん増幅していきます。

錯覚の心配に騙されない

二十八宿の「危」と十二直の「執」が重複することにより、根拠のない「恐れ」を感じやすい日となります。今日抱く漠然とした心配は錯覚であることが多いのです。特に「予算」を適正に組むためには「根拠」を大切にして検討しましょう。

［人］

［行動］
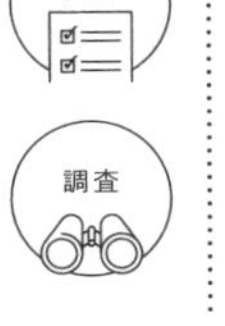

［健康］
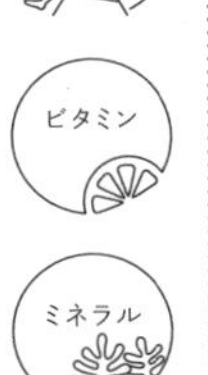

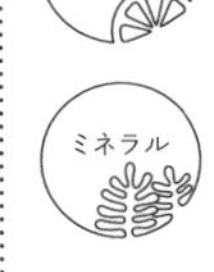

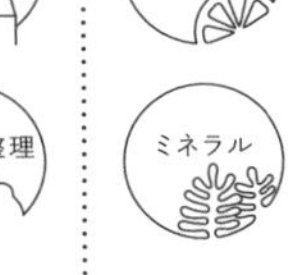

［お金］
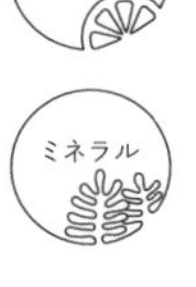

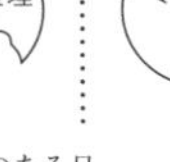

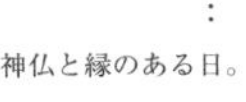

＊神仏と縁のある日。

12月24日（木）

暖かな場所での祝福

［六曜］友引
［日干支］壬申
［月干支］辛丑
［年干支］丙午
［二十八宿］奎
［十二直］成
［暦注下段］神吉日、大明日、母倉日、月徳日

［陰陽］陰

陽
中庸
陰

［二十四節気］冬至
［七十二候］乃東生
［旧暦］2026年11月16日

落ち着ける場所、時間で一緒に祝福する

クリスマスイブは、関係性が良くなる「友引」に、日干支の「壬申」と多くの善日が重複する大吉日となりました。「暖かい場所」で色々な嬉しいことが発生する日なので、家や落ち着ける場所での時間を選択してください。家族や友達と集まれたら、スマホの電源を落として、会話を楽しんでください。一緒に「蝋燭」を灯して祝福できたら、大吉祥日へと昇華します。

突然の忙しさに慌てない

二十八宿の「奎」と十二直の「成」が重複することにより、「忙しい」状態が発生しやすくなります。事前に予定していなかった「用事」や「タスク」が発生しやすいので、そうなっても大丈夫なように準備をしておきましょう。

［人］

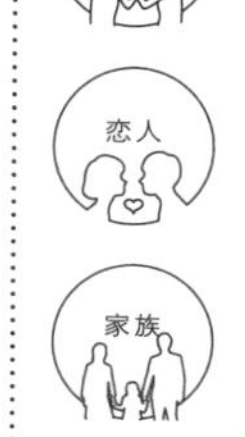

［行動］
遊び
屋内
連絡

［健康］
休息
炭水化物
脂質

［お金］
もらう

12月31日（木）

穏やかに2026年を締めくくる

［六曜］先負（せんぶ）
［日干支］己卯（つちのとう）
［月干支］辛丑（かのとうし）
［年干支］丙午（ひのえうま）
［二十八宿］井（せい）
［十二直］平（たいら）
［暦注下段］神吉日（かみよしにち）、大明日（だいみょうにち）、天恩日（てんおんにち）

［陰陽］陰

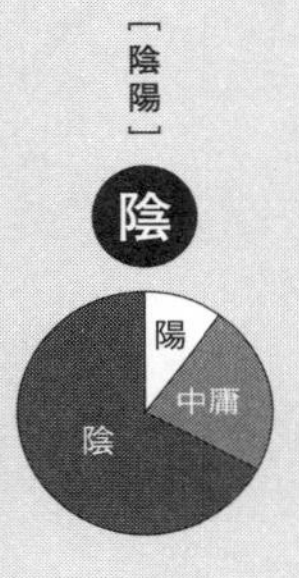

［二十四節気］冬至（とうじ）
［七十二候］麋角解（さわしかのつのおつる）
［旧暦］2026年11月23日

笑顔で休める時間を大切にする

2026年の「大晦日」は、二十八宿の「井」と十二直の「平」が重複する多数の善日からの影響で、良い側面が強調される大吉日です。この日までにできるだけ「年越し」の準備は済ませて、今日は新しい年がより良い年となるために「穏やかで、優しい時間」をとることを意識してみてください。家族やパートナーと、笑顔で休める時間を大切にしましょう。

今、このときを楽しむ

日干支の「己卯」からの影響で、「理屈っぽくなる」傾向が強まります。せっかくの「穏やかな時間」に議論や確認が多くなってしまうのはもったいないことです。「今、このとき」を楽しむと「理屈」は消えます。

［人］
恋人
家族
交流

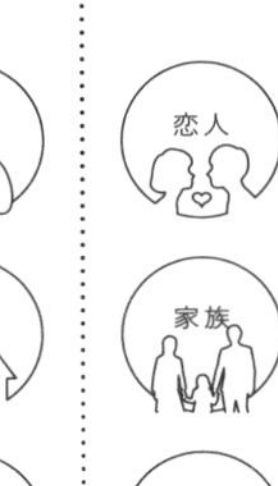

［行動］
遊び
屋内
連絡

［健康］
休息
炭水化物
脂質

［お金］
もらう
寄付
自分へのご褒美

サンマーク出版の好評既刊

365日のご利益大全

藤本宏人［著］

いつからでも、
いつまでも使える

すべてに効く運を開く
新しい暮らし方

A5判並製　定価＝1600円＋税

2500年以上幸せに生きる日本人の暮らしを支えた
毎日が吉日になる至極の日めくり本！

◎二十四節気、七十二候のメッセージ

◎１日ごとのご利益を呼び込む行動

◎今日のあなたを後押しするご縁のある神様・仏様、福を呼ぶ呪文

◎食べるとご利益を受け取れる食べ物

…など、365日分の運気を上げる暮らしの知恵が満載！

［著者］
藤本宏人（ふじもと・ひろと）

神社に所属しない「高等神職階位・明階」保持者にして、35年以上、日本の文化・歴史・精神を研究する「ご利益」の専門家。日本良学株式会社代表。

海外のVIP専用「神社マスター」として「VIP専門の個別セッション」を年間80組以上実施。2017年にはアジア12か国の起業家コンクールにて優秀企業賞を受賞。

海外VIP顧客であり、メンターでもある師匠の「HIROTOは、日本人にこそ、話さなければならない」という指導により、2018年12月より、日本人を対象とした「国学の講義」と「参拝」をセットにした「ご利益1万倍シリーズ」を開始。

毎日の「暦中段・暦下段・大陸系暦」の良いところだけを抽出してお伝えするメルマガ『ご利益1万倍のこよみメール』も開始し、宣伝を一切せず、初動で登録者数1000人を突破。さらに開催するイベントは、常に2時間で満席となる。

現在は「現代版・御師（おんし）復活プロジェクト」も立ち上げ、江戸時代中期に隆盛を極めた「神社をご案内する職業」を現代に復活させるための活動を開始。

「100年後に、世界中の人々が、日本というパワースポットで、祈りを捧げる状況となっていること」をミッションとして活動を展開している。

著書に『365日のご利益大全』（サンマーク出版）がある。

ご利益1万倍の
こよみメール

詳細はこちらから

大吉日大全

2023年10月10日　初版印刷
2023年10月20日　初版発行

著　　者　藤本宏人
発 行 人　黒川精一
発 行 所　株式会社サンマーク出版
〒169-0074 東京都新宿区北新宿2-21-1
☎03-5348-7800
印刷・製本　株式会社暁印刷

ISBN978-4-7631-4083-8　C0076
ホームページ　https://www.sunmark.co.jp